W0062663

Inhalt

Klassen in der europäischen Sozialgeschichte

Neun Beiträge von
Heinz-Gerhard Haupt, Eric J. Hobsbawm,
Volker Hunecke, Jürgen Kocka,
M. Rainer Lepsius, Wolfgang Mager,
Sidney Pollard, Hans-Jürgen Puhle,
Hans-Ulrich Wehler

Herausgegeben von

HANS-ULRICH WEHLER

VANDENHOECK & RUPRECHT IN GÖTTINGEN

CIP-Kurztitelaufnahme der Deutschen Bibliothek

Klassen in der europäischen Sozialgeschichte / 9 Beitr. von Heinz-
Gerhard Haupt ... Hrsg. von Hans-Ulrich Wehler. — Göttingen :
Vandenhoeck und Ruprecht, 1979.
(Kleine Vandenhoeck-Reihe ; 1456)

ISBN 3-525-33438-9

NE: Wehler, Hans-Ulrich [Hrsg.]; Haupt, Heinz-Gerhard [Mitarb.]

Kleine Vandenhoeck-Reihe 1456

Umschlag: Hans-Dieter Ullrich. — © Vandenhoeck & Ruprecht,
Göttingen 1979. — Alle Rechte vorbehalten. — Ohne ausdrückliche
Genehmigung des Verlages ist es nicht gestattet, das Buch oder Teile
daraus auf photo- oder akustomechanischem Wege zu vervielfältigen.
Gesamtherstellung: Verlagsdruckerei E. Rieder, Schrobenhausen

Hans Rosenberg

zum

75. Geburtstag

am 26. Februar 1979

Vorbemerkung

Dieser Band enthält in überarbeiteter Form die Beiträge, die im
Rahmen der Sektion »Europäische Sozialgeschichte im Vergleich:
Soziale Ungleichheit und Klassenstrukturen« auf dem 32. Deutschen Historikertag in Hamburg im Oktober 1979 diskutiert worden sind.

Der Wahl des Themas lagen zwei Überlegungen zugrunde.
Einmal muß sich auch die Sozialgeschichte ganz so wie die Wirt-
schafts- oder Politikgeschichte, wenn sie die Gefahr einer provin-
ziellen Nabelschau vermeiden wollen, auf den Vergleich national-
historischer Entwicklungen verstärkt einlassen. Daß damit erhebliche Anforderungen an die Sachkompetenz, an das Methoden- und
Theoriebewußtsein verbunden sind, wird unmittelbar einleuchten.
Dennoch kann erst die zielstrebig durchgehaltene komparative
Perspektive zu einer Entscheidung darüber verhelfen, ob man es
mit singulären oder allgemeinen, transnationalen Phänomenen zu
tun hat. Nichts ist so gut geeignet wie das Säurebad des Vergleichs,
um generalisierende Behauptungen (z. B. über Faschismus, Imperialismus, Bürokratie) auf ihre Triftigkeit hin zu überprüfen. Zugleich ist die heuristische Funktion vergleichender Studien nicht
zu unterschätzen, da sie aus der Beschäftigung mit Problemen
eines Landes neue Gesichtspunkte gewinnen können, die bisher
an die Geschichte eines anderen Landes noch nicht herangetragen
worden sind.

Zum zweiten sollten auf dem Forum eines Historikertages nicht
nur überschaubare Spezialthemen für Experten, sondern auch um-
fassendere Problemkomplexe vor einer breiteren Öffentlichkeit
diskutiert werden. Die historischen Konstellationen sozialer Ungleichheit, die Schichtungssysteme von Gesellschaften stellen ein
Zentralproblem jeder Sozialgeschichte und historisch interessierten
Soziologie dar. Insbesondere die Herausbildung, der Charakter
und die Folgen »marktbedingter« Klassen werfen zahlreiche Fragen auf, die theoretisch und empirisch alles andere als abschließend
geklärt sind, zumal sich gerade auf diesem Gebiet lebensweltlich-
politische Einflüsse nachhaltig geltend machen. Auch auf die Gefahr hin, daß man sich an einem derartig weitläufigen Thema die
Zähne ausbeißen könne, waren die Mitglieder der Sektion zu dem

Experiment bereit, soziale Ungleichheit und Klassenstrukturen vergleichend zu erörtern.

Jeweils zwei Historiker übernahmen die Diskussion der neuzeitlichen Entwicklung sozialer Ungleichheit in England (Sidney Pollard und Eric J. Hobsbawm, die einzelne Klassen unter sich aufteilten), in Frankreich (Wolfgang Mager und Heinz-Gerhard Haupt, die einer chronologischen Unterteilung folgten) und in Deutschland (Jürgen Kocka und M. Rainer Lepsius, die ebenfalls eine zeitliche Aufteilung vornahmen). Ergänzende bzw. kontrastierende Referate behandelten Italien (Volker Hunecke) und die Vereinigten Staaten (Hans-Jürgen Puhle). Vor der Tagung hatte ich in einer Problemskizze auf einige Fragen, die bei der historischen Analyse sozialer Ungleichheit, insbesondere von Klassenstrukturen, auftauchen, hinzuweisen versucht. Für die Referenten sollten auf diese Weise auch Positionen zur Debatte gestellt werden, denen sie entweder zustimmen oder von denen sie sich gewissermaßen abstoßen konnten. Diese »Vorüberlegungen« eröffnen den Band, die Länderreferate schließen sich in derselben Reihenfolge wie in Hamburg an.

Die Sektion war ursprünglich für drei Sitzungstage geplant, an denen vormittags jeweils zwei Referate gehalten und nachmittags diskutiert werden sollten. Leider standen dann nur zwei Nachmittagssitzungen zur Verfügung, so daß vor allem die vergleichende Diskussion zu kurz kam. Der vorliegende Band bietet nun die Möglichkeit, die Beiträge unter vergleichenden Gesichtspunkten zu lesen und die Fülle von Gesichtspunkten und empirischen Informationen auszuwerten.

Den Mitgliedern der Sektion, insbesondere den ausländischen Gästen, und allen, die sich an der Diskussion beteiligt haben, möchte ich auch an dieser Stelle noch einmal danken.

Der Band ist Hans Rosenberg, von dem in den vergangenen Jahren starke Impulse zugunsten einer theoretisch fundierten und an den realhistorischen Problemen orientierten Sozialgeschichte ausgegangen sind, zu seinem 75. Geburtstag gewidmet. Wir alle hoffen, daß ihm die Lektüre in seinem neuen Freiburger Domizil Freude bereiten – und den gewohnten kritischen Kommentar auslösen wird.

Bielefeld, im Mai 1979   H.-U. W.

Vorüberlegungen zur historischen Analyse sozialer Ungleichheit

von Hans-Ulrich Wehler

Wer Probleme der sozialen Ungleichheit zu untersuchen beabsichtigt, trifft sofort auf eine schwierige konzeptuelle Frage: Wie kann das System der sozialen Ungleichheit überhaupt in angemessenen Begriffen erfaßt werden? Die komplexe Struktur dieses Systems läßt es geraten erscheinen, in heuristischer Absicht, ohne die oft üblichen kühnen Globalhypothesen, einige analytische Vorüberlegungen über die Natur sozialer Ungleichheit und die Begriffe, die für eine historische und systematische Untersuchung gleichermaßen nützlich sind, etwas ausführlicher anzustellen.

I. Soziale Ungleichheit wird hier als allgemeinster Ausdruck für das Fundamentalfaktum gewählt, daß die sozialen Positionen von Gruppen und Individuen stets hierarchisch gestaffelt sind. In diesem Sinn charakterisiert irgendeine Form von sozialer Ungleichheit die Sozialstruktur aller uns genauer bekannten Gesellschaften. Jede Sozialgeschichte oder Historische Soziologie, die ihren Anspruch ernst nimmt, wird insbesondere dieser Problematik ihre Aufmerksamkeit intensiv zuwenden. »Sozialstruktur« kann man dabei als Sammelbegriff für das gesamte innere Gefüge einer Gesellschaft verstehen. Es wird durch die wirtschaftlichen Verhältnisse, die Natur und Lage der sozialen Gruppen, die politischen Einrichtungen, auch Organisationen wie Parteien und Interessenverbände, durch Familienverfassung, Bildungsstätten und Kirchen – mit anderen Worten: durch eine Vielzahl von Institutionen und vorstrukturierten Handlungsfeldern bestimmt, nicht zuletzt auch durch kulturelle Normen, religiöse Wertvorstellungen und die Deutung der Umwelt. Um die dominierenden Elemente in ihrem Zusammenhang erfassen zu können, lassen sich zentrale Dimensionen oder »Achsen« der Sozialstruktur unterscheiden, um die herum miteinander verkettete Probleme übersichtlich angeordnet werden können. Da bei systematischen Überlegungen Sparsamkeit im Umgang mit Kategorien vorteilhaft ist, kann man Wirtschaft, Herrschaft und Kultur als die wichtigsten Dimensionen der Sozialstruktur bezeichnen – aus »Arbeit, Herrschaft und Sprache« konstituiert sich die menschliche Lebenswelt.[1]

Wenn im folgenden von den drei anthropologischen Universalien der gesellschaftlichen Hierarchisierung, mithin von Geschlecht, Alter und sozialer Ungleichheit, nur die letzte Konstante diskutiert werden soll, legt es der Ratschlag Max Webers, »in der Theorie« operiere »man zweckmäßig mit extremen Beispielen«, nahe, diese Erwägungen zugespitzt zu formulieren.[2] Abstrakt betrachtet kann soziale Ungleichheit zunächst einmal als ein Verteilungssystem begriffen werden, das die Distribution knapper, begehrter Güter in historisch außerordentlich variablen Formen auf Dauer regelt – ob es sich um Privilegien wie Macht, Reichtum, Ansehen oder um die Zuweisung anderer Gratifikationen handelt. Soziale Ungleichheit in diesem Sinne meint, auf eine Formel gebracht, die verschiedenartige Verteilung von Lebenschancen und Lebensrisiken, damit eine der Grunderfahrungen gesellschaftlichen Zusammenlebens überhaupt. Auch das Wesen dieser Verteilungsordnung mit ihren Distributionsprinzipien, -prozessen und -resultaten wird durch die drei Hauptdimensionen einer Gesamtgesellschaft, durch Wirtschaft, Herrschaft und Kultur, bestimmt. Aus einer anderen Perspektive betrachtet: Ursachen und Strukturen, Konsequenzen und Deutungen der sozialen Ungleichheit lassen sich unter drei systematischen Gesichtspunkten erschließen.

1. Macht und Herrschaft, Einfluß- und Durchsetzungschancen sind in jeder Gesellschaft ständig ungleich verteilt. Die Probleme des Kampfes um die Absicherung oder Gewinnung solcher Machtchancen können im Kontext der Herrschaftsverhältnisse vermutlich am besten berücksichtigt werden.

2. Die ökonomische Lage bildet das zweite Element der sozialen Ungleichheit. Der »Modus der materiellen Subsistenzbegründung ... aus Arbeit« bildet in der traditionalen Gesellschaft Europas ganz so ein »durchgängiges Kriterium bei der Zuordnung sozialer Positionen«, wie in den Klassenlagen kapitalistischer Marktgesellschaften dieser allgemeine Zusammenhang in der modernen Zeit besonders augenfällig hervortritt.[3]

3. Die kulturellen Deutungsmuster, die Menschen an ihre soziale und natürliche Umwelt herantragen, verweisen auf einen dritten eigenständigen Faktor der sozialen Ungleichheit. Dabei sind zwei Ebenen sofort zu unterscheiden: Einmal dienen diese Deutungsmuster dazu, Gruppen und Einzelne nach Prestige (Ansehen, Status, »sozialer Ehre«) zu unterscheiden; zum zweiten

hängt von ihnen wesentlich ab, wie ein historisch gegebenes Gesellschaftsgefüge insgesamt, z. B. als eine unantastbare oder eine zu verändernde Ordnung, beurteilt wird.[4]

Auf diese Trias prinzipiell gleichrangiger Dimensionen bzw. systematischer Perspektiven muß jeweils kurz eingegangen werden.

1. Man hat im Rahmen einer strengen Systematik, im Anschluß namentlich an Weber, versucht, Macht und Herrschaft als irreduzible Faktoren, daher als die in letzter Instanz entscheidenden Determinanten der Privilegienordnung hinzustellen, so daß soziale Ungleichheit zur sekundären Konsequenz von Herrschaftsordnungen wird. Die prinzipielle Dichotomie von Gesellschaften bestünde danach zwischen Herrschenden und Beherrschten, da Besitz von Macht strukturelle Vorteile, Ausschluß von Macht in aller Regel strukturelle Nachteile mit sich bringt.[5] Diese anspruchsvolle Argumentation tut jedoch der historischen Wirklichkeit durch ihre Monopolbehauptung zu oft Gewalt an. Sie entschlüsselt nur Teilbereiche der Realität, andere Aspekte dagegen verstellt sie. Ökonomische Lage, Klassenbildung und Prestige lassen sich, selbst wenn viele Vermittlungsglieder dazwischengeschaltet werden, weder zu jeder Zeit noch in jedem Einzelfall auf Herrschaft- und Machtverteilung stringent reduzieren, ganz zu schweigen von den kaum lösbaren forschungspraktischen Problemen, wie die schier zahllosen Machtunterschiede konkret gemessen oder auch nur plausibel geordnet werden sollen.

Wenn diese auf Monokausalität zielende Systematik deshalb auch für unsere Zwecke abgelehnt werden muß, bleiben dennoch die Vorzüge schlechterdings unübersehbar, wenn an Macht und Herrschaft als einem – nicht selten sogar als dem in der Tat maßgeblichen – der drei Grundelemente sozialer Ungleichheit entschieden festgehalten wird. Ein wesentlicher Gewinn, heuristisch vielleicht sogar einer der Hauptvorteile, besteht darin, daß bei der Untersuchung des Verhältnisses von Großgruppen zueinander – ob es sich nun um agrargesellschaftliche Stände oder um industriekapitalistische Klassen handelt – die Aufmerksamkeit von vornherein, wenn man Webers Vorschlag zu folgen bereit ist, auf zwei Phänomene gelenkt wird, und zwar sowohl auf den Kampf um die »Aufrechterhaltung oder Veränderung einer Herrschaftsstruktur und ihrer Legitimationsbasis« als auch auf die eine Herrschaftsordnung jeweils charakterisierende Appropriation von Herrschaftsmitteln und -rechten, die ihre Rechtfertigung durch typische Geltungsprinzipien erfahren.[6] Vor allem im Konfliktfall kann sich die Dominanz politischer Herrschaft erweisen: Vermögen und Prestige, Privilegien insgesamt, hängen oft vom zumindest stillschweigenden Konsens der öffentlichen Herrschaftsträger, aber auch von der Unterstützung durch herrschaftlichrechtliche Legitimationsprinzipien ab. Die Herrschaftsperspektive bleibt auch, ja gerade dann besonders wichtig, wenn sich die Analyse zuerst auf ökonomische Aspekte von Klassenlagen konzentriert, da diese immer auch Herrschaftsverhältnisse einschließen.

2. Auch die ökonomische Lage ist bekanntlich mehrfach mit einem vergleichbaren Monopolanspruch, wie ihn die Herrschaftstheorie verkörpert, zum eigentlichen Kern sozialer Ungleichheit erklärt worden. Am wirkungsvollsten ist diese Auffassung in der Marxschen Klassenlehre entwickelt, nach der die gesamte Sozialstruktur kapitalistischer Gesellschaften durch die Dichotomie zwischen der Klasse der Produktionsmittelbesitzer und der Klasse der von diesem Besitz ausgeschlossenen Arbeiter zumindest der langfristigen Tendenz zufolge bestimmt wird. Demgegenüber kann die herrschaftstheoretische Kritik auf ihrem Einwand beharren, daß diese Polarisierung einen Sonderfall von Herrschaft, nämlich die institutionalisierte und rechtlich sanktionierte Verfügungsgewalt einiger über die Produktionsmittel, damit zugleich den Ausschluß anderer von derartigen Besitzrechten, zum konstitutiven Organisationsprinzip solcher Gesellschaften erhebe.[7] Ein ähnliches Argument richtet sich gegen die eigentliche theoretische Grundlage dieses Klassengegensatzes, die Marxsche Mehrwerttheorie. Ihr zufolge wird der Arbeiterklasse ein Teil des von ihr geschaffenen Werts vorenthalten, das ist der eigentliche Angelpunkt ihrer Ausbeutung, während die Kapitalistenklasse sich diesen Wert aneignet. Ihre Fähigkeit, dies zu tun, beruht jedoch letztlich auch auf asymmetrischer Machtverteilung, welche die Distribution des erwirtschafteten Sozialprodukts reguliert.[8]

Gleichwohl trifft diese Kritik nur einige Aspekte und Begründungen einer bestimmten Klassenlehre. Sie entkräftet aber keineswegs die Argumente, die für die Nützlichkeit, ja Unentbehrlichkeit eines von der geschichtsphilosophischen Bürde »historischer Aufgaben« befreiten, elastisch gehandhabten Klassenkonzepts angeführt werden können. Ein solches Konzept hat Max Weber, formal z. T. im Anschluß an Marx, definiert. Dabei unterscheidet er zwischen einem allgemeinen, formalisierten, universalgeschichtlich verwendbaren Klassenbegriff einerseits und einem daraus hervorgehenden, aber an die spezifischen Wirkungen kapitalistischer Marktmechanismen gebundenen, engeren Klassenbegriff andererseits. Sein allgemeines Klassenkonzept versteht als »Klassen« diejenigen »Gruppen von Menschen, deren ökonomische Lage vom Standpunkt bestimmter Interessen gleichartig ist«. Als »Klassenlage« werden die »primär durch typische ökonomisch relevante Lagen ... bedingten Versorgungs- und Erwerbschancen«, sowie die »daraus folgenden allgemeinen, typischen Lebensbedingungen« begriffen. Das zentrale, konstituierende Element dieser Klassenlage ist der »Besitz oder Nichtbesitz von Sachgütern«. Denn »es ist die allerelementarste ökonomische Tatsache, daß die Art, wie die Verfügung über sachlichen Besitz ... verteilt ist, schon für sich allein spezifische Lebenschancen schafft«. In diesem Sinn kann Weber »positiv« oder »negativ privilegierte Besitzklassen« unterscheiden, die er u. a. auch im Hinblick auf die Antike und das Mittelalter, auf die Kulturen des Vorderen Orients und Asiens diskutiert hat.[9]

Einen Sonderfall bilden diejenigen Klassen und Klassenlagen, die »primär marktbedingt« sind, seien es die »Besitzklassen« oder die quantitativ völlig überwiegenden »Erwerbsklassen«. In den marktbedingten Klassen sah Weber das sozialhistorisch folgenreichste Ergebnis der Funktionsmechanismen kapitalistischer Arbeits- und Gütermärkte. Das Charakteristikum der neuzeitlichen »klassengegliederten« Marktgesellschaft bestand für ihn darin, daß sich moderne Klassen aufgrund typischer Gemeinsamkeiten der Besitz- und Leistungsverwertung auf Märkten bildeten. Insofern sei die »Klassenlage ... letztlich Marktlage«. Von einer einzigen einheitlichen Besitz- oder Erwerbsklasse zu sprechen, verbietet sich von daher. Je nach verfügbarem Besitz und je nach Leistungsqualifikation zerfallen die Besitz- bzw. die Erwerbsklassen in eine Vielzahl von unterschiedlich erfolgreichen Besitzklassen bzw. unterschiedlich entlohnten Erwerbsklassen. Weber war sich bewußt, daß er auf der einen Seite mit dem Pluralismus verschiedener Besitz- und Erwerbsklassen notwendige Differenzierungsmöglichkeiten für eine realitätsadäquate Sozialforschung gewann, auf der anderen Seite aber auch einer Kategorie für relativ einheitliche gesellschaftliche Großgruppen bedurfte. Das ist der Sammelbegriff der »sozialen Klasse«. In ihm wird die »Gesamtheit« von benachbarten Klassenlagen zusammengebündelt, zwischen denen »ein Wechsel persönlich« und »in der Generationenfolge«, also intra- und intergenerationelle Mobilität, »leicht möglich ist und typisch stattzufinden pflegt«. »Soziale Klassen« in diesem Sinn bildeten für Weber im Deutschen Reich die »Arbeiterschaft als Ganzes«, das »Kleinbürgertum«, die »Intelligenz und Fachgeschultheit« (einschließlich der Beamten und Angestellten), sowie die »Klassen der Besitzenden und durch Bildung Privilegierten«.[10] Dieser engere, auf die Güter- und Leistungsverwertung auf kapitalistischen Märkten gegründete Begriff der Besitz- und Erwerbsklasse bzw. der sozialen Klasse bietet m. E. der Sozialgeschichte die größte Flexibilität und die beste Chance zu einer problemadäquaten Begrifflichkeit.

Im Hinblick auf Konflikte zwischen Klassen, erst recht auf ihren Ausgang, sind nach Weber allgemeine Aussagen oder Prognosen nicht möglich. Es handelt sich stets um historisch kontingente Verhältnisse mit wechselnden Bedingungskonstellationen. Zu ihnen gehört etwa »die Durchsichtigkeit des Zusammenhangs zwischen den Gründen und den Folgen« der Klassenlage. Ihre »Bedingtheit und Wirkung« müssen »deutlich erkennbar sein«. Erst wenn der »Kontrast der Lebenschancen« durch den Vergleich mit anderen Klassen als Ergebnis der »gegebenen Besitzverteilung oder ... Struktur der konkreten Wirtschaftsordnung« bewußt erfahren und abgelehnt wird, kann der Konflikt zwischen Klassen politisch organisiert werden.[11] Fraglos stecken in Webers Schlüsselbegriffen der Verfügungsgewalt und des Besitzrechtes Herrschaftskategorien, wie überhaupt jede Besitzordnung Herrschaftsverhältnisse widerspiegelt und in ihrem Kern durch ungleiche Machtpotentiale geprägt wird. Andererseits jedoch geht die Bedeutung der ökonomischen Lage in den Herrschaftsbeziehungen keineswegs voll auf. Daher muß diesem Faktor, selbstverständlich mutatis mutandis auch im Hinblick auf die Zeit vor dem Auftauchen kapitalistischer Marktmechanismen, als eigenem Bestandteil sozialer Ungleichheit Rechnung getragen werden.

3. Schließlich sind Prestige oder Status nicht selten verabsolutiert worden. In der amerikanischen Soziologie haben Strömungen, von denen die soziale Ungleichheit primär auf Unterschiede der sozialen Ehre reduziert wurde, längere Zeit grassiert. Weber hat dem vielleicht dadurch Vorschub geleistet, daß er die Prestigeverteilung in einer Gesellschaft geradezu ihre »soziale Ordnung« nannte.[12] Aber ungeachtet der hohen verhaltensbestimmenden Wirkung, den die Zumessung von verschiedenartigem Rang in der Regel besitzt, handelt es sich bei derartigen Monopolansprüchen um eine ebenso einseitige Position wie sie von den exklusiven Herrschafts- und Klassentheorien verfochten wird. Die Sozialgeschichte und Historische Soziologie werden eine solche Hypertrophie nicht verteidigen können, andererseits entschieden darauf beharren, daß die kulturellen Deutungsmuster als das dritte Element sozialer Ungleichheit angemessen berücksichtigt werden. Das gilt einmal auf der vorn angedeuteten ersten Ebene dieser »Weltbilder«, wo die sozialen Positionen von Kollektiven und Individuen

als ehrenhaft oder diskriminiert, als bevorzugt oder benachteiligt definiert werden. Wenn ungleiches Prestige zuerkannt wird, fließen Elemente aus solchen allgemeinen Orientierungsentwürfen unvermeidbar ein. Der Grad gesellschaftlicher Geltung kann zwar vielfach auf Macht und Reichtum oder den Ausschluß von ihnen zurückgeführt werden. Aber es existiert auch die umgekehrte Beziehung, daß etwa ein magisch oder religiös motiviertes, auf speziellem Wissen oder Erfüllung wichtiger gesellschaftlicher Bedürfnisse beruhendes Prestige zu Reichtum oder Macht oder zu beidem führt. Diese drei Faktoren hängen in der Wirklichkeit häufig eng zusammen. Deshalb ist es nicht nur für vorindustrielle, sondern auch für industrielle Gesellschaften nachweisbar, daß Macht, Reichtum und Prestige zur »Kristallisation« oder Kongruenz tendieren: Sie bilden häufig einen sich wechselseitig bedingenden Komplex, wobei jeder einzelne Faktor die beiden anderen nach sich ziehen kann.[13]

Die Rolle der kulturellen Deutungsmuster darf jedoch nicht allein auf die Probleme des Status in der Selbstbewertung oder Fremdeinstufung verengt werden. Auf der erwähnten zweiten Ebene hängen Natur und Auswirkungen der historischen Strukturen sozialer Ungleichheit immer auch davon ab, welcher allgemeinen Auslegung sie begegnen, welche Interpretation auf sie einwirkt, welche wertende Wahrnehmung sie selber begünstigen. Es handelt sich um eben das Problem, das Weber an der historischen Bedeutung von »Weltbildern« in seiner vergleichenden Religionssoziologie untersucht hat. Ob soziale Ungleichheit als gottgewollte Stiftung, als Ausdruck magischer Kräfte, als natürliche Ordnung oder aber als schwer erträgliche Provokation, als Verletzung von Gleichheitsideen empfunden wird – darüber entscheidet in erster Linie die kulturell geprägte Wahrnehmung sozialer Ungleichheit. Für das Verhalten und Handeln können aus unterschiedlichen Deutungen ganz gegensätzliche Maximen abgeleitet werden: Sie können Ungleichheit zementieren oder radikal in Frage stellen. Natürlich haben, das ist inzwischen eine wissenssoziologische Banalität, Herrschaftspositionen und ökonomische Bedingungen diese »Weltbilder« stets aufs nachhaltigste beeinflußt. Nur eine konkrete gesellschaftliche Konstellation gewährt »Weltbildern« ihre Resonanz, ermöglicht ihre Verbindlichkeit, verschafft ihnen gewissermaßen ein allseits vernehmbares »Echo«. Die Analyse wird sich daher oft auf diese Interdependenzen konzentrieren. Aber das allgemeine Phänomen der kulturellen Auslegung sozialer Ungleichheit bleibt eine Größe sui generis. Sie ist nicht aus anderen Potenzen voll ableitbar, sondern beruht auf der relativen Autonomie kultureller Traditionen.

Herrschaft, ökonomische Lage und kulturelle Deutung bestimmen demzufolge die gesellschaftliche Privilegienhierarchie. Sie sind daher auch die wesentlichen Variablen der historischen Analyse. Empirisch lassen sie zahlreiche, vom Postulat der Sachangemessenheit gebotene Kombinationen und Gradierungen zu.

Angesichts der Tatsache, daß wir es nicht nur mit entwickelten marktbedingten Klassengesellschaften, sondern auch mit älteren Formen sozialer Ungleichheit zu tun haben, wirkt sich das Dilemma nachteilig aus, daß eine generell akzeptierte Begriffssprache für die Probleme der sozialen Ungleichheit fehlt. Andererseits brauchen wir allgemeine Begriffe. Der Klassenbegriff ist, wie oben angeschnitten, vieldeutig. Man kann ihn – je nach den Erkenntnisabsichten – soweit formalisieren, daß er auf alle, mit Hilfe von Kriterien wie Herrschaft und Privateigentum unterscheidbaren Großgruppen in jedem System sozialer Ungleichheit seit den ersten Hochkulturen angewandt werden kann. Dann geht jedoch viel von der notwendigen Trennschärfe verloren, die der Begriff der marktbedingten Klasse besitzt. Auf dieser Trennschärfe muß in der historischen Analyse insistiert werden. Vergleichbare Einwände scheinen auch einen generalisierten Schichtungsbegriff zu treffen, da »Schicht« in der empirischen Sozialforschung als beliebige, »objektive« Klassifikation einer Mehrzahl von Menschen mit Hilfe einer Skala, gewöhnlich der Einkommensverteilung, festgelegt wird. Dadurch rücken berufsbedingte Einkommensschichten mit ihrem Konsumverhalten und Lebensstil in den Vordergrund, während solchen Schichten realhistorische Gruppenkohärenz und -mentalität keineswegs zu entsprechen braucht, ja, im allgemeinen abgeht. Dennoch sind Schicht und Schichtung oder Stratifikation im Deutschen nicht so schwer wie das Wort Klasse mit präjudizierendem Bedeutungsgehalt belastet. Da es unerläßlich ist, auf eine verallgemeinernde Begriffssprache zurückgreifen zu können, wird einer Kompromißdefinition das Wort geredet, wonach Schichtung oder Stratifikation als generelle Ausdrücke für das Grundphänomen der sozialen Ungleichheit verwendet werden. Diese Sprachhülsen müssen dann unter Berücksichtigung der vorgeschlagenen flexiblen Systematik und in Anlehnung an vorherrschende Sprachtraditionen mit wechselndem historischen Inhalt: mit Ständen, marktbedingten Klassen, Eliten usw. jeweils konkret aufgefüllt werden. Dabei wird das Vokabular der Zeitgenossen und der überlieferten Quellen eine wichtige Rolle spielen, obwohl die Quellensprache natürlich für eine Analyse nie völlig ausreicht, sondern immer auch sowohl der systematisch ausgerichteten Interpretation als auch der Übersetzung in die Sprache der Gegenwart bedarf.

Ein Nachteil von Begriffen wie Schichtung oder Stratifikation besteht darin, daß sie Erinnerungen an die starren Erdschichten der Geologie wecken. Für das System der sozialen Ungleichheit würde dadurch ein in der Tat irreführendes Bild suggeriert. Deshalb muß betont werden, daß soziale Schichtung oder Stratifikation keineswegs eine derartige Regungslosigkeit bezeichnen soll, sondern mit einem fest gespannten Netz verglichen werden kann, das sowohl seine Ladung mit einer gewissen Dauerhaftigkeit zusammenhält, als aber auch der Dynamik von Bewegungsabläufen innerhalb bestimmter, teils elastischer, teils harter restriktiver Bedingungen Spielraum gewährt.[14]

II. Der frühe Feudalismus bedeutete auch, wie Otto Hintze gesagt hat, »eine nachhaltig wirksame soziale Differenzierung, einen weltgeschichtlichen Akt der Berufungs- und Arbeitsteilung«. Die privilegierten ritterlichen Krieger schieden sich von den »in Abhängigkeit geratenen« Bauern und den gewerblichen Berufen.[15] Diese Unterschiede wurden sowohl wegen der relativen Dauerhaftigkeit der Machthierarchie als auch dank dem ideologisch legitimierenden Einfluß von magisch-geblütsrechtlichen Vorstellungen, an deren Seite noch die kirchliche Soziallehre trat, rechtlich erbfest eingefroren. Derartige nach Herrschaftsdifferentialen und Berufsfeldern, soziopolitischen Privilegien und soziokulturellen Prestigerängen bis hin zu den öffentlichen Kleiderordnungen scharf getrennte, im Personen-, Berufs-, Boden-, Gewerbe- und Heiratsrecht streng differenzierte Funktions- und Rechtsverbände werden, auch von den Zeitgenossen, Stände genannt. Da Geburt und Familienherkunft über den Eintritt in die ständisch ausgegrenzten Lebensbereiche entschied, spricht man auch von Geburtsständen. Die ursprünglich autonomen Herrschaftsträger des frühen Mittelalters etwa verwandelten sich in einen Herrschaftsstand von Landadligen, die aus der von abhängigen Bauern getragenen Grundherrschaft gewöhnlich ein arbeitsloses Renteneinkommen bezogen. In der Form einer ziemlich geschlossenen »Zwangsgenossenschaft« organisiert und von sog. Landständen schließlich korporativ vertreten, haben sie, wenn auch in dem allmählich schrumpfenden Ausmaß, das ihnen der neuzeitliche Staatsbildungsprozeß ließ, bis weit ins 19. Jahrhundert hinein an »öffentlicher« Herrschaft teilgehabt. Ihr Spitzenplatz in der Privilegienstruktur hing in erster Linie von vielseitigen Herrschaftsrechten, erst an zweiter Stelle von der Verfügung über Landbesitz ab, denn dieser war ursprünglich eine Folge, nicht aber die Ursache ihrer Machtposition. Noch im 20. Jahrhundert kann der zugeschriebene Rang der deutschen Grundaristokratie von den Resten der traditionellen Herrenstellung nicht getrennt werden. Insgesamt war für sie jedoch die typische Kristallisation von Macht, Vermögen und Prestige kennzeichnend.

Im Falle des vielfach abgestuften Adelsstandes, insbesondere des Hochadels, ist die Grenze, die ihn von einer Sonderform der sozialen Ungleichheit: von der durch Abstammung, rituell-religiös sanktionierte Vorschriften, starre Berufsrollen, garantierte Rangposition und scharfe Kontrolle der Aufstiegsmobilität abgeschotteten Kaste trennte, zeitweilig kaum zu erkennen gewesen.[16]

Politische Interessen wurden in der ständisch organisierten Gesellschaft von traditionellen Herrschaftspositionen aus häufig vertikal organisiert, etwa in der Form der quer durch verschiedene Stände verlaufenden Klientel eines adligen Schutzherrn, während die horizontale Interessenorganisation, die den Klassenlinien folgt, an moderne Stratifikationsformen gebunden ist.

Neben den adligen Herrschaftsständen finden sich die Stände der Kleriker, die eine durchaus herrschaftliche Verfügungsgewalt über eine Art »Fideikommiß ewiger Heilsgüter« besaßen, das Angebot an legitim zugelassenen kulturellen Deutungsmustern jahrhundertelang monopolisierten, ihre überlegene Organisationserfahrung zusammen mit dem Vorsprung im Lesen und Schreiben als Herrschaftswissen ausnutzten, oft aber auch durch weltliche Verwaltungsfunktionen und ihren Landbesitz abgehoben waren.[17]

In der relativ starren Hierarchie der feudalen Ständepyramide war unter diesen Spitzenreitern eine Mehrzahl von anderen Ständen angeordnet: Großbürgerliche Patrizier, kleinbürgerliche Gewerbetreibende, freie und abhängige Bauern usw. bildeten jeweils nach ungleichem Recht fixierte, unterschiedliche materielle und ideelle Güter monopolisierende, extrem abgestuftes Prestige genießende, durch Kleidungsvorschriften und Umgangsformen, Lebensführung und Ehrenkodex getrennte erbliche Stände. Außerhalb der ständischen Rechtsordnung im engeren Sinn bewegten sich die »unterständischen« Gruppen der Landlosen, Vagabunden, Kriminellen. Nicht zuletzt diese Verlegenheitsbezeichnung erinnert an die schlechthin grundlegende Tatsache, daß man die damalige soziale Lebenswelt mit Ständebegriffen nur zum Teil erfassen kann und daher außerdem immer noch Schichtungs-, schließlich auch Klassenbegriffe benötigt. Denn realhistorisch feststellbare Sozialschichtung und Ständewesen deckten sich nie und nirgendwo vollständig. Die Barrieren des Ständerechts, der ständischen Sitten und Traditionen wurden in der sozialen Wirklichkeit allenthalben durchbrochen: durch fließende Übergänge, soziale Aufstiegs- und Abstiegsmobilität, politische Kompromisse, neue vordringende Sozialformen insbesondere im Umfeld der emporkommenden kapitalistischen Handelsfirmen und Gewerbezweige. Erst eine Untersuchung der faktischen sozialen Verkehrs- und Heiratskreise von Ständen oder späteren Prestigegruppen vermag zu zeigen, wie abgeschlossen oder aufgelockert ihr Eigenleben tatsächlich verlaufen ist. Die Erinnerung an ständische Traditionen blieb freilich mächtig: Die soziale Ehre und Rechtsstellung der Stände stellen auch noch in der Moderne, als die historischen Strukturen sozialer Ungleichheit sich längst verändert hatten, das offene oder geheime Vorbild vieler Erwerbsklassen, Statusgruppen und Machteliten dar.

III. Mit dem Aufkommen neuzeitlich-kapitalistischer Marktbeziehungen, vor allem mit der Entfaltung kapitalistischer Märkte für Waren und Boden, Geld und Arbeit bildeten sich auch in Deutschland marktbedingte Klassen heraus, seit dem 19. Jahrhundert vor allem der Typ der vom Industriekapitalismus geschaffenen Klassen, die auf ungleicher Verwertung von Gütern und Leistungsqualifikationen auf Märkten beruhen. An dieser Stelle verdient der Umstand auch noch einmal ins Gedächtnis gerufen zu werden, daß jeder Markt, systematisch gesehen, ein Herrschaftsgefüge mit einer Arena bildet, in der die Besitzer unterschiedlicher Machtpotentiale aufeinandertreffen. In den Handlungs- und Funktionszusammenhang, den Adam Smith mit dem Bild von einer den Markt stillschweigend regulierenden »unsichtbaren Hand« erfassen wollte, ist daher ein keineswegs unsichtbares Machtgefälle als konstitutives Merkmal unabänderlich eingelassen.

Unter den Bedingungen funktionierender kapitalistischer Märkte gewinnt die Fähigkeit eine wachsende, schließlich grundlegende Bedeutung, in welchem Maße diese Verfügung »über Güter und Leistungsqualifikationen«, mithin eine spezifische Angebotskapazität, auf einem Markt geltend gemacht werden kann. Daraus ergibt sich, systematisch gesehen, eine Dichotomie der Klassen: Die Besitzklasse der Produktionsmittelbesitzer umschließt die wegen ihrer Verfügungsrechte im »Konkurrenzkampf auf dem Markt ökonomisch Privilegierten«, jene echten »Marktmachtinteressenten«, denen vielfältige Machtchancen kraft Besitz zufallen. Die Erwerbsklasse der vom privaten Produktionsmitteleigentum ausgeschlossenen Besitzer von Arbeitskraft dagegen muß diese zu den Preisen, die auf den erreichbaren Arbeitsmärkten gezahlt werden, verkaufen.[18]

Dieses Arbeitskräfteangebot der Erwerbsklassen ist jedoch hochgradig differenziert: Es reicht von ungelernter Handarbeit über zahllose Zwischenstufen bis hin zu hochspezialisierten technischen Fähigkeiten und begehrten wissenschaftlichen Bildungsqualifikationen. In aller Regel ist mit diesen Unterschieden ein außerordentlich ungleiches Maß an Lebenschancen überhaupt, insbesondere auch an Marktmacht verbunden. Individuelle Schwäche kann häufig erst durch kollektive Interessenvertretung kompensiert werden. Pausenlos schafft auch der vom Industriekapitalismus beschleunigte Evolutionsprozeß der sozialen Differenzierung neue Berufsrollen, Anforderungen, funktionelle Erfordernisse, Arbeitsbedingungen usw. Verschiedenwertige soziale Ehre heftet sich ganz so an industrielle Klassen wie an Stände. Überhaupt gibt es innerhalb dieser Klassen eine ständige Fragmentierung wegen divergierender Interessenlagen und Differentiale der Marktpositionen. Ältere Lebensbedingungen, die zur Orientierung dienten, werden relativiert oder degradiert, verändert oder sogar aufgehoben. Dieser permanente Flux des sozioökonomischen Wandels entzieht sich den plakativen Begriffen im Arsenal der Orthodoxien jeglicher Couleur. Der Beruf gewinnt jedoch als allgemeiner Regulator von Gratifikationen zunehmend einen höheren Rang. Deshalb dient er auch in der gegenwärtigen Sozialforschung als bevorzugter Indikator sozialer Ungleichheit. Man hat geschätzt, daß in den letzten Jahrzehnten $3/4$ der Gesamtmenge aller Gratifikationen an Berufspositionen gebunden gewesen sind.[19] Da die numerische Bedeutung der Erwerbsklassen im Verhältnis zu den anderen Klassen seit längerem angestiegen ist und offenbar noch weiter ansteigt, muß jeweils die entscheidende Frage beantwortet werden, welche Faktoren den Zugang zu den Berufen regeln.

Von analytischen Begriffen wie Schicht oder Klasse ist die historische Realität der politisch handlungsfähigen Klassen mit ausgebildetem Klassenbewußtsein klar zu unterscheiden. Klasse als systematische Kategorie für Schichten, die mit Hilfe eines »objektiven« Auswahlkriteriums wie Marktkapazität zusammengefaßt werden, besagt noch wenig über ein »subjektives« Klassifikationskriterium wie Klassenbewußtsein. Erst das Bewußtsein der Klassenlage, die aus den Gemeinsamkeiten der sozioökonomischen Situation, aus Herrschaftsinteressen, aus inneren Haltungen und Einstellungen, notwendig auch aus der Auseinandersetzung mit anderen Klassen erwachsende gemeinsame Sozialmentalität, die daran anknüpfende Kampfideologie, die Homogenität und Organisation der Interessen, Konfliktstrategien und Aktionsziele – sie schaffen über längere Zeiträume hinweg die politisch handelnde Klasse; das meinte Marx mit dem Übergang von einer »Klasse an sich« zur »Klasse für sich«.[20] Als historische Subjekte kämpfen sie nicht nur um verbesserte Anteile bei der Distribution des Sozialprodukts, sondern zugleich um erhöhtes Ansehen, um den Besitz oder die Teilhabe an Herrschaft, damit auch für eine zu ihren Gunsten veränderte Legitimationsgrundlage der politischen Ordnung.

Klassen bilden innerhalb der Gesellschaft verschiedene wichtige und komplizierte Strukturen aus. »Objektiv«, unabhängig von individueller Einsicht, besitzen sie eine gemeinsame latente Interessenbasis in dem Ziel, die Ressourcen ihrer Klasse zu verteidigen oder zu verbessern. Die »subjektive« Erfahrung der Klassenlage ist dagegen an historische Voraussetzungen gebunden, die oben angedeutet worden sind. Wegen dieser Erfahrung ist die Familie die wichtigste Untereinheit der Klasse, erst nach ihr folgt der Einzelne als Klassenangehöriger. Denn »in eine bestimmte Klassenlage hineingeboren« zu werden, hat Schumpeter etwas überspitzt, aber sinngemäß zu Recht, als »wichtigste Folge des Bestehens klassenmäßiger Struktur« bezeichnet, »die Familie« bilde deshalb »das wahre Individuum der Klassentheorie«. Sie entscheidet in hohem Maße durch Besitz, Einkommen, Prestige, Mentalität, Sprachkompetenz, Motivationsressourcen, Ausbildungsangebot über zahlreiche Startpositionen der Kinder und Lebenschancen der Erwachsenen. Die Klassenzugehörigkeit des Einzelnen aufgrund der Geburt ist – nach oben als Hindernis, nach unten als »Schwimmgürtel« wirkend – insofern »eine gegebene Tatsache, die zunächst von seinem Willen unabhängig« bleibt.[21] Daher ist es ganz irreführend, Geburt und Herkunft vornehmlich für Stände und Kasten hervorzuheben, für Klassen aber auf dem Primat des offenen Zugangs zu insistieren, obwohl das im rechtlichen Sinn zutrifft.

Innerhalb von Schichten, Ständen und Klassen bilden sich häufig Eliten heraus, d. h. strategisch postierte, besonders repräsentative Minderheiten mit speziellen Kenntnissen und Fähigkeiten zur Wahrnehmung vitaler Funktionen in der Gesellschaft. Funktionseliten sind selbstverständlich von Eliten im normativen Sinn (z. B. Bildungseliten) analytisch zu scheiden, wenn auch viele Funktionseliten normsetzend wirken oder normative Eliten als Funktionseliten tätig sein können. Die vermeintliche Konstante der relativen Autonomie von Machteliten, an der von Macchiavelli über Pareto, Mosca und Ferrero bis hin zu Gramsci und C. Wright Mills politischen Theoretikern soviel gelegen hat, muß in jeden Fall durch die Untersuchung der restriktiven Bedingungen, unter denen Eliten operieren oder die lautlos wirkenden Gebote der »Non-Decisions« respektieren, empirisch überprüft werden. In diesem Sinne kann man aus den Herrschafts-, Besitz-, Erwerbs-, Prestigeklassen politische Eliten, Funktionseliten mit spezifischer Expertise, Eliten in Wissenschaft, Kirche, Militär, Unternehmerschaft, Management usw. hervorheben. Kein plausibler Grund spricht dafür, herrschende Klasse und Elite als gleichbedeutend zu verwenden. Wohl aber kann es unter Eliten noch jeweils eine »hegemonische« Elite an der Spitze geben.[22] Bei allen Eliteanalysen empfiehlt es sich, einige Standardfragen zu verfolgen: 1. Welche Elite herrscht? Welchen institutionalisierten und informellen Respekt (Deference) kann sie, in welcher speziellen Funktion und mit welcher Reichweite, beanspruchen? 2. Wie rekrutiert sich die Elite? Wie sehen die Zugangskriterien aus? 3. Welche Grade an Kohärenz, Solidarität, Spannung sind feststellbar? Welche Effekte lösen sie aus? 4. Welche Zirkulationschancen und -raten können beobachtet werden? 5. Wie sind die Elite, ihre Handlungsfähigkeit und ihr Aktionsfeld in ihre Klasse und in die Gesellschaft eingebettet? Wo liegen die eigentümlichen Schwächen?

Eine historische Analyse der Stände- und Klassenstrukturen vom 18. bis ins 20. Jahrhundert kommt mit wenigen systematischen Kategorien nicht aus, geschweige denn mit einem strikt dichotomischen Modell. Sie hat vielmehr von einer Mehrzahl hierarchischer Gradierungen innerhalb des Stratifikationssystems auszugehen, da sie sich durchweg einer Gemengelage historisch verschiedenartig geprägter sozialer Schichtungsstrukturen gegenübersieht. »Jeder Gesellschaftszustand ist Erbe der vorhergehenden und übernimmt ... Elemente ihrer sozialen Struktur und ihrer Machtpositionen«, hat Schumpeter diesen Tatbestand wiederum beschrieben. Deshalb hielt er es für einen der wichtigsten Aspekte sozialer Schichtung, auch »des Klassenphänomens ...‚ daß die Klassen, einmal vorhanden, fest werden, fortwirken und sich erhalten, auch wenn die sozialen Umstände, die sie schufen, fortgefallen sind«. Allgemeiner gesagt: »Soziale Strukturen, Typen und Verhaltensweisen sind Münzen, die nicht schmelzen. Sind sie einmal geprägt, so überdauern sie möglicherweise Jahrhunderte.«[23] Außer der Koexistenz historischer und jeweils neuer Strukturen wirken sich die Ablösung der politischen Regime, soziokulturelle Unterschiede, wechselnde »Weltbilder«, geographische Isolierung, regionale Entwicklungen, Investitionsentscheidungen usw. mit kaum generalisierbarer Einflußstärke aus. Für die Entwicklung der sozialen Ungleichheit vom 18. bis ins 20. Jahrhundert kann aber mit der Entfaltung marktbedingter sozialer Klassen das Richtungskriterium der Modernisierung angegeben werden. Damit wird die Haupttendenz charakterisiert, die für die Analyse der historischen Mischungsverhältnisse von alten und neuen sozialstratifikatorischen Strukturen beträchtlichen, im einzelnen aufzufüllenden Spielraum läßt.

Um die nicht nur auf den ersten Blick verwirrende historische Mannigfaltigkeit der Sozialschichtung mit ihren fließenden Übergängen und Abgrenzungsproblemen analysieren zu können, empfiehlt es sich, wo immer möglich einen verhältnismäßig schematischen Frageraster anzuwenden, der auch dann seinen heuristischen Nutzen behalten dürfte, wenn von anderen Prämissen, Kategorien und Definitionen der Stratifikation ausgegangen wird. Er ist hier im Hinblick auf Klassen formuliert, kann aber sinngemäß auch auf Stände angewandt werden.

1. Welche Ursachen und Bedingungen führen zur Klassenbildung? Man hat es dabei, je nach der Strenge der Systematik oder der Weite des historischen Untersuchungsfeldes, mit der variierenden Dominanz weniger oder vieler Faktoren, mit stärkerer oder schwächerer Strukturierung von Klassen usw. zu tun.

2. Welche Struktur und Klassenlage, welche Klassenattribute und -symbole charakterisieren eine Klasse? Welche speziellen Berufsrollen, Herrschaftspositionen, Prestigegrade spielen eine Rolle? Auf welcher Basis beruhen z. B. Herrschaft und Machtverteilung zugunsten einer herrschenden Klasse? Wer kann, da Herrschaft soziallegitimierte Macht mit Sanktionsgewalt ist, wo, wann, wie und gegen wen Verhalten erzwingen, neue Interessen in Normen um- und gegen alte Normen durchsetzen? Welche politischen, ökonomischen, symbolischen Ressourcen stehen einer herrschenden Klasse außer, in letzter Instanz, der physischen Gewalt zur Verfügung? Welche Satellitengruppen umgeben sie? Welche Eliten in ihr beeinflussen am nachhaltigsten die Allokation der Ressourcen? Ist dabei eine hegemoniale Elite erkennbar? Wie können Herrschaftsunterschiede an der formalen Position, dem Umkreis der politischen Aktivität, der rechtlichen Privilegierung gemessen werden? Wie werden sie ideologisch gerechtfertigt? Wie konzentriert oder diffus ist Macht verteilt? Wie stark oder schwach ist die Kohäsion zwischen Machtträgern, wie weit oder kurz ihre Distanz zu den wenigen Privilegierten, wie abhängig

oder autonom ihr Verhalten diesen gegenüber? Welche Rekrutierungskriterien und welche Zirkulationsraten bestimmen die Zugehörigkeit? Wo läßt sich die Achillesferse von herrschenden Klassen und ihren Eliten ausfindig machen? Ähnliche Fragenkataloge lassen sich für Besitz-, Erwerbs- und Prestigeklassen aufstellen. Was genau bedeuten Vermögens- und Einkommensverteilung, Bildungsqualifikation und technische Fertigkeit? Welche stabilisierenden, reproduzierenden, reduzierenden Prozesse regulieren die soziale Ungleichheit? Durch welche Bedingungskonstellationen werden diese Klassen erhalten, verändert, aufgelöst? Wie wird der Zugang zu Positionen, wie die Übertragung geregelt? Wie unterscheiden sich Profil, Kompliziertheit, Spannweite, Variationsbreite, Institutionalisierungsgrad, Rechtslage, Lebensstil, Sozialisationsmechanismen? Wie groß sind die für die Selbsteinschätzung so wichtigen Unterschiede in der sozialen Distanz zu anderen Klassen? Wo wird Freuds »Narzismus der kleinen Differenzen« hartnäckig kultiviert?[24]

3. Auf welche Weise und aus welchen Gründen wandeln sich Klassen? Hierhin gehören außer den Auswirkungen von Herrschaftswechsel, sozialer Differenzierung, Besitzverschiebung, Qualifikationswandel usw. vor allem auch Analysen der sozialen und geographischen (vertikalen und horizontalen) inter- und intragenerationellen Mobilität: ihrer Ursachen, Normen, Prozesse, Kanäle, Grade, Ausmaße, Ergebnisse, ihrer Bewertung und Deutung. Wachsen, je geringer soziale Aufstiegsmobilität ist, die Schranken zwischen den Klassen? Sinken diese Schranken zusammen mit der Konfliktschwelle, wenn die Offenheit der Klassen und Institutionen zunimmt? Ist ein gewisses Maß an sozialer Mobilität funktional notwendig zur Erhaltung der Ungleichheitsstrukturen, damit die Barrieren nicht zu starr, vielleicht sogar brüchig werden?[25] Vermutlich ist es eine Selbstverständlichkeit, jedenfalls bleibt es unumgänglich, zwischen Veränderung der Gesamtstruktur einer Klassengesellschaft, ihrer »Makrodynamik« einerseits, und den Veränderungen innerhalb ihrer einzelnen Klassen, ihrer »Mikrodyamik« andererseits genau zu unterscheiden – ob sie langsam oder abrupt, gleichzeitig oder phasenverschoben verlaufen.[26]

4. Wie wirken sich Konflikte innerhalb von Klassen und Eliten, und wie wirkt sich ein Sonderfall von sozialem Wandel: der Konflikt zwischen Klassen aus? Dabei geht es nicht um beliebigen Streit, sondern in erster Linie um strukturelle, in die Fundamente der Sozialstruktur eingesenkte Konflikte. Wie variieren die Formen: vom anarchischen sozialen Protest über den Tarifkampf bis hin zum Bürgerkrieg? Welche Konfliktintensität führt zu wel-

chen Folgen? Welchen Stellenwert besitzen die verschiedenen Arten der Mobilität? In welchem Rahmen und mit welchen Zielen spielt sich der Kampf um Herrschaft und ihre Legitimationsbasis ab? Gleichzeitig bleibt ein komplementäres Fragenbündel notwendigerweise wichtig, da der schroffe Gegensatz zwischen Konflikt- und Konsenstheoretikern in historischer Perspektive erst recht künstlich wirkt: Warum, wo, wie, wann und wie lange kommt es zu Kooperation oder Anpassung, zu kurzlebigen Koalitionen oder langlebigen Allianzen? Wo müssen die Integrationsinteressen, die »im Rechts- und Legitimationscharakter der Herrschaft« auch »ihre Erfüllung finden«, neben den Antagonismen der Konfliktlagen in ihr relatives Recht eingesetzt werden?[27] Wie wird die Ambivalenz von Konflikt und Konsens berücksichtigt? Trifft Webers Urteil allgemein zu, daß eine »gewisse (relative) Stabilität« der sozialökonomischen Entwicklung der »sozialen Ehre« vergleichsweise nachhaltigere Bedeutung verleihe, während eine »technisch-ökonomische ... Umwälzung« – wie auch Friedrich Engels glaubte – die ökonomische »Klassenlage in den Vordergrund« schöbe und Klassenkämpfe begünstige?[28]

5. Welche Funktionen üben Klassen selber, Klassenstrukturen und Klassengesellschaften aus? Zu welchen Konsequenzen führen sie: für Kleingruppen und Einzelne, für Klassen und die Gesamtgesellschaft, auf kurze oder lange Sicht, manifest und latent? Worauf lenkt der Tatbestand hin, daß Klassen füreinander zu Referenzgruppen werden, Hoffnungen und Erwartungen, Gefahren und Drohungen auslösen? Welche kulturellen Deutungsmuster werden an Klassengesellschaften herangetragen, mit Klassenlagen verknüpft? Wie läßt sich in diesem Kontext mit dem Konzept der »Relativen Deprivation«, das die Spannungen zwischen Erwartung und Erfüllung von Wünschen genauer erfassen soll und in das solche Deutungsfragen, z. B. im Hinblick auf soziale Distanzen, Normen und Verhaltensweisen, ständig einfließen, theoretisch wie empirisch weiterkommen?[29] Was bedeutet es, wenn die Annahme sich als gerechtfertigt erweisen sollte, daß eine sozialstrukturell stabile Disparität der Lebenschancen, wie sie sich in Klassenunterschieden ausdrückt, für die Erklärung weiter Bereiche des sozialen Verhaltens bis heute von erstrangiger Bedeutung bleibt?[30]

Diese Gesichtspunkte, die keineswegs alle befriedigend verfolgt werden können, sollen dabei behilflich sein, die leitenden Fragen nach den Strukturen der sozialen Ungleichheit zu präzisieren. Diese Fragen richten sich zuerst auf den Zustand und die Auflösung der ständisch gegliederten Gesellschaft; sie gelten dann vor allem der Entwicklung von Klassenstrukturen vom 18. bis ins 20. Jahrhundert hinein. Die Tendenzrichtung für den Strukturwandel der sozialen Ungleichheit in dieser Zeit wird, wie gesagt, in erster Linie im Übergang zu marktbedingten Klassen gesehen, wenn auch die eigentümlichen Mischungsverhältnisse, die das Neue mit dem Alten einging, mit Nachdruck herauszustellen sind. Schließlich wird nach den veränderten Rahmenbedingungen im interventionsstaatlichen organisierten Kapitalismus und nach den sozialen Ergebnissen dieses Konstellationswandels zu fragen sein. Haben die politischen Steuerungsbemühungen – z. B. im Bereich der Bildungs-, Sozial- und Lohnpolitik – inzwischen schon ein derartiges Gewicht gewonnen, daß ihre Folgen für die Sozialschichtung im Lichte von Webers Diktum über den Primat der »Machtverteilung« auch im Hinblick auf das Stratifikationsgefüge anerkannt oder doch neu erörtert werden müssen?[31]

Zur Debatte steht, wie sich in dem Transformationsprozeß, den der Vormarsch des Kapitalismus und schließlich die Durchsetzung des Industriekapitalismus bedeutet hat und bedeutet, das System der sozialen Ungleichheit verändert hat. Wie sind die sozialen Prozesse verlaufen, welche Grundstrukturen setzten sich dominierend durch, welche Konsequenzen sind hervorzuheben, welche Veränderungschancen und -tendenzen sind heute erkennbar?

Anmerkungen

1 J. *Habermas,* Zur Logik der Sozialwissenschaften, Tübingen 1967, 179; Frankfurt 1970². – „Achse" im Sinne von A. *Giddens,* The Class Structure of the Advanced Societies, N. Y. 1975², 30, 96, 188, 294, u. von D. *Bell,* The Coming of Post-Industrial Society, N. Y. 1973, z. T. dt. Die nachindustrielle Gesellschaft, Frankfurt 1975, 27–29.

2 M. *Weber,* Wirtschaft u. Gesellschaft (= WG), I, Tübingen 1956⁴, 196. Es sei dahingestellt, ob H. *Popitz* (ders. u. a., Das Gesellschaftsbild des Arbeiters, Tübingen 1957; ders., Zum Begriff der Klassengesellschaft, in: Hamburger Jb. für Wirtschafts- u. Gesellschaftspolitik 3. 1958, 93–192) recht hat, wenn er im Gegensatz von körperlicher und nicht-körperlicher Arbeit eine weitere anthropologische Konstante der Ungleichheit sieht.

3 W. *Mager,* Diskussionsbemerkung, in: J. *Kocka* Hg., Theorien in der Praxis des Historikers, Göttingen 1977, 49.

4 Dieses Dreierschema wird gewöhnlich auf Weber zurückgeführt. Im allgemeinen geschieht das zu Recht, denn dem entspricht die Art, wie er dieses Instrumentarium praktisch gehandhabt hat. Einer genaueren Textinterpretation hält diese Auffassung aber vielleicht doch

nicht stand. Weber hat offenbar ökonomische Lage, Machtverteilung und sozialen Status nicht immer als gleichwertige Dimensionen der Stratifikation, sondern gelegentlich auch als „Phänomene der Machtverteilung in einer Gemeinschaft" (WG, II, 531) angesehen. Macht und Herrschaft bilden für ihn an dieser Stelle, soweit ich sehe, eine Art übergeordneter Potenz, während etwa „Klasse" und „Stand" zwei mögliche, eventuell konkurrierende Arten der Gruppenbildung im Verhältnis zur gesellschaftlichen Machtverteilung sind, um welche die „Parteien" nur besonders intensiv und offenkundig kämpfen. Der allgemeine Gesichtspunkt der kulturellen Deutungsmuster spielt bekanntlich bei Weber eine fundamentale Rolle, ist aber von ihm in der systematischen Kasuistik von „Wirtschaft und Gesellschaft" als eigener (Status umschließender) Faktor nicht mit demselben Nachdruck aufgeführt worden. Der Klarheit halber werden aber hier diese kulturellen Deutungsmuster, zu denen auch Webers „Weltbilder" (Gesammelte Aufsätze zur Religionssoziologie (= AR), I, Tübingen 1947⁴, 252) gehören, parallel hervorgehoben. Vgl. WG, II, 539, 541; *Giddens, 44; F. Parkin,* Class Inequality and Political Order, London 1975³, 46; L. *Reissman,* Class in American Society, N. Y. 1960, 58; ders., Social Stratification, in: N. J. *Smelser* Hg., Sociology, N. Y. 1973², 139. Nach Weber natürlich auch „soziale Ehre" (WG, II, 531, 534 f.), Macht als Chance, den Willen oder Auftrag durchzusetzen, und Herrschaft als sozial normierte und organisierte Macht (ebd., I, 28; II, 531, 542). Daß man wohlberaten ist, für die Gleichberechtigung von Klassenlage, Machtverteilung und Prestige einzutreten, begründet vorzüglich: W. R. *Runciman,* Class, Status, Power, in: J. A. *Jackson* Hg., Social Stratification, Cambridge 1968, 25–62, ders., Explaining Social Stratification, in: T. C. *Nossiter* u. a. Hg., Festschrift (= Fs.) für P. Nettl, London 1972, 157–80; s. auch S. N. *Eisenstadt,* Social Differentation and Stratification, London 1971, 83.

5 Nach R. *Dahrendorf,* Soziale Klassen u. Klassenkonflikt in der industriellen Gesellschaft, Stuttgart 1957, 138–45; überarb. engl.: Class and Class Conflict in Industrial Society, Stanford 1959 u. ö., 157–240; ders., Pfade aus Utopie, München 1968, 373–75; Konflikt u. Freiheit, ebd. 1972, 13, 91, 123–27; ders., Macht u. Herrschaft, in: Religion in Geschichte u. Gegenwart 4. 1960³, 569–72. Zur Kritik an Dahrendorfs Thesen s. außer der in seinem Aufsatzband von 1972 zit. Literatur v. a. *Giddens,* 69–74, u. P. *Weingart,* Herrschaft u. Konflikt. Eine Kritik Dahrendorfs an der strukturell funktionalen Theorie, in: Soziale Welt (= SW) 19. 1968, 240–67. Gegen die ethnosoziologischen Kritiker von Dahrendorfs Anspruch auf universelle Systematik indirekt, jedoch sehr klar: G. *Balandier,* Politische Anthropologie, München 1976. Vgl. G. *Lenski,* Macht u. Privileg, Frankfurt 1973, 70 f., 87, 96; W. R. *Runciman,* Towards a Theory of Social Stratification, in: F. *Parkin* Hg., The Social Analysis of Class Structure. London 1974, 62–64, dt. in: K. H. *Hörning* Hg., Soziale Ungleichheit, Neuwied 1976, 33–61; aber auch G. *Schmoller,* Grundriß der allgemeinen Volkswirtschaftslehre, I, München 1923², 431; ders., Die Soziale Fra-

ge. Klassenbildung, Arbeiterfrage u. Klassenkampf, München 1918, 142; sowie kritisch H. *Schelsky,* Die Bedeutung des Klassenbegriffs für die Analyse unserer Gesellschaft (1961), u. a. in: B. *Seidel* u. S. *Jenkner* Hg., Klassenbildung u. Sozialschichtung, Darmstadt 1968, 413, 435. – Die grundlegende Bedeutung des „Principle of Exclusion" ist in der für die Entwicklung des modernen Kapitalismus besonders einflußreichen Schule der englischen Sozialphilosophie seit Locke scharf gesehen worden. Vgl. C. B. *Macpherson,* The Political Theory of Possesive Individualism, Oxford 1962, dt. Politische Theorie des Besitzindividualismus, Frankfurt 1967 u. ö. Die Debatte über die grundlegende Bedeutung wirtschaftlicher Verfügungsrechte, die Weber, Schmoller, Bücher, Schäffle, Wagner u. a. völlig präsent war, lebt jetzt im Zusammenhang mit der Erörterung des „Property Rights-" Paradigmas in der westlichen Nationalökonomie und „Neuen Wirtschaftsgeschichte" wieder auf. Vgl. dazu den Überblick in: K. *Borchardt,* Der „Property Rights-Ansatz" in der Wirtschaftsgeschichte, in: *Kocka* Hg., 140–56.

6 *Weber,* WG, II, 549, 972, 982 f.; *Dahrendorf,* Klassen, 199; ders., Konflikt, 13–91; *Lenski,* 87, 96, 109 f.

7 Wie verwirrend vielfältig der Klassenbegriff in Marx' Werk gebraucht wird, zeigt H. *Stuke,* Bedeutung u. Problematik des Klassenbegriffs. Begriffs- u. sozialgeschichtliche Überlegungen im Umkreis einer historischen Klassentheorie, in: Fs. W. Conze, Stuttgart 1976, 46–82, v. a. 63–79. Aus der umfangreichen Lit. vgl. die Arbeiten in: H.-U. *Wehler,* Bibliographie zur modernen deutschen Sozialgeschichte (= BS), Göttingen 1976, 96–106, sowie J. *Stolzman* u. H. *Gamberg,* Marxist Class Analysis vs. Stratification Analysis, in: Berkeley Journal of Sociology 18. 1973/74, 105–26. Zur Kritik nur: *Weber,* WG, I, 33; *Dahrendorf,* Klassen, 139; ders., Konflikt, 13.

8 Außerdem unterschätzt die Arbeitswertlehre, die Marx von der klassischen schottisch-englischen Ökonomie, insbesondere von Ricardo, übernommen hat, außer dem Machtaspekt der Distributionsordnung, die keineswegs ausschließlich von den Produktions- und Eigentumsverhältnissen bestimmt wird, völlig die je spezifischen Leistungen der anderen im Betrieb zusammenwirkenden Produktionsfaktoren, etwa die an die Unternehmerfunktion gebundene Organisationsfähigkeit, Planung, Marktstrategie usw. Vor allem aber ist es noch nie überzeugend gelungen, das Konzept des Mehrwerts – ob für die vorindustrielle oder für die industrielle Zeit – so zu operationalisieren, daß Mehrwert exakt gemessen werden könnte, während die Preistheorie die Berechnung von Aufschlägen auf die Gestehungskosten mühelos ermöglicht. Vorzügliche Kritik an dieser diffusen und völlig überfrachteten Vorstellung findet sich in: C. *Helberger,* Marxismus als Methode, Frankfurt 1974, 99–113, 166–70; H. W. *Pearson,* The Economy Has No Surplus, in: K. *Polanyi* u. a. Hg., Trade and Market in the Early Empires, Glencoe 1957, 320–41; s. auch die prinzipiellen Einwände gegen die Mehrwertlehre bei J. *Habermas,* Technik u. Wissenschaft als „Ideologie", Frankfurt 1968, 79 f., 84.

9 AR, II, 41; I, 274; WG, I, 178; Historische Vergleiche in: AR I–III; WG I u. II; Wg.

10 WG, II, 538; AR, I, 224; WG, I, 177, 179. – Die bekannteren Definitionen des Klassenbegriffs bei Weber (WG, II, 531 f.) beziehen sich in erster Linie auf die modernen, marktbedingten Besitz- und Erwerbsklassen. Es sind danach „eindeutig ökonomische Interessen ... an die Existenz des ›Markts‹ gebundene, welche die ›Klasse‹ schaffen". Klassen entstehen nur dort, „wo 1. einer Mehrzahl von Menschen eine spezifische ursächliche Komponente ihrer Lebenschancen gemeinsam ist, soweit 2. diese Komponente lediglich durch ökonomische Güterbesitz- und Erwerbsinteressen und zwar 3. unter den Bedingungen des (Güter- und Arbeits-)Marktes dargestellt wird". Dementsprechend wird die Klassenlage durch die „typische Chance der Güterversorgung, der äußeren Lebensstellung, des inneren Lebensschicksals" bedingt, die alle „aus Maß und Art der Verfügungsgewalt ... über Güter oder Leistungsqualifikationen" folgen.

11 WG, II, 177, 533.

12 WG, II, 531. Entschieden betont wird diese Dimension u. a. von H. *Speier,* Bemerkungen zur Erfassung der sozialen Struktur in: Archiv für Sozialwissenschaft u. Sozialpolitik 69. 1933, 705–25; ders., Honor and Social Stratification (1935), in: ders., Social Order and the Risk of War, Cambridge/Mass. 1969², 36–52, vgl. 19–26; ders., Die Angestellten vor dem Nationalsozialismus 1918–1933, Göttingen 1977, 13, 90–94. Auf diese Problematik gehen auch die meisten soziologischen Lehrbücher näher ein, vgl. BS, 15–21, 96–106; sowie F. *Zunkel,* Ehre, Reputation, in: Geschichtliche Grundbegriffe, II, Stuttgart 1975, 1–63.

13 Vgl. *Lenski,* 123, 446; *Dahrendorf,* Klassen, 144; *Weber,* WG, II, 531, 537; T. H. *Marshall,* Sociology at the Crossroads, London 1963, 132.

14 J. A. *Schumpeter* (Die sozialen Klassen im ethnisch homogenen Milieu, in: ders., Aufsätze zur Soziologie, Tübingen 1953, 151, 205) spricht schon 1910, längst vor der modernen amerikanischen Soziologie, von Stratifikation. Vgl. u. a. zur Kritik: P. *Worsley* u. a., Introducing Sociology, Harmondsworth 1976⁷, 283; *Eisenstadt,* 16. Der Vorschlag von R. S. *Neale* (Class and Ideology in the 19th Century, London 1972, 30 f.), das Stratifikationssystem mit mehreren auf einem leicht konvexen Hügel gelegenen Teichen zu vergleichen, die durch Kanäle für Zu- und Abstrom miteinander verbunden sind, enthält auch kein glücklicher gewähltes Bild. Die wichtigste Lit. zur allgemeinen Schichtungsproblematik ist verzeichnet in: BS, 96–106, zu historischen Einzelfragen: 107–64, 241–61. Diese Entscheidung für „Schichtung" findet sich auch bei J. *Kocka,* Theorien in der Sozial- u. Gesellschaftsgeschichte, in: Geschichte u. Gesellschaft (= GG) 1. 1975, 32–42, v. a. 37; T. *Geiger,* Arbeiten zur Soziologie, Hg. P. *Trappe,* Neuwied 1962, 186–93; *Hörning* Hg., Soziale Ungleichheit, weitere Lit.: 231–56; T. B. *Bottomore,* Soziale Schichtung, in: R. *König* Hg., Empirische Sozialforschung, Bd. 5, München 1976, 1–39. Wenn man für die

historische Trennschärfe des engeren Klassenbegriffs von Weber plädiert, heißt das gleichzeitig, um diesen Punkt zu wiederholen, daß man die Bindung des Klassenbegriffs an Herrschaft und/oder Privateigentum als zu weitreichende Verallgemeinerung auffaßt, denn er träfe dann wieder auf die Jahrtausende seit den ersten Hochkulturen zu (wie z. B. bei K. *Eder* Hg., Die Entstehung von Klassengesellschaften, Frankfurt 1973) und müßte unablässig durch Adjektive historisch qualifiziert werden (patrizische, ständische Klasse usw.). Trotz aller Sympathien für eine generalisierende Begriffssprache ist der mögliche Verlust an Präzision und die mögliche Gefahr der Mißdeutung zu groß. Vgl. hierzu auch K. v. *Beyme*, Klassen, Klassenkämpfe, in: Sowjetsystem u. Demokratische Gesellschaft 3. 1969, 633–69, u. S. *Ossowski*, Klassenstruktur im sozialen Bewußtsein, Neuwied 1962, 33–90, 161 f. Stukes lesenswerter Beitrag wiederholt ausführlich den in der begriffsgeschichtlich orientierten Sozialgeschichte besonders naheliegenden Appell zur Differenzierung der Begriffe. Er teilt aber auch die für diese Richtung öfters charakteristische Eigenart, gegenüber der exakteren Analyse realhistorischer Probleme auf Abstand zu halten und das historische Individualitätsprinzip gelegentlich bis hin zur Impraktikabilität in Forschung und Darstellung zu steigern.

15 O. *Hintze*, Gesammelte Aufsätze, Hg. G. *Oestreich*, I, Göttingen 1962, 62, 92, das folg. Zit.: 133. Vgl. aus der umfangreichen Literatur dazu allg. K. *Bosl*, Gesellschaftsentwicklung, 500–900, in: Handbuch der Deutschen Wirtschafts- u. Sozialgeschichte, I, 133–68; ders., dass., 900–1350, in: ebd., 226–73; R. *Sprandl* Sozialgeschichte, 1350–1500, in: ebd., 360–82; W. *Zorn*, dass., 1500–1648, in: ebd., 465–94; ders., dass., 1648–1800, in: ebd., 574–607; K. *Bosl* u. E. *Weis*, Die Gesellschaft in Deutschland, I, München 1976, 64–120, 134–41 (weitere Lit.: 124–30, 267 f.); sowie allg. M. *Mitterauer*, Probleme der Stratifikation in mittelalterlichen Gesellschaftssystemen, in: *Kocka* Hg., Theorien, 13–54 einschließlich der Kritik von H. *Wunder* u. J. *Ellermeyer*, in: GG 4. 1978, 542–50; 6. 1980, H. 1. Als Beispiel für die Rolle der ständischen Kleiderordnungen: L. *Eisenbart*, Kleiderordnungen der deutschen Städte 1350–1700, Göttingen 1962; G. *Hampel-Kallbrunner*, Beiträge zur Geschichte der Kleiderordnung, Wien 1962; J. M. *Vincent*, Costume and Conduct in the Laws of Basel, Bern and Zürich, 1370–1800, Baltimore 1935.

16 L. *Dumont*, Homo Hierarchicus, London 1970, 21; *Weber*, WG, II, 536; *Lenski*, 113. Wird Kaste dagegen auf die neuzeitliche Bürokratie angewendet, handelt es sich um eine polemische Metapher. Allg. über Stände *Weber*, WG, II, 534–40.

17 So *Webers* treffende Charakteristik (WG, II, 700, ähnlich 460).

18 *Weber*, I, 177, 532, 434; danach *Giddens*, 107; *Runciman*, Class, 55. Zum Machtaspekt des Markts vgl. das vorzügliche Buch von *Giddens*, z. B. 101; H. *Albert*, Marktsoziologie u. Entscheidungslogik, Neuwied 1967, passim, u. H. *Schneider* u. C. *Watrin* Hg., Macht u. Ökonomisches Gesetz, 2 Bde, Berlin 1973, v. a. W. *Krelle*, Macht u. ökonomisches Gesetz in der Verteilung, I, 77–129. – Im übrigen

scheint mir Webers Vorstellung von der inneren „Wahlverwandt-schaft" (AR, I, 83, 257 f.) zwischen theoretisch-politischen Interessen und wissenschaftlichen Kategorien (wonach Interesse am Klassen-kampf ein dichotomisches Konfliktmodell, Interesse an gradierter Sozialschichtung und Mobilität eine multidimensionale Stratifikations-theorie begünstigt) oft treffend, aber nicht zwingend zu sein.

19 *Lenski*, 443, 457. Vgl. hierzu: *Runciman*, Class, 55; M. B. *Katz*, Occupational Classification in History, in: Journal of Interdisciplinary History 3. 1972, 63–88; W. A. *Wrigley* Hg., 19th Century Society, Cambridge 1972, 191–310.

20 K. *Marx* u. F. *Engels*, Werke (= MEW), Bd. 4, 181; vgl. 471, 474; Bd. 3, 54; vgl. *Weber*, WG, I, 177; II, 532 f; T. *Geiger*, Die soziale Schichtung des deutschen Volkes, Stuttgart (1932) 1967², 77 ff.; R. *Dahrendorf*, Gesellschaft u. Demokratie in Deutschland, München 1965, 102.

21 *Schumpeter*, Klassen, 158, 154, 169.

22 Vgl. *Dahrendorf*, Konflikt, 122; R. *Aron*, Social Class, Political Class, Ruling Class, in: R. *Bendix* u. S. M. *Lipset* Hg., Class, Status, and Power, N. Y. 1966², 201–10; ders., Social Structure and the Ru-ling Class, in: British Journal of Sociology 1. 1950, 1–16, 126–43; E. *Shils*, Deference, in: Jackson Hg., 104–32, sowie am englischen Beispiel: *Perkin*, 17–62; American Historical Review 81. 1976, 516–39. Lit. über Eliten in: BS, 152 f. Über den von Gramsci deutlich be-einflußten neueren Hegemonialbegriff vgl. *Poulantzas* (ebd., 104).

23 *Schumpeter*, Klassen, 155 f., vgl. 205; ders., Kapitalismus, 29 f. S. auch die Diskussionsbemerkung von Ernest *Labrousse* (in: R. *Mous-nier* Hg., Problèmes de Stratification sociale, Paris 1968, 238): „Die Geschichte, insbesondere die Sozialgeschichte, liebt das Unreine . . ., alle sozialen Gebilde treten als gemischte Formen auf". Schumpeters Feststellung, daß Klassenbewußtsein realhistorische Klassenlagen über-dauern und weiterhin das Handeln bestimmen könne, entspricht auch den Vorstellungen, die seinem ursprünglichen Imperialismusbegriff bekanntlich zugrundeliegen (Zur Soziologie der Imperialismen, in: ders., Aufsätze, 72–146). Ebenso einprägsam formulierte Urteile über die Präsenz von Traditionen bei *Marx*: MEW, Bd. 8, 115; Bd. 23, 15. Vgl. auch *Dahrendorf*, Pfade, 347, 350; *Eisenstadt*, 16.

24 S. *Freud*, Das Unbehagen in der Kultur, in: ders., Ges. Werke, Bd. 14, London 1955, 474.

25 Vgl. *Eisenstadt*, 84, 143; *Lenski*, 118 f.; H. *Gerth* u. C. *Wright Mills*, Character and Social Structure, N. Y. (1953) 1968², 315, so-wie 306–41, dt. Person u. Gesellschaft, Frankfurt 1970. Der Fragen-katalog zur Machtverteilung z. T. nach *Runciman*, Theory, 62. Vgl. *Dahrendorf*, Konflikt, 14, 90; *Lenski*, 123 f., beide vermutlich nach *Weber*, z. B. WG, I, 12, 202 f.

26 Diese Unterscheidung nach: T. *Geiger*, Die Klassengesellschaft im Schmelztiegel, Köln 1949, 151. Vgl. R. *Kreckel*. Soziale Ungleich-heit u. ›offene Gesellschaft‹, in: SW 23. 1972, 32; *Eisenstadt*, 16. Die wichtigste Lit. zur Mobilität in: BS, 165–70.

27 *Schelsky*, 434 f.

28 *Weber*, WG, II, 539; so auch *Schmoller*, I, 452; MEW, Bd. 38, 563 (Engels an Sorge, 21. 12. 1893).

29 *Eisenstadt*, 165; W. R. *Runciman*, Relative Deprivation and Social Justice, Harmondsworth (1966) 1972²; T. R. *Gurr*, Why Men Rebel, Princeton 1974⁴, 22–154, dt. Rebellion, Wien 1972.

30 Vgl. *Giddens*, 132, 149; D. *Lockwood*, Vorwort, in: D. *Lane*, The End of Inequality? Harmondsworth 1971. Empirisch vorbildlich: R. *Titmus*, Income Distribution and Social Change, London 1962. Vgl. die hilfreiche Tabelle 2 über 15 konstante und variable Faktoren der Stratifikationsanalyse von Industriegesellschaften in: *Runciman*, Theory, 73.

31 *Weber*, WG, II, 531; vgl. *Ossowski*, 225, 227.

Soziale Ungleichheit und Klassenstrukturen in England: Mittel- und Oberklassen

von Sidney Pollard

I. Die Arbeitsteilung der zwei Referenten für England sieht vor, daß E. J. Hobsbawm die Entwicklung der Arbeiterklasse oder -klassen behandeln wird und mir die höheren Klassen zufallen, obwohl es in der Folge nicht möglich sein wird, diese zwei Themen völlig von einander getrennt zu halten.

In gewisser Hinsicht ist meine Aufgabe die leichtere: Hobsbawm hat eine riesige Literatur zu bewältigen, zu der er in nicht geringem Maße selbst beigetragen hat, während die bestehende Literatur in meinem zugeteilten Gebiet viel geringer ist. Zwar handelt ein großer Teil der englischen Belletristik von den Problemen der höheren Klassen, und die allgemeine politische Geschichte des Landes kann auch als Geschichte der herrschenden Klasse schlechthin bis in die jüngste Zeit betrachtet werden. Jedoch mangelt es an wissenschaftlichen historischen Arbeiten der Klassengeschichte, und schon aus diesem Grund allein soll das Thema dieser Tagung besonders begrüßt werden.

Wie H.-U. Wehler in seinem Auftaktpapier klargemacht hat, ist die Definition der Klasse als eine Kategorie der modernen europäischen Geschichte keine einfache. Der Vorschlag, die Grenzen der Definition aus dem Geschichtsstudium selbst herauswachsen zu lassen – ein Vorschlag, der der empirischen Tradition der englischen Historiographie am ehesten entsprechen würde –, muß an der Uneinigkeit, die bei den Soziologen über diesen Begriff herrscht, scheitern. Sinnvoller wäre es schon, nicht mit dem Wort zu beginnen, sondern mit tatsächlicher Geschichte und sich auf die Hierarchie der Machtstellungen der wirtschaftlichen Unterschiede, der Kultur oder Statusschichtung, oder was sonst noch als Zutat zum Sammelbegriff der »Klasse« gehört, zu konzentrieren und erst am Ende zu entscheiden, ob und inwieweit der Begriff selbst erfaßbar oder nützlich ist. Dagegen spricht aber, daß diese unterschiedlichen Aspekte, die zu verschiedenen Zeiten als Hauptmerkmale der Klassenunterschiede gewertet wurden, durchaus nicht von einander zu trennen sind und daß die Bedeutung der »Klasse« in der europäischen Geschichte eben darin liegt, daß es sich nicht um eine reine politische, wirtschaftliche oder kulturelle Abgrenzung handelt, sondern um eine übergreifende, von der manchmal der eine Faktor, manchmal ein anderer in den Vordergrund tritt.[1] Abgesehen von ganz seltenen Ausnahmen, wie einem Robbespierre im 18. Jahrhundert oder einem Howard Hughes im 20., wird Macht normalerweise ohne Umschweife in Geld umgesetzt und Geld in Macht, und beide zusammen ergeben Status, Ansehen und Kulturhegemonie einschließlich »der Lebensweise, der Interessen und der Kultur«. Unzulänglich, wie er auch sein mag, müssen wir uns daher mit dem bestehenden Begriff der Klasse zufriedengeben. Nicht zuletzt wird dabei von Interesse sein, wie sich im Verlauf der Zeit die Hierarchien der verschiedenen Bereiche gegeneinander verschieben.[2]

»Klasse« selbst ist heute kein wertneutrales Wort. Im deutschen Sprachgebrauch kann es sowohl die Voreingenommenheit des Sprechers beleuchten wie auch die Vorurteile des Hörers auslösen. Im englischen nimmt man sich vielleicht weniger ein Blatt vor den Mund, aber auch da gab es Zeitperioden und Fachgebiete, in denen das Wort verpönt war. Das Wort trat um das Jahr 1824 in den allgemeinen Sprachgebrauch ein im Laufe des Konfliktes (von dem noch weiter zu sprechen sein wird), in dem größere Gruppen sich zum ersten Mal in umfassenderen Interessengemeinschaften zusammenschlossen: vorher sprach man von *ranks, orders, degrees* oder *interests,* von denen die ersten drei eine stark hierarchische Betonung besaßen. Um die Mitte der dreißiger Jahre war es klar geworden, daß der Klassenbegriff mit Besitz bzw. Nichtbesitz und mit der Art des Besitztums, wie Land oder Kapital, zusammenhing. Die Ausdrücke »Mittelklasse« und »Arbeiterklasse« waren damals schon weithin geläufig.[3] »Mittelklasse«, oder die »Mittelklassen«, wurden dann Hauptbegriffe der Sozialgeschichtsschreibung, und mit ihnen wird sich dieser Aufsatz hauptsächlich beschäftigen. Einen Mittel*stand,* wie im Deutschen, gab es bezeichnenderweise allerdings nicht, denn hier lagen die ständischen Einrichtungen wie auch Auffassungen viel zu weit in der Geschichte zurück, um noch für Zeitgenossen eine Bedeutung zu haben. »Klasse« in England bildete sich also nicht direkt aus dem Ständestaat heraus, sondern entstand erst mit einigen Jahrhunderten Abstand. Umgekehrt gesehen, vollzog sich der Übergang von »Status« zum »Contract« schon Jahrhunderte vor der Industrialisierung und schuf sich verschiebende Interessengruppen über diesen langen Zeitraum, die zwar in »Contract«-

oder freiem Vertragsverhältnis zueinander standen, aber noch nicht in die moderne Klassenhierarchie eingeteilt werden konnten.

Diese entstand erst mit der Industrialisierung, und zwar mit ungleichzeitiger Entwicklung der verschiedenen Aspekte der Klassenstruktur. Sie folgte dem klassischen Muster, nach dem der Umschwung zuerst auf wirtschaftlicher Ebene vor sich geht und die Machtverschiebung nachhinkt. Die seltenen Beispiele der umgekehrten Reihenfolge, die gewöhnlich eine Abspiegelung fortgeschrittener aber gleichzeitiger Gesellschaftsformen im Ausland darstellen, mißlingen in der Regel oder bringen einen unheilvollen Umsturz mit sich, wie in der deutschen bürgerlichen Revolution von 1848, oder der russischen Oktoberrevolution. Ebenso kann festgestellt werden, daß der »lag«, wenn er zu lange andauert oder zu augenfällig wirkt, zu ernsten Sozialkonflikten oder gar gewalttätiger Revolution führen kann.[4] In der englischen Geschichte der letzten 200 Jahre war die Entwicklung ›normal‹ und bodenständig, und das Hauptthema liegt hier in der Verschiebung der Klassenherrschaft vom Grundbesitz zum Kapitalbesitz, und anschließend daran in der Weiterverschiebung an die aufstrebende Arbeiterklasse.

Mit dem letzteren Thema wird sich Hobsbawm befassen. Innerhalb der weitreichenden Problematik des ersteren können hier aus Platzmangel nur zwei Fragen herausgegriffen werden: zum ersten die Fähigkeit der Agrarier, ihre politischen Machtstellungen so viel länger, als er ihre wirtschaftliche Rolle rechtfertigte, beizubehalten, wie auch die friedliche Übergabe der politischen und Statusstellung an das wirtschaftlich überlegene Bürgertum, d. h. die Fähigkeit, den Konflikt innerhalb des Systems auszutragen, ohne das System selbst zu gefährden;[5] und zum zweiten, die besondere Rolle, die der niedere Mittelstand in dieser Entwicklung gespielt hat.

II. In der englischen Geschichte mangelt es nicht an gewalttätigen Umwälzungen, aber obwohl man das letzte dieser Geschehnisse, die »glorious revolution« von 1688, mit der das eigentliche 18. Jahrhundert in England beginnt, als einen Kompromiß bezeichnen muß, steht dennoch die folgende Epoche im Zeichen der Vorherrschaft der großen und größeren Grundbesitzer. Dieses Jahrhundert, ein Jahrhundert der Stabilität trotz oberflächlicher Schwankungen, ist die klassische Epoche des Adels und der von ihm abhängigen Klassen. Sowohl das Oberhaus wie das Unterhaus des Parlaments, die Landesregierung wie die Lokalbehörden, Gerichtshöfe wie Heer, Kirche wie Kolonialverwaltung, ste-

hen völlig unter Kontrolle des Adels, den man getrost dem Großgrundbesitz gleichsetzen darf. Wie konnte es möglich sein, ohne
Revolution dieser allmächtigen Klasse die Herrschaft auf all diesen Gebieten aus den Händen zu reißen und an eine andere
Klasse weiterzugeben?

Vorerst muß eingeräumt werden, daß der englische Adel keine
geschlossene Kaste mit eigenen Sittenvorschriften etwa nach dem
Muster des französischen Adels der klassischen Zeit darstellte.
Der Zutritt war offen, wiewohl gewöhnlich an Grundbesitz gebunden, und innerhalb gewisser Rahmenbedingungen, z. B. des
Unterhauses, wo eine Minorität von Nichtadeligen die Interessen
der Städte, an erster Stelle London, vertraten, gab es einen freien
Umgang zwischen den Ständen. Selbst Heiratsverbindungen waren nicht ausgeschlossen, wenn nur die Erbin reich genug war,
und es war der anerkannte Ehrgeiz jedes erfolgreichen Kauf-
manns oder Bankiers, ein Gut zu seinem Lebensende zu kaufen
und dort Familienwurzeln zu schlagen in der berechtigten Hoffnung, daß die nächste Generation die Würde des Adelspatents
erreichen konnte.

Geld speiste nicht nur die Zufuhr neuen Bluts in den Adel: Es
durchsetzte auch die Existenz des Adels überhaupt. Es mag zwar
zum guten Ton gehört haben, ein Vermögen ohne Wimperzucken
auf dem Spieltisch zu verlieren und der Ehre dem Reichtum den
Vorrang zu geben, und es ist auch belegbar, daß die Söhne einiger bekannter Adelsfamilien ihr Erbe in einigen Jahren verjubel-
ten, während in anderen Fällen der Familienbesitz nur durch den
glücklichen Zufall gerettet wurde, daß das Oberhaupt früh starb
und einen minderjährigen Erben hinterließ, unter dessen Vor-
mund das Gut wieder ins Gleichgewicht gebracht werden konnte.
Trotzdem, wie E. P. Thompson in vielen seiner Schriften betont
und wie es auch jedem Leser der Archive bald klar wird, war die
Welt der Agrarier jener Zeit vom Geldwertsystem beherrscht.
Landzinspolitik, Schutzzoll, Einhegungen, der Straßen- und Kanalbau, die Erschließung der Bodenschätze, besonders der Kohle,
der Marktabsatz der landwirtschaftlichen Erträge wie die Ab-
findungen für Familienmitglieder, sie alle werden unter dem Gesichtspunkt des finanziellen Ertrags in der Korrespondenz, in
den Tagebüchern und so weit man es beurteilen kann, in den
Tischgesprächen andauernd behandelt. Von besonderem Interesse sind hier die »Funds«, die Staatsanleihen, eine Stütze des
Bürgertums, die aber auch die hauptsächliche Investitionsalter-
native der Grundbesitzer darstellten und deren Zinssatz, mit
der Landrente multipliziert, den Kauf- und Verkaufswert des

Bodens bestimmten.[6] Die »Funds« können als Symbol der gemeinsamen Interessen des Kompromisses von 1688 betrachtet werden. Selbst die anglikanische Kirche, die zu der Epoche als ein Zweig des Grundbesitzes angesehen werden muß, ist von Geldsucht beherrscht: Bistümer werden dem Einkommen nach bewertet, Pfarrer raffen vielfache Kirchenposten (häufig von Familienmitgliedern verliehen) an sich, die Kirche, wie auch der Staatsdienst, das Heer (jedoch nicht die Kriegsmarine), die Universitäten und die Justiz – sie alle werden zu Pfründen für die jüngeren Söhne der Grundbesitzer.[7] Der weltanschauliche Unterschied zwischen ihnen und dem anwachsenden kapitalistischen Bürgertum war merklich geringer als in anderen Landstrichen Europas.

Neben dem Großgrundbesitz und dem (hauptsächlich) kaufmännischen Großbürgertum, welche die oberen Stellen der Hierarchie besetzten einerseits und den Bauern (»farmers«), Handwerkern und Tagelöhnern in den unteren Stellen andererseits, lag noch eine andere Schicht von sozialgeschichtlicher Bedeutung, nämlich die der »freien Berufe«, der »professions«. Bezeichnenderweise gibt es kein direktes Äquivalent in der deutschen Sprache, da ungleich den »freien Berufen« der englische Begriff auch Angestellte derselben Fachausbildung mit einschließt. Die Betonung der Loyalität gegenüber dem Beruf selbst und dem Interesse des Klienten wird hier auch von wachsender Bedeutung. Max Webers Bezeichnung der »Intelligenz und Fachgeschultheit« kommt dem Begriff vielleicht noch am nächsten. Typisch für die klassische Periode des 18. Jahrhunderts ist es, daß die »professions« in zwei Schichten gespalten sind, eine privilegierte, die der Oberklasse angehört, und den Rest, der zu den Handwerkern gezählt wird. Bei den Medizinern z. B. gehört die große Mehrzahl der Ärzte, Apotheker und Chirurgen-Barbiere dem Handwerkerstand an, während sich die privilegierte Gruppe, meistens Londoner Ärzte, durch ein Universitätsstudium der klassischen Sprachen, aber keineswegs durch medizinische Kenntnisse, in denen sie keiner Prüfung unterliegt, auszeichnet. Ebenso klar ist die Kluft zwischen den »gentlemen« der anglikanischen Kirche und dem gemeinen Volke der »Seelenhirten« der anderen Sekten, wie auch zwischen den Juristen der Richterklasse einerseits und dem verächtlichsten aller Berufe, dem der »attorneys«, auf der anderen.[8] Die Verachtung für den Familienrechtsanwalt, die George Eliot ihrem Landpfarrer (der selbst ein Mitglied der Adelsfamilie ist, die ihm seinen Posten verschafft hat) in den Mund legt, ist schwer zu überbieten: »Ein zungenfertiger Kerl mit fetten Händen und mit einem parfümierten Taschentuch aus feinem Leinen; einer von diesen gebildeten Gesellen von niedriger Herkunft; ein Findelkind, dem sein Latein gratis im Christ's Hospital [einem Stiftungsgymnasium] beigebracht wurde; einer von diesen mittelständischen Emporkömmlingen, der sich gerne auf gleiche Stufe mit Gentlemen stellen möchte und glaubt, es mit Glacéhandschuhen und neuem Mobiliar fertigbringen zu können.« Ein anderes Familienmitglied verspottet ihn als einen »Amateur-Gentleman«.[9]

Die verhältnismäßig festen Grenzen dieser Einteilung begannen sich, wie auch anderswo, mit der Industrialisierung zu verschieben. Auf der einen Seite vergrößerte sich die Nachfrage nach technisch qualifizierten Fachleuten der »professional«-Stände. Auf der anderen Seite wurden jetzt aus einigen begünstigten Handwerkern und Verlegern neugebackene Großindustrielle mit eigenem Klasseninteresse. Die Episode der Gründung des »General Chamber of Manufacture« 1785 ist hier besonders aufschlußreich. Ursprünglich als Aktionsgruppe gegen Pitts »irische Beschlüsse« gegründet, mit denen die Regierung den Handel zwischen Großbritannien und Irland von verschiedenen Beschränkungen befreien wollte, liefert diese Gewerbekammer nicht nur das erste Beispiel eines nationalen Zusammenschlusses der Großindustrie verschiedener Zweige, sondern bewies auch durch ihren baldigen Zerfall, daß unüberwindbare Gegensätze zwischen den Interessen der Großindustriellen und denen der Kleingewerbler, die noch nicht von der Industriellen Revolution berührt worden waren und die aber die Mehrzahl der Mitglieder ausmachten, weiterhin bestanden.

Samuel Garbett, ein chemischer Großfabrikant, beklagte sich in einem Brief an Lord Shelburne, daß die Fachleute seines Standes die vor der Regierungsenquête erschienen, als »niedrige Handwerker und vermessene Theoretiker betrachtet würden, die man nicht auf dieselbe Ebene mit den Staatssekretären wie Mr. Rose stellen könnte, obwohl ihr Geist auf dem Gebiet der Gesellschaftskunde viel aufgeklärter war, mit Ausnahme des Bereiches der engstirnigen Listigkeit, die man auf lächerliche Weise die Politik zu nennen beliebt.«[10]

Mit der Umwandlung immer größerer Gebiete des Gewerbes in Formen der Fabrik- und Verlagsindustrie, überwogen die gemeinsamen Interessen der Industrie den Agrariern gegenüber, und die folgende Zeitperiode, von ca. 1790 bis ca. 1850, war die, in der die zwei Interessengruppen als gegensätzliche Klassen am klarsten aufeinander prallten. Zu den Streitfragen jener Periode ge-

hörten wirtschaftliche Auseinandersetzungen über die Getreidezölle und die Kriegssteuern, soziale Probleme wie die Fabrikge-
setzgebung und das Armenrecht und politische Forderungen wie
die Umänderung der Wahlbezirke und das allgemeine Wahlrecht
für die männlichen Mitglieder des besitzenden Mittelstandes,
welches 1832 nach bitteren Kämpfen erzwungen wurde. Mit
wenigen Ausnahmen gingen diese Konflikte zu Gunsten des In-
teresses des Kapitals aus, und die Angehörigen des Industrie-
und des Handelskapitals schwangen sich langsam zur Gleichberechtigung im politischen und sozialen Gebiet mit den Grundbesitzern empor, wiewohl auch das Erringen der politischen Rechte
um einige Jahrzehnte der Entwicklung der wirtschaftlichen Bedeutung nachhinkte. Von der zweiten Hälfte des 18. Jahrhunderts ab wurden mittelständische Studenten in den Registern von
Oxford und Cambridge wachsend als »gen. fil.« anstatt dem
früheren »pleb. fil.« eingetragen, und vermehrten sich auf Kosten
der »arm. fil.« und »cler. fil.« Eintragungen.[11]
Der Siegeslauf der Smithschen Ideen, die als Ideologie des
neuen englischen Mittelstandes gelten konnten, hat vielerorts in
der Literatur dazu geführt, die Dreiteilung der Einkommen des
Smith-Ricardo-Marxschen Systems in Landzins – Profit – Ar-
beitslohn in die Dreiteilung der Klassen in Grundbesitzer – Kapitalisten – Proletarier umzusetzen. Wie öfters festgestellt worden ist, trifft diese Einteilung viel eher auf die klassische englische
Landwirtschaft als auf die Gesellschaft als ganzes zu, aber in
dieser Konfliktperiode der ersten Hälfte des 19. Jahrhunderts kam
sie der Wirklichkeit näher als vor- oder nachher. Die Partei-
namen »Whig« und »Tory«, die vorher bloß Gruppeninteres-
sen innerhalb einer Klasse vertraten, nahmen zum ersten Mal
einen Anstrich wirtschaftlicher Bedeutung an, obwohl noch immer Angehörige des Großgrundbesitztums die führenden Stellen
in beiden Lagern innehatten. Es gehörte zur ideologischen Auseinandersetzung dieser Zeit, die Gutsbesitzer als Nutznießer und
Parasiten zu charakterisieren, während dem Besitzer und Manager im Handel und Gewerbe die Tugenden des Fleißes und des
Einsatzes für das Allgemeinwohl zugeschrieben wurden. »Die mo-
ralischen Vorstellungen über die Beziehungen einer Klasse zur
anderen innerhalb des Landes, und der Beziehung eines Landes
zu anderen innerhalb der zivilisierten Welt, wurden in ein neues
Licht gerückt. Die Gedanken, welche den kaufmännischen Schli-
chen entsprangen, wurden allmählich als Begeisterung für weitreichende Prinzipien stilisiert, und der hartgesottene Geschäfts-

mann wurde als von edelmütigem Ehrgeiz des Patrioten und des Erlösers beseelt dargestellt.«[12]

Nach der Aufhebung der Getreidezölle (1846) war die ernste Gefahr eines Klassenkonfliktes zwischen Land und Kapital vorbei, obwohl es auch nachher noch manchmal zu Klassenspannungen kam. Die einschlägige Literatur enthält verschiedene Erklärungen der verhältnismäßig friedlichen Lösung dieses potentiell zentrifugalen Gegensatzes, die hauptsächlich auf die besondere Stellung Englands innerhalb des europäischen Industrialisierungsprozesses hinauslaufen.

Das Wirtschaftswachstum selbst brachte beträchtliche Erhöhungen des Landzinses sogar auf rein landwirtschaftlich bebaute Güter; Besitzer von Ländereien am Rande der wachsenden Stadtgebiete sahen ihre Erträge noch schneller wachsen, und die Grundbesitzer mit Gütern in den inneren Gebieten der neuen Großstädte und besonders Londons gehörten zu den reichsten Männern ihrer Generation. Dieser ricardische Vorgang der wachsenden Zinsquote kam besonders den größeren Besitzern zugute, und, soweit festgestellt werden kann, wuchs der Anteil der größeren Güter an der Gesamtfläche in dieser Periode an. Dieser erstarkende Reichtum gab dem grundbesitzenden Adel das Selbstvertrauen zu politischen Zugeständnissen an das Bürgertum, dessen eigener anwachsender Reichtum ebenfalls als Stabilitätsfaktor wirksam war. Hinter den gesicherten Grenzen eines Inselreiches, mit Hilfe der wachsenden Kolonialgebiete und des erfolgreichen Außenhandels war es möglich, neue Einrichtungen langsam heranwachsen zu lassen, ohne mit grundsätzlichen Auseinandersetzungen den Hausfrieden zu stören, was auch wieder der pragmatischen englischen Tradition entsprach. Mit wachsenden Zugeständnissen flaute das Verlangen nach radikaleren Umwälzungen beim Mittelstand ab.[13]

Weit wichtiger in dieser Entwicklung war die direkte Verquickung der Interessen der Agrarier und der protegierten Schichten des Bürgertums, die schon im 18. Jahrhundert begonnen hatte und sich zunehmend bis fast zur völligen Verschmelzung in unseren Jahren fortsetzte. Kritiker mögen dieses Verwischen der Grenzen zwar beklagt haben, und Matthew Arnold, auf der Suche nach seinen eigenwilligen Kulturidealen, wetterte unparteiisch über den Adel, von ihm »Barbaren« genannt, den Mittelstand, den er als »Spießer« beschimpfte, und die Arbeiterklasse, mit dem Wort »Pöbel« bezeichnet,[14] aber es bildete einen der Grundsteine des sozialen Friedens.[15]

Im eng wirtschaftlichen Sinn war der Eigennutz der beiden Klassen häufig identisch. Im Kanalbau und Eisenbahnbau, in der Entwicklung von Bodenschätzen und Hafenanlagen, sogar im letzten Viertel des neunzehnten Jahrhunderts in der Forderung nach Schutzzöllen für die lokale Industrie verbanden gemeinsame Interessen die Grund- und Kapitalbesitzer. Ebenso brachte die Urbanisierung, die dem Gewerbe entsprang, erhöhte Nachfrage nach den Produkten des heimischen Bodens der Agrarier. So wußten die Landwirte von Cheshire, das sich an die Industriegebiete von Lancashire anschloß, daß »ihr Wohlstand mit dem Wohlergehen der Gewerbetreibenden identisch« war.[16] Diese wirtschaftliche Verkettung wurde auf das soziale Zusammenleben übertragen. Eine bekannte Studie des wohlhabenden Londoner Vororts von Hampstead (1851) rechnete 145 Familien zur Oberschicht, von denen 35 dem Handel und Gewerbe angehörten, 11 dem Finanzwesen, 18 dem Staatsdienst und Angestelltentum, 52 den »professions«, und 30 waren Grundbesitzer oder lebten von Staatsrenten. Um die Jahrhundertwende war sich eine Figur in einem Roman vom George Gissings, deren Vater ein gutgehendes Klaviergeschäft besaß, »klar, daß es völlig gleich blieb, was der Vater beruflich war, vorausgesetzt, daß sein Einkommen genügend groß war, dann würde man keine sozialen Nachteile wegen seiner Abstammung spüren.«[17]

Das Bürgertum drang sogar auf die höchsten Stufen des Adels, mit Stimmberechtigung im Oberhaus, obwohl in beschränkter Anzahl, vor. Noch zur Regierungszeit des Königs George III. (1760–1820), in der 235 Männer zum hohen Adel (peerage) erhoben wurden, waren darunter 162 Grundbesitzer oder Mitglieder adligen Familien, 25 waren Juristen, 23 Offiziere des Heeres und der Kriegsmarine, und 25 waren durch die Politik hochgekommen: Kein einziger konnte als einfacher Kapitalbesitzer identifiziert werden. Dagegen konnten von den 200, die in den Jahren 1886–1914 zum ersten Mal diesem hohen Adel beitraten, nur ungefähr ein Viertel dem Grundbesitz zugerechnet werden, ein Drittel war durch die »professions« und den zivilen und militärischen Staatsdienst emporgekommen, und nicht weniger als 70 repräsentierten den neuen Reichtum der Industriellen Revolution.[18] Heute sind die zwei oberen Klassen so untrennbar, daß es, außer als eine Bezeichnung der Aussprache, den Begriff der »Oberklasse« praktisch nicht mehr gibt. Schon nach dem Ersten Weltkrieg wurden alle diejenigen als Mittelklasse bezeichnet, die »unter dem Hochadel stehen aber keine staatliche Versicherungskarte besitzen«, und bei einer Umfrage 1948 gaben nur

2 Prozent der Befragten zu, zur »oberen Klasse« zu gehören, und bei einer späteren Umfrage 1966 sogar nur 1 Prozent. Dagegen zählten sich 30 % zur Mittelklasse und 68 % zur Arbeiterklasse.[19] Die Mittelklasse ist jetzt widersinnigerweise zur herrschenden oder führenden Klasse geworden.

Historisch gesehen lag ein weiterer Grund des friedlichen Übergangs in der Angst der aufstrebenden Mittelklasse in der ersten Hälfte des 19. Jahrhunderts, durch Opposition und Unruhe eine größere Tätigkeit der Arbeiterklasse heraufzubeschwören: Der Auftakt zum Wahlrechtsgesetz von 1832, bei dem die zwei unterprivilegierten Klassen gegen die grundbesitzende Klasse gemeinsame Sache machten, und wonach die Enttäuschung der Arbeiterklasse direkt zur Bedrohung der ganzen Gesellschaftsordnung durch die Chartisten führte, hatte den privilegierten Gruppen gemeinsam die Gefahr von unten klargelegt. Das Gespenst der dritten Klasse war bei ihnen immer zu Gast. Zwar ist oft bemerkt worden, daß selbst die Reform von 1832 an der Zusammensetzung des gewählten Unterhauses wenig ändert und die meisten Abgeordneten weiterhin aus adligen oder jedenfalls grundbesitzenden Familien stammten, während das Oberhaus, die Kirche, die Lokalbehörden und Gerichtshöfe samt anderen Rechtsstellen weiterhin dem Adel vorbehalten blieben, aber von 1832 ab war es den Mitgliedern des Parlaments – besonders von städtischen und Industriewahlkreisen – klar, wer ihr Wählerkreis war und wessen Interessen sie zu vertreten hatten. Die Machtübernahme durch den Mittelstand, besonders in den städtischen und den Armenverwaltungen, vollzog sich allmählich und fast unbemerkbar um die Jahrhundertmitte und wurde häufig im späteren 19. Jahrhundert an den unteren Mittelstand abgetreten.[20]

In der Schwächung der Opposition des Mittelstandes durch langsame Aufnahme in die Herrschaftsschicht spielten die Intelligenzberufe, die »professions«, eine besondere Rolle. Es war gerade in der kritischen ersten Hälfe des 19. Jahrhunderts, daß sich die »professions« als ganzes zum gehobenen Mittelstand durchkämpften, bzw. es ihnen erlaubt wurde, aufzusteigen. Am Anfang dieser Periode gehörte die Mehrzahl der Angehörigen dieser Berufe als unsichere »Randexistenzen« (»marginal men«) noch zu den radikalsten und umstürzlerischsten Gruppen des unteren Mittelstandes. Naturwissenschaftler, Technologen, Intellektuelle waren fast durchweg radikal in Religion und Politik: Von 18 führenden Ärzten in Sheffield gehörten 11 den »Unitarians« an, die als freisinnigste der Sektierer galten. 4 waren Quäker, einer war Congregationalist, einer römisch-katholisch und der letzte ein Rationalist: Es gab keinen einzigen, der der Landeskirche angehörte. Ebenso sind auch die nonkonformistischen Geistlichen mit gutem Recht als eine »Art von kommunistischem harten Kern« der »Volksfront« bezeichnet worden.[21] Um die Jahrhundertmitte gehörte zumindest die Mehrzahl der »professions« dem gehobenen Mittelstand an. Nach den selbstbewußten Worten eines ihrer Mitglieder von 1857 könnten »der Einfluß und der Stand der »professions« kaum überschätzt werden, sie bilden das Haupt des großen englischen Mittelstandes, sie bewahren seinen Unabhängigkeitssinn, halten sein moralisches Niveau auf der Höhe und leiten seinen Verstand.«

Aus »outsiders«, in Readers Worten, waren »insiders« geworden.[22]

Als letzter Grund für den friedlichen Übergang muß das alte Prinzip des »divide et impera« aufgezählt werden: Es gab immer zumindest zwei Mittelklassen, die gegeneinander ausgespielt werden konnten bzw. sich gegenseitig in Schach hielten. Teilweise aus dem Klassensystem der vorhergegangenen Epoche entstanden, änderte sich die Spaltung dialektisch mit der reinen Klassenentwicklung des Industriestaates, indem sie neue Momente aufnahm, während sie die Logik der alten Einteilung beibehielt.

Häufig wird diese Zweiteilung als Kontrast zwischen Anglikanismus/Nonconformismus,[23] oder London/Provinz,[24] oder gar Finanzkapital (City)/Industriekapital[25] beschrieben. Jeder dieser Kontraste hat etwas für sich, aber die eigentliche Spaltung ist zwischen Großbürgern und Kleinbürgern, zwischen Privilegierten und Unprivilegierten. Die Spaltung war immer breit genug, um den Privilegierten ihren Zugehörigkeitssinn zur herrschenden Oberschicht und damit zur Allianz mit dem Grundbesitz sicherzustellen, aber nie so breit, daß sie es den ehrgeizigen Individuen der unteren Schichten versagt hätte, sie zu überspringen oder jedenfalls ihnen die Illusion eines solchen Sprungs zu rauben. Obwohl Herkunft maßgebend war – unter den Juristen z. B. »entstammten die Barristers dem niederen Adel, der in England zwischen dem patrizischen Adel und den mittleren oder handelstätigen Klassen gelegen ist«, während die Solicitors »Söhne von Krämern, Kaufleuten und Großbauern« waren,[26] – hatte der Verleger immer noch die Hoffnung, einmal Großfabrikant zu werden, dem Krämer stand die Laufbahn des Großkaufmanns offen, und der kleine Dorfarzt konnte vielleicht doch einmal ein berühmter Mediziner werden. Nach der Reform der 1850er Jahre hing die Anstellung im Staatsdienst von Prüfungen und nicht mehr von Familienverbindungen ab, und selbst im Heer wurde die Käuflichkeit der Offizierposten abgeschafft. Die Reform der alten Universitäten folgte bald danach, und die Gymnasien, besonders die Pensionatsschulen unter ihnen, wurden zu einem der wirksamsten Instrumente des aufsteigenden Mittelstandes, von dem die unteren Schichten völlig ausgeschlossen wurden.[27] Gleichzeitig waren aber die Public-Schools mit ihrer besonderen Ethik dazu geeignet, den Mittelstandssöhnen das Wertsystem der alten Oberklasse beizubringen, und die althergebrachten »Grammar-Schools« paßten sich demselben Ethos an. Geld an erster Stelle und Talent an zweiter anstatt Abstammung bestimmten mehr und mehr den Zutritt zu Herrschaftspositionen, während umgekehrt Stellungen, an die hohe Einkünfte gebunden waren, die Prestigeskala hinaufrückten. Der genaue Ablauf dieser Entwicklung ist umstritten, aber nicht ihre Bahn. So hatte das Bankiergewerbe ein höheres Prestige und einen näheren Weg zur Macht als das Kaufmannsgewerbe, und der Großkaufmann war dem Fabrikanten auf gleiche Weise überlegen. Aus diesem Grunde wandten sich die Söhne der Adelsfamilien und die Zöglinge der besten Schulen dem Finanzwesen zu, aber dieses war wieder dem Fabrikantensohn ebenso zugänglich. Dieser Vorgang spiegelte sich genau auf der politischen Ebene wider. Zuerst in der Spaltung zwischen Konservativen und Liberalen, dann in der Abspaltung eines Teiles der Liberalen (Liberal Unionists) und seinem Übergang zu den Konservativen, und dann nach einer labilen Periode, in der die Liberale Partei eine Koalition von übrig gebliebenen radikalem Bürgertum und von privilegierten Lohnarbeitern darstellte, die fast völlige Aufreibung der Liberalen Partei und der Polarisierung in den zwei Klassenparteien der Konservativen und der Labour Partei.

Obwohl noch heute der Mittelklasse etwas von diesem Kampf um den Platz an der Sonne anhaftet, besonders in ihrem Ethos des Individualismus und der Feindschaft der Staatsautorität gegenüber, die das unverdiente Privileg verkörpert,[28] macht sie dennoch heute den Großteil des »Establishment« aus, ein Wort, das einst die Staatskirche als eine Stütze der aristokratischen Herrschaft bezeichnete, aber heute die Herrschaftsschicht überhaupt umfaßt. Die Kunst lag darin, die niedere Mittelklasse aus einer feindlich-kritischen Klasse in ein konservatives Element zu verwandeln, ohne ihr zuviele Zugeständnisse zu machen. Die Verwandlung der unteren Mittelklasse bildet unser zweites Thema, und die kritische Periode liegt nach wie vor in den Jahrzehnten um ca. 1790–1850.

III. Zum Verständnis der englischen Sozialgeschichte gehört daher eine feinere Einteilung der grob umrissenen »Mittelklasse«. R. S. Neales »fünf Klassen statt drei« enthält auch die Unterteilung der Arbeiterklasse in eine Handwerker- und Fabrikarbeiterklasse einerseits und eine Klasse der Tagelöhner, Bediensteten und Armen sowie Arbeiterinnen andererseits,[29] aber seine Einteilung der Mittelschicht in diejenigen, die höhere Stellungen innehatten, und die Kleinkrämer, Angestellten, besser gestellten Handwerker und andere, die nicht auf Aufstieg hoffen konnten und deshalb nicht unterwürfig (»deferential«) waren, sondern alle Privilegien abzuschaffen versuchten, gibt uns einen Ansatz.

Trotz der frühen Entwicklung der Fabriken in England blieben wie schon Clapham[30] vor Jahren festgestellt hat, die Fabrikarbeiter in einer kleinen Minderheit selbst um die Jahrhundertmitte. Kleine Werkstätten und das traditionelle Handwerk waren noch immer typisch. So wird in der Volkszählung von 1851,[31] die nach dem Versuch von 1841 als der erste »Census« gilt, der brauchbare Berufsstatistiken veröffentlichte, neben Landwirtschaft, Verkehr, Makler und Geldhändler und den »in Kunst und Mechanik beschäftigten Personen«, das ganze Gewerbe bloß als »Persons working and dealing in ...« beschrieben, und dann folgt, wie im modernen Gesellschaftsspiel, eine weitere Einteilung in Tier-, Pflanzen- und Mineralprodukte und weitere spezifische Unterteilungen. Es ist dem damaligen Staatsapparat, trotz der Erfahrung mit dem Probezensus von 1841, anscheinend nicht eingefallen, daß jemand eine weitere Einteilung in Fabrikanten und Arbeiter in der Baumwollindustrie, geschweige denn Hersteller und Verkäufer (von Schuhen z. B.) für nötig erachten könnte. »Workers and dealers«, Hersteller und Händler, waren eine einzige Gruppe, und das mittelalterliche Ideal des selbständigen Handwerkers schwebte den einschlägigen Staatsbeamten noch immer offensichtlich als der Normalzustand in Industrie und Gewerbe vor.

Denselben Doppelsinn finden wir auch im Sprachgebrauch des Wortes »trade«. »Trade« heißt heute »Handel«, und diese Bedeutung ist die traditionelle, aber das Wort trug einst auch die Bedeutung des handwerklichen Berufes: Eine Gewerkschaft ist eine »Trade Union« (oder »Trades Union«), der erste Sheffielder Gewerkschaftsbund war die »association of organized trades«, und ein »tradesman« kann noch heute entweder ein kleinerer Geschäftsmann oder ein qualifizierter Handwerker sein. Obwohl sich in England das Handwerkstum nie wie in Deutschland zu einem anerkannten Stand aufschwang, beherrschte es in jenen kritischen Jahren die radikale politische Bühne und war nach unten hin ziemlich scharf abgegrenzt. Noch 1851 sprach Ernest Jones, der frühe englische Marxist, von der »wahren Proletarierklasse« der »Lohnsklaven und Mittellosen«, die sich von der übrigen Gesellschaft, dem »Adel, den Kapitalisten, den ›professionals‹, der Mittelklasse, den kleinen Einzelhändlern und der Arbeiteraristokratie« absonderte.[32] Außer im Handwerk lagen die wirtschaftlichen Grundlagen des »Radikalismus« als intellektueller Bewegung auch bei den Kleinkrämern, besonders denen in armen Stadtvierteln, wie auch den kleinen Angestellten und den weniger erfolgreichen Mitgliedern der freien Berufe.[33]

Daher kam es auch, daß die Stadt Sheffield mit ihren Klingenfabrikanten, Birmingham mit seinen Herstellern von Kleinmetallwaren, Norwich mit seinen Handwebern, London ablösend, die führende Rolle in dieser Bewegung innehatten, während die Luxusarbeiter der Kurorte wie Bath und Brighton und nicht die Fabrikarbeiter von Manchester zu den radikalsten gehörten. In Birmingham z. B. wurde das radikale Programm von 1830 von einer Versammlung von »Kaufleuten, Fabrikanten, Tradesmen, Mechanikern, Handwerkern und anderen Einwohnern« befürwortet, und die Leitung der Bewegung lag bei einem Fabrikanten und einem Bankier. In London nahmen an einem Umzug »angesehene (respectable) Hausbewohner und höhere Handwerker, die Knochen und Muskeln des Volkes« teil.[34] Die Parallelisierung zu den Pariser Sansculotten, die einem ähnlichen wirtschaftlichen Boden entstammten, liegt nahe.[35]

Dieser Radikalismus griff unverdiente Privilegien und herkömmliche Rechte an, aber nicht die kapitalistische Wirtschaftsordnung als solche; er beklagte sich über den undemokratischen Wahlvorgang, aber nicht über die Rolle des Parlaments oder der Lokalbehörden; er verlangte politische Macht für das Volk, aber das Volk schloß die Nichtbesitzer aus. Die frühen Gewerkschaftsansätze wurden häufig als nutzlos und sogar schädlich gebrandmarkt.

Unter dem »Volk« verstand Brougham »die Mittelklasse, den Reichtum und die Intelligenz des Landes, die Herrlichkeit des britischen Namens«, während John Wade darunter die »Geschäftsbesitzer, Fleischer, Bäcker, Hutmacher, Kolonialwarenhändler, Gastwirte und Schankwirte, die Repräsentanten der Tugenden, der Intelligenz und der öffentlichen Gesinnung« verstand. Francis Place, ein anderer führender Radikaler, meinte mit »Volk« »diejenigen, die an öffentlichen Angelegenheiten teilnehmen und von denen die Übrigen notgedrungen geleitet werden müssen«, während umgekehrt »Senex« in der Zeitschrift »Pioneer« sich 1834 beklagte, daß »das Volk eine politische Rolle hat, aber wir haben keine, von der wir Gebrauch machen können, um uns zu nützen«.[36]

Gesellschaftliche Einrichtungen, so die Theorie des »philosophischen Radikalismus«, sollten sich nicht durch Tradition, sondern durch Nützlichkeit rechtfertigen, und die höchste Instanz in wirtschaftlichen Fragen war das »größte Glück der größten Anzahl« mit Gleichbewertung jedes Individuums. Das Recht beruhte nicht auf göttlichem oder königlichem Gebot, sondern auf dem »althergebrachten Anrecht des frei geborenen Engländers«.

In den Nachkriegsjahren nach dem Sieg über Napoleon schmelzen viele Interessen der von Armut, hohen Steuern, Arbeitslosigkeit und von Verdrängung durch Maschinen betroffenen Gruppen zu einem Klasseninteresse, der unteren Mittel- oder »middling«-Klasse zusammen. Sie waren durch ein Klassenbewußtsein ausgezeichnet, das sich gegen die privilegierten Schichten, die häufig ihrem eigenen Beruf angehörten, richtete. Edward Gibbon Wakefield nannte sie die »unruhige Klasse«, ehrgeizig und frustriert. Einige von ihren Führern, wie Roebuck in Bath und Ebenezer Elliot in Sheffield, liebäugelten sogar mit dem Chartismus.[37]

Die Verwischung der Grenzen zwischen dem Kleinbürgertum und den besitzenden Handwerkern bestand weiterhin, selbst als die letzteren sich in eine »Arbeiteraristokratie« verwandelten. Die gemeinsame Suche nach Respektabilität und Anstand wirkte vielfach in dieselbe Richtung, indem sie außer dem ähnlichen Einkommensniveau auch ein ähnliches Muster der Lebensweise für diese zwei Schichten schuf.[38] Noch heute sind in England, anders als in Deutschland, die niederen Angestellten und gelernten Arbeiter auf die gleiche Stufe C der offiziellen Sozialstatistik gesetzt, wo sie getrennt, aber nebeneinander sich eines ungefähr gleichwertigen Ansehens erfreuen. Umfragen bestätigen eine völlige Vermischung dieser zwei Schichten innerhalb der groben Kategorien »Mittelklasse« und »Arbeiterklasse« sowohl bei den Angehörigen dieser Schichten selbst wie auch im übrigen Volke.[39]

Hinter dieser augenscheinlichen Stabilität steckt allerdings eine wichtige Verschiebung, die Ablösung der »alten« unteren Mittelschicht durch die »neue«.[40] Die neue Mittelschicht der Büroangestellten, der Lehrer und Verkäufer mag zwar dem Einkommen nach der »Arbeiteraristokratie« gleichgestellt werden, ist aber politisch und von der Machtstellung aus gesehen (einschließlich der Stellung im Arbeitsprozeß selber) weit von ihr entfernt.

Die Chance des Aufstiegs der Angehörigen dieser Mittelklasse in die höchsten Betriebsposten und in die Besitzerklasse ist zwar heute gering,[41] trotzdem ist ihr Individualismus und ihre Sonderstellung im Betrieb noch heute, wie auch in der Vergangenheit, ein Stützpfeiler der sozialen Stabilität und des Konservatismus, wie auch umgekehrt die Auflehnung gerade dieser Klasse den sozialen Frieden und das Überleben einer demokratischen Verfassung aufs Ärgste gefährden. Vom späten 19. Jahrhundert an war es diese Gruppe, die den Hauptanteil der Mitgliedschaft der Kirchen und der dazugehörigen Vereine, der patriotischen Bünde und anderen konservativen gesellschaftsverbindenden Einrichtungen stellten. Oft als »suburbia«, als nachahmende Vorstadtbewohner, verachtet,[42] drückten sie doch nachhaltig ihren Stempel der englischen Gesellschaft auf. Ängstlich, ehrgeizig und halb-gebildet, waren sie auch bereit, solche Reformbewegungen wie die Erweiterung der Schulpflicht oder die Wohnungsverbesserung[43] voranzutreiben und davon auch am meisten zu profitieren. Statt gegen ihre relativ fallende Einkommenslage aufzumucken, gehörten sie zu den ersten, die zu Methoden der Familienbeschränkung griffen.[44] Vielleicht ist es das Bemerkenswerteste an dieser Entwicklung, daß der soziale Konservatismus, der letzten Endes in einer Ausnahme- und Privilegienstellung der untergeordneten Arbeiterklasse gegenüber wurzelt, das langsame zahlenmäßige Anwachsen dieser Gruppe in eine große Minorität (und in einigen Ländern sogar in eine absolute Majorität) überlebt hat.

IV. Abschließend sei noch ganz kurz die Frage aufgeworfen, wieweit die hier knapp skizzierten Entwicklungen verallgemeinert werden können oder von der Sonderstellung Englands in der Geographie und Wirtschaftsgeschichte Europas abhängig sind.

Die gefestigten und historischen Grenzen wie auch die Sicherheit vor feindlicher Invasion haben gewiß zur Klärung sozialer Fragen beigetragen: Der Feind im Ausland konnte nicht zum Sündenbock gemacht werden. Weiterhin hat die wirtschaftliche Pionierrolle dazu beigetragen, Lösungen in der eigenen Gesellschaft zu suchen, da das rückständige Festland selten als Modell gelten konnte. Ferner trug auch die Verfassung zur Klarheit politischer Fragen bei, da vom Ende des 18. Jahrhunderts an das Unterhaus der unbezweifelte Brennpunkt der politischen Macht war. Der »König im Parlament«, das hieß nun praktisch das Unterhaus, war allmächtig und von keiner schriftlichen Verfassung eingeengt: Wer dort die Oberhand gewann, hatte ziemlich freie Bahn.

Zur empirischen englischen Tradition gesellte sich auch die Führungsrolle bei der Industrialisierung, die dazu beitrug, daß Probleme zur Lösung anstanden, ohne daß man Zeit gehabt hätte, sie theoretisch vorzubehandeln. Sozialprobleme wurden daher bis in die jüngste Neuzeit pragmatisch gelöst, und Klassen und vielleicht sogar Klassenbewußtsein entstanden in Großbritannien vor den Klassentheorien. Dies mag die Lösungen erschwert haben, dagegen hat die Führerrolle die Lösungen insofern erleichtert, als die sozialen Erwartungen selten von ausländischen Beispielen bestimmt wurden und deshalb fast nie den Möglichkeiten der Erfüllung vorauseilten.

In gewisser Hinsicht ist Großbritannien deshalb ein Ausnahmefall. Ob es aber wirklich so eigenartig ist, wie es englische Sozialhistoriker manchmal behaupten, mag bezweifelt werden.

Anmerkungen

1 R. *Bendix,* Social Stratification and Political Power, in: R. *Bendix* u. S. M. *Lipset* (Hg.), Class, Status and Power. A Reader in Social Stratification, London 1954, S. 597.

2 Umfragen in England in den 1960er Jahren ergaben, daß in der volkstümlichen Einstellung das Machtmodell der Klassenstruktur auf zwei Klassen beruhte, das Geltungsmodell auf drei oder mehr Klassen, und das wirtschaftlich bedingte Modell auf einer Hauptklasse mit einer oder mehreren Nebenklassen. J. H. *Goldthorpe* u. a., The Affluent Worker, Cambridge 1969; I. *Reid,* Social Class Differences in Britain, London 1977, S. 29.

3 A. *Briggs,* The Language of ›Class‹ in Early 19th Century England, in: A. *Briggs* u. J. *Saville* Hg., Essays in Labour History, London 1960, S. 43, 49, 58.

4 S. M. *Lipset* u. R. *Bendix,* Social Mobility in Industrial Society, Berkeley 1959, S. 268.

5 T. H. *Marshall,* The Nature of Class Conflict, in: *Bendix* u. *Lipset,* Class, S. 82–3.

6 R. H. *Gretton,* The English Middle Class, London 1917, S. 177.

7 Z. B. J. *Wade,* The Extraordinary Black Book. An Exposition of Abuses in Church and State, London 1832, und andere Werke dieses Autors.

8 W. J. *Reader,* Professional Men. The Rise of the Professional Classes in Nineteenth-Century England, London 1966, S. 8–36.

9 G. *Eliot,* Felix Holt, Penguin-Ausgabe, 1977, S. 109, 120. Das Buch wurde im Jahre 1866 geschrieben; die Handlung spielt 1832.

10 Zitiert in: D. *Read,* The English Provinces in 1760–1960. A Study in Influence, London 1964, S. 25, der auch eine gute Einführung in die Geschichte des „General Chambers" liefert.

11 *Gretton,* S. 203.

12 *Briggs,* S. 60.

13 F. M. L. *Thompson,* English Landed Society in the 19th Century, London 1963, bes. S. 44, 278–81; K. *Mannheim,* Diagnosis of Our Time, London 1945, S. 41–2.

14 M. *Arnold,* Culture and Anarchy, London 1869. Er gebrauchte die Ausdrücke „Barbarians, Philistines, Populace".

15 A. de *Tocqueville,* The Old Regime and the French Revolution, Garden City 1955, S. 88–89.

16 W. C. *Taylor,* Notes of a Tour in the Manufacturing Districts of Lancashire, London 1842, S. 83.

17 G. *Gissing,* In the Year of the Jubilee, London (1893, 1947), S. 15; D. *Crozier,* Kinship and Occupational Succession, in: Sociological Review 13. 1965, S. 15–43.

18 Quarterly Review, Nr. 84, S. 314; R. E. *Pumphrey,* The Introduction of Industrialists into the British Peerage: A Study in Adaptation of a Social Institution, in: AHR 65, 1959, S. 1–16.

19 R. *Lewis* u. A. *Maude,* The English Middle Classes, London 1948, S. 16–17; M. *Kahan* u. a., On The Analytical Division of Social Class, in: British Journal of Sociology 17. 1966, S. 122–132.

20 D. *Fraser,* Urban Politics in Victorian England. The Structure of Politics in Victorian Cities, Leicester 1976; E. P. *Hennock,* Fit and Proper Persons, Ideals, and Reality in 19th Century Urban Government, London 1973.

21 I. *Inkster,* Marginal Men: Aspects of the social Role of the Medical Community in Sheffield, 1790–1810, S. 32, s. auch *ders.,* A Smattering of History: Marginal Men and the Cultural Context of the English Industrial Revolution, beide hektogr., University of New South Wales 1975; J. R. *Vincent,* Poll Books: How Victorians Voted, Cambridge 1967, S. 18.

22 Zitiert in Reader, S. 1, auch S. 146.

23 In den 1830er Jahren, während es in den meisten der 41 englischen Grafschaften eine große Mehrzahl von anglikanischen Kirchen gegenüber den Sektenkirchen gab, bestanden in den zehn industrialisierten Grafschaften (einschl. London und Middlesex) nur 3013 Staatskirchen gegenüber 4093 Sektenkirchen. John Wade, S. 85.

24 Besonders *Read.*

25 Hier sind besonders die kürzlich erschienenen Arbeiten von W. D. *Rubinstein* hervorzuheben: The Victorian Middle Classes: Wealth, Occupation and Geography, in: EHR 30. 1977, S. 602–23, und Wealth, Elites and The Class Struggle in Modern Britain, in: Past and Present, 76, 1977, S. 99–126. Siehe auch S. *Aaronovitch,* The Ruling Class, A Study of British Finance Capital, London 1961, S. 38–40.

26 A. *Polson,* Law and Lawyers, London 1840, Bd. I, S. 146.

27 Eine Studie über eine der bekanntesten „Public Schools", Winchester, zeigte die folgende Verteilung der Väterberufe der Zöglinge der angegebenen Jahrgänge:

	Durchschn. % 1820–1850	Durchschn. % 1900–1922
die drei alten »professions«:		
Medizin, Recht, Kirche	42,7	15,9
übrige »professions«	10,6	16,8
Handel und Gewerbe	9,8	18,2
Heer und Marine	17,5	29,6
ziviler Staatsdienst	6,9	9,3
»Gentlemen« ohne ausg. Beruf	8,6	1,8
andere	3,6	8,3

T. J. H. *Bishop* u. R. *Wilkinson,* Winchester and the Public School Elite. A Statistical Analysis, London 1967, S. 64–69. In den sieben höchstgeschätzten Schulen von 1841–1850 gehörten noch 55 % dem Gutsbesitz und dem Adel und nur 1 % dem Handel, Gewerbe und Großbauernstand zusammen an. Ebd, S. 115. Auch weiter: J. P. C. *Roach,* The Teaching Profession: Some Reflections on a Century of Development, Sheffield 1966, S. 4–6; Reader, S. 196–7.

28 *Lewis* u. *Maude,* S. 105–107; G. *Crossick,* The emergence of the Lower Middle Classes in Britain – A Discussion, in: *ders.* Hg., The Lower Middle Class in Britain 1870–1914, London 1977, S. 45.

29 R. S. *Neale,* Class and Consciousness in Early Nineteenth-Century England: Three Classes or Five?, in: ders., Class and Ideology in the Nineteenth Century, London 1972, S. 30.

30 J. H. *Clapham,* An Economic History of Modern Britain, II, Cambridge 1967, 22–25.

31 Census of Great Britain, 1851, Parl. Papers, 1852–3, Bd. 88, Teil 1, S. ccxviii–ccxx.

32 Notes to the People, 1851, Bd. I, S. 511.

33 *Vincent,* passim; *Neale,* S. 25.

34 Zitiert bei P. *Hollis* Hg., Class and Conflict in 19th Century England, 1815–1850, London 1973, S. 127, 152.

35 G. A. *Williams,* Artisans and Sans-Culottes. Popular Movements in France and Britain During The French Revolution, London 1973, S. 58–73; *Read,* S. 35, 88; C. *Reid,* Temperance Teetotalism and Local Culture: The Early Temperance Movement in Sheffield, in: Northern History 13. 1977, S. 251; F. *Donelly* u. J. *Baxter,* Sheffield and the English Revolutionary Tradition, 1791–1820, in: S. *Pollard* u. C. *Holmes* Hg., Essays in the Economic and Social History of South Yorkshire, Barnsley 1976, S. 90–117.

36 *Briggs,* S. 55; *Wade,* S. 605; Zitate bei *Hollis,* S. 80.

37 *Neale,* S. 23–4, 35–37, 46–49.

38 C. *Reid,* Middle-Class Values and Working-Class Culture in

Nineteenth-Century Sheffield – The Pursuit of Respectability, in: *Pollard* u. *Holmes,* S. 278–84.

39 D. *Butler* u. D. *Stokes,* Political Change in Britain, London 1971; S. J. *Prais,* The Formal Theory of Social Mobility, in: Population Studies 9. 1955.

40 C. Wright *Mills,* White Collar. The American Middle Classes, New York 1951, S. 63–5; *Crossick,* S. 125, u. R. Q. *Gray,* Religion, Culture and Social Class in Late 19th and Early 20th Century Edinburgh, in: *Crossick, S. 134–5.*

41 S. J. *Chapman* u. J. F. *Marquis,* The Recruiting of the Employing Classes from the Ranks of the Wage-Earners in the Cotton Industry, in: Journal of The Royal Statistical Society 75. 1912, S. 293–206.

42 C. F. G. *Masterman,* The Condition of England, London 1909/ 1960, S. 56–69; H. *McLeod,* White Collar Values and the Role of Religion, in: *Crossick,* 61–88.

43 M. *Gaskell;* Housing and the Lower Middle Class, 1870–1914, in: *Crossick,* S. 159–83; G. L. *Anderson,* The Social Economy of Late Victorian Clerks, ebd., S. 113–33.

44 *Lewis* u. *Maude,* S. 79; 222; F. W. *Notestein,* Class Difference in Fertility, in: *Bendix* u. *Lipset,* Class, S. 272–3; J. A. *Banks,* Prosperity and Parenthood. A Study of Family Planning Among the Victorian Middle Classes, London 1969; *Lipset* u. *Bendix,* Class, S. 240–1.

Soziale Ungleichheit und Klassenstrukturen in England: Die Arbeiterklasse

von Eric J. Hobsbawm

Ich beschäftige mich in diesem Beitrag nicht so sehr mit dem Faktum der sozialen Ungleichheit (oder Ungleichheiten), als vielmehr mit deren Beziehung zur britischen Klassenstruktur im 19. und frühen 20. Jahrhundert; d. h. mit der Beziehung der einzelnen Arbeiterschichten und Gruppen zueinander und der Arbeiterklasse als ganzes zu anderen Schichten. Für den Sozialhistoriker ist der Begriff »Klasse« allerdings doppeldeutig: Er drückt nicht nur eine objektive Klassifikation der Menschen nach bestimmten Kriterien aus, z. B. nach den Eigentumsverhältnissen, sondern auch das subjektive Bewußtsein – sowohl von innen wie von außen gesehen – der Zusammengehörigkeit bzw. der Trennung. Ich will auch nicht alle Aspekte der Beziehung Ungleichheit-Klassenstruktur untersuchen. So ist es z. B. für die Entwicklung des äußerst starken, wenn auch in engen Grenzen wirksamen Klassenbewußtseins der britischen Arbeiter wichtig, daß die Ungleichheit, unter der sie als Handarbeiter, als Arme, als Lohnarbeiter und anderswie litten, nicht nur vergleichbar war, sondern auch durch die gemeinsamen Einrichtungen und Mechanismen der Wirtschaft und des Staates auf einen Nenner gebracht werden konnte. Denn im Unterschied zum Adel und dem sich nach dessen Modell bildenden Bürgertum, war die direkte Lebenserfahrung der Arbeiter eher lokal als national. Während die englischen Oberschichten eine theoretisch akzentlose Einheitssprache reden, sprechen noch heute Gewerkschaftskader und -führer mit dem Akzent, und manchmal in dem Dialekt, ihrer engeren Heimat; solche Probleme kann ich hier jedoch nicht berücksichtigen.

Noch eine kurze Vorbemerkung zur Periodisierung. Ich nehme die klassische Blütezeit des englischen Kapitalismus, von den 1840er bis zu den 1880er Jahren als Ausgangspunkt. Auf die Frühperiode der Industrialisierung greife ich nur ab und zu kurz zurück, da viel von der damals anscheinend vorhandenen Frühreife der Arbeiterklasse und ihres Klassenkampfes nachher verloren geht und in ziemlich anderer Form später neu auftaucht.

Dagegen unterstreiche ich die Änderungen, welche Ende des 19. Jahrhunderts einsetzen.

Ich möchte mit einigen philologischen Bemerkungen beginnen; denn Sprache und Sprachgebrauch sind für den Sozialhistoriker wichtig, da sie, wie die Geschichte selber, die Abwandlung des historisch Entstandenen durch die zeitgenössische Gegenwart widerspiegeln.[1]

Erstens zum Begriff »peasant« oder »peasantry« der allerdings immer nur eine Beschreibung von außen und oben, nie eine Selbstbeschreibung der englischen Bauern ist. Im 19. Jahrhundert verliert dieses Wort in England (allerdings nicht unbedingt in Schottland) den Sinn »Bauer« und wird fast durchweg als Synonym für »Landarbeiter« verwendet. Zweitens zu den viel zahlreicheren und volkstümlicheren Ausdrücken für Handwerk und Handwerker. Hier sticht ins Auge, daß Worte wie »artisan« und »craftsman« im englischen Sprachgebrauch des 19. Jahrhunderts den Sinn von »unabhängiger Handwerker« oder »Handwerksmeister« fast ganz verloren haben, das ist ein markanter Unterschied zum deutschen, französischen, italienischen oder spanischen Sprachgebrauch. Ohne weitere Ergänzung (etwa als »independent artisan« oder »master craftsman«) bedeuten diese Worte normalerweise einen gelernten, allerdings oft durch handwerkliche Lehre geschulten Lohnarbeiter. Das Wort »craft« oder »trade« bedeutet, jedenfalls in der Volkssprache, die fachliche Spezialität eines solchen Arbeiters, z. B. eines Schlossers. Manchmal entdeckt man eine Klassendivergenz im Sprachgebrauch, aber auch sie ist bezeichnend. So bedeutet das Wort »tradesman« in der Sprache der Arbeiter so gut wie ausschließlich einen gelernten Arbeiter, z. B. einen Mechaniker oder Maurer, im Mittelstandsgebrauch – woraus es jedoch im 20. Jahrhundert verschwindet – fast ausschließlich einen Detailwarenhändler. In keinem Fall bedeutet es einen Handwerker, der selbstverfertigte Waren verkauft. Ich erwähne, auch nur im Vorübergehn, daß das Vokabular des Handwerks – z. B. apprentice (Lehrling), journeyman (Geselle), trade, craft, usw. nicht nur auf Lohnarbeiter übertragen wird, sondern hauptsächlich in der und durch die Gewerkschaftsbewegung weiterlebt, z. B. als »trade union«, »craft union« usw.

Drittens zum Begriff »lower middle class«, der etwa dem »petitbourgeois« oder »Kleinbürger« entspricht. Gegen Mitte und Ende des 19. Jahrhunderts schließt er sicherlich den Handwerker, den kleinen Gewerbetreibenden, Ladenbesitzer und ähnliche Leute ein, sowie auch Angestellte, subalterne Beamte usw. Aber – und dies ist das Bezeichnende – er wird oft und ganz natürlich auch auf die oberen Schichten der Handarbeiter angewendet, die mit diesen andern Schichten irgendwie zusammengezählt, und sozusagen als Übergangszone zwischen der Arbeiterklasse und Mittelklasse betrachtet werden. Diese Gemeinsamkeit läßt sich auch aus anderen Quellen belegen.[2] Wichtig ist hier, daß nicht nur – ein fast einzigartiger Fall in diesem Jahrhundert – Hand- und Lohnarbeiter als eine Unterart der Mittelklasse betrachtet werden, sondern daß es sich sogar bei dieser Arbeiteraristokratie – auch dieser Ausdruck ist zeitgenössisch – typischerweise um gewerkschaftlich organisierte oder organisierbare Arbeiter handelt.

Und viertens zum Begriff »engineer«, der in England zweideutig ist. Er bedeutet nicht so sehr wie auf dem Kontinent den Ingenieur, den gebildeten Techniker, sondern ohne weitere Beschreibung normalerweise den gelernten oder angelernten Metallarbeiter oder Maschinenbauer. Daher muß der gebildete Techniker, im Falle der Unklarheit, spezifisch als »civil« oder »mechanical« oder »electrical engineer« beschrieben werden, während die Metallarbeitergewerkschaft bis vor kurzem einfach den Namen *»Amalgamed Society of Engineers«* trug.

Dieser Sprachgebrauch sagt uns viel über die gesellschaftliche Struktur Englands im 19. Jahrhundert wie auch über das subjektive Bild, das die Zeitgenossen von ihr hatten. Erstens geht daraus die Abwesenheit eines Bauernstandes hervor. Ich erwähne in dieser Beziehung ganz allgemein, daß in England das Vokabular der Standesgesellschaft, inklusive des Begriffs »Stand« im 19. Jahrhundert schon praktisch fehlt. Zweitens ist es klar, daß die Polarisierung des Handwerkers in Proletarier einerseits, Unternehmer/Händler andrerseits, diese Schicht schon sozusagen gesellschaftlich unsichtbar gemacht hat. Das heißt, was vom Handwerker übrigbleibt, ist faktisch der gelernte und auch anfangs noch oft als Geselle beschriebene Lohnarbeiter. Statistisch ist das natürlich unrichtig. Sowohl Bauern wie Handwerker im alten Sinn gab es, und sie besaßen jedenfalls auch lokale oder regionale Präsenz. Nur gesellschaftlich hatten sie keine mehr als Klassen.

Dies gab schon an sich der Klasse der Lohnarbeiter ein außerordentliches Gewicht in den unteren Schichten der Gesellschaft. Das wurde durch die numerische Schwäche – bis in den 70er Jahren der Umschlag einsetzte – der Angestellten, Beamten und ähnlicher Schichten des Stehkragenkleinbürgertums noch vergrößert. Quantitative Vergleiche sind allerdings schwierig, da die britischen Volkszählungen vor 1911 nur mangelhaft Schlüsse auf die berufliche Sozialstruktur zulassen. Es scheint aber doch, als ob das Land gegen Mitte des 19. Jahrhunderts im Vergleich zu andern Ländern sowohl im öffentlichen wie im privaten Sektor außerordentlich wenig bürokratisiert war.[3] Dazu kommt nun die späte Entwicklung eines formellen Schul- und Bildungssystems: Es gibt ja bis 1870 keine öffentliche Volksschule, bis 1891 keinen Schulzwang, und bis 1902 keine öffentliche Mittelschule; daher auch kaum Mechanismen, welche die berufliche oder wirtschaftliche Auswahl durch Bildungsanstalten ermöglichten, mit Ausnahme der einer ganz kleinen Elite. Insofern als es bezahlte *Manager* gab, kamen sie aus der Werkstatt; ja bis 1898 war es unmöglich, auch für Angehörige der oberen Klassen, sich ohne eine wenigstens nominelle Lehre in der Werkstatt, d. h. allein durch höhere technische Bildung, für den Ingenieurberuf zu qualifizieren.

So erscheint die englische Gesellschaft, unterhalb des numerisch schwachen Adels, stark polarisiert, zwischen einer Klasse der entlöhnten Handarbeiter, der die Statistiker schon in den 1860er Jahren drei Viertel der Bevölkerung zurechneten, und einer »Mittelklasse«. Zwischen diesen beiden Gruppen lag die Zone der »lower middle class«, die aber auch numerisch von der ihr naheliegenden oder ihr zugerechneten Arbeiteraristokratie stark gefärbt ist.

Wie es zu diesem Gesellschaftsbild, ja zu dieser Gesellschaftswirklichkeit kam, ist eine Frage, die uns hier nicht zu beschäftigen hat. Ich stelle nur fest, daß der verhältnismäßig lange Anlauf zur kapitalistischen Verwandlung Englands, der frühe Durchbruch eines allerdings technisch sehr archaischen Industrialismus und die relativ geringe Rolle des öffentlichen Sektors, hier offenbar eine große Rolle spielen. Denn mit dem Übergang zu einer neuen Phase der kapitalistischen Weltentwicklung, und daher auch, auf ihre Art, der englischen Entwicklung, ändert sich dieses Gesellschaftsbild, und zwar, was für mein Argument besonders ins Gewicht fällt, durch das rapide Anwachsen der tertiären Berufe, besonders der Angestellten. In den letzten 25 Jahren vor dem Ersten Weltkrieg schaltet sich eine neue »lower middle class« – sie wird auch oft als solche bezeichnet – zwischen die alte »lower middle class« und das Bürgertum ein. Ihr typischer Vertreter ist nun der »clerk« – der Büroarbeiter – oder ähnliche Berufe. Obwohl sich diese neue Zwischenschicht offenbar zum Großteil aus den Kindern der alten unteren Mittelschicht rekrutiert, ist die Grenze zwischen Handarbeitern und Nichthandarbeitern jetzt viel schärfer gezogen, und die alte »Arbeiteraristokratie« kann die neuen Mauern, die sie von der »Mittelklasse« trennen, weit schwerer übersteigen. Zu den »guten« Vierteln und den »Arbeitervierteln« gesellen sich jetzt (ca. 1880–1914) die typisch durch die neue »lower middle class« gekennzeichneten »suburbs«, die schon seit den 1880er Jahren als politische Hochburgen der Konservativen fungieren, wie aus den Verhandlungen über die Dritte Reform Bill (1884–85) hervorgeht.

Denn der älteren Klassenstruktur entspricht auch eine politische Rollenverteilung: Die Liberale Partei als (mit regionalen und beruflichen Ausnahmen) allgemeine »Volkspartei«, oder besser »Volksfront«, in der das alte Amalgam der kleinbürgerlichen und z. T. aus dem Handwerk hervorgegangenen Arbeitereliteschichten noch mit einem Großteil der (ihrerseits auch oft »neuen«) Bourgeoisie des Industriekapitalismus gemeinsame politische Interessen verfolgt, die durch die konkreten wirtschaftlichen Widersprüche (Gewerkschaftskonflikte, Streiks usw.) nicht beeinträchtigt werden. Politisch gesprochen geht es aus der typisch »volksradikalen« Presse hervor, daß der Hauptfeind nicht »der Kapitalist«, sondern Adel und »Privilegien« sind, was übrigens durch den notorischen Reichtum und die auch politische Prominenz des Hochadels eine gewisse Plausibilität erhält. (Bis in die 1880er Jahre übersteigt wohl der Reichtum der Großkapitalisten – etwa mit Ausnahme einer Handvoll internationaler Bankiers – nicht das Niveau der reichsten Adligen.) Umgekehrt, wie die Debatten über die zweite Reformbill (1866–67) ziemlich klar zum Vorschein bringen, sind sich wichtige Teile des liberalen Bürgertums klar bewußt, daß sich unter der früher oder später unvermeidlichen bürgerlichen Demokratie nicht gegen eine Mehrheit proletarischer Wähler regieren läßt und daß daher das Grundproblem der Politik darin besteht (wie es später Winston Churchill als liberaler Minister ausdrückt) zu verhindern, daß die Politik zur offenen Klassenpolitik wird.[4] Es existieren keine Zwischenklassen (Kleinbürger, Bauern etc.), aus denen gegen die Arbeiter eine Wählermehrheit aufgebaut werden könnte. Daher das Interesse, die Fühlung mit dem politisch (d. h. zum Großteil gewerkschaftlich) organisierten Teil der Arbeiterklasse – d. h. der Zwischenschicht – nicht zu verlieren.

Umgekehrt nimmt die neue Konservative Partei, die seit der Mitte der 1880er Jahre durch den fortschreitenden Zerfall der Liberalen mit der Zeit zur Hauptpartei des Bürgertums wird, keine ernsthafte Rücksicht auf die Arbeiterwähler. Sie verläßt sich erstens auf ihre Stärke in den überrepräsentierten Landbezirken, aber in steigendem Maße auch auf das rapid wachsende neue Angestellten- und Kleinbürgertum, das sie als ihre eigentliche Massenbasis betrachtet: auf die »suburbs«. Das eben sind die Schichten, die (wie Price gezeigt hat[5]) durch patriotische und imperialistische Propaganda ganz besonders angesprochen werden können, und die sich, wohl weil sie wirtschaftlich kaum besser stehen als die Arbeiteraristokratie, eben durch soziale und kulturelle Absonderung und durch Snobismus als Nichtproletarier abheben. Der klassische liberale Politiker gratulierte seinen Wählern zur Mäßigung ihrer Gewerkschaften, welche den unbritischen Sozialismus ausschalteten; der konservative Politiker wußte, daß sein Wählerstamm die gewerkschaftlich organisierten Arbeiter als den Hauptfeind ansah.

Soweit meine Skizze der Beziehungen zwischen Arbeiterklasse und »Mittelklasse« in der zweiten Hälfte des 19. Jahrhunderts. In der ersten Jahrhunderthälfte erscheinen die Klassengegensätze als weit schärfer, obwohl es paradoxerweise − und trotz E. P. Thompsons These, daß sich damals »The Making of the English Working Class« vollzog − noch schwer fällt vom englischen Proletariat als einheitlicher Klasse zu sprechen. Erstens lastete in dieser Übergangsperiode zum Industriekapitalismus ein solcher wirtschaftlicher Druck auf dem arbeitenden Volk, daß es zu außergewöhnlich großen, verbitterten und beiderseits als fast revolutionär empfundenen Massenauflehnungen der Handarbeiter kam (z. B. im Chartismus). Wie diese ursprünglich nicht spezifisch gegen das Unternehmertum gerichteten Bewegungen antikapitalistischen Charakter annahmen, ist kürzlich von Prothero an Hand des Beispiels der Londoner Handwerker, und besonders des Arbeiterführers John Gast (1772–1837) erläutert worden.[6] Zweitens erkannte ein Großteil der sich neu bildenden Arbeiterklasse und der andern Unterschichten der sog. »arbeitenden Armut« (»labouring poor«) weder die neue industriekapitalistische Wirtschaft und Gesellschaft überhaupt an, noch wurde diese als permanent betrachtet.

Der Übergang von der kämpferischen Klassenmobilisierung dieser Epoche zum gemäßigten und subalternen »Labourismus« der zweiten Jahrhunderthälfte setzte in den 1840er Jahren ein und beschäftigt seit langem die Historiker der Arbeiterbewegung und der politischen Geschichte Englands im 19. Jahrhundert. Er kann nicht automatisch durch die lange Hochkonjunktur der 1840er bis 70er Jahre erklärt werden. Umgekehrt schufen, wie schon angedeutet, die wirtschaftlichen und konjunkturellen Änderungen gegen Ende des Jahrhunderts eine neue Basis für eine von der

»Mittelklasse« scharf getrennte und klassenbewußtere Bewegung der Arbeiterklasse als ganzer.

Wie verhält es sich mit der Ungleichheit innerhalb der Arbeiterklasse? Auch hier möchte ich mit philologischen Bemerkungen beginnen. Allerdings ist hier das Studium des Sprachgebrauchs weit schwieriger, schon weil das tatsächliche Vokabular nicht einfach mit dem von der Minderheit der ideologischen und Führungskader benutzten identifiziert werden kann. So sind die Begriffe »proletarian« oder »proletariat« z. B. ausgesprochene Fremdwörter, welche kaum außerhalb kleiner atypischer Gruppen verwendet werden, und sogar der Begriff »worker« fehlt ganz, bis er (wohl durch Übertragung von der kontinentalen Sozialdemokratie) unter britischen Marxisten Verbreitung findet. Die typische Selbstbezeichnung des englischen Arbeiters im 19. Jahrhundert ist fast immer »working man«. Wir wissen nicht wann das Wort »working class« als Singular Usus wird (im Unterschied zum normalen »the working classes«), obwohl er in der Literatur der politisch bewußten Minderheit schon zwischen 1815 und 1830 auftaucht. Wir wissen nicht einmal – und das ist eine große Lücke – auf wen sich die Worte »working class« (im Singular oder im Plural) beziehen. Wieweit reichen sie hinunter in die Welt derer, die einfach als »die Armen« (»the poor«) bezeichnet werden? Wieweit schließen sie nicht nur um mit Mayhew zu sprechen »those that will work« und »those that cannot work« ein, sondern auch »those that will not work«; ich erinnere daran, daß Mayhews bekanntes Werk *»London Labour* and *the London Poor«* heißt, d. h. einen Unterschied zwischen Arbeitern und Armen andeutet. Mit andern Worten, wie weit erfaßt der Begriff »working classes« im 19. Jahrhundert die marginalen Schichten, die im Übergang zur Industriegesellschaft wie in der heutigen dritten Welt eine so große Rolle spielen? Die Frage bleibt noch offen, obwohl sie sicher für die Provinzflecken, Klein- und Mittelstädte, die den Hauptstandort für die eigentlichen Industriebetriebe darstellten, ziemlich bedeutungslos war. Dagegen darf man nie vergessen, daß der englische Kapitalismus nicht mit den Provinzzentren identisch ist; wie übrigens Rubinstein auch für das Bürgertum nachweist.[7] Es scheint allerdings wahrscheinlich, daß die Proletarier, eben indem sie sich selber als »arbeitende Menschen« (»working men«) definierten, einen wenigstens begrifflichen Strich zogen zwischen sich und denen, die nicht in ihrem Sinne arbeiten mußten oder *wollten,* und daher eine Schicht unter oder neben sich erkannten, mit denen sie sich theoretisch nicht identisch fühlten, obwohl in der Praxis eine solche Trennung für die meisten ärmeren Arbeiter undurchführbar war. Ich glaube auch, daß sie (etwa mit Ausnahme von klar definierten Gruppen wie den Zigeunern) in der Arbeiterklasse (im Unterschied zum Mittelstand) nicht als Unterschied zwischen gesellschaftlichen Gruppen, sondern zwischen *Personen* empfunden wurde.[8] Das trifft auch auf die vieldiskutierte Kategorie der »Ehrbarkeit« (respectability) zu, die im 19. Jahrhundert eine wichtige Rolle spielte.[9] Glücklicherweise sind diese Fragen für die gegenwärtige Diskussion nicht besonders wichtig, und ich brauche nicht näher auf sie einzugehen.

Eine andere Gruppierung ist allerdings für uns viel bedeutungsvoller. Sie teilte die Arbeiter idealiter nach dem vorindustriellen Handwerksmuster in »gelernte« und ungelernte (artisans and labourers) ein, wobei der gelernte Arbeiter im Prinzip ein Gewerbe (trade, craft) ausübte und eine Lehrlingszeit hinter sich hatte, der »labourer« bloß seine Arbeitskraft besaß, die er oder sie, wo immer es dafür Nachfrage gab, verausgabte – ob in Handlangerdiensten oder sonstwo.[10] Theorie und Praxis gingen allerdings in zunehmendem Maße auseinander, und es gab schon Mitte des Jahrhunderts Klassifikationsschwierigkeiten – z. B. bei der Kategorie der »Fabrikarbeiter«, die ja nicht übersehen werden konnten, obwohl Männer – wir können in dieser Hinsicht kaum von Frauen sprechen –, welche den »Gelernten« als wirtschaftlich und sozial gleichrangig erschienen, z. B. Baumwollspinner in den Fabriken, unter die »artisans« eingestuft wurden. Es war auch klar, daß zwischen unbestrittenen »artisans« (z. B. Zeitungsdruckern) und den idealtypischen überall anstellbaren »general labourers« eine breite und verschwommene Übergangszone bestand. Dennoch hielt sich diese Dichotomie nicht nur aus historischen und subjektiv-sozialen Gründen, sondern auch weil sie eine gewisse Basis in der kapitalistischen Wirtschaft hatte. Der Lohnsatz der besser gestellten Arbeiter, d. h. der, welche auf dem freien Markt die notwendige bargaining-power besaßen, fußte prinzipiell auf der sogenannten »standard rate« für ihr Fach.[11] Dieses Niveau wurde aber für die Handwerker zum Großteil durch gewerkschaftliche oder gewerkschaftsähnliche Aktion bestimmt – allerdings meist auf lokaler Basis – und jedes Fach oder Gewerbe suchte seine »standard rate« den als mehr oder weniger als ebenbürtig empfundenen Gruppen anzugleichen. So forderten und erhielten in Oldham in den 1870er Jahren sowohl Baumwollspinner wie Maschinenbauer einen wöchentlichen Durchschnittslohn von ca. 30 shilling. Durch die »standard rate« und die Forderung nach »vergleichbaren« Löhnen – der Begriff

»comparability« spielt noch heute in der britischen Gewerk-schaftspolitik eine grundlegende Rolle – wurde eine äußerst he-terogene Sammlung von Berufen in eine homogenere Arbeiter-schicht zusammengeschweißt. Der Lohnsatz des »einfachen« – d. h. auf dem Arbeitsmarkt im Überfluß vorhandenen – Arbei-ters wurde andrerseits prinzipiell durch die sog. »district rate for labour« bestimmt, nämlich das, was in der Gegend für solche Arbeitskräfte bezahlt werden mußte, gleichviel ob es sich um regelmäßig in einer Industrie Beschäftigte, um ständig die Arbeit wechselnde Leute oder um Handlanger der gelernten Handwer-ker handelte, die allerdings meist eine konventionelle Spanne vom gewerkschaftlich fixierten Lohn der »artisans« trennte.[12] Doch eben diese »differentials« – der Begriff ist auch heute in der Gewerkschaftspolitik noch grundlegend – zeigten wohl in der zweiten Hälfte des 19. Jahrhunderts eine ansteigende Tendenz. Erst Anfang des 20 Jahrhunderts, besonders seit 1911, machte sich sowohl in der Praxis wie in der Gewerkschaftspolitik die Tendenz zur Verringerung dieser Niveauabstände bemerkbar. Diese betreffen übrigens nicht nur Lohnsätze, sondern die meisten anderen Arbeitsverhältnisse. Wir haben es also mit einer Dichoto-mie zwischen einer prinzipiell gewerkschaftlich (d. h. in Fachver-bänden) organisierten oder organisierbaren Arbeiteraristokratie und einer Unterschicht der »einfachen Arbeiter« zu tun, zwischen denen allerdings eine breite und eigentlich nicht klassifizierte Zwischenschicht existierte. Ein Teil dieser Schicht, nämlich die ziemlich regelmäßig und für Durchschnittslohn Beschäftigten, besonders die prinzipiell in ein »Fach« einstufbaren, konnten sich wohl der Oberschicht näher fühlen. Daher bestand etwas Un-sicherheit in der besonders seit den 1860er Jahren einsetzenden Diskussion über die Arbeiteraristokratie. Ein Teil der (meist bürgerlichen) Beobachter dehnte sie bis auf die Mittelschicht – d. h. bis auf gegen 40 % der Arbeiter – aus, während andre, be-sonders unter den sog. »alten« Gewerkschaftsführern, sich auf die oberen 10–20 % konzentrierten. Andrerseits besteht wenig Zweifel, daß die zirka 40 % der Arbeiterklasse, die nach den Un-tersuchungen der 1890er Jahre an oder unterhalb der sog. »Ar-mutsgrenze« (poverty line) lebten, eine Unterschicht bildeten. Ich lasse hier die Frauen beiseite, da sie als Arbeiterinnen kaum je (außer als Familienmitglieder) zu den besser gestellten Schichten der Klasse gehörten.[13]

Gegen Ende des 19. Jahrhunderts wurde aber diese Zweiteilung immer unrealistischer, nicht nur dadurch, daß Industrien, die einfach nicht hineinpaßten, immer größere Bedeutung und gewerkschaftliche Durchschlagskraft zeigten (z. B. die Bergleute und die erst spät organisierten Eisenbahner), sondern auch weil die Vorzugstellung der Arbeiteraristokratie kaum mehr auf der alten, durch Lehrzeit und Beschränkung der Lehrlingsquote erzielten Kontrolle über das Arbeitsangebot ruhen konnte. Die Kämpfe um die Mechanisierung im Druck- und Maschinenbaugewerbe in den 1890er Jahren zeigen dies schon. Und seit Anfang des 20. Jahrhunderts muß man schon eine neue Klassifikation zwischen den »gelernten« und den »ungelernten«, nämlich den »angelernten« (»semi-skilled«) Arbeiter einschieben. Der »craftsman« kann sich also nur in vermindertem Maße auf den Engpaß einer langen fachlichen Ausbildung verlassen, die ihm auf jeden Fall eine Vorzugstellung gab, wenn auch eine durch gewerkschaftliche und andere Organisation ausgebaute. Im Gegenteil, seine Vorzugsstellung hing jetzt hauptsächlich von der gewerkschaftlichen Aktion ab, die durch seine Knappheit auf dem Arbeitsmarkt als erfahrene Fachkraft erleichtert wurde. Aber dies erforderte ja immer mehr – wie übrigens schon früher oft im Baugewerbe – die Einbeziehung in die Fachgewerkschaft von Angelernten, die man vorher ausgeschlossen hatte, bzw. die Ausdehnung der gewerkschaftlichen Aktion auf Leute, die man vorher sich selber überlassen konnte. So entwickelt sich die für Großbritannien typische Gewerkschaftsstruktur, in der Industriegewerkschaften, mit wenigen Ausnahmen (z. B. Eisenbahn und Bergbau) keine Rolle spielen, und neben den ausgeweiteten Fachverbänden die sog. »allgemeinen« Verbände die Hauptrolle spielen, in denen u. a. die angelernten Kräfte und am Ende sogar die Frauen untergebracht werden. Diese Verbände stellen heute z. B. in der Autoindustrie den Großteil der organisierten Arbeiter (z. B. bei Ford 70 %). Trotz der Spannungen zwischen der Arbeiteraristokratie und den andern bildete sich also eine Basis für die Zusammenkettung der verschiedenen Arbeiterschichten und für eine Radikalisierung der Arbeiteraristokratie. Hier spielt übrigens das Element des seit den 80er Jahren wieder auflebenden Sozialismus eine bedeutende Rolle, da es die Sozialisten sind, welche nicht nur das allgemeine Klassenbewußtsein befürworten, sondern auch die neuen gewerkschaftspolitischen Tendenzen, ohne die weder die Arbeiteraristokraten noch die Arbeiterplebejer mit der neuen wirtschaftlichen und sozialpolitischen Lage fertig werden, in die Wege leiten.

So bahnte sich im Vierteljahrhundert vor 1914 eine wachsende Vereinheitlichung der Arbeiter zu einer vom Bürgertum und dem neuen Stehkragenkleinbürgertum scharf getrennten Klasse, was sie allerdings nicht zur homogenen Masse werden ließ. Getrennt nicht so sehr durch wirtschaftliche Ungleichheit als vielmehr durch Ungleichheit der Lebenschancen und Lebenserwartungen und des Lebensstils, zu dem nicht zuletzt das proletarische Klassenbewußtsein gehört. Ist es ein Zufall, daß eben in jener Zeit, als auch das Fußballmatch zur proletarischen Massenreligion wird, das proletarische Kostüm nicht nur durch relative Armut, sondern durch spezifische Neuerungen sich als solches fixiert: So wird z. B. die bekannte Mütze mit Schirm damals (und nicht früher) zum Wahrzeichen des männlichen Arbeiters, so daß noch heute der »strip-cartoon«, der sich wehmütig über solche alte Proletarier lustig macht, den Titel »*Andy Capp*« hat. Sicher trug auch der sterbende Prolet jener Jahre eine solche Mütze, von dem der Witz erzählt, er habe seine Seele mit folgenden Worten ausgehaucht: »Ich glaube an Jesus Christus, Keir Hardie (den Führer der Arbeiterpartei) und Huddersfield United«, die lokale Fußballmannschaft.

Warum es zu dieser Zeit zu diesem Wandel in der Klassenstruktur und auch des unpolitischen Klassenbewußtseins kam, kann hier nicht weiter untersucht werden, obwohl die Frage sicherlich für die gesamte wirtschaftliche und soziale Entwicklung des englischen Kapitalismus wichtig ist, der eben damals sowohl in ein neues Stadium der Weltwirtschaft eintrat als auch seine Vormachtstellung zu verlieren begann. Ich erwähne bloß kurz zur Ergänzung, daß dieses Stadium der Arbeitergeschichte, durch Kriege und Krisen verlängert, bis in die 1950er Jahre dauerte und seinen Höhepunkt, sowohl politisch wie kulturell, wohl zwischen 1945 und 1951 erreichte, bevor es der Hochkonjunktur und der Zivilisation der *mass consumption* zum Opfer fiel.

Ich habe die rein quantitativen Aspekte der Ungleichheit bewußt beiseite gelassen. In den gröbsten Umrissen läßt sich behaupten, daß (etwa im dritten Viertel des 19. Jahrhunderts) die höchstbezahlten Arbeiter bei Vollbeschäftigung wohl kaum mehr als auf ein Drittel des Jahreseinkommens kamen, welches das Minimum für ein bescheidenes Leben einer klar dem Mittelstand angehörigen Familie darstellte; der Durchschnittsarbeiter wohl auf kaum mehr als auf ein Fünftel oder ein Sechstel; von den 40 % der Arbeiterschaft, die an oder unterhalb der »Armutsgrenze« lebten schon gar nicht zu sprechen. Das war die materielle Basis der Teilung des Landes in die sog. »zwei Nationen«, auf die Disraeli schon in den 1840er Jahren hingewiesen hatte. Kulturell ließ sich diese materielle Schwelle theoretisch für den besser bezahlten Arbeiter überschreiten. Die neue »lower middle class«, im Durchschnitt nicht besser bezahlt als die Arbeiteraristokratie, tat dies (um den Preis großer wirtschaftlicher Opfer), indem sie versuchte, sich in ihrem Lebensstil bewußt von der Arbeiterklasse abzugrenzen und sich dem Bürgermodell anzugleichen. Aber eben das taten die Arbeiter nicht. Kulturell existierten die bürgerliche und die neue kleinbürgerliche Nation und die Arbeiternation nebeneinander, in steigendem Maße getrennt angesiedelt, einander fremd. Ich selber habe noch 1940 die physische Auswanderung aus der einen Nation in die andre erlebt, als ich in Cambridge vom Studenten zum Soldaten wurde und, kaum zwei Kilometer von meinen Freunden entfernt, in eine Arbeiterfamilie einquartiert wurde. Mit dieser Erinnerung an die Entdeckung einer unbekannten, fremden Welt – nämlich der, in welcher die Mehrheit des englischen Volkes lebte – möchte ich diese kurze Skizze schließen. Denn der Sozialhistoriker soll und kann nicht nur aus Quellen, sondern auch aus seiner Lebenserfahrung über die menschliche Gesellschaft lernen.

Anmerkungen

1 Eine systematische Untersuchung der in der englischen Umgangssprache üblichen gesellschaftlichen Klassifikationen steht noch aus. *Briggs,* The Language of »class« in early nineteenth century England, in: A. Briggs u. J. Saville Hg., Essays in Labour History, London 1960, bleibt wegweisend.

2 Einige Belege in E. J. *Hobsbawm,* Labouring Men, London 1964, 273 f.; zur Einordnung etwa der Ladenbesitzer in die »artizan class«, den Kern dieser »lower middle class« (vgl. R. *Gray,* »Styles of life, the »Labour Aristocracy« and class-relations in later nineteenth century Edinburgh, in: Int. Review of Social History 8. 1973, S. 445); Royal Commission on Friendly Societies 1871–74 und Royal Commission on Militia and Volunteers 1904.

3 So bildeten die Angestellten und Verwaltungsbeamten in einem wohl überdurchschnittlich bürokratisierten Riesenunternehmen, der »London and Northwestern Railway Company«, in den 1870er Jahren nur gegen 7 % des Gesamtpersonals.

4 »Those who are now grouped under the standard of party will reform themselves under the standards of class. The class line must become, if the party system is shattered, the line of demarcation.« *Parliamentary Debates* 5 S 1910, 15 H. C., S. 1582.

5 R. *Price,* An Imperial War and the British Working Class, London 1972, 228 f.

6 I. *Prothero,* Artisans and Politics in Early Nineteenth Century London: John Gast and His Time, Folkestone 1979.

7 W. *Rubinstein,* The Victorian Middle Classes: Wealth, Occupation and Geography, in: Economic History Review 30. 1977, S. 602–23.

8 Vgl. die Bemerkungen eines in andrer Hinsicht durchaus nicht »ehrbaren« Wilddiebs über die Arbeitslosen ca. 1900, unter denen er die »Honest, Hardworking men« von denen unterscheidet, die »never did and never will find work«. G. *Christian* Hg., James Hawker's Journal: A Victorian Poacher, Oxford 1978, 101 f. Hier, wie so oft im englischen 19. Jahrhundert, gehen Klassenbewußtsein und Arbeitsstolz zusammen.

9 Neben der in E. J. *Hobsbawm,* »The Aristocracy of Labour Reconsidered«, in: International Economic History Congress, Edinburgh 1978, erwähnten Literatur, s. auch Prothero.

10 Vgl. *Hobsbawm,* Labouring Men, S. 182 f.

11 Vgl. das Kapitel »The Standard Rate« in: S. u. B. *Webb,* Industrial Democracy, London 1897.

12 Zum Begriff der »district rate« vgl. E. H. *Hunt,* Regional Wage Variations in Britain 1850–1914, Oxford 1973, S. 4 f., u. *Hobsbawm,* Labouring Men, S. 345 f.

13 Zur Diskussion über die »Arbeiteraristokratie« siehe E. J. *Hobsbawm,* The Aristocracy of Labour Reconsidered«, und die dort aufgeführte Literatur und M. A. *Shepherd,* The origins and incidence of the term »Labour Aristocracy«, in: Society for the Study of Labour History, Bulletin 37. 1978, S. 51–67; H. F. *Moorhouse,* The Marxist theory of the labour aristocracy, in: Social History 3, S. 61–82.

Soziale Ungleichheit und Klassenstrukturen in Frankreich 1630—1830

von Wolfgang Mager

I. Vorbemerkung

Strukturen und Erscheinungsweisen sozialer Ungleichheit im Frankreich des Ancien Régime und der Epoche des Übergangs zur Moderne sollen behandelt werden.[1] Als Eckdaten wurden 1630 und 1830 gewählt: das Jahr der endgültigen Festsetzung Richelieus an der Macht in der ›Journée des Dupes‹ und das Jahr der Julirevolution. Die beiden Jahrhunderte, die durch diese Ereignisse eingegrenzt werden, lassen sich in zwei deutlich voneinander abgehobene Abschnitte untergliedern: in den Zeitraum des Ancien Régime, dessen klassische Ausformung als einer politisch-institutionellen und wirtschaftlich-gesellschaftlichen Gesamtordnung zwischen Richelieus Ministerschaft und der Ära des leitenden Ministers Fleury (1726–43) anzusetzen ist; sodann zweitens in das auf diese Epoche seit etwa 1730/60 folgende Zeitalter des Übergangs zur Moderne.[2]

Das Gefüge sozialer Ungleichheit hatte während des Ancien Régime einen dominant ständischen Charakter; es schloß sich ein säkularer Prozeß der Transformation von der ständischen zur Klassengesellschaft an, der mit der Revolution von 1830 insofern zu einem gewissen Abschluß kam, als sich mit dem Bürgerkönigtum die Finanz- und Industriebourgeoisie als führende Kraft in Gesellschaft und Staat durchsetzte und zugleich in nennenswertem Umfang ein Fabrikarbeiter-Proletariat entstand. Die Französische Revolution markiert den Ort, wo die im Zuge des beschleunigten Wandels aufgetretenen politisch-sozialen Spannungen nicht mehr kanalisiert werden konnten und sich zu einer akuten Krise verschärften, welche auf den weiteren Umwälzungsvorgang fördernd oder hemmend zurückwirkte.[3]

Daß eine Betrachtung der sozialen Ungleichheit nicht die Gesamtstruktur einer Gesellschaft in den Blick bringt, sondern lediglich einen, wenn auch wesentlichen Aspekt derselben anvisiert, bedarf keiner näheren Begründung. So bleiben z. B. die Ausprägungen vertikaler Integration zwischen Inhabern ungleicher sozialer Lagen, die sog. sozialen Versäulungen, unberücksichtigt, obwohl sie im Gefüge der Gesellschaft des Ancien Régime, im beträchtlichen Ausmaß auch während der Epoche der Transformation vom Ancien Régime zur Moderne, eine bedeutsame Rolle gespielt haben und geeignet waren, die aus sozialer Ungleichheit resultierende Asymmetrie der Lebenslagen zu mindern oder zu überdecken. Erinnert sei in diesem Zusammenhang etwa an die aus der Haushaltsgemeinschaft erwachsenden, vielfach engen Bande wechselseitiger Loyalität zwischen Dienstherrn und Domestiken, Bauern und Hofgesinde, Handwerksmeistern und Lehrjungen, Amtsträgern oder hohen Herren und den in Haus und Herrenhof lebenden oder verkehrenden Commis, Clercs, Rechtsgelehrten, Literaten und sonstigen zu Herrschafts- und Amtsaufgaben herangezogenen Klienten und Getreuen. Erinnert sei an das vielfach enge Zusammenwirken der Bewohner eines Dorfes, einer Stadt, einer Region bei der Wahrung ihrer gemeinsamen Interessen gegen Beeinträchtigungen von außen.[4]

II. Die soziale Ungleichheit im Ancien Régime (1630–1730/60)

1. Dimensionen sozialer Ungleichheit

Als die wichtigsten Dimensionen sozialer Ungleichheit in der Gesellschaft des Ancien Régime lassen sich Standschaft, Art des Lebensunterhalts, Teilhabe an oder Ausschluß von der politischen Gewalt, Höhe des Einkommens herausheben.

Standschaft. Unter Standschaft ist der je spezifische privat- und öffentlich-rechtliche Status (condition) der Kleriker (ecclésiastiques), Adligen (nobles) und ›einfachen Leute‹ (roturiers) zu verstehen.[5] Die Angehörigen dieser drei Stände (ordres) waren, wie überall in Europa, durch eigene Pflichten, Wirkungskreise und Tätigkeitsverbote, Titel und Anreden, auch durch ihre Kleidung und ihren Lebensstil voneinander abgehoben.[6] Es bestand eine formelle Rangabstufung zwischen dem Klerus (clergé) als Erstem Stand, dem Adel (noblesse) als Zweitem Stand und dem ›einfachen Mann‹ (roture) als Drittem Stand (tiers état), die im Vortritt, in der Prozessions- oder in der Sitzordnung, in der inneren Gliederung von Ständeversammlungen u. dgl. augenfällig wurde. Klerus und Adel galten als die beiden vornehmen Stände, die roture im Vergleich zu ihnen als ›niedrig‹ (vile).

Als wichtigste Standesrechte der Kleriker – um 1770 gab es etwa 60 000 Weltgeistliche, 26 000 Ordensgeistliche – sind zu nennen: Befreiung von den kommunalen Abgaben und den staatlichen Steuern, von der Milizpflicht, von der Straßenfron und der Einquartierungspflicht; Freistellung von der königlichen Gerichtsbarkeit (außer bei schweren Fällen) und von der Schuldhaft; bevorrechtete Vertretung in Ständeversammlungen. Den Klerikern war erwerbsgerichtete Betätigung untersagt. Sie kamen ihren sakramentalen und seelsorgerischen Aufgaben vorzugsweise in geistlichen Ämtern nach, wobei Pfarrer und Pfarrvikare den niederen, Kapitulare, Bischöfe und Erzbischöfe den hohen Klerus bildeten. Die formelle Überordnung der Kleriker über die Adligen gründete in ihrer aus dem Charisma der Weihe und aus der geistlichen Lebensführung erwachsenden spezifischen Würde (dignité).

Als die wichtigsten Standesrechte der Adligen – im 18. Jahrhundert (einschließlich der Nobilitierten) ca. 350 000 Personen – sind zu nennen: privilegierter Gerichtsstand im Zivil- und Strafprozeß; bevorrechtete Vertretung in Ständeversammlungen; das Erstgeburtsrecht (droit d'aînesse) im Erbgang; exklusiver Zugang zur Hausgenossenschaft mit dem König am Hof (honneurs de la Cour); exklusives Anrecht auf die höheren Hofämter und auf bestimmte vornehme Dom- und Stiftskapitel; bevorzugte Berücksichtigung bei den meisten sonstigen Hofämtern und Kapiteln und bei zahlreichen hohen Ämtern im Militär und im Justizwesen sowie bei der Rekrutierung zur königlichen Garde; Befreiung von der taille personnelle; Freistellung von Straßenfron und Einquartierungspflicht; Recht des Degentragens; Jagdrecht. Den Adligen war eine erwerbsgerichtete Betätigung untersagt; davon ausgenommen waren die Bewirtschaftung des Herrengutes und Großhandelstätigkeit.

Der Tugend- und Verhaltenskodex des Adels, seine Ehre (honneur), verpflichtete ihn zum Einsatz für König und Vaterland, wobei zwei Betätigungsfelder hervorstachen: Dienst mit dem Schwert (épée) und Dienst in der Richterrobe (robe), also die Tätigkeit als Offizier und militärischer Administrator einerseits, als Richter, als gelehrter Rat und juristisch ausgebildeter Administrator andererseits. Die formelle Überordnung des 2. über den 3. Stand gründete in den durch Abstammung von adligen Eltern und Vorfahren übertragenen spezifischen Standestugenden und Verhaltensweisen (qualités) der noblesse, wobei diese Eigenschaften nach traditionalem Legitimationsmuster gesichert schienen, wenn der adlige Rang und Lebensstil nach der Nobilitierung eines Homo novus über zwei weitere Generationen durchgehalten wurde; der Urenkel eines annobli galt als gentilhomme, sein Adel als sog. ›noblesse de race‹.

Die roture – 1700 ca. 19¹/₂ Mill., 1789 knapp 27. Mill. Personen – unterlag dem allgemeinen Recht (droit commun) und unterschied sich hierin vom Klerus und Adel. Sie gliederte sich in freie und unfreie Personen und Familien. Letztere, die sog. mainmortables, hatten in der Frühen Neuzeit, anders als im Mittelalter, nur noch eine geringe zahlenmäßige und ökonomisch-soziale Bedeutung und können deshalb übergangen werden.

Auf Grund ihrer Tätigkeit oder ihres Berufes wurden die roturiers vielfach formell binnendifferenziert, wobei gemeinhin an unterster Stelle der Landmann rangierte; über den Bauern standen die Handwerker und sonstigen handarbeitenden Gewerbetreibenden, darüber die Händler und Kaufleute, Reeder und Manufakturunternehmer, die kleineren Amtsträger, zu oberst die Angehörigen freier Berufe und die von Renten lebenden Personen und Haushalte.

Art des Lebensunterhalts (Subsistenzweise). Hinsichtlich des Lebensunterhalts wurde zwischen Subsistenz aus Arbeit – Handarbeit und sonstiger erwerbsgerichteter Betätigung – einerseits und Subsistenz aus arbeitslosem Einkommen andererseits unterschieden.[7] Lebensunterhalt aus erwerbsgerichteter Betätigung galt im Ancien Régime als eine niedrige Subsistenzform und war deshalb mit der Zugehörigkeit zum Klerus und zum Adel unvereinbar. Unter den Erwerbstätigen wurde das geringste Ansehen denjenigen beigemessen, die körperlich arbeiteten, also den kleinen und mittleren Bauern, den Handwerkern und sonstigen Gewerbetreibenden, den Domestiken. Ein höheres Ansehen als Handarbeit genossen solche erwerbsgerichtete Betätigungen, bei denen die organisierenden und leitenden Aufgaben die körperlichen Mühen überwogen, wie etwa bei Händlern, Kaufleuten, Reedern. Dies galt auch für die Inhaber großer landwirtschaftlicher Eigen- und Pachtbetriebe, welche mehr als Herren über Haus, Hof, Familie und Gesinde denn als ›Werktätige‹ angesehen wurden.

Unter Rente wurde im Ancien Regime das arbeitslose Einkommen aus Zehnt, Seigneurialrechten, Gläubiger- und Kapitalzins, Pacht, Sold, Pfründe u. ä. gefaßt.[8] Lebensunterhalt aus Rente galt als vornehm, quasiherrschaftlich, da Rente von dem Fluch der Arbeit freistellte, »Abkömmlichkeit« gewährte und somit die Übernahme weltlicher Amts- und Herrschaftsfunktionen ermöglichte.

Teilhabe an oder Ausschluß von der politischen Gewalt. Obrigkeitliche Gewalt nahm im Ancien Régime vielfältige Erscheinungsweisen an.[9] Neben der königlichen Gewalt und deren
Institutionalisierung im Hof, im Staatsrat und dessen zentralen
und regionalen Ausführungsbehörden, in der königlichen Judikatur und im Militär bestanden mannigfaltige autonome Obrigkei-
ten herrschaftlicher und genossenschaftlicher Art wie die Seigneurien, die Gebietskörperschaften (Dorf, Stadt, Provinzen mit
Landtagsverwaltung), die katholische Kirche als Inhaber einer
vielfältig in die weltlichen Angelegenheiten hineinregierenden
geistlichen Gewalt. Der Zugang zu Amt und obrigkeitlicher Gewalt war im Dorf durchweg den Eigentümern, in der Stadt
den vermögenderen Vollbürgern vorbehalten; der Zutritt zu den
Landtagen war bei den meisten Provinzen Geistlichen, Adligen
und Vertretern der Städte reserviert. Seigneurien lagen überwiegend in der Hand adliger Inhaber oder geistlicher Institutionen.
Der hohe Klerus rekrutierte sich im 17. Jahrhundert in starkem
Umfang, im 18. Jahrhundert nahezu ausschließlich aus dem Adel,
die Kapitulare z. T. aus dem Adel, z. T. aus dem Kreis gehobe-
ner, von ihren Renten lebender stadtbürgerlicher Familien. Die
Pfarrer entstammten mehrheitlich wohlhabenden städtischen
Händler- und Kaufmannsgeschlechtern oder Freiberufler- und
Amtsträgerfamilien, in geringem Umfange auch vermögenderen
Bauernfamilien.[10] Die königlichen Amtsträger waren in den höheren Rängen von Amts wegen adlig, überwiegend auch von
Hause aus. In den mittleren und unteren Rängen rekrutierten sie
sich vor allem aus den Geschlechtern der wohlhabenden Kaufleute,
Händler und Freiberufler.[11] Da alle königlichen Ämter einen ver-
erbbaren Vermögenswert darstellten, der beim erstmaligen Erwerb
an den bisherigen Inhaber oder an den Fiskus zu entrichten war,
bedingte die Amtsübernahme einen nach dem Rang der Ämter
gestaffelten Reichtum, während die Amtsinhaberschaft einen solchen Reichtum auswies.[12] So kostete um 1750 das Amt eines
Rates am Pariser Parlament 40 000 Pfund, das Amt eines Präsi-
denten am Pariser Steuerhof 101 800 Pfund, das Amt des königlichen Anwalts am Pariser Steuerhof 300 000 Pfund.[13]

Höhe des Einkommens (Umfang der Subsistenzmittel). Die Ungleichheit in der Höhe des Einkommens war innerhalb eines jeden der drei Stände außerordentlich hoch.[14] Um die Mitte des
18. Jahrhunderts lag bei den Klerikern die Differenz des jährlichen Pfründeneinkommens zwischen den 150 Pfund (livres
tournois) eines auf die Mindestausstattung angewiesenen Vikars
und den 170 000 Pfund des Bischofs von Straßburg. Bei den Adli-

gen reichte die Spannweite des jährlichen Rentenaufkommens von den vielleicht 500 Pfund eines kleinen Landjunkers bis zu den die Millionengrenze überschreitenden Einkommen hoher Adliger – wie z. B. der Contis, die 1789 nicht weniger als 3 743 000 Pfund Renten einnahmen. Eine ähnlich breite Vermögens- und Einkommenskluft wie beim Klerus und beim Adel bestand zwischen den ärmeren und reicheren Gruppierungen des Dritten Standes, wovon etwa das unterschiedliche Ausmaß in der finanziellen Ausstattung der Brautleute zeugt. So brachten in Lyon während der Jahre 1728–30 Tagelöhner im Durchschnitt 144 Pfund in die Ehe, Kaufleute hingegen nicht weniger als 10 000 Pfund. Ungeachtet der starken einkommensmäßigen Binnendifferenzierung innerhalb eines jeden der drei Stände ist festzuhalten, daß das durchschnittliche Einkommen der Adligen das durchschnittliche Pfründenaufkommen der Kleriker übertraf, und daß roturiers im ganzen gesehen über weniger Mittel verfügten als die Angehörigen des Ersten und des Zweiten Standes.

2. Der ständische Charakter der sozialen Schichtung im Ancien Régime

Nach diesen Hinweisen auf Dimensionen sozialer Ungleichheit im Frankreich des Ancien Régime und auf die Rangabstufungen innerhalb der einzelnen Ungleichheitsebenen sind die Über- und Unterordnungsbeziehungen zwischen den gesellschaftlichen Gruppierungen zu untersuchen. Es ist davon auszugehen, daß eine Person (eine Familie, ein Geschlecht, ein Haushalt) nicht selten auf zwei oder mehreren der genannten Ungleichheitsebenen jeweils unterschiedliche Rangstufen einnahm. Es kam beispielsweise durchaus vor, daß Adlige arm waren, reiche Kaufleute ohne Amt blieben, Seigneurien in die Hände von roturiers gerieten etc. Trotzdem ist auf das Ganze gesehen eine merkliche Tendenz zur Rangkristallisation feststellbar. Verarmte ein Adliger bis zu dem Punkt, wo er nicht länger seinen Standspflichten zu genügen vermochte, drohte ihm der Verlust seiner vornehmen Standschaft. Bereicherte sich ein Kaufmann über ein gewisses Maß hinaus, folgte mit einiger Zwangsläufigkeit die Übernahme eines städtischen Amts. Kaufte ein roturier eine Seigneurie, trat meist über kurz oder lang ein Standeswechsel zur noblesse ein etc. Aus der (tendenziellen) Rangkristallisation ergab sich die Existenz sozialer Schichten, sofern man unter diesen den Inbegriff von Personen und Haushalten gleichen oder ähnlichen Ranges auf mehreren oder allen in einer Gesellschaft relevanten Ungleichheitsebenen versteht. Die Schichten bildeten ein hierarchisches Gefüge: In diesem Sinne bestand soziale Schichtung.

Das Schichtungsgefüge der Gesellschaft des Ancien Régime kann als ein vorherrschend ständisches bezeichnet werden, da die Ungleichheitsdimension Standschaft – der ständische Vorrang von Klerus und Adel über die roture – bei der Zuweisung sozialer Chancen und sozialen Ranges besonders stark ins Gewicht fiel. Zwar bestanden vielfältige klassenmäßige Beziehungen zwischen den Eigentümern von Produktionsmitteln und Lohnarbeitern im Rahmen der sich ausdehnenden Güter- und Arbeitsmärkte, diese klassenmäßige Ungleichheit wurde jedoch durch die ständische Ungleichheitsdominante weithin mediatisiert.

Mit adliger und geistlicher Standschaft – insbesondere trifft dies für den höheren und hohen Adel und den hohen Klerus zu – konvergierten tendenziell Reichtum, rentenmäßige Subsistenzweise, exklusive Verfügung über alle bedeutenderen Ämter und Stellungen im Militär, in der Gerichtsbarkeit, in Verwaltung und Regierung sowie über die Seigneurien, welche als Herrschaftsinstitutionen und zugleich als Herrengüter anzusehen sind.

Die roture war auf die Subsistenz aus Arbeit angewiesen; das Einkommen der roturiers erreichte selten die Höhe, fast nie die Sicherheit der Einkommen der Kleriker und Adligen; die roturiers hatten kaum Zugang zu bedeutenderen Ämtern. Auf mannigfaltige Weise erbrachte die roture das Renteneinkommen der beiden vornehmen Stände. Zu nennen sind vor allem: die Abgaben, Zahlungen und bisweilen auch Dienste, welche die seigneurialen Hintersassen (tenanciers), die oft mit kleineren Amtsträgern, mit Kaufleuten und Freiberuflern als den (Unter-)Eigentümern von verpachteten Betrieben identisch waren, zu erbringen hatten; zu nennen sind die vorwiegend von roturiers zu leistenden Zehntabgaben aus Agrarproduktion an die geistlichen und vielfach auch weltlichen Zehntberechtigten; sind die Steuern an den Fiskus, von denen Klerus und Adel weithin befreit waren, und an deren Ertrag die beiden vornehmen Stände durch Pensionen, Gratifikationen, Sinekuren, Sold etc. überproportional Anteil hatten. Analog dem tendenziellen Antagonismus zwischen den Eigentümer- und Arbeiterklassen in kapitalistischen Marktbeziehungen bestand in der Ständegesellschaft eine strukturell bedingte Entgegensetzung zwischen den beiden vornehmen Ständen und der roture entlang der Trennlinie Herrschaft versus Arbeit, im Sinne der altüberkommenen Komplementarität, aber auch Polarität von bellatores und oratores versus laboratores. Anders als im mittelalterlichen Feudalsystem beruhte während der Frühen Neuzeit dieser tendenzielle Antagonismus zwischen herrschenden und erwerbstätigen Ständen nicht auf einem aus der Unfreiheit der Arbeitenden resultierenden außerökonomischen Zwang, insofern nicht auf Feudalbeziehungen,[15] andererseits nicht auf Marktbedingungen und damit Klassenherrschaft.

Der Schlüssel zur Erklärung der Dominanz der beiden vornehmen Stände in der französischen Gesellschaft des Ancien Régime liegt beim clergé in der durchgängigen Verkoppelung von Klerikerweihe, kirchlichem Amt und geistlicher Pfründe, bei der noblesse in der tendenziellen Deckungsgleichheit von Adelsqualität, Inhaberschaft der bedeutenderen Ämter und Besitz der Seigneurien.

Auf die Verhältnisse des Klerus soll im folgenden nicht näher eingegangen werden. Die kirchenrechtlich vorgeschriebene Verknüpfung von Weihe, Amt und Pfründe und die hieraus resultierende Macht- und Herrenposition des Klerus sind oft beschrieben worden. Im übrigen bildete der katholische Klerus wegen des Zölibats keine Familien und Geschlechter; er ist insofern als Nebenschicht des Adels und der höheren roture anzusehen, aus dessen Reihen er sich im 17. und 18. Jahrhundert überwiegend rekrutierte.

3. Die Begründung der herausgehobenen Position des Adels

Worin lag die tendenzielle Deckungsgleichheit von Adelsqualität, Amtsinhaberschaft und Seigneuriebesitz begründet? Welche Konsequenzen ergaben sich aus dieser Trias? Zur Beantwortung dieser Fragen sind die folgenden Gesichtspunkte herauszuheben:

1. Im 17. und 18. Jahrhundert war die Besoldung der weltlichen Amtsinhaber durchweg so niedrig bemessen, daß diese die mit der Amtsführung unabweisbar verbundenen Aufwendungen im allgemeinen hieraus nicht zu bestreiten vermochten. Im übrigen stellten Sold oder Gehalt nur eine geringe, im 18. Jahrhundert zudem vielfach von Steuern aufgezehrte Verzinsung der ins Amt investierten Vermögenswerte dar.[16] Zwar ermöglichte das Amt häufig die Bereicherung durch Pensionen, Gratifikationen, Bestechungsgelder u. ä., jedoch selten zu Beginn einer Karriere. Insofern bedingte das Amt Reichtum, bevor es Reichtum schuf. Da die Amtsführung Abkömmlichkeit voraussetzte, erforderte

sie eine spezifische Form des Reichtums: sichere und regelmäßig fließende, zugleich ›arbeitslose‹ Einkommen, also Renteneinkommen.

2. Angesichts der Tatsache, daß im Sozialprodukt des alten Frankreich die landwirtschaftliche Wertschöpfung bei weitem die Agrarproduktion in Betracht. Zwar waren die Profite aus Handel und Gewerbe oftmals hoch, doch stets unsicher und nie regelmäßig, zudem selten ›arbeitslos‹.[17] Die Einnahmen aus der Staatsfinanzierung waren oft enorm, wurden freilich – zumindest im 17. Jahrhundert – oftmals konfisziert. Staatsobligationen konnten attraktiv ausgestattet sein, der Staat war jedoch ein unzuverlässiger Gläubiger.[18] So blieben als hauptsächliche Rentenquellen Zehnt, Seigneurialeinnahmen, Pacht, hypothekarisch gesicherter Gläubigerzins in der Form der ablösbaren »rentes constituées« und der »ewigen« »rentes foncières«, agrarische Produzentenrente bei solchen Betrieben, die Verwaltern übertragen waren, insofern ›arbeitslos‹ einkamen.

3. Vorrangige Quelle des Renteneinkommens waren die Seigneurien; sie bestanden aus seigneurialen Herrengütern (domaines, réserves) und zugeordneten Hintersassengütern (tenures, censives).[19] Die Herrengüter bildeten ein dichtes Netz meist großer und oft hochrentabler, durchweg an Pächter ausgegebener Agrarbetriebe, die durch einen privilegierten Rechtsstand gekennzeichnet waren: Insbesondere zählte hierzu die völlige oder weitgehende Freistellung von der taille und die gerichtlich-polizeiliche Autonomie. Die Hintersassenbetriebe ruhten auf einem Grundeigentum minderen Rechts, nämlich des Untereigentumsrechtes, an ihnen hatte der Seigneur als Obereigentümer mannigfaltige Anrechte. Die Hintersassen schuldeten dem Herrn Abgaben, Zahlungen und teilweise auch Dienste, der Herr konnte bei Verkauf von Untereigentum und bei dessen Vererbung außerhalb der direkten Linie der Hintersassen ein Vorkaufsrecht geltend machen.

Abgestützt wurde die Obereigentumsposition des Seigneur durch die oftmals mit dem Herrengut verbundene seigneuriale Judikatur. Der Seigneur berief den Richter, der vor Ort für die Fülle der Bagatellstreitigkeiten, im Falle der Ausstattung der Seigneurie mit hoher Gerichtsbarkeit auch für bedeutsamere Fälle zuständig war. Der Seigneur (bzw. sein Richter) regelte die Ortspolizei, bestellte Feld- und Waldhüter, unterhielt Gefängnis und Galgen, führte den Vorsitz in der Gemeindeversammlung, beanspruchte einen Ehrenplatz in der Kirche, übte – oft im Verein mit der Dorfversammlung – die Organisationsgewalt auf der Dorf- und Feldflur aus. Diese herrschaftlichen Befugnisse ließen den Seigneur im Ort durchweg als eine machtvolle Obrigkeit erscheinen und setzten ihn in die Lage, seine Obereigentumsrechte gegenüber den Hintersassen wirksam durchzusetzen.

Aus der Verknüpfung von Obereigentumsrecht und obrigkeitlicher Machtposition ergaben sich für den Seigneur spezifische Bereicherungsmöglichkeiten: die extensive Mitnutzung der dörflichen Gemeinheiten, der Zugriff auf die Wälder, Heiden, Sümpfe und Flüsse des seigneurialen Bezirkes, das häufig einträgliche Monopol auf die Unterhaltung der – meist verpachteten – dörflichen Gemeinschaftseinrichtungen wie Mühle, Backhaus, Weinpresse u. ä.

Die komplexe Einheit von privilegiertem Herrengut, leistungsverpflichteten Hintersassenbetrieben und lokaler politischer Obrigkeit stellte die sicherste und – auf Dauer gesehen – einträglichste Fundierung arbeitslosen rentenmäßigen Einkommens im weltlichen Bereich dar, bildete die bevorzugte materielle Basis der Amtsinhaber.

4. Die weltlichen Seigneurien lagen überwiegend in Händen von Adligen. Zwar war es in der Frühen Neuzeit Angehörigen der roture nicht verwehrt, Seigneurien (ausgenommen Herzogtümer und Pairien) zu erwerben. Die Übernahme verschuldeter Seigneurien durch vermögende Kaufleute, Fernhändler, Manufakturunternehmer, Angehörige freier Berufe und Amtsträger war eine gängige Erscheinung. Es bildete sich jedoch keine stabile nichtadlige Herrenschicht aus. Vielmehr folgte dem Kauf stets – wenn auch nicht notwendigerweise sofort – der Standeswechsel zur noblesse.[20] Der Grund lag in einer einschneidenden materiellen Benachteiligung der nichtadligen Seigneurs. Roturiers (ausgenommen die Vollbürger bestimmter privilegierter Städte) kamen – zumindest in Regionen mit taille personelle – nicht in den Genuß der Steuerbefreiung. Noch schwerer wog, daß sie beim Ankauf wie bei der Vererbung der Seigneurie, zusätzlich sodann alle zwanzig Jahre, das sog. ›franc-fief‹ an den Fiskus zu entrichten hatten, welches in der Abtretung eines Jahreseinkommens der Einkünfte aus der Seigneurie bestand, ursprünglich eine Ablösungszahlung für die Freistellung der dem Dritten Stand angehörenden Seigneurs vom Lehnsaufgebot.[21] In dem Maße, wie die vasallitische Kriegsdienstpflicht seit der zweiten Hälfte des 17. Jahrhunderts weitgehend, gänzlich dann im 18. Jahrhundert in Abgang kam, nahm der franc-fief einen die

roture diskriminierenden, die Rentabilität der Seigneurie empfindlich beeinträchtigenden Charakter an.

Im franc-fief manifestierte sich während des 17. und 18. Jahrhunderts der Wille der weniger als 80 000 Familien umfassenden noblesse, die adlige Exklusivität der Verfügung über die grundlegende Quelle des Renteneinkommens zu erhalten.

5. Zur einträglichen Nutzung einer Seigneurie waren roturiers auf den Standeswechsel zur noblesse angewiesen. Während in früheren Jahrhunderten nichtadlige Seigneurs nach einigen Jahrzehnten von den adligen Signeurs der Region als standesgleich akzeptiert zu werden pflegten, sofern sie einen adligen Lebenswandel annahmen und auch beim Lehnsaufgebot mit Rüstung und Pferd erschienen, hat die Regierung diesen Weg der allmählichen Nobilitierung, das sog. ›Hereinwachsen in den Adel‹ (aggrégation à la noblesse), seit Mazarin und Ludwig XIV. ein für allemal geschlossen. Mittels Adelsreformationen (réformations de la noblesse) wurde die noblesse in all den Fällen aberkannt, wo ein formeller Adelsnachweis nicht erbracht werden konnte.[22] Zwar hat König Ludwig XIV. aus fiskalischen Gründen in größerem Umfang Briefadlige geschaffen, unter seinen beiden Nachfolgern wurden jedoch nur noch etwa 800–1000 Adelspatente ausgestellt.[23] Der Zugang zur noblesse war den roturiers seitdem faktisch nur noch über den Erwerb eines nobilitierenden Amtes möglich. Somit schließt sich der Kreis Amt–Seigneurie–Adel. Daß es sich hierbei um eine tendenzielle Deckungsgleichheit handelte, daß also hohe Amtsträger ohne Seigneuriebesitz, Seigneurs ohne Adelsprädikat oder Amt, insbesondere adlige Landjunker ohne Amt anzutreffen waren, braucht nicht betont zu werden.

Die Diskriminierung der nichtadligen Seigneurs bedeutet, daß die weltliche Seigneurie nicht als Ware auf dem Immobilienmarkt angesehen werden kann. Für die zahlreichen und bedeutenden Seigneurien der Kirche, welche – als der ›toten Hand‹ zugehörig – nicht verkauft werden durften, gilt dies ohnehin. Im Ancien Régime waren die Seigneurien die exklusive Ausstattung der beiden herrschenden Stände. Der Zugriff auf einen beträchtlichen Teil des agrarischen Nettoproduktes resultierte daher weder aus außerökonomischem Zwang noch aus Marktbeherrschung, sondern aus tendenzieller Ausschließung der roture. Seit den Adelsreformationen in der zweiten Hälfte des 17. Jahrhunderts ist im übrigen die Zahl der Adligen bis zur Revolution unaufhörlich zurückgegangen. Die etwa 10 000 durch Brief oder Amt Nobilitierten des 18. Jahrhunderts[24] glichen die

Minderung der noblesse durch Adelsverlust (dérogeance) oder Aussterben nicht aus. Insofern nahm also die Bedeutung adliger Exklusivität im letzten Jahrhundert des Ancien Régime zu.

4. Binnendifferenzierung der noblesse und roture

Im Anschluß an die vorstehenden Überlegungen zu der Polarität zwischen den vornehmen Ständen und der roture entlang der Trennlinie Herrschaft versus Arbeit sollen einige knappe Hinweise auf die Binnendifferenzierung der Adelsschicht und der Angehörigen des Dritten Standes folgen.[25]

Innerhalb der Adelsschicht bestand eine weitgefächerte Abstufung: einmal nach der Dauer der Adelszugehörigkeit gemäß der Rangfolge annoblis, noblesse de race, noblesse d'ancienne extraction, noblesse chevaleresque, noblesse féodale; sodann nach dem Ausmaß des Renteneinkommens: schließlich bei den lehnsbesitzenden Adligen – diese bildeten die Überzahl – auch nach der Hierarchie der Lehen in einer Stufenfolge, die von der einfachen Seigneurie über die Kastellanei, Vidamé, Vizegrafschaft, Baronie, Grafschaft und Markgrafschaft bis hinauf zu den Herzogtümern und Pairien ging. Die Herzöge und Pairs, hierzu zählten auch die Prinzen von Geblüt, waren über alle anderen Adelsgruppierungen weit hinausgehoben. Sie hatten Zugang zum Hof, waren geborene Mitglieder des Pariser Parlamentes, ihre Lehen besaßen hohe Vorrechte, sie nahmen die hohen und höchsten Ämter am Hofe, im Militär und im diplomatischen Dienst, zeitweise auch in der Regierung ein. Die Herzöge und Pairs gingen mit der adligen Robe kein Connubium ein.

Zwischen Adelsschicht und erwerbstätiger roture lassen sich drei intermediäre Gruppierungen anordnen, aus denen überwiegend die Aufsteiger in die noblesse entstammten.

1. Die sog. ›adelsgemäß lebenden Bürger‹ oder ›Bürger, die von ihrer Rente leben, ohne zu arbeiten‹, wie die zeitgenössischen Umschreibungen lauten. Mit dem Adel hatten sie das Merkmal gemein, daß sie nicht erwerbstätig waren, sondern von ihren Renten subsistierten, insbesondere von Geldpacht- oder Halbpachteinnahmen oder hypothekarisch fundierten Kreditzinsen. Aus dieser Schicht der adelsgemäß lebenden Bürger wurden vorzüglich die zeitlich befristeten städtischen Ämter besetzt, die in bestimmten Städten im übrigen zur Adelsqualität (Glockenadel) führten.

2. Angehörige der sog. ›freien Künste‹ wie Advokaten und Ärzte. Sie waren durch ihr Studium, oft durch akademische Titel aus-

gezeichnet. Ihre Tätigkeit erfolgte nicht gegen Entlöhnung, sondern Honorar.

3. Staatsfinanziers (partisans), d. h. Staatsgläubiger, Steuerpäch-
ter, Heereslieferanten, oft zugleich Inhaber von Ämtern in der
Steuerverwaltung.

Die höchsten Ränge der erwerbstätigen roture bildeten die
Groß- und Fernhändler, Reeder, Bankiers, Verleger, Manufakturunternehmer. Sie gründeten ihren hohen sozialen Rang innerhalb
des Dritten Standes sowohl auf ihre oft bedeutenden Einkünften
als auch auf die ihnen eigene, mehr dirigierende und organisie-
rende, insofern quasiherrschaftliche als (hand-)arbeitende Tätigkeit. Häufig haben sich die Angehörigen dieser Brufsgruppen,
wenn sie zu Reichtum gekommen waren, aus dem Geschäftsle-
ben zurückgezogen, ihre Profite in Renten (nicht zuletzt auch
durch Ankauf von Seigneurien) umgewandelt und ihren Söhnen
Ämter in der robe oder im Militär erworben.

Die im engeren Sinne handarbeitenden Berufsgruppen, auf die
nicht im einzelnen eingegangen werden kann, wurden von den
Beschäftigten in der Landwirtschaft, im Handwerk, im Heimge-
werbe und in den Manufakturunternehmungen gebildet.

Die agrarisch-gewerbliche Produktion war in nicht unbeträcht-
lichem Ausmaß haushaltsmäßig oder haushaltsähnlich organisiert,
so vor allem bei den kleineren und mittleren landwirtschaftlichen
Betrieben und bei vielen kleinen Handwerksbetrieben. Daneben
bestanden in begrenztem Umfang marktvermittelte Produktions-
verhältnisse: zwischen den Inhabern großer landwirtschaftlicher
Betriebe – nicht zuletzt zählten hierzu die Herrengüter – und
saisonalen Tagelöhnern; zwischen Handwerksmeistern und ihren
Gesellen; zwischen Manufakturunternehmern und ihren Lohnarbeitern, zwischen Verlegern (die zugleich oftmals Manufakturunternehmer und Bankiers waren) und den heimindustriell Beschäftigten (Einzelpersonen oder verlegte Handwerksbetriebe).
Solche klassenmäßig strukturierte Erscheinungsweisen sozialer
Ungleichheit nahmen seit dem 17. Jahrhundert in dem Maße zu,
wie die marktorientierte Großproduktion in der Landwirtschaft
und die zentralisierte oder dezentralisierte gewerbliche Großproduktion anwuchsen.

Es entstand jedoch solange keine stabile Bourgeoisie (im modernen ökonomischen Sinne des Begriffs), wie die in Geschäften
erwirtschafteten Profite nicht der Kapitalakkumulation dienten,
sondern über kurz oder lang zum Ankauf von Amt, Adel und
Seigneurie verwendet wurden, also ständische Herrenposition
begründeten. Es entstand aus demselben Grunde kein nennens-

wertes gewerbliches Proletariat, wobei erheblich ins Gewicht fiel, daß Massensterblichkeiten bis zum zweiten Drittel des 18. Jahrhunderts besonders die ärmere Bevölkerung periodisch dezimierten, und damit das Arbeitskräftepotential empfindlich einengten.

III. Die soziale Ungleichheit im Zeitalter beschleunigten Wandels (1730/60–1830)

1. Der Wandel von der ständischen zur Notabelngesellschaft

Der Wandel von der ständischen zu einer klassenmäßig bestimmten Gesellschaft hat sich im wesentlichen zwischen dem zweiten Drittel des 18. Jahrhunderts und der Restaurationsepoche vollzogen. Die entstehende neue Gesellschaft nahm den Charakter einer Notabelngesellschaft (société des notables) an,[26] deren Struktur sozialer Ungleichheit im wesentlichen durch die Verknüpfung der folgenden drei Elemente gekennzeichnet war, durch

1. eine rechtsegalitäre und privatisierte ›bürgerliche Gesellschaft‹ unter der ökonomisch-sozialen Dominanz insbesondere der agrarischen, in geringerem Ausmaß der gewerblichen und kaufmännischen Eigentümer- und Unternehmerbourgeoisie mitsamt der dieser aggregierten Angehörigen der freien Berufe und Intelligenz, denen ein Landarbeiter- und gewerbliches Lohnarbeiterproletariat zugeordnet war, während gleichzeitig ein Parzellenbauerntum und kleinbürgerliche Händler und Gewerbetreibende fortbestanden;[27]

2. ein professionelles Fachbeamtentum aus bürokratischen Funktionsträgern (fonctionnaires), daneben ein Berufsoffizierscorps; beide zusammen bildeten einen modernen staatlichen Verwaltungs- und Herrschaftsstab, wobei sich die höheren Beamten und die Offiziere überwiegend aus der Schicht der vermögenden Eigentümer rekrutierten, da die Zulassung zum höheren Staatsdienst eine kostspielige Ausbildung voraussetzte und nur in geringem Umfang Stipendien vergeben wurden;[28]

3. die Monopolisierung der politischen Rechte durch die sogenannten ›Aktivbürger‹ (citoyens actifs), welche durch Mindeststeuersatz und Selbständigkeit definiert waren – insbesondere kam dies den vermögenden Grundeigentümern zugute –, wogegen die Unselbständigen und Unvermögenden als ›Passivbürger‹ (citoyens passifs) von den Mitwirkung an der Herrschaft weitgehend ausgeschlossen blieben. Die formelle Eingrenzung der politi-

schen Rechtsfähigkeit auf die (Grund-) Eigentümer, die ›Notabeln‹, setzte mutatis mutandis die Exklusivität der alten vornehmen Herrenstände fort und widersprach insofern der Logik der Klassengesellschaft.[29]

Die Entwicklung, die von der Ständewelt zur Notabelngesellschaft geführt hat, ging im wesentlichen auf zwei Triebkräfte zurück:

Als erster Faktor im Prozeß der Transformation Frankreichs vom Ancien Régime zur Moderne ist die seit dem zweiten Drittel des 18. Jahrhunderts eingetretene unerhörte Dynamik des Wirtschaftslebens zu nennen, welche den Personen und Gruppen, die im agrarischen und gewerblichen Produktionsbereich, in Handel und Bankenwesen tätig waren, also den Agrarproduzenten (Eigentümerproduzenten und Pächtern), Kaufleuten, Manufakturisten, Verlegern und Bankiers, einen zunehmenden Reichtum, eine anwachsende ökonomische Macht, damit eine merkliche Anhebung ihres gesellschaftlichen Ranges verlieh.[30] Der wirtschaftliche Aufschwung resultierte in erster Linie aus einem Agrarboom. Frankreich erlebte seit den 1720er Jahren einen im ganzen kontinuierlichen Anstieg der Marktpreise für Agrarprodukte als Folge des Bevölkerungsanstieges und des hierdurch hervorgerufenen Nachfragesogs. Es entstand ein expansiver Agrarmarkt, dessen Ausbildung seit der Mitte des 18. Jahrhunderts wesentlich durch das entstehende neue Chaussee-Straßennetz und die dadurch bewirkte Verbilligung und Beschleunigung des Transportes erleichtert wurde. Die Renditesteigerung aus marktbezogener Agrarproduktion veranlaßte die Eigentümer der größeren Betriebe – zumeist Seigneurs –, ihre Güter zu vergrößern und zugleich eine Agrarreform einzuleiten, welche durch Beseitigung der Gemeinheiten, der Hut- und Triftrechte, durch Einfriedung und Einführung der Fruchtwechselwirtschaft anstelle der überkommenen Zwei- oder Dreifelderwirtschaft eine besitzindividualistische intensive Landwirtschaft nach englischem oder niederländischem Modell zum Ziel hatte.[31]

Die Steigerung der agrarischen Wertschöpfung kam vornehmlich der Schicht der – überwiegend in den Städten wohnenden – Rentenempfänger zugute. Die Folge war eine anwachsende Nachfrage nach gewerblichen Produkten, insbesondere auch nach Luxuserzeugnissen, und eine rege Bautätigkeit, woraus ein bemerkenswerter Aufschwung der gewerblichen Produktion und der hierbei erzielten Profite resultierte. Zugleich nahm der französische Binnen- und Außenhandel – hier vor allem Kolonialhandel – rasch zu.

Diese im wesentlichen auf Marktimpulse zurückgehende Dynamik ließ die überkommenen merkantilistischen Produktions- und Distributionsregulierungen je länger desto mehr als Fesseln einer ungehemmten Entfaltung von Landwirtschaft, Handel und Gewerbe erscheinen. Deshalb kamen seit der Mitte des 18. Jahrhunderts der Ruf nach Freiheit des Getreidehandels und die Forderung nach Gewerbefreiheit, nach Heraufführung der vollen Rahmenbedingungen einer Markt- und Konkurrenzwirtschaft kapitalistischen Typs auf.[32] Die Regierung, in der seit den 1750er Jahren die wirtschaftsliberale Reformpartei zunehmend den Ton angab, hat diese Parolen aufgegriffen. Seit den 1760er Jahren wurde der Getreidehandel Schritt für Schritt freigegeben, seit den 1770er Jahren die Zünfte beseitigt oder doch in ihren Rechten und Pflichten begrenzt, 1786 wurde der französische Markt den englischen Importen geöffnet.[33]

Der rasante gesamtwirtschaftliche Aufschwung Frankreichs seit der zweiten Hälfte des 18. Jahrhunderts hatte die Entstehung einer agrarischen, in gewissem Umfang auch einer Gewerbe- und Handelsbourgeoisie zur Folge. Bemerkenswert ist nun, daß diese Entwicklung nicht zu Lasten der alten ständischen Herrenschichten ging. Die großen Bereicherungsmöglichkeiten, welche die marktproduzierende Landwirtschaft bot, veranlaßte nicht wenige Seigneurs dazu, ihre Eigenwirtschaften den Pächtern zu entziehen und sie in eigener Person oder mit Hilfe von Verwaltern zu bewirtschaften. Sie blieben zwar weiterhin Gerichtsherren und Empfänger von Seigneurialeinnahmen aus den Hintersassenbetrieben, zugleich wurden sie jedoch zu landwirtschaftlichen Unternehmern, zu Getreidehändlern und Getreidespekulanten. Wo die Seigneurs weiterhin ihre Güter verpachteten, förderten sie die Agrarreform, um kapitalkräftige Pächter anzuziehen und die Rendite zu erhöhen. Die Seigneurs und deren Pächter bildeten vor der Revolution auf dem platten Land die Träger eines profit- und renditebezogenen Agrarkapitalismus, sie stellten insofern den Kern der neuen Agrarbourgeoisie.[34]

Im Handel und Gewerbe haben sich Adlige im 18. Jahrhundert nicht in dem Maße engagiert wie in der Landwirtschaft, wenngleich ihre Zahl und ihr Gewicht insbesondere im Fernhandel und im Sklavenhandelsgeschäft nicht unerheblich waren.[35]

In dem Maße, wie sich seit dem zweiten Drittel des 18. Jahrhunderts die moderne kapitalistische Markt- und Konkurrenzwirtschaft ausbildete, gingen die ständischen Führungsschichten ihrer angestammten obrigkeitlichen Rechte Schritt für Schritt verlustig, trat komplementär zur Aushöhlung der regionalen, seigneurialen, kirchlichen, gebietskörperschaftlichen und korporativen Autonomie eine kontinuierliche Ausweitung der Kompetenzen der königlichen Verwaltung und der Zahl der königlichen Amtsträger ein, entstand zentralisierte bürokratische Staatlichkeit als Pendant es entstand zentralisierte bürokratische Staatlichkeit als Pendant zur entpolitisierten bürgerlichen Gesellschaft. Damit ist der zweite Faktor der Transformation Frankreichs zwischen 1730/60 und 1830 angesprochen. Im einzelnen kann auf die Ausbildung des modernen Staates und dessen fundamentale Rolle bei der Umformung der ständischen in die Notabelngesellschaft nicht eingegangen werden.[36] Ein Aspekt sei herausgehoben: das Aufkommen der modernen staatlichen Funktionseliten in Gestalt der Fachbeamten und der Berufsoffiziere. Diese legitimierten ihre obrigkeitliche Position nicht aus der Zugehörigkeit zu vornehmen Ständen, beanspruchten nicht den Rang geborener Mitregenten (Zwischengewalten), erlangten ihr Amt nicht durch Erbe oder Kauf. Sie begründeten ihre Stellung vielmehr auf Eignung und auf Einpassung in ein hierarchisch gegliedertes bürokratisches Behördensystem. Anders als die alten Gentleman-Amtsträger und -Offiziere waren die Fachbeamten und Berufsoffiziere durch Fachausbildung, Eingangs- oder Auswahlprüfung, Unabsetzbarkeit, Beförderung nach Leistung und Anciennität, Alimentierung durch Besoldung und – last not least – durch Pensionsberechtigung gekennzeichnet.[37]

Der Typ des professionellen Fachbeamten ist im 18. Jahrhundert zuerst in den technischen Bereichen des Straßen- und Brückenbaus, in der Post- und Postkutschenbehörde, in der indirekten Steuerverwaltung (Generalpacht und Salzsteuerorganisation) entwickelt worden. Der moderne Berufsoffizier wurde durch die Militärreformen nach der Jahrhundertmitte geschaffen. Die Umwandlung der alten robe in eine Richterschaft modernen Typs, die 1771–74 durch den Kanzler Maupeou angestrebt wurde, ist erst in der Revolution gelungen. Gleichsam subkutan sind moderne Fachbeamte im Verlaufe des 18. Jahrhunderts unterhalb der Ebene der offiziellen Amtsträger entstanden: als Personal der Staatssekretaire, Staatsräte, der Intendanten, der Amtsinhaber an Parlamenten, Rechnungshöfen und Steuerkammern etc., kurz, in Gestalt der unentbehrlichen ›Commis‹ und ›Clercs‹ der offiziellen Amtsinhaber – ›Privatbeamte‹, die im Innenbetrieb die eigentliche behördliche Arbeit ausübten. Die Commis zeichneten sich durch Fachwissen und technische Kompetenz in der verwaltungsmäßigen Behandlung der vielfältigen Aufgaben aus, die der Administration im Verlaufe des 18. Jahrhunderts zuwuchsen.

Die französische Revolution verwirklichte die Personenrechts-
gleichheit und die territoriale rechtliche Homogenität des Landes,
setzte durch die Beseitigung der Binnenzölle und die Einführung
von Außenzöllen den Rahmen für die Ausbildung einer nationalen Ökonomie, vollendete die Gewerbefreiheit, schuf das profes-
sionelle Beamtentum und das Berufsoffizierscorps modernen Zu-
schnitts, erhob die politische Privilegierung der vermögenden
Steuerzahler zum Verfassungsprinzip. Sie brachte mithin die seit
dem zweiten Drittel des 18. Jahrhunderts angebahnte Entwicklung zur Klassen- und Notabelngesellschaft zu ihrem Abschluß.[38]

2. Die sozialgeschichtlichen Resultate der Französischen Revolution

Abschließend seien einige knappe Überlegungen zur Frage der
sozialgeschichtlichen Resultate der Französischen Revolution angefügt.[39] So umwälzend die Revolution in politisch-rechtlicher
und sozialpsychologischer Hinsicht gewesen ist, so sehr überwie-
gen in sozialgeschichtlicher Hinsicht die Züge der Kontinuität.
   Die von der Revolution am stärksten betroffene soziale Gruppierung war der Klerus, dessen Seigneurien und Güter enteignet
wurden und der nach der Beseitigung des Zehnten auf staatliche
Alimentierung angewiesen war, indirekt waren dadurch fraglos
auch in gewissem Ausmaß der Adel und Teile der roture tangiert.
Die Beseitigung des franc-fief verwandelte die Herrengüter in
jedermann ohne Diskriminierung zugängliche Waren, beseitigte somit die tendenziell exklusive Verfügung des Adels über die her-
vorstechende Quelle von Renteneigentum. Diese einschneidende
Neuerung hatte freilich erst seit dem zweiten Viertel des 19. Jahrhunderts einen nennenswerten Zuwachs von Grundeigentum Nichtadliger zur Folge. Die entschädigungslose Annullierung der Seig-
neurialrechte traf die weltlichen Seigneurs nur in den Fällen hart,
wo die Einnahmen aus Obereigentum und lokaler Judikatur in
ihrem Haushaltseinkommen bedeutend waren. Am Vorabend der
Revolution übertrafen bei vielen Seigneurien die Pacht- oder die
agrarischen Produzenteneinnahmen das Aufkommen aus Seigneurialrechten; somit stellte die Beseitigung der Seigneurie für die
überwiegende Anzahl der Seigneurs zwar fraglos einen Aderlaß,
nicht jedoch den Ruin dar. Die Herrengüter blieben in der Revolution ihren Eigentümern ungeschmälert erhalten, sofern diese
nicht emigrierten. Die Beseitigung des Zehnten stellte zudem eine
Entlastung dar. Die 1825 den in der Revolution enteigneten

Grundbesitzern zugesprochene sog. Milliarde der Emigrierten wurde von diesen vorwiegend in der Erneuerung und Ausweitung großer landwirtschaftlicher Eigengüter investiert.

Der Ankauf von Kirchenland und sonstigen Nationalgütern hat die Eigentumsverhältnisse auf dem Lande nicht wesentlich verschoben. Die Ankäufer waren teils wohlhabende eigenproduzierende Bauern, bisweilen auch ehemalige Seigneurs, teils wohlhabende städtische Bürger, welche ihre Erwerbungen überwiegend an Pächter ausgaben.

Die Begünstigung der Realteilung durch den Code Civil wurde in den Gebieten, in denen von altersher die Höfe ungeteilt vererbt wurden, durchweg gewohnheitsrechtlich unterlaufen.

Im ganzen gesehen blieb also die Auswirkung der Französischen Revolution auf die Eigentums- und Pachtverhältnisse im Agrarbereich begrenzt. Die soziale Ungleichheit auf dem Lande beruhte nach der Umwandlung der Seigneurs in Großgrundbesitzer fortab voll und ganz auf der unterschiedlichen Klassenlage, definiert durch das Ausmaß der Verfügung über Boden und Kapital sowie durch die marktmäßig bedingten Pacht- und Lohnsätze. Was die Ausstattung mit Boden anbetrifft, ging die Tendenz seit den 1820er Jahren in die Richtung einer Vergrößerung der großen Eigentümer- und Pachtbetriebe, wobei die ehemaligen Herrengüter hervorstachen, damit auch in die Richtung einer Pulverisierung der kleineren Eigentümerbetriebe, zugleich einer Zunahme der Tagelöhner- und Heimgewerbeexistenzen. Eine wesentliche Neuerung im Vergleich zum Ancien Régime war die Verschmelzung der Schicht der ehemaligen Seigneurs mit den Inhabern der großen bäuerlichen Eigentümerbetriebe und den Pächtern der großen Pachtbetriebe zu einer homogenen ländlichen Notabelnschicht mit dem verfassungsmäßig stärker als vielfach im Ancien Régime abgesicherten Vorrang in den örtlichen Selbstverwaltungsgremien.

Auf Handel und Gewerbe haben Revolution und Kontinentalsperre zumindest auf mittlere Sicht eine im ganzen abträgliche Auswirkung gehabt. Eine erneuerte Dynamik setzte in den 1820er Jahren ein, ohne daß bis 1830 wesentliche ökonomisch-soziale Strukturänderungen zu registrieren sind. Eine Industrialisierung größeren Ausmaßes ist nicht vor dem zweiten Drittel des Jahrhunderts eingetreten. Aus diesem Grunde ist es in der Restaurationsepoche nicht zur Ausbildung einer starken gewerblichen oder gar industriellen Bourgeoisie gekommen, desgleichen nicht zu einem Lohnarbeiterproletariat erheblichen Umfanges, wenngleich die seit dem 2. Drittel des 18. Jhs. anhaltende Bevölkerungsvermehrung ein erhebliches Arbeitskräftepotential geschaffen hatte. Die französischen Städte blieben Handels-, Kleingewerbe-, Dienstleistungs- und Behördenzentren mit einer Sozialstruktur, die sich nicht erheblich von derjenigen des späten Ancien Régime unterschied.

Soweit die vorliegenden prosopographischen Untersuchungen[40] den Schluß zulassen, ist die Behauptung gerechtfertigt, daß während der Restauration die Führungsgruppen in Agrarwirtschaft, Fachbeamtentum und Politik, ja selbst im Klerus sich in beträchtlichem Ausmaße aus den Angehörigen und Nachfahren des ehemaligen Adelsstandes rekrutiert haben. Die sozialgeschichtliche Kontinuität von den adligen Herrenständen des Ancien Régime zu den Notabeln des nachrevolutionären Frankreich ist eklatant. Eine Zäsur setzte erst mit der Julirevolution ein, welche den Aufstieg der Industrie- und Finanzbourgeoisie, zugleich die Entstehung eines Fabrikarbeiterproletariats nennenswerten Umfangs einleitete und dadurch den ökonomisch-sozialen Rang der ländlichen großen Güter und deren Eigentümer und Pächter zunehmend schwächte.

Anmerkungen

1 Der Text stellt die überarbeitete und mit Anmerkungen versehene Fassung des Hamburger Vortrags dar. Eine eingehendere Behandlung des Themas bei W. *Mager,* Frankreich vom Ancien Régime zur Moderne. Grundzüge der Wirtschafts-, Gesellschafts- und politischen Institutionengeschichte (1630–1830), Stuttgart 1980. Dort auch ausführliche Literaturangaben.

2 Die üblicherweise 1789 angesetzte Zäsur zwischen Ancien Régime und Moderne orientiert sich vorwiegend an der politisch-rechtlichen Ereignis- und Institutionengeschichte. Die wirtschafts-, sozial-, mentalitäts- und ideengeschichtlichen Entwicklungen wurden von den Krisen und Umwälzungen des Revolutionszeitalters weniger stark tangiert, sie vollzogen sich im ganzen gesehen auf der säkularen Zeitebene der ›langen Dauer‹ zwischen 1730/60 und dem zweiten Drittel des 19. Jahrhunderts. 1750 als grobes Orientierungsdatum für das Aufkommen neuer Gesamtstrukturen bei P. *Goubert,* L'ancien régime, Bd. 1: La société, Paris 1974⁴; Bd. 2: Les pouvoirs, Paris 1973 (Coll. U). Zum Zäsurcharakter der Julirevolution s. G. *Chaussinand-Nogaret,* Une histoire des élites. 1700–1848, Paris 1975, S. 13 ff. u. passim. Zur Epoche des Übergangs zwischen Ancien Régime und Moderne s. L. *Bergeron,* Die französische Gesellschaft von 1750–1820. Kontinuitäten und Diskontinuitäten, in: Zeitschrift für Historische Forschung 4.

1977, S. 131–46. Das Problem des ›Übergangs‹ behandelt bei R. *Robin*, La nature de l'état à la fin de l'ancien régime: Formation sociale, état et transition, in: Dialectiques 1/2. 1973, S. 31–54 (dt. u. d. T. ›Der Charakter des Staates am Ende des Ancien Régime: Gesellschaftsformation, Staat und Übergang‹, in: E. Schmitt, Hrsg. Die Französische Revolution, Köln 1976, S. 202–29).

3 Die Einordnung der Französischen Revolution in die französische Gesamtentwicklung ist höchst kontrovers. Vgl. Lit. bei *Schmitt*, Französische Revolution, S. 231–33; s. auch *F. Furet*, Penser la Révolution française, Paris 1978; *M. Kossok*, Vergleichende Revolutionsgeschichte der Neuzeit; Forschungsprobleme und Kontroversen, in: Zeitschrift für Geschichtswissenschaft 26. 1978, S. 5–34.

4 Zu den sozialen Versäulungen: R. *Mousnier*, Les institutions de la France sous la monarchie absolue. 1598–1789, Bd. 1: Société et Etat, Paris 1974, S. 47 ff; *ders.* Le concept d'ordres, d'états, de fidélité et de monarchie absolue en France de la fin du XVe siècle à la fin du XVIIIe siècle, in: Revue historique 247. 1972, S. 289–312.

5 Vgl. *Mousnier*, Institutions, S. 94 ff.; *ders.*, Concepts d'ordres, S. 290 ff.; ders., Les hiérarchies sociales de 1450 à nos jours, Paris 1969; *ders.*, D'Aguesseau et le tournant des ordres aux classes sociales, in: Revue d'histoire économique et sociale 49. 1970, S. 449–64; *ders.*, Le concept de classe sociale et l'histoire, in: Revue d'histoire économique et sociale 48. 1970, S. 449–59; *ders.*, La stratification sociale à Paris aux XVIIe et XVIIIe siècles. L'échantillon de 1634, 1635, 1636, Paris 1976; *ders.*, ›Conclusions‹, in: R. Mousnier Hrsg., Problèmes de stratification sociale. Actes du Colloque International (1966), Paris 1968, S. 242–48; *W. H. Sewell*, Etat, Corps and Ordre: Some Notes on the Social Vocabulary of the French Old Regime, in: H. U. Wehler Hrsg., Sozialgeschichte Heute. Fs. Hans Rosenberg, Göttingen 1974, S. 49–68; P. *Goubert*, L'ancienne société d'ordres: verbiage ou réalité?, in: Colloque franco-suisse d'histoire économique et sociale (Genf 1967), 1969, S. 35–40 (abgedruckt in: P. *Goubert*, Clio parmi les hommes. Recueil d'articles, Paris 1976, S. 281–86.

6. Zum Folgenden vgl. *Mousnier*, Institutions, Kap. 4–9; *Goubert*, Ancien Régime, Bd. 1, Kap. 5, 7–10; Bd. 2, Kap. 8; *P. du Puy de Clinchamps*, La noblesse, Paris 1959 (›Que sais-je?‹); J.-P. *Labatut*, Les noblesses européennes de la fin du XVe sieècle à la fin du XVIIIe siècle, Paris 1978; J. *Meyer*, La noblesse bretonne au XVIIIe siècle, 2 Bde., Paris 1966; F. *Bluche*, La vie quotidienne de la noblesse française au XVIIIe siècle, Paris 1973; B. *Plongeron*, La vie quotidienne du clergé français au XVIIIe siècle, Paris 1974; M. *Vovelle*, D. *Roche*, Bourgeois, rentiers, propriétaires: éléments pour la définition d'une catégorie sociale à la fin du XVIIIe siècle, in: Actes du 84e Congrès des Sociétés savantes (Dijon 1959), 1960, S. 419–52; *J. di Corcia*, ›Bourg, Bourgeois, Bourgeoisie de Paris‹ from the Eleventh to the Eigtheenth Century, in: Journal of Modern History 50. 1978, S. 207–33; vgl. im übrigen die einschlägigen französischen ›Thèses‹ zur Regional- und Stadtgeschichte sowie zur Geschichte einzelner sozialer Gruppen,

die hier nicht im einzelnen aufgeführt werden können. Stand der Forschung bei: R. *Reichardt,* Bevölkerung und Gesellschaft Frankreichs im 18. Jh.: Neue Wege und Ergebnisse der sozialhistorischen Forschung 1950–1976, in: Zeitschrift für Historische Forschung 4. 1977, S. 154–221.

7 Die Frage ist noch nicht systematisch untersucht worden. Hinweise bei *Mousnier,* Institutions, S. 13 ff.; G. *Richard,* Noblesse d'affaires au XVIIIe siècle, Paris 1974, passim; W. *Conze,* M. *Riedel,* Art. ›Arbeit‹ in: Geschichtliche Grundbegriffe. Historisches Lexikon zur politisch-sozialen Sprache in Deutschland, Bd. 1, Stuttgart 1972, S. 154–214.

8 Art. ›Rentes‹, in: M. *Marion,* Dictionnaire des institutions de la France aux XVIIe et XVIIIe siècles, Paris 1923 (Nachdruck 1969), S. 480–84; *Goubert,* Ancien Régime, Bd. 1, S. 103–15.

9 Neben *Marion,* Dictionnaire, passim, und *Mousnier,* Institutions, S. 335 ff. s. F. *Olivier-Martin,* Histoire du droit français des origines à la Révolution, Paris 1948; G. *Durand,* Etats et institutions. XVIe – XVIIIe siècles, Paris 1969 (Coll. U); J. *Ellul,* Histoire des institutions, Bd. 4: 16e – 18e siècles, Paris 1969[6]; M. *Bordes,* L'administration provinciale et municipale en France au XVIIIe siècle, Paris 1972.

10 J. *Quéniart,* Les hommes, l'église et Dieu dans la France du XVIIIe siècle, Paris 1978; N. *Ravitch,* Sword and Mitre. Government and Episcopate in France and England in the Age of Aristocracy, Paris 1966; J. M. *Hayden,* The Social Origins of the French Episcopacy at the Beginning of the Seventeenth Century, in: French Historical Studies 10. 1977, S. 27–40; D. *Julia,* Le clergé paroissial dans le diocèse de Reims à la fin du XVIIIe siècle, in: Revue d'histoire moderne et contemporaine 13. 1966, S. 195–216; A. *Schaer,* Le clergé paroissial catholique en Haute-Alsace sous l'ancien régime. 1648–1789, Paris 1966; Y. M. *Le Pennec,* Le recrutement des prêtres dans le diocèse de Coutances au XVIIIe siècle, in: Revue du département de la Manche 12. 1970, S. 191–234; M. L. *Fracard,* Le recrutement du clergé séculier dans la région niortaise au XVIIIe siècle, in: Revue d'histoire de l'église de France 57. 1971, S. 241–65; T. *Tackett,* Le recrutement du clergé dans le diocèse de Gap au XVIIIe siècle, in: Revue d'histoire moderne et contemporaine 20. 1973, S. 497–522; *ders.,* Priest and Parish in Eigthteenth-Century France. A Social and Political Study of the Curés in a Diocèse of Dauphiné. 1750–1791, Princeton 1977.

11 Vgl. *Goubert,* Ancien Régime, Bd. 2, S. 41 ff., F. *Bluche,* L'origine sociale des secrétaires d'Etat de Louis XIV. (1661–1715), in: XVIIe siècle, Sondernummer ›Serviteurs du Roi. Quelques aspects de la fonction publique dans la société française du XVIIe siècle‹ 42/43. 1959, S. 8–22; V. R. *Gruder,* The Royal Provincial Intendants. A Governing Elite in Eighteenth-Century France, Ithaca 1968; R. R. *Harding,* Anatomy of a Power Elite. The Provincial Governors of Early Modern France, New Haven 1978; F. *Bluche,* Les magistrats des cours parisiennes au XVIIIe siècle. Hiérarchie et situation sociale, in: Revue historique de droit français et étranger 52. 1974, S. 87–106; *ders.,*

L'origine des magistrats du Parlement de Paris au XVIIIe siècle, Paris 1956; *ders.*, Les magistrats de la Cour des Monnaies de Paris au XVIIIe siècle, Paris 1966; *ders.*, Les magistrats du Grand Conseil au XVIIIe siècle. 1690–1791, Paris 1966; M. *Cubells*, Le recrutement de la Cour des Comptes, Aides et Finances de Provence au XVIIIe siècle, in: Revue historique 521. 1977, S. 3–25.

12 R. *Mousnier*, La vénalité des offices sous Henri IV et Louis XIII, Paris 1971²; F. *Bluche*, Les magistrats du parlement de Paris au XVIIIe siècle. 1715–1771, Paris 1960; *Meyer*, Noblesse bretonne, S. 170 ff.

13 Diese Zahlen bei *Bluche*, Magistrats, S. 166.

14 Die Literatur zur Vermögens- und Einkommenssituation der gesellschaftlichen Schichten und Gruppen ist Legion. Überblicksdarstellung bei P. *Léon*, Economies et sociétés préindustrielles, Teil 2, 1650–1780. Les origines d'une accélération de l'histoire, Paris 1970 (Coll. U); F. *Braudel* u. E. *Labrousse* Hrsg., Histoire économique et sociale de la France, Bd. 1: de 1450 à 1660, Paris 1977; Bd. 2: Des derniers temps de l'âge industriel aux préludes de l'âge industriel, 1660–1789, Paris 1970; G. *Duby*, A. *Wallon* Hrsg., Histoire de la France rurale, Bd. 2: L'âge classique des paysans. 1340–1789, Paris 1975.

15 Wenn für die Epoche des Ancien Régime der vage Begriff des ländlich-agrarischen Feudalismus überhaupt einen Sinn haben soll, dann m. E. den von ›Herrn-Knecht-Bindungen‹ mittels ›außerökonomischem Zwangs‹. In diesem Sinne bestand Feudalismus einzig in Restbeständen bei den mainmortables, deren rechtlich-soziale Lage in gewissem Umfang derjenigen der deutschen Schollenpflichtigen und Eigenbehörigen entsprach. Sonst lief jedoch das Obereigentumsrecht der Seigneurs überwiegend auf eine quasihypothekarische Belastung des Untereigentums (einschl. der Gemeinheiten) hinaus, das, davon abgesehen, als volles Eigentum anzusehen ist. Deren Inhaber waren vielfach wohlhabende städtische Vollbürger, oft mit privilegiertem Status, die ihre Ländereien meist in Pacht ausgaben. Daß die seigneuriale Gerichtsbarkeit wirksam eingesetzt werden konnte, um die Anrechte der Seigneurs zur Geltung zu bringen, ist eine andere Frage. Der sog. ›Feudalismus‹ des Ancien Régime war bei genauer Betrachtung nichts anderes als der tendenziell exklusive, durch delegierte Judikatur und Polizeigewalt abgestützte Zugriff des Adels, des Klerus und der Bürger bestimmter vom franc-fief befreiter Städte auf jene quasihypothekarischen Besitztitel. Überblick über die gegenwärtige Feudalismusdiskussion bei L. *Kuchenbuch* u. B. *Michael* Hrsg., Feudalismus – Materialien zur Theorie u. Geschichte, Frankfurt 1977.

16 *Bluche*, Magistrats, S. 168 ff.; *Meyer*, Noblesse bretonne, S. 946 ff.

17 Hierzu neben *Goubert*, Ancien Régime; *Léon*, Economies; Histoire économique et sociale, Bd. 1 u. 2; Histoire de la France rurale, Bd. 1 die oben Anm. 6 genannten Werke.

18 Neben *Goubert*, Ancien Régime, Bd. 2, S. 134 ff. auch: J. *Bouvier* u. H. *Germain-Martin*, Finances et financiers de l'ancien régime, Paris 1969² (›Que sais-je?‹); G. *Chaussinand-Nogaret*, Les financiers de Languedoc au XVIIIe siècle, Paris 1970; Y. *Durand*, Les fermiers généraux

au XVIIIe siècle, Paris 1971; J. F. *Bosher,* French Finances 1770–1795. From Business to Bureaucracy, Cambridge 1970; *ders.,* ›Chambres de justice‹ in the French Monarchy, in: J. F. *Bosher* Hrsg., French Government and Society 1500–1850, London 1973, S. 19–40.

19 Die Ergebnisse der zahlreichen Einzelstudien zusammengefaßt von *Mousnier,* Institutions, S. 371 ff.

20 Zur Proportion zwischen den Seigneurien in adliger und solchen in nichtadliger Hand s. *Mousnier,* Institutions, S. 399: »En général, les seigneuries sont tenues par des nobles ou des gens d'Eglise. En Dauphiné, sur 292 seigneurs juridictionnels laïques, 212 sont nobles, 71 officiers, 9 roturiers. En Lyonnais et en Beaujolais, à la fin du XVIIe siècle, les officiers et les bourgeois détiennent environ 10 % des paroisses seigneuriales, les nobles 43 %, les gens d'Eglise 27 %, et il y en a 20 % d'incertaines. Dans le Velay, en 1734, sur 123 seigneuries laïques, 42 % sont tenues par des nobles d'épée, 14 % par des nobles de robe, 37 % par des nobles ruraux, et 7 % par des roturiers.« P. *Goubert,* Cent mille provinciaux au XVIIe siècle. Beauvais et le Beauvaisis de 1600 à 1730, Paris 1968 (Kurzfassung der ›Thèse‹, die u. d. T. ›Beauvais et le Beauvaisis de 1600 à 1740. Contribution à l'histoire sociale de la France du XVIIe‹, 1960 erschienen ist) hebt hervor, daß im Beauvaisis während des 17. Jhs. Seigneurien in Händen auch nichtadliger Eigentümer lagen. Unter diesen überwogen geistliche Institutionen; »enfin, d'authentiques bourgeois furent seigneurs de villages ou de hameaux« (S. 236). Über das erdrückende Übergewicht der in adligem und geistlichem Besitz befindlichen Seigneurien über diejenigen von roturiers im Beauvaisis gegen 1700 informiert die Karte S. 420–21 ›Grands types de Seigneurs et Seigneuries dans le Diocèse de Beauvais, vers 1700‹. Im Bailliage Semur-en-Auxois, in dem zahlreiche Seigneurien bestanden, gab es 1789 nur einen Eigentümer aus dem Dritten Stand (R. *Robin,* La société française en 1789: Semuren-Auxois, Paris 1790, S. 119, vgl. auch die Karten S. 158 ff.). P. *Bois,* Paysans de l'Ouest. Des structures économiques et sociales aux options politiques depuis l'époque révolutionnaire dans la Sarthe, Paris 1971 (Kurzfassung der ›Thèse‹, die unter demselben Titel 1960 erschienen ist) ermittelt in der Election Le Mans für 1781 78 % adlige, 22 % ›bürgerliche‹ Seigneurs, wobei er unter letzteren diejenigen versteht, die nicht auf der »Liste de l'ordre de la noblesse de la province du Maine, assemblée au Mans pour la convocation des Etats généraux, dressée le 24 mars 1789« aufgeführt sind. Es ist davon auszugehen, daß, da der Adel 1789 nur die noblesse de race zu seinen Versammlungen zuließ, diese Liste keine Nobilitierten enthält. Unter den 22 % von Bois als ›bürgerlich‹ qualifizierten Seigneurs werden sich deshalb nicht wenige Nobilitierte befunden haben. Die Beispiele für das Übergewicht adliger und geistlicher Seigneurs über solche aus dem Dritten Stand ließen sich leicht mehren.

21 Zum Franc-fief s. *Marion,* Dictionnaire, Art. ›Franc-fief‹, S. 244; *Mousnier,* Institutions, S. 375. Ausführliche zeitgenössische Darlegung in: Répertoire universel et raisonné de jurisprudence civile, criminelle,

canonique et bénéficiale, Art. ›Franc-fief‹, Bd. 7, Paris 1784², S. 588–622; Encyclopédie méthodique. Finances, Art. ›Fief‹, Bd. 2, Paris 1785, S. 129–35; Art. ›Franc-fief‹, ebd., S. 286–89.

22 Die einschneidende Bedeutung der Adelsreformationen für die Entwicklung der französischen noblesse seit der zweiten Hälfte des 17. Jahrhunderts ist von *Meyer,* Noblesse bretonne, S. 29 ff. herausgearbeitet worden. Zur Gesamtzahl und zum Rückgang des französischen Adels seitdem: J. *Meyer,* La noblesse française au XVIIIe siècle: aperçu des problèmes, in: Colloque franco-polonais sur la Noblesse, XVIe – XVIIIe siècles (Lublin 1975), abgedr. in: Acta Poloniae historica 36. 1977, S. 7–45.

23 Diese Zahlen bei *Meyer,* Noblesse française, S. 16.

24 Nach *Meyer,* Noblesse française, S. 11.

25 Die folgende Skizze beruht auf der in Anm. 6 genannten Literatur.

26 Zur Notabelngesellschaft s. neben den von *Chaussinand-Nogaret,* Elites, S. 185 ff. abgedruckten Arbeiten: A. *Jardin* u. A.-J. *Tudesq,* La France des notables. L'évolution générale. 1815–1848, Paris 1973 (Nouvelle histoire de la France contemporaine, Bd. 6); G. *Chaussinand-Nogaret* u. a., Les notables du ›Grand Empire‹ en 1810, in: Annales 26. 1971, S. 1052–75; *Soutadé-Rouger,* Les notables en France sous la Restauration (1815–1820), in: Revue d'histoire économique et sociale 38. 1960, S. 98–110; L. *Bergeron,* Banqiers, négociants et manufacturiers parisiens. Du Directoire à l'Empire, 2 Bde., Paris 1978; *ders.,* Les capitalistes en France. 1780–1914, Paris 1978; A. *Daumard,* La bourgeoisie parisienne de 1815 à 1848, Paris 1963 (Kurzfassung u. d. T. Les bourgeois de Paris au XIXe siècle, Paris 1970); s. a. F. *Braudel* u. E. *Labrousse* Hrsg., Histoire économique et sociale de la France, Bd. 3: L'avènement de l'ère industrielle. 1789 – années 1880, Paris 1976; G. *Duby* u. A. *Wallon* Hrsg., Histoire de la France rurale, Bd. 3: Apogée et crise de la civilisation paysanne. 1789–1914, Paris 1976.

27 Zur Rechtsordnung der ›bürgerlichen Gesellschaft‹ J. *Godechot,* Les institutions de la France sous la Révolution et l'Empire, Paris 1968 passim; zu den sozioökonomischen Gruppen und Klassen s. die in Anm. 26 aufgeführte Literatur.

28 Zur Ausbildung der Vorstufen von Fachbeamten im Ancien Régime: W. *Fischer,* Rekrutierung u. Ausbildung von Personal für den modernen Staat: Beamte, Offiziere u. Techniker in England, Frankreich u. Preußen in der frühen Neuzeit, in: R. *Koselleck* Hrsg., Studien zum Beginn der modernen Welt, Stuttgart 1977, S. 194–217; P. *Lundgreen,* Gegensatz und Verschmelzung von »alter« und »neuer« Bürokratie im Ancien Régime: Ein Vergleich von Frankreich und Preußen, in: Fs. Hans Rosenberg, S. 104–18; der Fachbeamte seit der Französischen Revolution wird behandelt von *Godechot,* Institutions, S. 286 ff.; F. *Ponteil,* Napoléon 1er et l'organisation autoritaire de la France, Paris 1956; J.-F. *Soulet,* Les premiers préfets des Hautes-Pyrénées, 1800–1814, Paris 1965; zur Entstehung der Berufsoffiziere im Ancien Régime: E.-G. *Léonard,* L'armée et ses problèmes au XVIIIe siècle, Paris

1958; Entwicklung seit der Revolution bei J. *Vidalenc,* L'armée française sous la monarchie constitutionnelle: 1814–1848, in: L'Information historique 11/2, 1949, S. 57–62; P. *Chalmin,* L'officier francais de 1815 à 1870, Paris 1957.

29 S. *Godechot,* Institutions, sowie G. *Lepointe,* Histoire des institutions du droit public français au XIXe siècle (1789–1914), Paris 1953; J.-J. *Chevallier,* Histoire des institutions et des régimes politiques de la France de 1789 à nos jours, Paris 1977⁵; P. *Bastid,* Les institutions politiques de la Monarchie parlementaire française (1814–1848), Paris 1954; F. *Ponteil,* La monarchie parlementaire. 1815–1848, Paris 1966³; H. *Kläy,* Zensuswahlrecht u. Gleichheitsprinzip. Eine Untersuchung auf Grund der französischen Verfassung des Jahres 1791, Aarau 1956.

30 Hier neben den entsprechenden Abschnitten der Histoire économique et sociale, Bd. 2 vor allem: P. *Bairoch,* Estimations du revenu national dans les sociétés occidentales pré-industrielles et au XIXe siècle, positions d'approches indirectes, in: Revue économique 28. 1977, S. 177–207; J. *Marczewski* u. a., Histoire quantitative de l'économie française, in: Economie et Sociétés. Cahiers de l'Institut de science économique appliquée (Paris), Serie AF, Nr. 1–7, 1961–66; F. *Crouzet,* Angleterre et France au XVIIIe siècle. Essai d'analyse comparée de deux croissances économiques, in: Annales 21. 1966, S. 254–91; T. J. *Markovitch,* L'évolution industrielle de la France au XVIIIe siècle. Une première analyse, in: Revue d'histoire économique et sociale 53. 1975, S. 266–88; *ders.,* La croissance industrielle sous l'ancien régime, in: Annales 31. 1976, S. 644–55; D. R. *Leet* u. J. A. *Shaw,* French Economic Stagnation, 1700–1960: Old Economic History Revisited, in: Journal of Interdisciplinary History 8. 1978, S. 531–44; P. *Léon,* L'industrialisation en France en tant que facteur de croissance économique, du début du XVIIIe siècle à nos jours, in: Première conférence internationale d'histoire économique (Stockholm 1960), Bd. 1, Paris 1960, S. 163–204 (dt. Fassung bei H. *Kellenbenz* u. a., Hrsg., Wirtschaftliches Wachstum im Spiegel der Wirtschaftsgeschichte, Darmstadt 1978, S. 54–80, u. d. T. ›Die Industrialisierung in Frankreich als Faktor ökonomischen Wachstums vom Beginn des 18. Jahrhunderts bis heute‹); zur weiteren Entwicklung während der Revolution und im 19. Jahrhundert s. *Histoire économique et sociale,* Bd. 3; M. *Lévy-Leboyer,* La croissance économique en France au XIXe siècle. Résultats préliminaires, in: Annales 23. 1968, S. 788–807 (dt. Fassung bei Kellenbenz, Wirtschaftliches Wachstum, S. 125–42, u. d. T. ›Das französische Wirtschaftswachstum im 19. Jahrhundert‹); J.-A. *Lesourd* u. C. *Gérard,* Nouvelle histoire économique, Bd. 1: 19e siècle, Paris 1976 (Coll. U); F. *Crouzet,* Un indice de la production industrielle française au XIXe siècle, in: Annales 25. 1970, S. 56–99 (gekürzter Abdruck in: G. Ziebura u. H.-G. Haupt Hrsg., Wirtschaft u. Gesellschaft i. Frankreich seit 1789, Köln 1975, S. 117–30, u. d. T. ›Versuch der Herstellung eines jährlichen Index der französischen Industrieproduktion im 19. Jh.‹); M. *Lévy-Leboyer,* Le processus d'industrialisation. Le cas de l'Angleterre et de la France, in: Revue historique 239. 1968, S. 281–98; R. *Roehl,* French

Industrialization: A Reconsideration, in: Explorations in Economic History 13. 1976, S. 233–81.

31 Überblick über die Agrarentwicklung in: *Histoire économique et sociale*, Bd. 2; *Duby-Wallon*, Histoire de la France rurale, Bd. 2.

32 Hierzu F. *Fox-Genovese*, The Origins of Physiocracy: Economic Revolution and Social Order in 18th Century France, 1976; P. *Burger*, u. G. *Leithauser*, Die Theorie der Physiokraten. Zum Problem der gesellschaftlichen Funktion wissenschaftlicher Theorien, in: Wolfenbütteler Studien zur Aufklärung 3. 1976, S. 355–75; G. *Weulersse*, Le mouvement physiocratique en France de 1756 à 1770, 2 Bde., Paris 1910 (Neudruck Paris 1968); *ders.*, La physiocratie à la fin du règne de Louis XV. 1770–1774, Paris 1959; *ders.*, La physiocratie sous les ministères de Turgot et de Necker (1774–1781), Paris 1950.

33 Vgl. *Mager*, Frankreich, Teil C.

34 *Duby-Wallon*, Histoire de la France rurale, Bd. 2, Teil 3; sehr instruktiv z. B. die Arbeiten von R. *Forster*: The Noble Wine Producers of the Bordelais in the Eighteenth Century, in: Economic History Review 14. 1961, S. 18–33; The Nobility of Toulouse in the Eighteenth Century: A Social and Economic Study, New York 1971; The Noble as Landlord in the Region of Toulouse at the End of the Old Regime, in: Journal of Economic History 17. 1957, S. 224–44; The Provincial Noble: A Reappraisal, in: American Historical Review 68. 1962/63, S. 681–91.

35 Vgl. *Richard*, Noblesse d'affaires; *ders.*, Les corporations et la noblesse commerçante au XVIIIe siècle (d'après les papiers du Conseil de commerce), in: L'information historique 19. 1957, S. 185–89; *ders.*, La noblesse commerçante à Bordeaux et à Nantes au XVIIIe siècle, in: L'information historique 20. 1958, S. 185–90; *ders.*, Un essai d'adaptation sociale à une nouvelle structure économique: la noblesse de France et les sociétés par actions à la fin du XVIIIe siècle, in: Revue d'histoire économique et sociale 40. 1962, S. 484–523.

36 Hierzu *Mager*, Frankreich, Teil C, Kap. V.

37 Diese Entwicklungen sind noch nicht systematisch behandelt worden. Einzelinformationen bei J. *Petot*, Histoire de l'administration des ponts et chaussées. 1599–1815, Paris 1958; E.-J.-M. *Vignon*, Études historiques sur l'administration des voies publiques en France aux XVIIe et XVIIIe siècles, 3 Bde., Paris 1862; A. *Blanchard*, Ingénieurs du roi en Languedoc au XVIIIe siècle, in: Revue d'histoire moderne et contemporaine 9. 1962, S. 161–70; *Fischer*, Rekrutierung; J.-P. *Samoyault*, Les bureaux du secrétariat d'Etat des affaires étrangères sous Louis XV. Administration, Personnel, Paris 1971; J. F. *Bosher*, The Premier Commis des Finances in the Reign of Louis XVI, in: French Historical Studies 3. 1963/64, S. 475–94.

38 Vgl. Lit. in Anm. 27–29.

39 Zur Frage der Kontinuität und Diskontinuität im Zeitalter der Französischen Revolution: J. *Godechot*, Les Révolutions. 1770–1799, Paris 1963[3] (Nouvelle Clio, Bd. 36); *ders.*, L'Europe et l'Amérique à l'époque napoléonienne. 1800–1815, Paris 1967 (Nouvelle Clio, Bd. 37);

Histoire économique sociale, Bd. 3, Buch I; G. *Dupeux,* La société française. 1789–1970, Paris 1976⁸, Kap. II; die einschl. Kap. bei M. *Vovelle,* La chute de la monarchie. 1787–1792, Paris 1972 (Nouvelle histoire de la France contemporaine, Bd. 1); M. *Bouloiseau,* La république jacobine. 10 août 1792 – 9 Thermidor an II, Paris 1972 (Nouvelle histoire de la France contemporaine, Bd. 2); D. *Woronoff,* La république bourgeoise de Thermidor à Brumaire. 1794–1799, Paris 1972 (Nouvelle histoire de la France contemporaine, Bd. 3); L. *Bergeron,* L'Episode napoléonien. Aspects intérieurs. 1799–1815, Paris 1972 (Nouvelle histoire de la France contemporaine, Bd. 4); E. *Labrousse,* Bilan du monde en 1815: Eléments d'un bilan économique: La croissance dans la guerre, in: XIIe Congrès International des Sciences Historiques (Wien 1965), Rapports, Bd. 1: Grands Thèmes, Wien 1965, S. 473–97; jüngste Stellungnahmen zu diesem Problem: V. *Hunecke,* Antikapitalistische Strömungen in der französischen Revolution. Neuere Kontroversen der Forschung, in: Geschichte u. Gesellschaft 4. 1978, S. 291–323; *Furet,* Penser; jüngster Überblick bei J. M. *Roberts,* The French Revolution, Oxford 1978; über die Historiographieentwicklung s. A. *Gérard,* La Révolution française, mythes et interprétations. 1789–1970, Paris 1970; vgl. auch E. *Schmitt,* Einführung in die Geschichte der Französischen Revolution, München 1976, S. 88 ff., und Bibliographie sowie den von E. *Hinrichs* u. a. hg. Göttinger Tagungsband: Vom Ancien Régime zur Französischen Revolution. Forschungen und Perspektiven, Göttingen 1978.

40 Vgl. z. B. die hervorragende Arbeit v. W. *Giesselmann,* Die brumairianische Elite. Kontinuität und Wandel der französischen Führungsschicht zwischen Ancien Régime und Julimonarchie, Stuttgart 1977.

Soziale Ungleichheit und Klassenstrukturen in Frankreich seit der Mitte des 19. Jahrhunderts

von Heinz-Gerhard Haupt

Ist die französische Gesellschaft der letzten einhundert Jahre durch bestimmte Strukturen sozialer Ungleichheit charakterisiert und wie lassen sich die Muster dieser Ungleichheit erklären? Unter dieser doppelten Fragestellung soll einerseits versucht werden, anhand ausgewählter Indikatoren die Verteilung der gesellschaftlichen Chancen, Privilegien und Benachteiligungen zu erfassen, andererseits verschiedene klassentheoretische Ansätze daraufhin durchzusehen, ob sie die Besonderheit der Frankreich kennzeichnenden Verteilungsformen erklären helfen.

Ohne hier der Debatte über die sozialen Indikatoren nachzugehen,[1] ist als ihr allgemeinstes Ergebnis doch festzuhalten, daß diese Indikatoren für unterschiedliche Epochen jeweils neu und dem gesellschaftlichen Kontext entsprechend zu gewinnen sind. Da im folgenden die Verteilung von Lebenschancen im Mittelpunkt steht, können die stärker Handlungen motivierenden bzw. verhindernden Faktoren unberücksichtigt bleiben. Für die Untersuchung der französischen Gesellschaft seit 1850 erlauben folgende vier Dimensionen, unterschiedliche Aspekte sozialer Ungleichheit zu bestimmen:

1. Mit dem unterschiedlichen Vermögen kann die strukturell ungleiche Ausgangssituation von Gesellschaftsmitgliedern skizziert und gleichsam ein Sockel bestehender Ungleichheit beschrieben werden, den dann die Steuergesetzgebung abbauen und die Vermögensbildung für einzelne Klassen aufstocken will. Die Zusammensetzung des Vermögens und ihr Umfang trägt die Spuren des Akkumulationsprozesses an sich, in dessen Verlauf Vermögen sich herausbildet. Auf Dauer angelegt, ist es eine historische Kategorie.

2. Anhand der Höhe, Hierarchie und Veränderung der Einkommen kann diskutiert werden, ob die Einkommen die bestehenden Besitzverhältnisse verschärfen oder sie verbessern. Wird seit 1850 der Beruf für die gesellschaftliche Situation wichtiger als der Besitz?

3. Zu den Faktoren, denen Reformer verschiedenster Provenienz einen mobilitätsfördernden Einfluß zuschreiben, gehört die Ausbildung. In ihr wurde vor 1914 das Heil für die vom Konkurs bedrohten Krämer ebenso wie die Aufstiegschancen für Arbeiter gesehen.[2] Diese Vorstellungen haben sich gar zu einem Arkadien verdichtet, zu einer Gesellschaft ohne festgefügte, Generationen überdauernde Herrschaftspositionen, in der nicht mehr der Besitz Ressourcen und Chancen verteile, sondern die schulische Ausbildung, die allein von individuellen Fertigkeiten abhänge. Ob die Schule diese Funktionen in Frankreich erfüllt hat, wird die Analyse zeigen müssen.

4. Schließlich soll die Teilnahme einzelner Schichten am politischen Willensbildungsprozeß, ihr Anteil an der Besetzung wichtiger Staats- und Regierungsämter Aufschluß darüber geben, ob personeller Einfluß oder politische Mittel Vermögens-, Einkommens- und Bildungsstrukturen korrigieren können.

Ziel der Skizze sozialer Ungleichheit soll sein, einmal danach zu fragen, ob sich die Dimensionen in einzelnen Klassen oder Schichten positiv oder negativ kumulieren oder ob sie sich streuen. Sind die Vermögendsten auch diejenigen, die über die höchsten Einkommen verfügen, die beste Ausbildung besitzen und den massivsten politischen Einfluß ausüben? Oder aber klafft etwa zwischen Besitz und Bildung eine Lücke? Zum anderen kann die Frage, welche Faktoren sozialer Ungleichheit wichtiger für die Allokation von Ressourcen sind als andere, hinführen zur Analyse der Werte und Kriterien, mit denen Gesellschaften Ungleichheit beschreiben und rechtfertigen. So ist etwa die besonders im 19. Jahrhundert verbreitete These aufzunehmen, der Zugang zum Eigentum sei durch Arbeitsamkeit und Fleiß für jedermann erreichbar, so daß sich eine egalitäre Gesellschaft herausbilden könne.[3]

Dabei darf die Reichweite einer derartigen Vorgehensweise nicht überschätzt werden. Ihre Relevanz liegt darin, einmal die z. B. noch 1970 von Talcott Parsons vertretene Auffassung zu überprüfen, die moderne Gesellschaft sei im Prinzip eine Gesellschaft Gleicher,[4] zum anderen den Veränderungsprozeß der französischen Gesellschaft anhand zentraler Indikatoren nachzuverfolgen. Die Beschreibung sozialer Ungleichheit unterscheidet zwischen Armen und Reichen, Oben und Unten und kann – bei günstiger Materiallage – auch dem Graduationsschema entsprechend je nach Besitz, Bildung und politischer Macht Abstufungen vornehmen. Sie charakterisiert gleichsam die französische Gesellschaft in einer horizontalen Momentaufnahme, blendet aber die vertikalen Strukturen und Abhängigkeiten aus, die mit Ungleichheit verbunden sind. Deshalb ist die Verteilung durch die Erklärung sozialer Ungleichheit zu ergänzen. Zu dieser bieten sich vornehmlich Klassentheorien an, da im untersuchten Zeitraum ständische Strukturen in Frankreich nicht mehr existierten. Angesichts der seit der französischen Revolution durchgesetzten rechtlichen Gleichheit aller Franzosen, des zunehmenden Abbaus rechtlicher Privilegien für einzelne Gruppen und des 1848 eingeführten allgemeinen und gleichen Wahlrechts spielen ständische Traditionen allenfalls innerhalb einzelner Berufe[5] und als Ideologie eine Rolle, nicht aber als gesellschaftliche Strukturprinzipien. Aufgrund ihrer Reichweite bieten sich die Klassentheorien von Max Weber und Karl Marx an.[6] Die folgenden Untersuchungen zu Frankreich sollen auch dazu dienen, die Erklärungskraft der beiden Theorien zu testen und zu fragen, ob eine Erklärung der sozialen Ungleichheit in Frankreich eher aus den Markt- als aus den Produktionsverhältnissen Erfolg verspricht.

Die vorliegenden Forschungen zur französischen Sozial- und Wirtschaftsgeschichte ab 1850 setzen den Ambitionen indes enge Grenzen. Bekanntlich ist die Geschichte Frankreichs vor 1789 wesentlich besser als die danach erforscht, so daß die Sozialgeschichte des 19. und in weitaus größerem Maße auch des 20. Jahrhunderts als terra incognita der französischen Geschichtswissenschaft gelten müssen.[7] Allerdings ist nicht nur zwischen dem besser bekannten 19. und dem erst umrißhaft sichtbaren 20. Jahrhundert, sondern auch zwischen einzelnen Klassen zu unterscheiden. Während etwa einige vorzügliche, wenn auch regional begrenzte Agrarstudien vorliegen, die in der bundesrepublikanischen Geschichtswissenschaft ihresgleichen suchen und auch die Geschichte der Arbeiterbewegung sich zu der der Arbeiterklasse mauserte, sind die Kenntnisse über die Industrie-, Handels- und Finanzbourgeoisie fragmentarisch, die über das traditionelle Kleinbürgertum gänzlich unzureichend.[8]

Angesichts dieses grob skizzierten Forschungsstandes bietet sich einmal eine Konzentration auf einzelne, in ihrer Bedeutung auszuweisende Entwicklungsphasen an, zum anderen eine Beschränkung auf einzelne Klassen. Fallstudien sind notwendig, wenn man sich nicht darauf beschränken will, etwa Modellaussagen folgender Allgemeinheit zu treffen: Frankreich habe sich aus einer tripolaren Gesellschaft des 19. in eine bipolare des 20. Jahrhunderts gewandelt.[9] Ebenso unsinnig wäre es, die französische Geschichte als Steinbruch zu benutzen, aus dem man in reiner Beliebigkeit mal das eine, mal das andere Beispiel benutzt, um Thesen Plausibilität, Anschaulichkeit und Glaubwürdigkeit zu verleihen. Als Beispiel bieten sich Phasen der gesellschaftlichen Entwicklung an, in denen aufgrund der Wirtschaftskonjunktur mit Veränderungen in der Klassenstruktur zu rechnen ist und in denen Konstanz und Wandel der sozialen Ungleichheit erfaßt werden können. Deshalb werden das 2. Kaiserreich, die »Belle Epoque« (1896–1914) und die 5. Republik gewählt. Selbst für diese Entwicklungsphasen wäre es vermessen, eine gesamtgesellschaftliche Analyse anzustreben. Während die Darstellung der Dimensionen sozialer Ungleichheit zwar einen allgemeinen Eindruck der Epoche vermitteln will, kann jeweils nur am Beispiel einzelner Sektoren oder Klassen der Frage nach den Ursachen der Ungleichheit nachgegangen werden.

1. Dimensionen sozialer Ungleichheit im historischen Längsschnitt

Wenn Indikatoren sozialer Ungleichheit »eine konzise, umfassende und ausgewogene Beurteilung zentraler gesellschaftlicher Lebensbedingungen«[10] erlauben sollen, dann setzen sie eine Vorentscheidung über die zentralen Lebensbedingungen voraus. Im folgenden wird davon ausgegangen, daß die mit Vermögen und Einkommen zu erfassende wirtschaftliche Existenz nicht nur einen zentralen Mechanismus gesellschaftlicher Chancenallokation bildet, sondern auch Grundlagen für die Wahrnehmung von gesellschaftlichen Chancen und politischen Einflußmöglichkeiten legt. Die Partizipation einzelner Gruppen am politischen Willensbildungsprozeß und die via Bildung ermöglichte soziale Mobilität kann diese Grundannahme überprüfen helfen. Begonnen wird allerdings mit dem Ausmaß sozialer Ungleichheit und seinen Veränderungen seit der Mitte des 19. Jahrhunderts. Hält während dieses Jahrhunderts in Frankreich die von Lenski emphatisch beschworene, die Industrialisierung begleitende Verringerung sozialer Ungleichheit an?[11] Abschließend ist dann zu untersuchen, ob und in welchen gesellschaftlichen Gruppen sich soziale Privilegierung und Benachteiligung konzentrieren, ob einzelne Indikatoren ihre positiven bzw. negativen Effekte in bestimmten Klassen kumulieren oder ob eine Differenz in der Verteilung einzelner gesellschaftlicher Chancen und damit eine Situation vorliegt, die die Schichtungstheorie Statusinkonsistenz genannt hat?

Bei dieser Untersuchung kann auf die Forschungen zurückgegriffen werden, die Adeline Daumard für Paris und andere Historiker über die Erbschaften in den großen Städten Frankreichs vor 1914 gemacht haben (Paris, Lille, Bordeaux, Toulouse, Lyon).[12] Sie können sich auf die Angaben stützen, die bei einem Todesfall den Steuerbehörden gemacht werden mußten. Durch den fiskalischen Ursprung der Angaben und die ausgewählten Städte haben die Untersuchungen aber zwei Nachteile: einmal sind die Zahlen aufgrund der in Frankreich traditionell umfangreichen Steuerhinterziehungen besonders für die Reichen zu niedrig gegriffen, da mit Einkommenshöhe und -vielfalt die Möglichkeiten der Steuermanipulation steigen.[12a] Zum anderen vernachlässigen sie mit den ländlichen und kleinstädtischen Gebieten das Gros der Bevölkerung. Um der Überrepräsentation der Stadt zu begegnen, sollen deshalb statistische Angaben über die Landverteilung herangezogen werden, die, wenn auch kein ebenso genaues Bild über die Vermögensverhältnisse, so doch einen Hinweis auf Besitzverteilungen geben können. Erlauben die zitierten Arbeiten mithin den Vergleich zwischen den Vermögensverhältnissen im 2. Kaiserreich und der »Belle Epoque«, so ist erst zu Beginn der 1970er Jahre von staatlicher Seite begonnen worden, neben ökonomischen nun auch systematisch gesellschaftliche Daten zu sammeln und zu publizieren. Diese Ergebnisse sind allerdings mit Vorsicht auszuwerten, da ihnen eine feste statistische Nomenklatur zugrundeliegt.

Eingedenk dieser Grenzen erlauben die Zahlen über die Vermögensverhältnisse in Frankreich sehr wohl, nicht nur zu quantifizieren, wieviele Arme und Besitzende es in den drei Perioden gab, sondern auch anzugeben, ob der Besitz breit gestreut bzw. konzentriert war und um Vermögen welcher Art es sich dabei gehandelt hat.

In der Mitte des 19. Jahrhunderts sind Besitzer und Nichtbesitzende durch Welten getrennt. Die Welt der Nichtbesitzenden ist durchweg die bittere Armut, in der große Teile der Bevölkerung lebten. Selbst wenn man die strengen Kriterien anlegt, die die öffentliche Armutsverwaltung der Julimonarchie benutzte, so gehörte um 1850 in Paris jeder 13., in Amiens sogar jeder 7. Bewohner zu den Bedürftigen, die Unterstützung empfingen.[13] Zu den Armen sind auch Dreiviertel der Verstorbenen zu rechnen, die um die Mitte des 19. Jahrhunderts ebenso in Paris (70 Prozent) wie in Bordeaux (79 Prozent), in Rouen (75 Prozent) wie in Lille (76 Prozent) bei ihrem Tode nichts hinterließen. In weniger industrialisierten Städten wie Amiens oder Toulouse ging der Anteil der Besitzlosen zwar gegenüber Paris um ca.

zehn Prozent zurück, ist aber immer noch so groß, daß die Mehrheit der Sterbenden keine Altersversorgung oder Rücklagen für wirtschaftliche Notlagen besaßen.[14] Bezieht man die Kleinstädter und das Land mit ein, so scheint dort die Trennung zwischen Armen und Besitzenden weniger kraß zu sein. Im kleinen Städtchen St. Valéry-sur-Somme lag mit 30 Prozent der Prozentsatz derjenigen, die nicht erbschaftspflichtig waren, vergleichsweise niedrig.[15] Das ländliche Frankreich schließlich milderte den Gegensatz von Besitz und Nichtbesitz nicht nur durch bestehende Gewohnheitsrechte ab, sondern auch durch die fließenden Grenzen zwischen Parzellenbauern, Pächtern, Halbmeiern und Landarbeitern. Von den 7 535 000 Franzosen, die in der Landwirtschaft im Jahre 1860 tätig waren und doppelt so viel Werte schufen wie die in der Industrie Beschäftigten, waren ca. 60 Prozent Tagelöhner, Knechte und Mägde sowie Pächter und Halbpächter, die im Prinzip kein Land ihr eigen nannten.[16] Da häufig Kleinbauern aber auch als Landarbeiter tätig waren, Pächter auch Eigentum besaßen,[17] mag der Anteil der Nichtbesitzenden niedriger gewesen sein. Angesichts dieser selbst auf dem Land geringen Vermögensstreuung und der Ballung von Habenichtsen wird auch die Bedrohung verständlich, der sich die Eigentümer gegenüber sahen. Die Armut brachte die »classes dangereuses« hervor.[18]

Am Ende des 19. und zu Beginn des 20. Jahrhunderts glich die Vermögens- und Besitzverteilung weitgehend der in der Mitte des Jahrhunderts. Nach wie vor hinterließen etwa Dreiviertel aller in den Großstädten Verstorbenen keine Erbschaft und besaßen 45 Prozent der auf dem Land Arbeitenden kein Eigentum.[19] Im Laufe eines halben Jahrhunderts hatte sich aber vornehmlich auf dem Lande die Relation von Besitzenden und Nichtbesitzenden durch die in die Stadt abwandernden Landarbeiter entspannt.[20] Dieser Prozeß setzte sich bis in die Gegenwart fort und wurde vornehmlich in den 1950er Jahren beschleunigt, so daß heute etwa 2,5 Millionen Landbesitzern rund eine halbe Million Landarbeiter gegenüberstehen.[21] Damit wurden die gesellschaftlichen Probleme aber nicht beseitigt, sondern in die Städte verlagert.

Waren auf dem Land mindestens ein Sechstel der dort Beschäftigten zu den Besitzlosen zu zählen, so haben sich im Laufe des 20. Jahrhunderts die ländlichen Vermögensdifferenzen jedoch abgeschwächt. Ähnliches gilt auch für die städtische Bevölkerung. Die Angaben über das Ausmaß der Armut, die hier mit Besitzlosigkeit ineinsgesetzt wurde, schwanken zwar deutlich. Insgesamt läßt sich aber annehmen, daß diejenigen, die nicht einmal das durch den staatlich festgesetzten Mindestlohn angepeilte Lebensniveau erreichten, in den 1960er Jahren etwa 20 Prozent der französischen Bevölkerung ausmachten.[22] Seit einem Jahrhundert ist das Existenzniveau der Armen angehoben worden. Zwischen dem Proletarier, der bei seinem Tode nicht mehr als einen Strohsack und seine Arbeitsmittel besaß und dessen düsteres Schicksal Norbert Truguin für die Zeit um 1850 geschildert hat,[23] und den Lebensverhältnissen der Armen in der französischen Gesellschaft unserer Tage bestehen neben deutlichen Analogien signifikante Unterschiede. Trotz relativer Verbesserungen war und bleibt indes ein gewichtiger Teil der Bevölkerung im 19. und 20. Jahrhundert von der Vermögensbildung ausgeschlossen.

In der städtischen wie in der ländlichen Gesellschaft springen Vermögensdifferenzen ins Auge. Nach Schätzungen von E. Labrousse verfügten 1884 60 Prozent aller Landbesitzer über kein genügend großes Grundstück, um ausschließlich von der Bestellung ihres Grund und Bodens leben zu können. Sie waren auf Lohnarbeit, Gewohnheitsrechte und ländliche Nebenindustrie angewiesen. Zur gleichen Zeit besaßen aber drei Prozent der Großgrundbesitzer soviel Land wie 90 Prozent der Bauern.[24] Auch in den Städten konzentrierte sich das Vermögen in den Händen weniger. Mitte des 19. Jahrhunderts vererbte ein Tagelöhner durchschnittlich 37 Francs, ein Unternehmer jedoch 383 000. Zur gleichen Zeit besaßen zwischen ein und zwei Prozent der Bewohner von Paris, Toulouse, Amiens oder St. Valéry-sur-Somme 30 Prozent des gesamten hinterlassenen Vermögens der Städte. Diese Besitzkonzentration setzte freilich nicht erst in der Jahrhundertmitte ein, wurde im 2. Kaiserreich aber beschleunigt, wie aus folgender von F. Codaccioni für Lille erarbeiteten Tabelle zu ersehen ist, in der er die prozentuale Verteilung der Erbmasse im Verhältnis zu dem Prozentsatz der Verstorbenen setzt:

	1821		1856 bis 1858		1873 bis 1875	
	Verstorbene	Erbmasse	Verstorbene	Erbmasse	Verstorbene	Erbmasse
Herrschende	7,06	57,6	8,1	89,9	9,07	89,82
Mittelklasse	30,74	40,9	32,4	9,5	23,35	9,94
Unterklasse	62,19	1,4	59,4	0,4	67,55	0,23[25]

Im zweiten Drittel des 19. Jahrhunderts zogen reiche Bürger und Adelige zunehmend maximalen Nutzen aus der kapitalistischen Entwicklung.

Bis 1914 stieg in der Stadt die Konzentration des Reichtum sogar an, während sie auf dem Land etwas zurückging. Untersucht
man für Paris den Besitz von 90 Prozent der etwas Vererbenden,
so hatten sie 1820 25 Prozent der gesamten Erbmasse besessen,
1911 aber nur noch 11 Prozent.[26] Eine Minderheit von Besitzenden nannte mithin die überwiegende Mehrheit des Vermögens
ihr eigen. Diese Charakteristik trifft auch auf das Land zu. Am
Ende des Jahrhunderts bebauten 76 Prozent der landwirtschaftlichen Betriebe 23 Prozent des Bodens, aber 24 Prozent die ver-
bleibenden 77 Prozent. Allein 2,5 Prozent aller Betriebe bestellten
46 Prozent des Acker- und Weidelandes.[27]

Allerdings verbirgt die Stabilität dieser globalen Zahlen Veränderungen, die während des Konzentrationsprozesses stattgefunden
haben. So verschoben sich in der Stadt die Gewichte zwischen den
einzelnen Berufen. Im Vergleich zur Jahrhundertmitte ging die
durchschnittliche Höhe der Erbschaften von mittleren Beamten
und Angestellten, Handwerkern, Krämern und freien Berufen,
aber auch von hohen Beamten zurück. In der Vermögensentwicklung gewannen eindeutig die großen Geschäftsleute aus Handel
und Industrie.[28] Die in der Literatur viel zitierte industrielle Ver-
spätung Frankreichs[29] blieb für die Besitzstrukturen offensichtlich
folgenlos.

Wie in der Stadt so setzten sich auch auf dem Land allmählich
die Kapitalisten gegenüber den Rentiers durch. In der Folge der
fallenden Agrarpreise, der sinkenden Ernteerträge infolge der
Reblaus und der Krise in der Seidenraupenzucht wurde nicht nur
die Expansion des Kleinbesitzes gestoppt, sondern ging auch die
Zahl der Grundrentiers zurück. Schon ab 1882 war in der Normandie die Verpachtung schwierig geworden, und die Besitzer
wurden gezwungen, ihre Pachtansprüche zu senken. Erst seit
Beginn des 20. Jahrhunderts stiegen die Pachten generell wieder
an und setzten der »déroute du rentier du sol« (Hubscher) ein
Ende. In den letzten beiden Jahrzehnten des 19. Jahrhunderts
zogen aber zunehmend Rentiers und Geschäftsleute ihr Kapital
aus der Landwirtschaft ab, um es in der Stadt zu investieren. An
ihre Stelle traten auf dem Land reiche Bauern, die sich die fallenden Grundstückspreise zunutze machten, wie in der Stadt woh-
nende Bürger und Agrarkapitalisten. Neben eine neue Schicht
von Grundrentiers, die stärker als ihre Vorgänger eine rentable
Bewirtschaftung des Landes und gute Rendite im Auge hatten,
traten kapitalistische Agrarunternehmer, die vornehmlich in Holz-
abbau, Weinbau und Monokultur investierten. Wenn mit diesen Veränderungen die Vormachtstellung der traditionellen

Großgrundbesitzer oder der seit langer Zeit ansässigen Adeligen auch keineswegs gebrochen war, so beschloß diese partielle Umstrukturierung jedoch die traditionelle Phase der französischen Agrarentwicklung.[30]

Daß das Vermögen auch heute noch ungleich auf die verschiedenen gesellschaftlichen Gruppen verteilt ist und daß Vermögensunterschiede fortbestehen, zeigen regierungsoffizielle Studien, die – auch eine Folge gesellschaftlicher Ungleichheit – erst in den letzten Jahren das Vermögen anhand von Steuerstatistiken erhoben haben, während es Einkommensangaben schon seit längerer Zeit gibt. Aber auch die vorliegenden Angaben unterschätzen noch die höchsten Einkommen und blenden sowohl den Gold-, Juwelen- und Devisenbesitz als auch den Viehbestand aus. Dennoch läßt sich an den erarbeiteten Daten ablesen, daß zwar das durchschnittliche Vermögen in Frankreich sich zwischen 1949 und 1975 vervielfacht hat,[31] der Besitz der Reichsten aber schneller zugenommen hat als der der Ärmsten. Insgesamt konnten Industrielle, reiche Kaufleute und freiberuflich Tätige ihr Vermögen am schnellsten vergrößern, während der Abstand zu dem Vermögen von Miete zahlenden Arbeitern und Angestellten und Technikern seit 1949 immer mehr zunimmt. Wenn auch der Besitz von Wohnungen – insgesamt 46 Prozent aller Franzosen sind Wohnungseigentümer –[32] die Position von Arbeitern und Angestellten generell verbessert, so ist doch die Förderung des Bauens und des Wohnungserwerbs stärker den Begüterten als den weniger Begüterten zugute gekommen. Trotz der im Vergleich zum Beginn des Jahrhunderts verbreiteteren Eigentumsbildung hat sich die Vermögensverteilung auf die verschiedenen sozialen Gruppen kaum verändert. Auch die Dynamik der Vermögensentwicklung seit 1949 läßt – nach Aussagen der CREP-Studie – keine optimistische Zukunftsprognose zu: »La croissance économique n'entraîne pas automatiquement une réduction de l'inégalité des fortunes.«[33]

Ein Jahrhundert lang blieb nicht nur die ungleiche und der Gesellschaftshierarchie entsprechende Verteilung des Vermögens stabil, sondern auch die Art der Vermögen. Ging auch in den Städten, die A. Daumard untersucht hat,[34] zwischen 1850 und 1914 der Immobilienbesitz auf ca. 30 Prozent der Erbmasse zurück, so war er trotz konkurrierender Anlagemöglichkeiten weiterhin attraktiv: 36 Prozent aller Vermögen in Paris waren vor 1914 Immobilien, die wegen der steigenden Mieten eine gute Investition darstellten.[34a] Bis in die Gegenwart hinein spielt der Grund und Boden eine wichtige Rolle als risikolose, Zukunft sichernde Anlage: gut Zweidrittel des Besitzes von Lohnabhängigen bestand im Frankreich des Jahres 1966 aus Immobilien.[35] Während unter Arbeitern und Angestellten, den sogenannten kleinen Leuten der Gesichtspunkt der langfristigen Existenzsicherung dominierte, sie vor 1914 ihre Ersparnisse in Grund und Boden sowie französische Staatsanleihen anlegten, griffen die Besitzenden und Geschäftsleute seit dem 19. Jahrhundert immer häufiger zu Wertpapieren. Die rentabelsten Anlagen tätigten die bereits Besitzenden. Von den in einer Umfrage erfaßten Lohnarbeiterhaushalten besaß Mitte der 1960er Jahre einer von 39 fast die Gesamtheit der Aktienpakete, deren Wert über 150 000 Francs lagen. Besonders die leitenden Angestellten, die 4,9 Prozent der Befragten ausmachten, konzentrierten sich auf Aktien: 46,3 Prozent aller von Lohnabhängigen besessenen Aktien lagen in ihren Tresoren.[36] Jene Besitztitel, die in Zeiten expandierender Wirtschaft hohe Einkünfte versprachen,[37] ruhten mehrheitlich in den Händen derjenigen, die ohnehin überproportional viel Vermögen besaßen. Die Form, in der Erspartes angelegt wurde, sprengte somit die Besitzhierarchie nicht, sondern verstärkte sie.

Trotz aller Veränderungen, die im Laufe des untersuchten Jahrhunderts zu verzeichnen sind, lebt weiterhin ein Fünftel der französischen Bevölkerung in Armut. Es klaffen riesige Unterschiede zwischen den Besitzenden und die Zeit arbeitet eher für die ökonomisch Potenten als für die Unterprivilegierten. Unternehmer und Kaufleute, freiberuflich Tätige und leitende Angestellte haben zusammen mit den Großagrariern den Löwenanteil an dem nationalen Vermögen für sich reserviert. Ob diese, allen Vorstellungen realer Gleichheit zuwiderlaufende Struktur durch die Einkommensentwicklung, von der durch die Schule bewirkten Mobilität oder durch politische Einflüsse hat erschüttert werden können, wird im folgenden zu klären sein.

Im Vergleich zu den Vermögensverhältnissen differierten im untersuchten Zeitraum die Einkommen weniger stark, differenzierten sich überdies je nach Berufsgruppe, konnten aber die Besitzhierarchien nicht umstülpen. Erschwert werden Aussagen allerdings dadurch, daß für das 2. Kaiserreich und die Zeit vor 1914 keine gesicherten Studien über Lohn- und Profitentwicklung vorliegen, die sowohl die saisonale bzw. strukturelle Arbeitslosigkeit und das Familieneinkommen als auch den Profit der kleinen und mittleren Betriebe einbezögen. Dennoch lassen sich globale Schätzungen und Einzelbeispiele anführen. Nach den sicherlich groben Berechnungen von F. Simiand überflügelte im 2. Kaiserreich die Profit- die Lohnentwicklung: zwischen 1850 und 1870 stieg der Reallohn von 100 auf 126, der Gewinn auf 368. Gleichzeitig schnellte der Profit der »Compagnie des Mines de la Loire«, einer der französischen Industriegiganten, um 218 Prozent, der durchschnittliche Nominallohn der dort Beschäftigten nur um 37 Prozent hoch.[38] Obwohl diese Zahlen nur einen Momenteindruck von den sozialen Unterschieden vermitteln können, verdeutlichen sie jedoch, wie die Lohn- hinter der Profitentwicklung herhinkte.

Originell und vom Gewerbe unterschieden entwickelten sich die Agrareinkommen. Aufgrund der Landflucht stiegen nämlich die Löhne der Landarbeiter an,[38a] verdoppelten sich in manchen Gegenden sogar während des Kaiserreichs, so daß diejenigen Landwirte ökonomisch benachteiligt waren, die auf fremde Arbeitskräfte angewiesen waren. Diese Arbeitsmarktsituation begünstigte aber alle Kleinbesitzer, die mit der familiären Mitarbeit ihr Land bestellten. Sie erlebten eine Spätblüte, zumal auch die Perspektive realistisch war, durch Landkauf ihren Besitz zu arrondieren.[39] Die besondere Konjunktur der Agrareinkommen hatte auf den Kleinbesitz eine konservierende Wirkung.

Im Unterschied zum 2. Kaiserreich befanden sich die ländlichen Kleinbesitzer schon vor dem Ersten Weltkrieg auf dem Rückzug: sie hatten einen etwa 20prozentigen Verlust ihrer Einkommen zu verschmerzen, zogen sich teilweise in und nach der Krise auf reine Subsistenzwirtschaft zurück oder aber verschuldeten sich – sofern sie Land gepachtet hatten – beim Grundbesitzer oder Notar.[40] Wenn auch die Situation der kleinen Bauern je nach Gegend variierte und sie etwa im Departement Vaucluse durch Anpassung an die Marktverhältnisse einen realen Wohlstand erwerben konnten,[41] so bestand doch auch auf dem Land die Kluft zwischen den allerdings ansteigenden Löhnen der Landarbeiter, den oftmals nur die nackte Existenz sichernden Einkünften der Kleinbauern und den gesicherten Einkommen der Agrarkapitalisten und Großgrundbesitzer fort.[42] Auch in den städtischen Gesellschaften stieg der Reallohn zwischen 1895 und Kriegsbeginn von 87 auf 102 (Index 1900: 100) an. Allerdings sagen diese Zahlen wenig über reale Lebensverhältnisse aus, solange die Arbeitslosen und Kurzarbeiter nicht einbezogen werden.[43] Gleichzeitig stieg der Profit an, und die Dividenden folgten dieser Bewegung.[44] Trotz aller bestehender Unsicherheiten lassen die vorliegenden Zahlen den Schluß zu, daß die Löhne keineswegs so hoch über den Gewinnen lagen, daß sie die ungleiche strukturelle Ausgangslage von Lohnarbeit und Kapital umstoßen könnten.

Erst seit Anfang der 1970er Jahre angestellte Untersuchungen vermitteln ein genaueres Bild der Einkommensentwicklung, obwohl sie sich auch auf zweifelhafte fiskalische Quellen stützen müssen und obwohl Durchschnittszahlen die Einkommensunterschiede verringern. Selbst wenn man mit Sozialleistungen und direkten Steuern die politischen Korrektive an den Einkommensdisparitäten berücksichtigt, verfügten 1970 Landarbeiter-, Arbeiter-, Angestellten- und Rentnerhaushalte über ein Einkommen, das unter dem gesellschaftlichen Durchschnitt lag. Hingegen sind die durchschnittlichen Bezüge von unabhängigen Berufen, zu denen Freiberufliche ebenso wie Industrielle zählen, zum gleichen Zeitpunkt fast dreimal so hoch wie die von Arbeitern, das der leitenden Angestellten mehr als doppelt so hoch.[45] Vergleicht man aber nicht die Durchschnitte, sondern die gängige Bezahlung etwa eines Fabrikdirektors mit der eines Angelernten, so ist der Abstand viel größer: Der Direktor verdient oft in einem Monat die Summe, die der Angelernte in einem Jahr verdient.[46] Auch die durchschnittlichen Bezüge von Landwirten übersteigen bei weitem die der Landarbeiter: 46 905 zu 22 242 Francs.[47] Nicht nur bestehen die Einkommensdifferenzen bis in die Gegenwart fort, sondern sie weisen auch die freien Berufe und Unternehmer, reichen Landwirte und leitenden Angestellten als Großverdiener aus.

Der Aufstieg der leitenden Angestellten ist im Kontext der Differenzierungen zu sehen, die seit Beginn des Jahrhunderts der Arbeiterklasse ein vielfältiges Gesicht gegeben haben. Nach Schätzungen des Jahres 1911 waren 76,1 Prozent der Beschäftigten Arbeiter, 15,9 Prozent Angestellte und 7,9 Prozent Dienstboten. Unter und in diesen Kategorien trennten Qualifikation und Lohnhöhe die Lohnabhängigen. So gehörten die Dienstboten zu den schlecht bezahlten Teilen der Arbeiterklasse, während sich generell die durchschnittlichen Einkünfte von Arbeitern und Angestellten anglichen.[48] Ingenieure und Betriebsleiter sonderten sich durch ihren Status und ihre Bezahlung von den Lohnarbeitern ab.[49] Aber unter den Arbeitern verdienten die Männer generell mehr als die Frauen, die angelernten Metallarbeiter 1911 nur 72 Prozent des Lohns der Facharbeiter. Nach einer Enquête aus den Jahren 1893–1897 drückte sich in dem Verhältnis 1 : 12 zwischen Niedrigst- und Höchstlöhnen von Industriearbeitern auch die unterschiedliche Kampfkraft einzelner Berufe aus.[50] Somit hat die breite Lohnskala unter Lohnabhängigen bereits eine längere Geschichte.

In der Gegenwart ähnelt die Lohnhierarchie der um die Jahrhundertwende. Unangefochten standen 1974 die leitenden Ingenieure und höheren Verwaltungsbeamten mit einem monatlichen Durchschnittslohn von 7400 Francs an der Spitze, gefolgt von den Technikern, mittleren Verwaltungsbeamten und Vorarbeitern. Angestellte und Facharbeiter verdienten im Durchschnitt etwa gleich viel, während die Angelernten und manuellen Arbeiter deutlich abfielen. All diesen Differenzierungen liegt aber eine deutliche Hierarchie zugrunde: denn 72 Prozent aller weiblichen und 45 Prozent aller männlichen Arbeiter verdienten 1974 weniger als 1800 Francs pro Monat, während vier Prozent der männlichen, aber nur 0,5 Prozent der weiblichen Arbeitskräfte mehr als 6000 Francs monatlich erhielten.[51]

Trotz des im 2. Kaiserreich einsetzenden säkularen Anstiegs der Reallöhne haben diese die bestehende Vermögensverteilung nicht umgeworfen, sondern bestätigt. Die Vermögendsten verfügten auch über die höchsten Einkommen. Unterschieden diese sich auch je nach Status und Qualifikation, so blieb die Einkommenshierarchie erhalten. Die französische Gesellschaft der Gegenwart ist sogar dadurch charakterisiert, daß sie stärker als die bundesrepublikanische Lohn- und Statusdifferenzen unter den Lohnarbeitern betont.[52]

Untersucht man die gesellschaftlichen Veränderungen, die vom Erziehungssystem ausgehen, so ist zwischen dem Zugang zur Bildung und dem Aufstieg im Bildungssystem zu unterscheiden. Haben die aufgrund ihrer Vermögenslage und ihres Einkommens unterprivilegierten gesellschaftlichen Schichten die Möglichkeit gehabt, über die Aneignung von kulturellem Kapital und den Einstieg in die Schullaufbahn ihre Position zu verbessern?

Für die Zeit des 2. Kaiserreichs ist diese Frage nur teilweise negativ zu beantworten. Das napoleonische Schulsystem stand in der Tradition der Julimonarchie, band weiterhin Bildung an Besitz und weigerte sich, den kostenlosen Besuch der Primarschulen einzuführen, um – wie Anderson nachwies – die konservativen Trägerschichten des Empires nicht zu verschrecken.[53] Unter diesen Bedingungen gingen etwa ein Fünftel der Schulpflichtigen gar nicht zur Schule und konnten 30 Prozent der Rekruten nicht lesen.[54] Die Gymnasien waren aufgrund der ungewissen Berufsaussichten, der langen Schulzeit und der damit verbundenen Kosten im Prinzip für alle Bevölkerungsteile offen, de facto aber den Kindern der Bourgeoisie reserviert. Nur fünf Prozent aller Schulpflichtigen besuchten 1876 deshalb ein »Lycée«: »Seule une élite très restreinte reçoit effectivement un enseignement secondaire complet: or la fortune sélectionne«.[55] Ähnliches gilt auch von der Universität und den prestigereichen »Grandes Ecoles«. In der Ecole Centrale der Jahre 1830–1900 und in der Ecole Polytechnique zwischen 1800 und 1870 stammten Dreiviertel aller Schüler aus Grundbesitzer-, Industriellen- oder Familien von Freiberuflichen.[56] Weder beseitigte das 2. Kaiserreich das Analphabetentum und schuf damit die elementarsten Voraussetzungen für gesellschaftliches Fortkommen, noch öffnete es Kindern aus unterprivilegierten Klassen weit die Tore der höheren Schulen und Universitäten. Der cordon sanitaire des Besitzes konnte von ihnen mittels Bildung nicht durchbrochen werden.

Innerhalb des Schulsystems bot allerdings der Posten eines Volksschullehrers (Instituteur) den aus Bauern- oder Handwerkerfamilie Stammenden die Chance, eine nichtmanuelle, wenn auch schlecht bezahlte und politisch eng kontrollierte Tätigkeit auszuüben. Auch die Stelle eines Gymnasiallehrers zog 1877 Söhne von Handwerkern, Angestellten und Landwirten an, die mit denen von Beamten und Lehrern das Gros der Posten besetzten. Diese Öffnung des Berufs, der gleichzeitig eine hohe Selbstrekrutierungsrate hatte, ist vornehmlich darauf zurückzuführen, daß, im Vergleich zum Beginn des Jahrhunderts, Grundbesitzer und freie Berufe weniger stark nach dem Lehrerberuf strebten. Dieser war auch aufgrund der mit ihm gegebenen begrenzten Heiratsmöglichkeiten außerhalb oder am Rande des Bürgertums angesiedelt.[57]

Wie bereits in der Jahrhundertmitte ermöglichte das Erziehungssystem vor dem 1. Weltkrieg sozialen Aufstieg dadurch, daß Lehrerstellen von unterschiedlichen sozialen Kreisen besetzt werden konnten. Volksschullehrer rekrutierten sich vor 1914 unter Handwerkern, Krämern, Arbeitern und Bauern;[58] Gymnasiallehrer vornehmlich unter Bauern, Handwerkern, Krämern und Angestellten. Insgesamt ging dabei die Selbstrekrutierung von 27,5 (1877) auf 21 Prozent zurück, selbst wenn man sich sowohl auf Gymnasial- als auch auf Volksschullehrer bezieht.[59] Allerdings schlägt auch in dem Erziehungssystem die soziale Herkunft durch. Untersucht man die Lehrer danach, welche Stufe der Laufbahn sie erreichten, so waren die Kinder von Unternehmern, leitenden Angestellten und freiberuflich Tätigen besonders stark unter den Hochschulprofessoren vertreten, während diejenigen, die aus Volksschullehrer-, Arbeiter- oder Landwirtsfamilien stammten, sich überproportional unter den Repetitoren fanden.[60]

Im Unterschied zu den Lehrberufen eröffnete die Schule insgesamt nur begrenzte Aufstiegsmöglichkeiten. Freilich führten die Republikaner nach 1879 die Schulgeldfreiheit für Volksschulen ein, schufen auch ein »Enseignement primaire supérieur« und technische Schulen für die begabteren Kinder aus unterprivilegierten

Klassen. Das Gymnasium aber, dessen Schülerzahlen zwischen 1880 und 1930 erstaunlich konstant blieb, war weiterhin bürgerlichen Kindern vorbehalten. Dazu trug nicht zuletzt auch das Schulgeld bei, dessen sozial selektive Wirkung auch durch die mit großem Aufwand von den Republikanern gepriesenen Stipendien nicht beseitigt wurde: Diese waren knapp und dienten den Regierungen vornehmlich dazu, loyale Beamte zu belohnen.[61] Auch in den prestigereichen »Grandes Ecoles« wie Centrale und Polytechnique herrschten um die Jahrhundertwende die Söhne der besitzenden Klassen vor. Angestellte, Handwerker, Krämer und Kleinbauern stellten nur eine Minderheit der Studenten.[62] Nimmt man die Rekrutierung der Schüler dieser »Grandes Ecoles« als einen Indikator für soziale Durchlässigkeit, so war diese nicht größer als in der Jahrhundertmitte. Von einem Überwinden der ungleichen Eigentumsverteilung gar oder – wie die Radikalsozialisten triumphierend meinten[63] – der Ablösung des Erben durch den Stipendiaten kann keine Rede sei. Bildungs- und Besitzprivilegien gingen Hand in Hand.

Bis in die Gegenwart hinein hat sich die soziale Zusammensetzung der Lehrer auf verschiedenen Stufen nicht so sehr geändert, wohl aber ihre Zahl: War um die Jahrhundertwende das Nadelöhr des sozialen Aufstiegs in den Beruf des Gymnasiallehrers nur für ca. 5000 Kandidaten geöffnet,[64] so schnellte ihre Zahl zwischen 1951 und 1965 von 27 800 auf 67 200 hoch.[65] Dieses zahlenmäßige Wachstum des Lehrkörpers folgte den gleichzeitig explosionsartig ansteigenden Schülerzahlen, die sowohl in den Sekundarstufen als auch in den Universitäten festzustellen sind. In diesem Zusammenhang ist im Unterschied zu dem Beginn des Jahrhunderts nachhaltig auf die veränderte soziale Zusammensetzung der Schüler- und Studentenschaften und auf den wachsenden Anteil von Arbeiterkindern unter ihnen hingewiesen worden. Ende der 1950er Jahre waren etwa 12 Prozent der französischen Sekundarschüler Arbeiterkinder, die in den 1960er Jahren auch etwa zehn Prozent der Studenten ausmachten.[66] Angesichts der gleichzeitig wachsenden Anteile von Angestellten- und Kleinbürgerkindern hat Raymond Boudon sogar von der Dominanz der Mittelklassen in der französischen Universität gesprochen.[67] Diese These läßt sich allerdings leicht erschüttern, wenn man mit Pierre Bourdieu nicht die jeweilige schulische oder universitäre Population, sondern die soziale Herkunftsgruppe im Auge hat. Dann ergibt sich nämlich, daß 1958 zwar der Prozentsatz der Landarbeiter-, Unternehmer- und Arbeiterkinder anstieg, der über die Schulpflicht hinaus eingeschult war, der Grad ihrer »scolarisation« aber hinter dem der freien Berufe und leitenden Angestellten, mittleren Angestellten und Beamten zurückbleibt, die bereits seit dem 19. Jahrhundert in einer längeren und guten Ausbildung eine Garantie für ihre gesellschaftliche Zukunft gesucht hatten. Wenn man nach den Möglichkeiten einzelner Berufsgruppen fahndet, die Universität zu besuchen, so hatten 1965 und 1966 58,7 Prozent der Kinder von Freiberuflichen und leitenden Angestellten, 35,4 der von mittleren Angestellten und Beamten und 23,2 Prozent der von Unternehmern diese Chance, während nur 3,4 Prozent aller Arbeiter- und 2,7 Prozent aller Landarbeiterkinder Zugang zur Alma mater hatten.[68]

Obwohl somit die Zahl der Gymnasiasten und Studenten sich dadurch vergrößert hat, daß generell alle gesellschaftlichen Gruppen mehr Wert auf die schulische Ausbildung legen, hat sich zwar die soziale Herkunft der Schüler und Studenten vervielfältigt, der Zugang zur Universität aber kaum demokratisiert.[69] Im Vergleich mit Vermögen und Einkommen ist Bildung generell leichter zugänglich. Deshalb wird sie immer wieder als bevorzugtes Mittel des gesellschaftlichen Aufstiegs gepriesen und an Biographien bedeutender Persönlichkeiten illustriert:[70] Georges Pompidou, Sohn eines Volksschullehrers, wurde selbst Gymnasiallehrer, bevor er in die Rothschild-Bank eintrat und ein Regierungsamt übernahm. Trotz dieses größere Gleichheit befördernden Effekts bleiben aber bis heute die je nach Herkunft ungleichen Chancen bestehen, Universitäten oder Grandes Ecoles zu besuchen. Überdies ergeben die Arbeiten von P. Bourdieu und J. C. Passeron, daß selbst in den Sekundarstufen und auf den Universitäten die Mitglieder der begüterten und über eine lange kulturelle Tradition verfügenden Klassen stärker in den Eliteklassen bzw. in den Fakultäten zu finden sind, in denen die Berufsaussichten weniger unsicher sind (Jura, Medizin).[71] Die viel zitierte »explosion scolaire« (Prost) hatte mithin nur begrenzte Folgen auf die gerechte Verteilung sozialer Chancen.

Fragt man abschließend nach den Möglichkeiten der einzelnen Bevölkerungsteile, über ihre Stimmabgabe oder den Einzug in Verwaltung oder Parlament ihre Interessen anzumelden, so ist die untersuchte Periode durch die Geltung des gleichen und geheimen und bis 1945 männlichen Wahlrechts charakterisiert. Seit 1848 wird die Nationalversammlung direkt, die Zweite Kammer indirekt gewählt. Gewichten schon die Wahlleute bzw. Honoratioren, die die Abgeordneten der Zweiten Kammer bestimmen, die Meinung in Frankreich zu Gunsten der ländlichen Bezirke, so trägt auch die Einteilung der Wahlkreise, in denen die Abgeordneten für die Nationalversammlung erkoren werden, zur Überrepräsentation des ländlichen Frankreichs bei.[72] Dieser Trend hält sich in dem untersuchten Jahrhundert durch, allenfalls seine Intensität variiert.

Wenn hier mit dem Inhalt der Politik wie auch der Intensität der Organisation Kriterien ausgespart bleiben, an denen sich die politischen Handlungschancen einzelner gesellschaftlicher Gruppen ablesen lassen, so ist doch auf die soziale Zusammensetzung von gewählten Körperschaften und Beamtenapparat einzugehen, um an ihnen abzulesen, ob die Besitzenden auch die politisch einflußreichsten Positionen besetzen. Im 2. Kaiserreich läßt sich diese Annahme voll stützen. Unter den Abgeordneten des napoleonischen Corps législatif dominierten die Besitzer (propriétaires) mit 35,6 Prozent, vor den Geschäftsleuten (25,6 Prozent), Advokaten (16 Prozent) und hohen Beamten (10,4 Prozent). Sie gehörten fast ausnahmslos zu der Besitzelite des 2. Kaiserreichs, denn 52 Prozent von ihnen hatten mehr als 30 000 Francs, 16 Prozent sogar mehr als 100 000 Francs Einkommen. Ihrer sozialen Herkunft entsprach auch die der »Conseillers généraux«, die maßgeblich an der Wahl der Senatoren beteiligt waren. Abgeordnete und Generalräte drückten somit die Macht der Notablen aus.[73] In der 3. Republik zogen hingegen in verstärktem Maße Anwälte und Ärzte, Lehrer und Journalisten, kurzum die lokalen Honoratioren in das Parlament ein. Sie lösten die Besitzer und hohen Beamten ab. Die Beamten stellten etwa 1893 nur 37 von 588 Abgeordneten; die von Gambetta beschworene »couche sociale nouvelle«[74] scheint sich mithin politisch durchgesetzt zu haben. Die Wahlen auf Arrondissementebene begünstigten die Kandidaten, die spezifische lokale Interessen vertraten und damit die lokal verankerten Honoratioren.[75] Wenn das von D. Halévy für die Zeit nach 1870 prognostizierte »Ende der Notablen« keineswegs mit dem völligen Bedeutungsverlust von adeligem oder großbürgerlichem Einfluß auf dem Land und in Provinzstädten gleichzusetzen ist, so war ihre Macht aber doch in der Abgeordnetenkammer, kaum jedoch im Senat erschüttert.[76]

Gegen diese These, daß sich die Nationalversammlung demokratisiert habe, wendet sich J. Charlot und weist auf die Professionalisierung und die zunehmende Universitätsausbildung der Abgeordneten hin.[77] Dieser Prozeß, den zweifellos die Diätenregelung förderte,[78] und der die politische Elite Frankreichs stabilisierte, kann durch folgende Zahlen über die Mandatsdauer von Abgeordneten illustriert werden: von 4892 Deputierten, die zwischen 1870 und 1940 im Palais Bourbon saßen, wurde die Hälfte für mehr als eine Legislaturperiode, ein Viertel für mehr als 20 Jahre und drei Prozent gar für mehr als 33 Jahre gewählt. Wie Zeldin zu Recht unterstreicht: »The stability in the membership of the parliaments was quite exceptional«.[79] Trotz dieser Stabilität, der Professionalisierung und der selbst unter Sozialisten und Kommunisten geringen Zahl von Arbeitern scheint die von Dogan und Birnbaum vertretene Demokratisierungsthese die Veränderungen im politischen Personal nach 1870 besser als Charlot zu fassen. Die Demokratisierung begünstigte aber vornehmlich die »classes moyennes« und in der Gegenwart verlieren selbst deren weniger betuchten Teile an Gewicht. Im Vergleich zur 4. Republik ging in der 5. Republik nämlich der Anteil der Arbeiter, Angestellten, Landwirte und Volksschullehrer unter den Abgeordneten zurück, während der der Ärzte, hohen Staatsbeamten und Industriellen anstieg. Die Volksvertreter, die aus bescheidenen Verhältnissen stammten, hatten nicht einmal ein Viertel der Parlamentssitze inne, während Gymnasiallehrer, Journalisten, Ärzte, Advokaten und Freiberufliche auf 50 Prozent kamen.[80] Wenn die Abgeordneten nach 1958 in ihrer Mehrheit auch nicht zu den reichsten Teilen der französischen Gesellschaft gehörten,[81] so stammten sie doch aus Kreisen, in denen gesicherte und gute Einkommen sowie ein leichter Zugang zu den Bildungsinstitutionen deutlich die Distanz zu den weniger Privilegierten markierten.

Während somit in den parlamentarischen Vertretungen sich die Besitzhierarchie nicht maßstabsgerecht niederschlug, ist nunmehr zu fragen, ob sie die Besetzung der höheren Verwaltungsstellen prägte. T. Zeldin hat die Entwicklung der französischen Staatsverwaltung treffend mit dem Paradox charakterisiert, daß sie einerseits soziale Mobilität begünstigte, andererseits sich zunehmend gegen Homines novi abgeschlossen und auf sich selbst zurückgezogen habe.[82] Für die Aufstiegsmöglichkeiten sorgte nicht zuletzt die auf 400 Prozent geschätzte Erhöhung der Beamtenzahl zwischen 1848 und dem Ende des Zweiten Weltkriegs.[82a] Die verschiedenen Verwaltungen boten immer wieder neue Posten an, auf die sich dann Kandidaten bewerben konnten. Trotz des Wettbewerbssystems (concours) spielten aber offensichtlich bis in die 1930er Jahre hinein Beziehungen eine größere Rolle als Qualifikationen. Für höhere Posten war vor 1914 überdies zumeist Besitz die Voraussetzung. Nicht nur mußte ein Aspirant auf einen Posten im Finanz- oder Außenministerium die »Ecole libre de Sciences politiques« besucht haben, die Schulgeld verlangte, sondern in prestigeträchtigen Zweigen der Verwaltung mußte der familiäre Besitz die Anlernzeit finanzieren. Bis 1894 hatten Kandidaten für den auswärtigen Dienst ein Einkommen von 6000 Francs nachzuweisen, bis 1910 war die Eingangssituation in die Rechtssprechung, der Posten des »juge suppléant« unbezahlt und auch auf den unteren Stufen der Laufbahn eines »Inspecteur des Finances« mußten die Eltern ein Einkommen von zumindest 2000 Francs garantieren.[83] Unter diesen Bedingungen ist es nicht erstaunlich, daß sowohl vor 1870 als auch vor 1914 die oberen Verwaltungsposten von Begüterten besetzt waren, die unteren Ränge, die um die Jahrhundertwende kaum mehr als ein Facharbeiterlohn einbrachten, waren dann für Nichtprivilegierte offen.[84] Aus adeligen und besitzenden bürgerlichen Kreisen stammten nicht nur die überwiegende Mehrheit der Napoleonischen Präfekten, sondern nach 1870 auch die Mitglieder des Conseil d'Etat, Präfekten und Generäle.[85]

Auch in der Gegenwart stammten die 253 staatlichen Würdenträger, die die Ecole nationale d'adminstration zwischen 1953 und 1963 absolviert hatten, mehrheitlich aus Beamten-, höheren Angestellten-, Freiberuflichen- und aus Unternehmerfamilien. Auffällig ist an dieser Statistik aber der hohe Anteil der Selbststrukturierung: von 253 Spitzenbeamten hatten 103 Beamte als Väter.[86] Daß diese Geschlossenheit der Beamtenschaft, die schon vor 1914 bestand,[87] nicht nur auf die oberen Ränge beschränkt war, unterstreichen Darbel und Schnapper: »... il existe dans la fonction publique une hérédité professionnelle globale supérieure à celle du milieux professionnels du secteur privé.«[88] Fungierte der Staatsapparat auch seit der Mitte des 19. Jahrhunderts als Mittel des Aufstiegs von Nichtprivilegierten, die in ihm eine sichere Altersversorgung und einen festen Arbeitsplatz suchten und fanden, so blieben die leitenden Positionen durchweg den Söhnen von Beamten oder begüterten Kreisen vorbehalten.[89] Angesichts dieser Kontinuität und der hohen Selbstrekrutierungsquote hat Granou sogar von einer Staatsbourgeoisie gesprochen.[90] Weder ihr Anteil unter den Abgeordneten noch unter den Beamten machte die strukturelle Benachteiligung der Nichtprivilegierten wett.

Nach dieser knappen und empirisch noch verbesserungsbedürftigen Sichtung der Indikatoren sozialer Ungleichheit lassen sich folgende Ergebnisse festhalten:

1. Soziale Ungleichheit besteht in Frankreich seit einem Jahrhundert fort. Ist die Armut auch zurückgegangen, haben sich die Vermögensunterschiede abgeflacht, die Einkommensdifferenzen verringert und sozial differenziert, die Ausbildungsmöglichkeiten vervielfacht und die Zugangsmöglichkeiten zur Staatsverwaltung erweitert,

so prägt doch weiterhin die Struktur sozialer Ungleichheit die französische Gesellschaft der Gegenwart. Dieser Befund dürfte noch weitaus negativer ausfallen, wenn man die Einkommens- und Vermögensentwicklung im Zusammenhang mit der Produktionskraftentwicklung sieht und die Bildungsexpansion auf dem Hintergrund der höheren Anforderungen an Lohnarbeiter bewertet. Dann dürfte sich wohl herausstellen, daß die Basisversorgung der Bevölkerung heute insgesamt zwar besser, die Verringerung von Ungleichheit aber eher eine Folge der sozialökonomischen Veränderungen als ihr Ziel ist. Für eine Gesellschaft, die den Anspruch der Gleichheit in ihrem Emblem führt, ist dies ein vernichtendes Urteil.

2. Privilegien und Benachteiligung kumulierten jeweils für bestimmte gesellschaftliche Gruppen. Kaufleute und Industrielle, leitende Angestellte und Freiberufliche gehörten in der Gegenwart – und mit Nuancen auch in der Vergangenheit – zu den Reichsten, Einkommensstärksten, Gebildetsten und politisch gut Vertretenen. Land- und Industriearbeiter hingegen sind unter den ärmsten, den Niedriglohngruppen, den am schlechtesten ausgebildeten und im Parlament und in der Verwaltung wenig vertretenen Gruppen zu finden. Die Blockierung der französischen Gesellschaft findet in der Permanenz dieser Unterschiede ihre Bestätigung.

3. Diese ungleiche Verteilung sozialer Chancen und Güter prägt nachhaltig Lebens- und Handlungsbedingungen. Sie schlägt sich in der Gegenwart in einem unterschiedlich durch langlebige Konsumgüter erleichterten Leben, Wohnbedingungen, Gesundheitsversorgung, Möglichkeiten, Ferien zu machen und Dauer der Lebenserwartung nieder.[90a] Historisch kann sie an den Musterungsakten abgelesen werden. Da sich in den ersten beiden Dritteln des 19. Jahrhunderts die Söhne von Besitzenden vom Wehrdienst freikaufen bzw. einen Ersatzmann stellen konnten, lassen sich die Daten der Gemusterten, die ihren Wehrdienst antreten, mit denjenigen der Begüterten vergleichen, die einen Ersatz stellen können. Dieser Vergleich ergibt, daß die Nicht- oder zu wenig Besitzenden im Durchschnitt körperlich kleiner, ungebildeter, zur Mobilität gezwungen und krimineller als die Besitzenden waren.[91] Dieser Befund unterstreicht erneut, daß Ungleichheit nicht auf individuelles Unvermögen, sondern auf gesellschaftliche Bedingungen zurückzuführen ist.

2. Erklärungen für soziale Ungleichheit

Die bisherigen Ergebnisse der Untersuchung gingen methodisch nicht über die der Schichtungstheorie hinaus.[92] Sie arbeiteten die Verteilung von sozialer Benachteiligung und Privilegierung auf unterschiedliche Gruppen der französischen Gesellschaft ebenso wie die Permanenz bzw. den Wandel der Verteilungsmuster heraus. Damit hatte die Studie einen rein deskriptiven Charakter und nahm gesellschaftliche Verhältnisse als ein Graduationsschema wahr, auf dem je nach Vermögen, Einkommen, Bildung und politischem Einfluß einzelne Gruppen einen höheren bzw. niederen Platz einnahmen. Verbleibt eine Untersuchung auf dieser methodisch begrenzten Ebene, so ist sie in Gefahr, nicht nur die gesellschaftliche Wirklichkeit zu atomisieren, weil der Zusammenhang zwischen den Formen der Ungleichheit und den Bedingungen, die sie produzieren, ausgeblendet wird, sondern darüber hinaus tendieren derartige Ansätze auch dahin, die Ursachenanalyse auszusparen und damit auch der Frage auszuweichen, wie gesellschaftliche Ungleichheit zu überwinden ist.

Um soziale Ungleichheit zu erklären, werden klassentheoretische Ansätze relevant, da sie sowohl auf die Verteilung von gesellschaftlichen Ressourcen, als auch auf die Mechanismen der Verteilung und die ihr zugrundeliegenden Strukturen eingehen.[93] Allerdings soll und kann hier die Debatte um die analytische Karätigkeit des Klassenbegriffs nicht in ihrer ganzen Breite geführt werden. Im Mittelpunkt steht allein die Frage, ob mit Hilfe klassentheoretischer Entwürfe die am französischen Beispiel ermittelten Strukturen sozialer Ungleichheit erklärt werden können. Wo entstehen sie, wie verbinden sie sich in einem Funktionszusammenhang und zu welchen Folgen führen sie? Damit fällt der Bereich des »Gemeinschaftshandeln« (Weber), die Debatte über die Verbindung zwischen Klassenlage und Klassenbewußtsein, zwischen sozialökonomischer Situation und politischem Verhalten aus dem analytischen Visier heraus. Wenn diese Diskussion auch einen neuralgischen Punkt jeder Klassentheorie und insbesondere der Marxschen berührt, kann sie doch – und die Entwicklung der Geschichtswissenschaft in der Bundesrepublik zeugt davon –[94] allzu leicht das Studium des politischen Engagements dem der gesellschaftlichen Realität vorordnen. Deshalb gilt das Interesse im folgenden vornehmlich der Lage einzelner Klassen, die sehr wohl Aufschluß über Handlungsbedingungen gibt, mit denen die einzelnen Schichten konfrontiert sind.

Die Debatte soll weiterhin zugespitzt werden auf die Frage, ob eher der klassentheoretische Ansatz von Weber oder von Marx die Struktur und Entwicklung sozialer Ungleichheit in Frankreich erklären hilft. Lassen die Verteilungsmuster der sozialen Bedingungen und Chancen sich stärker aus der gleichen Stellung auf dem Markt verstehen oder aber ist die gleiche Position in der Produktion entscheidend für das Verständnis sozialer Ungleichheit, so ließe sich der Streitpunkt stark verkürzt zusammenfassen. Allerdings ist doch eine ungleiche Reichweite der beiden Ansätze anzumerken: Während Weber die Klassen unter dem Titel »Machtverteilung innerhalb der Gesellschaft«[95] behandelt und eine Taxonomie von Klassen vorstellt, mithin eher deskriptiv als erklärend vorgeht, beschäftigt Marx sich sehr viel stärker mit Entstehungsursachen und Entwicklungsprinzipien von Klassen. Da aber Weber immer wieder als leuchtendes Vorbild für Klassenanalysen zitiert wird, ist dieser ungleiche Wettbewerb nicht unangebracht.

Mithin soll überprüft werden, ob die unterschiedlichen, anhand der vier Indikatoren skizzierten Lebenschancen in Frankreich damit erklärt werden können, daß Klassen gleiche Interessen aufgrund ihrer gleichen Marktstellung besitzen. Unbestritten ist dabei, daß alle Klassen vom Markt abhängig sind, sich sogar auf dem Markt konstituieren. Nicht nur determiniert der Arbeitsmarkt in einem großen Ausmaß die Lohnarbeiterexistenz,[96] bestimmt über relative Prosperität und Armut, sondern die wirtschaftliche Konjunktur wirkt sich auch auf Umsatz und sogar Existenzbasis der Unternehmer aus. Weiterhin ist nicht zu bezweifeln, daß die Herstellung eines nationalen Marktes einen wichtigen sozialgeschichtlichen Markstein in der französischen Geschichte bildete. Wenn dadurch auch die Marktreservate für einzelne kleine Firmen noch nicht beseitigt waren, so bestanden ab 1860 doch die infrastrukturellen und gesamtgesellschaftlichen Bedingungen, unter denen Waren und Personen leicht mobilisiert werden konnten und zunehmend auch in der Stadt zumindest, auf dem Land de facto erst ab 1950 die Selbstversorgung beseitigt und mittelfristig die Trennung der kleinen Produktionsmittelbesitzer von ihren Arbeitsmitteln vorangetrieben wurde.[97]

Aber die Konzentration auf den Markt und die dort angebotenen Waren verstellt sowohl den Blick für die unterschiedliche Beschaffenheit der getauschten Waren als auch für die Herrschaftsverhältnisse und für die strukturelle Bedeutung der Waren für das gesamtgesellschaftliche System. Diese Faktoren müssen aber als Erklärung für die soziale Ungleichheit zu Buche schlagen. Der Marxsche Ansatz öffnet vornehmlich die Augen für die dem Markt vorgelagerte, im Kapitalismus dominante Asymmetrie der Interessen von Kapitalisten und Lohnarbeitern. Diese äußert sich nicht nur darin, daß – sieht man von konjunkturellen Schwankungen ab – auf dem Arbeitsmarkt die Lohnarbeiter unterlegen sind, sondern auch in der Werte schaffenden Vernutzung der Arbeitskraft, dem strukturellen Übergewicht des Unternehmers im Betrieb, der über die Ware Arbeitskraft weitgehend frei verfügt. Über den Betrieb hinaus wird durch staatliche Interventionen die ungleiche soziale Beziehung zwar abgeschwächt, aber nicht aufgehoben, zumal sie zum gesamtgesellschaftlich dominanten Strukturmerkmal wird. Aus diesen Verhältnissen kann global erklärt werden, daß allen staatlichen Korrekturversuchen mittels Einkommens- und Vermögenspolitik zum Trotz die soziale Ungleichheit in Frankreich bis heute fortbesteht.

Läßt sich soziale Ungleichheit auch nicht ohne das dem Markt vorgelagerte, ungleichgewichtige soziale Verhältnis von Lohnarbeit und Kapital erklären, so müssen doch zusätzliche, in diesem strukturellen Rahmen wirkende politische und soziale Faktoren zu ihrer Erklärung herangezogen werden. Unter den Gründen, die Aufschluß darüber geben können, daß der Einkommens- und Besitzvorsprung der Unternehmer zwar etwas schmolz, aber kaum einholbar ist, und bis heute gravierende Unterschiede zwischen Industriellen und Lohnarbeitern klaffen, sind folgende zu erwähnen: Seit Mitte des 19. Jahrhunderts schloß sich die Unternehmerklasse gegen proletarische Aufsteiger ab und öffnete sich lediglich – sieht man von wenigen kleinbürgerlichen Promotionen ab – hin zu anderen sozialökonomisch führenden Gruppen. Gleichzeitig appellierte sie – mit häufigem Erfolg – an die staatliche Seite, ihre strategische Position abzusichern, verteidigte sich selbst durch repressive Methoden und leistete gegen alle Maßnahmen Widerstand, die das Grundgefüge der Gesellschaft und damit das unternehmerische Übergewicht in Frage stellten.

Mit Beginn der untersuchten Epoche war in Frankreich die Zeit des schnellen sozialen Aufstiegs in die Unternehmerkreise vorbei.[98] Es scheint so, als versuche das Bürgertum nach einer Phase schneller Bereicherung und politischer Umstürze, nunmehr im 2. Kaiserreich eine Stabilisierungszeit einzulegen. Bewahrung des Erworbenen und Vorsicht mit Spekulation waren die ökonomischen, Sicherung der Zukunft der Kinder und des eigenen Alters die sozialen Maximen der Zeit. Diese Entwicklung, die P. Guillaume für Bordeaux feststellen konnte, unterstreicht auch Chaline für Rouen: »La bourgeoisie se ferme et se replie sur elle même, témoignant de la stabilisation d'une société d'où l'ère des parvenus et self-made men est close.«[99] A. Daumard hat die Bankiers, Großindustriellen und Kaufleute als bürgerliche Aristokratie bezeichnet und damit auf ihre Hegemonialposition unter Bürgern ebenso wie auf ihren exklusiven Charakter abgehoben.[100] Denn der Zugang zu dieser Fraktion war nur über großen Besitz, kaum über Bildung möglich. Noch war die Praxis selten, daß Beamte des öffentlichen Sektors in den privaten hinüberwechselten, und der atemberaubende Aufstieg des Polytechnicien und späteren Großindustriellen Paulin Talabot war wohl eine Ausnahme.[101] Auch die Zunahme von Ingenieuren in den Großbetrieben der Eisenbahn und des Kohlenbergbaus, in denen sie auch in leitende Funktionen aufrückten, änderte wenig am exklusiven Charakter des Unternehmerbürgertums.[102]

Vor 1914 nahm – wie M. Levy-Leboyer nachgewiesen hat – besonders in jenen noch nicht allzu zahlreichen Betrieben, in denen Großproduktion vorherrschte und ein hoher Mechanisierungsgrad erreicht wurde, nicht nur der Anteil der beschäftigten Ingenieure zu, sondern auch die Zuwanderung von Beamten aus dem höheren Dienst in einem Vorgang, der in Frankreich plastisch »pantouflage« genannt wird.[103] Mit diesen Beispielen für soziale Durchlässigkeit ist aber nur wenig über die gesellschaftliche Mobilität in der »Belle Epoque« ausgesagt. Nach den Forschungen von A. Daumard habe diese sogar ab- und die Kluft zwischen den verschiedenen Klassen der Gesellschaft zugenommen. Eher Selbst- denn Fremdrekrutierung sei in den Oberklassen die Regel gewesen. Der schnelle Aufstieg des Selfmademen sei einer beschwerlichen Verbesserung über mehrere Generationen hinweg gewichen.[104]

Diesem generellen Befund entspricht die große Kontinuität, die eine Studie für Paris im Jahre 1911 und insbesondere für die hohen Beamten, begüterten Kaufleute und Industriellen konstatiert. Die Erstarrung der gesellschaftlichen Oberklassen konnte auch die Bildung kaum erschüttern, obwohl sie nach Meinung ihrer Panegyriker diese Funktion ausüben sollte. Einmal rekrutierten sich selbst Fabrikneugründer häufig aus der Klasse der Besitzenden bzw. Industriellen, zum anderen konnte schulisches Kapital sich selten gegen geerbtes durchsetzen: Beim Zugang zu wichtigen Posten in Aufsichtsräten von Großunternehmen hatte dieses den Vorrang vor jenem.[105]

Wenn auch die Weltwirtschaftskrise die Unternehmer hart getroffen hatte und in den letzten zehn Jahren ihre Zahl auch deutlich zurückgegangen ist,[106] so ist ihre Macht und Hermetik doch noch heute ungebrochen. Einmal bestehen fließende Übergänge zwischen dem öffentlichen und dem privaten Sektor. 12 Prozent der patrons der 100 gegenwärtig größten französischen Unternehmen hatten in der 5. Republik in der Inspection des Finances oder dem Cour des Comptes gearbeitet und 17 Prozent in den Beraterstäben von Ministern gesessen. Fast die Hälfte der größten französischen Unternehmer hat entweder in der Staatsverwaltung gearbeitet oder aber parlamentarische Funktionen ausgeübt.[107] Freilich hat sich in der Gegenwart zunehmend die Verfügungsgewalt und der Besitz der Produktionsmittel getrennt. Aber – wie Bourdieu nachweisen konnte – stammten die leitenden Angestellten nicht nur aus dem gleichen sozialen Milieu wie die Unternehmer, von denen sie ihr höherer Ausbildungsstand unterschied, sondern sie verfügten ihrerseits über nicht unbeträchtlichen Besitz.[108] Damit steht die Unternehmerklasse der 5. Republik in der Nachfolge der von vor 1914, die durch Heirat und Geschäftsverbindungen stets darauf bedacht war, enge Verbindungen zur hohen Staatsbürokratie einerseits und zu freien Berufen sowie Universitätsprofessoren andererseits zu halten.[109] Die soziale Mobilität fand vorwiegend innerhalb dieses Areopags des Geldes statt, sie tangierte aber kaum den soliden Charakter der herrschenden Klassen als eines »ensemble social clos sur lui-même.[110]

Die Asymmetrie wurde aber auch staatlicherseits wie auch durch Unternehmerstrategien aufrechterhalten. Im Unterschied zu den Koalitionen zwischen Unternehmern und Kartellbildungen, die schon den Eisenbahnbau begleiteten, wurde erst 1864 das Koalitionsverbot der Arbeiter und 1884 das Gewerkschaftsverbot aufgehoben. Die staatlichen Instanzen trugen mit der langen Verweigerung dieser Grundrechte der sozialen Angst von Unternehmern Rechnung, die sie schon vehement angesichts der Streikbewegung nach 1864[111] und vor allem dann nach der Niederschlagung der Pariser Commune geäußert hatten.[112] Auch die staatliche Sozialpolitik nahm sowohl bei der Formulierung von Gesetzesentwürfen als auch bei ihrer Durchsetzung stärker auf die Interessen der Mehrheit der Unternehmer als die der Arbeiter Rücksicht. Allein die Phasen, in denen sozialistische Regierungen an der Macht waren, machten hierin eine Ausnahme.[113] Selbst bei Regierungsinitiativen klafften aber bis in die Gegenwart hinein riesige Lücken zwischen dem Anspruch der schließlich verabschiedeten Gesetze und ihrer Realisierung in den Betrieben,[114] die durch die geringe Zahl der Arbeitsinspektoren weder vor 1914 noch heute durchgesetzt werden konnten.[115]

Diesem zaghaften politischen Vorgehen staatlicher Instanzen entsprach auf der Seite der meisten Unternehmer der Herr-im-Haus-

Standpunkt und Widerstand gegen gesellschaftliche Umverteilungsmaßnahmen. Schon am Ende des 19. Jahrhunderts hatten sie eher gelbe Gewerkschaften unterstützt als philantrophische Institutionen gegründet, die harte Konfrontation von Unternehmer und Belegschaft häufiger gesucht als vertragliche Regelungen des Arbeitskampfes.[116] Partizipations- oder gar Mitbestimmungsparolen hatten unter Unternehmerorganisationen generell eine schlechte Presse. So konnte sich in den 1930er Jahren etwa der Renault-Direktor F. Lehideux gegenüber Louis Renault und den anderen Automobilproduzenten nicht durchsetzen, als er angesichts der Praxis der schwarzen Listen, Berichte über aktive Arbeiter, Pressionen und Entlassungen, die bei Renault üblich waren, die Wahl von Werkstattdelegierten, bezahlten Urlaub und die Ausgabe von Aktien für leitende Angestellte forderte.[117] Selbst die noch rege Opposition von Unternehmern gegen die auf Mitspracherechte reduzierte Partizipationsidee des Gaullismus wie die kurze Scheinblüte der durch Tarifverträge geregelten Arbeitsbeziehungen zu Beginn der 1970er Jahre zeugen davon, daß der unternehmerische Konservativismus bis in die Gegenwart fortbesteht.[118]

Schließlich hat sich das Gros der Unternehmer mit zahlreichen Besitzenden auf der Seite der Gegner von Gesetzen gefunden, die Vermögen und Einkommen besteuern wollten. Die französische Steuergesetzgebung hatte bis Anfang der 1890er Jahre vornehmlich das Grundeigentum steuerlich belastet, während die Gewerbesteuer (patente) keineswegs der Größe der Geschäfte und Fabriken folgte. Dieses Prinzip wurde erstmalig in der Besteuerung von Warenhäusern und Konsumgenossenschaften entsprechend der Zahl ihrer Abteilungen, Arbeitskräfte, Ausfuhrwagen u. a. m. eingeführt. Die Einführung der Einkommenssteuer, die Caillaux vor 1914 beredt pries, um die staatliche Finanzmisere zu verbessern, konnte sich gegen heftigsten Widerstand erst unter dem Eindruck des Ersten Weltkriegs durchsetzen. Vermögens- oder Kapitalsteuern standen zwar in der Vergangenheit und Gegenwart immer wieder auf den Tagesordnungen des Parlaments, wurden aber nicht verabschiedet.[119]

Die fortbestehende Spitzenstellung der Unternehmer in der Einkommens- und Vermögenshierarchie gründet sich zwar primär auf die Produktionssphäre, in der die Lohnarbeiter Werte produzierten und unternehmerischen Sanktionen und Gratifikationen ausgesetzt waren. Sie stellt sich aber über den Markt her und ist undenkbar ohne die politischen Unterstützungsmaßnahmen und die engen gesellschaftlichen Verbindungen mit Freiberuflichen und Staatsbeamten, in deren Kreisen die Unternehmer verkehrten und heirateten.

Ein weiterer Gesichtspunkt läßt Zweifel an der analytischen Reichweite des Marktmodells aufkeimen. Dieses Modell tendiert dazu, als vermittelnde Instanz zwischen den Qualifikationen der Marktpartner und ihrer gesellschaftlichen Stellung das Marktgeschehen einzuführen. Es blendet damit Institutionen aus, die keineswegs marktförmig organisiert sind und damit a priori die gesamtgesellschaftliche Gültigkeit des Marktmechanismus einschränken. Die Familie, die ökonomische und kulturelle Werte tradiert, kann als eine derartige Institution gelten.[120] Besonders deutlich ist die herrschaftliche Vorprägung gesellschaftlicher Verhältnisse aber am Beispiel der Schule und Hochschule zu verfolgen. Das Gemeinsame von Familie und Ausbildung ist in diesem Kontext darin zu sehen, daß beide Institutionen aufgrund interner, nicht dem herrschaftsfreien Modell des Marktes entsprechender Mechanismen bereits über die Zuweisung von gesellschaftlichen Chancen entscheiden, bevor der Markt überhaupt in Aktion tritt.

Zentrale Institutionen, die Qualifikationen verleihen, sind Schule und Hochschule. Sie bestimmen – bevor noch der Arbeitsmarkt interveniert – darüber, welche gesellschaftlichen Positionen und Chancen aufgrund welcher Kriterien erreichbar sind. Wie bereits dargestellt, funktionierte das französische Schul- und Hochschulsystem zwar durchaus als Mittel des sozialen Aufstiegs, reservierte aber die entscheidenden Positionen den Mitgliedern der oberen gesellschaftlichen Ränge. Sie selektierte nicht nur durch den Besitz, der als Zugangsschranke nach 1945 zurücktrat, sondern vor allem durch eine spezifische Definition der Begabung. An der Debatte über die notwendigen Mathematikkenntnisse auf den technischen Hochschulen vor 1914 und des Gewichts von Lateinkenntnissen in den Lycées, an der Betonung der Rhetorik und der sprachlichen Gewandtheit läßt sich ablesen, wie spezifische, vornehmlich innerhalb des Bürgertums verbreitete Fähigkeiten zu gesamtgesellschaftlich verbindlichen Erfolgs- und Begabungskriterien erhoben wurden.[121] Dieser seit der 3. Republik wirksame Mechanismus, den am klarsten Bourdieu und Passeron herausgearbeitet haben,[122] bindet den Zugang zum Bürgertum an bestimmte Fähigkeiten, die auch mit einem spezifischen Habitus verbunden sind.[123] Er legitimiert zunehmend gesellschaftlich führende Positionen nicht mehr durch den Besitz, sondern durch Leistung. De facto transformiert dieser Mechanismus die Besitzoligarchie in eine Meritokratie, zu der allenfalls einige Außenseiter Aufstiegschancen besaßen. Diesen Mechanismus, der auf der Illusion der Chancengleichheit basierte, spricht auch Zeldin an: »The myth of equality heightened the status of those who rose in the hierarchy«[124] oder – wie Bourdieu und Passeron formulieren: Das Bildungssystem, »das den Privilegierten jenes höchste Privileg verschafft, nicht als Privilegierte zu erscheinen, überzeugt ... die Unterprivilegierten umso leichter davon, daß ihr soziales Schicksal und ihr Bildungsschicksal auf ihrem Mangel an Fähigkeiten oder Verdienst beruhen, als absolute Besitzlosigkeit im Bereich der Bildung das Bewußtsein der Besitzlosigkeit ausschließt«.[125] Der ungleiche Hochschulzugang von Kindern aus Familien höherer Angestellter und von Landarbeitern ist daher nicht eine Folge des Marktes, auf dem jeder seine Qualifikation feil bietet, sondern eines Definitionssystems, in dem die gesellschaftlich dominierenden Klassen die Kriterien setzen, nach denen Plätze in der gesellschaftlichen Hierarchie einzunehmen sind.

Abschließend kann die Tatsache, daß Frankreich bis heute zu den europäischen Ländern mit den größten gesellschaftlichen Disparitäten gerechnet wird,[126] nicht nur mit dem Modell einer bipolaren Gesellschaft erklärt werden. Sie ist vielmehr auch aus den Existenz- und Entwicklungsbedingungen der Klassen zu beleuchten, die gemeinhin als Charakteristikum der französischen Gesellschaft gelten: das Kleinbürgertum des Handels und Gewerbes sowie die Parzellenbauern.[127] Dieser Problemkreis hat eine doppelte Relevanz: Einmal kann er die im Selbstverständnis der Kleinbürger und unter ihren Apologeten verbreitete Meinung aufgreifen, das Kleinbürgertum als Klasse der Mitte, des Ausgleichs lindere die gesellschaftlichen Gegensätze und flache Ungleichheit ab.[128] Zum anderen ist am Beispiel des Kleinbürgertums erneut zu fragen, ob sein Einfluß auf die Dimensionen sozialer Ungleichheit eher mit seiner Markt- oder seiner Stellung in der Produktion erfaßbar ist.

Für die gesellschaftliche Harmonisierungsfunktion des Kleinbürgertums lassen sich zweifellos gewichtige Belege anführen. So hat die Klasse im 19. und 20. Jahrhundert offensichtlich als Faktor sozialer Mobilität gedient. Obwohl die Phase schnellen sozialen Aufstiegs in die Unternehmerklasse beendet war, bildete sich im 2. Kaiserreich in Lilles Handwerk eine Aristokratie heraus, die durch ihren Reichtum und politische Aktivität sich bald einen Platz unter den Honoratioren eroberte. In Bordeaux suchten zur gleichen Zeit Handwerkersöhne den sozialen Aufstieg in die Angestelltenschicht.[129] Vornehmlich der Kleinhandel bot aber

Arbeitern, Angestellten und Dienstboten vor 1914 die Chance, sich mit Hilfe geringer Ersparnisse niederzulassen und den Traum von der Selbständigkeit – wenn auch häufig nur kurz – zu träumen.[130] Bis in die Gegenwart hat sich diese proletarische Rekrutierung von Kleinhändlern erhalten.[131] Ersetzen diese disparaten Angaben auch keine – bislang noch ausstehende – Analyse der sozialen Mobilität im Kleinbürgertum, so können sie jedoch verdeutlichen, daß das Selbstverständnis der Kleinbürger durchaus eine reale Basis hatte.

Durch ihre Offenheit konnte die Klasse gesellschaftliche Entwicklungen entdramatisieren helfen. Wie relativ niedrig die Zugangsschwellen zum agrarischen und kommerziellen Kleinbesitz waren, läßt sich in der Weltwirtschaftskrise beobachten. In der Krise blühte auf dem Land erneut die auf Subsistenzsicherung ausgerichtete Polykultur auf oder versuchten Städter sich auf dem Land einzukaufen, um den Folgen der Krise zu entgehen, die in Frankreich länger dauerte als in vergleichbaren europäischen Staaten. Wenn auch die Abtrennung vom Marktgeschehen und damit die Autarkie schon wegen der hohen Verschuldung zahlreicher Bauern nicht möglich war, ist diese Form der Krisenbewältigung ebenso zu notieren wie die Renaissance des kommerziellen Kleinbetriebes, in dem zahlreiche Arbeitslose sich mit wenig Kapital eine unsichere Existenz aufbauen wollten. So stieg in der Krise sogar die Zahl der Einzelhändler an.[132]

Gleichzeitig milderte der Kleinbesitz die negativen Effekte der Industrialisierung in Frankreich ab, ohne sie indes zu blockieren. So setzten im 2. Kaiserreich Rentiers, Parzellenbauern und Tagelöhner der Konzentration des Landes und seiner kapitalistischen Bebauung Widerstand entgegen und verteidigten die Gemeinheiten und Gewohnheitsrechte als »patrimoine des pauvres«.[133] Durch das gemeinsame Interesse am Status quo und durch den Widerstand, auf den in den Dörfern der neuerungssuchende Landwirt traf, wurde die Kapitalisierung verlangsamt, human und gesellschaftlich weniger kostspielig gemacht. So hat etwa die Landflucht in Frankreich nicht das Ausmaß und die katastrophischen Folgen gezeitigt, die sie etwa in Deutschland gehabt hat.[134] Wenn sie auch in einzelnen Gegenden umfangreicher war, so blieb sie im 2. Kaiserreich zahlenmäßig begrenzt. Überdies zogen die Migranten eher in kleine Städte und Flecken als in das Dickicht der großen Städte. Entgegen einer Auffassung, die kapitalistische Entwicklung mit großbetrieblichen Formen identifiziert, war in Frankreich der agrarische und gewerbliche Kleinbesitz durchaus mit der Durchsetzung kapitalistischer Strukturen vereinbar.[135]

Gleichzeitig verstärkten die konkreten Existenzbedingungen von Kleinbürgern – die Lage der Parzellenbauern ist unterschiedlich – jedoch gesellschaftliche Ungleichheit. Neben den gelungenen Promotionen aus der Arbeiterklasse ins Kleinbürgertum oder aus diesem in das Bürgertum stehen jene Handwerker und Kleinhändler, die am Rande des Existenzminimums krebsten, schnell ihre Geschäfte aufgeben mußten oder aber nur durch überlange Arbeitszeiten, die Mitarbeit der gesamten Familie und eine hohe Selbstausbeutung überlebten. Im 2. Kaiserreich sind zu ihnen jene 47,7 Prozent aller Handwerker in Lille zu zählen, die ohne eine Erbschaft zu hinterlassen starben und die Existenz eines handwerklichen Pauperismus demonstrierten. Für diese hart um ihre Existenz ringenden, von Krisen und Fälligkeitsdaten von Schuldscheinen bedrohten Handwerker mag folgende Resignation eines Pariser Lithographen charakteristisch sein:

»Après plus de trente années de travail et d'une conduite que je crois irréprochable, je ne peux laisser à ma femme et mon enfant le moyen d'avoir le morceau de pain qui leur est nécessaire chaque jour, et pourtant j'ai rudement travaillé dans ma vie.«[136]

Der Kleinhandel wurde erst später von der Bedrohung durch die größeren kapitalistischen Betriebsformen erfaßt, wenn auch die Spezialgeschäfte ihn in den Städten bereits im letzten Viertel des 19. Jahrhunderts gefährdeten. Nicht nur wegen der sich belebenden Konkurrenz, sondern vor allem aufgrund dünner Kapitalbasis, begrenztem Kundenkreis und unzureichender Ausbildung war die Kleinhändlerexistenz der »Belle Epoque« unsicher. Colson schätzte, daß acht Prozent aller Krämer im Laufe ihres Lebens Pleite machten, und für Paris belief sich um 1900 der Anteil der Krämer, die ihr Geschäft im Laufe eines Jahres aufgeben mußten, auf 20 Prozent.[137] Hinter diesen allgemeinen Zahlen verbargen sich aber durchaus unterschiedliche Situationen. Während der Kleinhandel im Pariser Stadtzentrum wohl zahlenmäßig zurückging, expandierte er in den Vororten. Blieb er in Lyon ökonomisches Mittelmaß, so sind in Lille etwa die Hälfte der Kleinhändler zu den Armen zu zählen.[138]

Diese an Einzelbeispielen aus dem 2. Kaiserreich und der Zeit vor 1914 illustrierte ökonomische Lage und die Reproduktionszwänge der Kleinhändler und Handwerker können erklären, daß sie die Existenz ihrer Geschäfte auch auf Kosten der von ihnen Beschäftigten durchsetzten und sich gegen alle Einschränkungen ihrer Dispositionsfreiheit wandten. Freilich war der Anteil der Alleinbetriebe in Handel und Handwerk hoch, wenn er bei Handwerkern 1906 mit 27 Prozent auch unter dem der Kleinhändler lag (70 Prozent).[139] Aber unter denen, die Lohnarbeiter beschäftigten, war die extensive Nutzung der Arbeitskraft die Regel. Bekanntlich gehörten die Landarbeiter zu den am schlechtesten bezahlten Arbeitskräften, die häufig erst nach dem Zweiten Weltkrieg elementare Rechte per Gesetz und d. h. keineswegs realiter eingeräumt erhielten.[140] Auch im gewerblichen Bereich muß für den Untersuchungszeitraum das Bild des milden patriarchalischen Verhältnisses zwischen Meistern und Gesellen häufig eher als eine Wunschvorstellung von Sozialreformern denn als Abbild gesellschaftlicher Wirklichkeit gelten. So berichtet etwa Y. Lequin aus der Lyoner Gegend, daß gerade im 2. Kaiserreich in den auf dem Land und in Kleinstädten verbreiteten Kleinbetrieben die Arbeitskämpfe am häufigsten ausbrachen und am heftigsten gewesen seien.[141] Daß der Kleinunternehmer in dem Kampf um sein Überleben, für die Zukunft seiner Kinder und gegen häufig überlegene Konkurrenten nicht in der Wahl seiner Mittel zögerte, zeigen auch die Praktiken von Kleinhändlern, mit denen sie nach 1906 die Bestimmungen des Gesetzes über die Sonntagsruhe unterliefen oder brachen.[142]

Gekoppelt war diese innerbetriebliche Ausbeutung der Arbeitskräfte mit der politischen Frontstellung gegen Sozialgesetze, die die Reproduktionschancen der Arbeiter und Angestellten verbesserten und der Unternehmerwillkür Fesseln anlegten. In den Debatten über Arbeitszeitbeschränkungen, Urlaubsregelung, Mitbestimmung gehörten die kleinen und mittleren Betriebe und Krämer bis in die Gegenwart in ihrer Mehrheit zu den erbittertsten Verteidigern des Status quo.[143]

Die weiterhin fortbestehenden gesellschaftlichen Ungleichheiten, das relativ niedrige Lohnniveau in Frankreich und der geringe Verrechtlichungsgrad der Arbeitsverhältnisse hat eine ihrer Ursachen in der betrieblichen und politischen Praxis des Kleinbürgertums, die umso weitreichender war, als seit 1879 Handwerker, Krämer und Bauern die notwendigen politischen Stützen jeder französischen Regierung waren.[144]

Gleichzeitig hat der Kleinbesitz und die damit verbundene gesellschaftliche und individuelle Zukunftsperspektive auch dazu beigetragen, ein gemeinsames Vorgehen gegen Ungleichheit etwa auf dem Land zu verhindern. In der ländlichen Gesellschaft des 2. Kaiserreichs, die hier als Beispiel genommen wird, lebten und arbeiteten zwar Landarbeiter und Halbmeier, Pächter und Kleinbauern unter unterschiedlichen juristischen und realen Verhältnissen. Aber zwischen ihnen bestanden nicht nur gleitende Übergänge, sondern auch einige Gemeinsamkeiten. Besonders in Krisenzeiten lastete die enge Abhängigkeit vom Grundbesitz auf ihnen. In diese geriet der Pächter, der nicht einmal seinen Pachtzins, geschweige denn das neue Saatgetreide erwirtschaften konnte, ebenso wie der Halbpächter, der zumeist neben den Naturalnoch Geldabgaben zu leisten hatte. Wie prekär in Zeiten von Mißernten die Lage der Kleinbauern und Landarbeiter war, unterstreichen alle zeitgenössischen Berichte der Mitte des 19. Jahrhunderts.[145]

Diese gleichsam negative Gemeinsamkeit ging in örtlich unterschiedlicher Intensität in die Verteidigung des Gemeindelandes und der Gewohnheitsrechte ein, die ein lebenswichtiges Zubrot für Kleinbesitzer und Landlose waren. Trotz dieser Gemeinsamkeiten waren aber auch die trennenden Faktoren groß genug, um eine politische Vereinheitlichung der ländlichen Lohnarbeiter und Kleinbesitzer zu verhindern. Bereits die günstige Agrarkonjunktur des 2. Kaiserreichs besänftigte Unzufriedene. Darüber hinaus überwog in einer ländlichen Gesellschaft, in der die Suche nach Boden, den man erwerben kann, zu einer Existenznotwendigkeit geworden ist, offensichtlich auch die Konkurrenz zwischen Kleinstbesitzern. Schließlich hatten Agrarunruhen wie in den Hungerjahren vor 1848 immer wieder die Allianz derjenigen gestärkt, die um Besitz fürchten mußten und damit zwischen Kleinstbesitzern und Nichtbesitzenden eine Kluft aufgerissen.[146] Schon bevor gegen Ende des Jahrhunderts Agrarkapitalisten und Grundrentiers die durch die Krise geschwächten Parzellenbauern wieder stärker in Pflicht nahmen, war das Land befriedet. Die französischen Bauern hatten ihre Revolution bereits hinter sich.[147] An diesem Beispiel kann demonstriert werden, wie das Kleineigentum trotz seiner durchweg prekären Situation gesellschaftliche Konfliktfronten überlagert und verwischt. Dem Abbau sozialer Ungleichheit ist eine derartige Passivität nicht förderlich, wie die Parzellenbauern auch langfristig erfahren mußten, da die Politik der vorwiegend Großagrarier vertretenden landwirtschaftlichen Verbände sich nicht speziell ihrer Interessenvertretung widmeten.[148]

Die Untersuchung von Dimensionen sozialer Ungleichheit in Frankreich und von einigen Erklärungen für sie[149] konnte zeigen: Im Vergleich zur Mitte des 19. Jahrhunderts nimmt die Spannbreite der sozialen Unterschiede ebenso ab wie ihre Schärfe. Dennoch zieht sich die Konzentration von Vermögen in einer zahlenmäßig verschwindend kleinen Gruppe durch, in der die Selbstrekrutierung hoch ist, favorisiert das Ausbildungssystem die bereits Arrivierten und ziehen diese auch schwerpunktmäßig in wichtige politische Funktionen und Positionen ein. Diese Prozesse schließen freilich nicht aus, daß einzelne Mitglieder der herrschenden Klasse unter den Opfern des Schulsystems oder außerhalb der gesellschaftlich prestigereichen Berufe zu finden sind,[149a] wie umgekehrt stets eine kleine Gruppe von Unterprivilegierten durch das Nadelöhr des sozialen Aufstiegs gelangt. Im Mittelpunkt steht der Nachweis einer dominanten Tendenz, die zur Kumulation von gesellschaftlichen Privilegien und Nachteilen führt.

Um die Struktur der ungleichen Verteilung zu erklären, reicht Webers Betonung des Marktes nicht aus. Sie blendete vor allem die Unterschiedlichkeit der gesellschaftlichen Ausgangspositionen von Marktkonkurrenten aus. Aber auch die Erklärung aus dem sozialen Gegensatz im kapitalistischen Produktionsprozeß konnte die Spezifik der französischen Entwicklung nicht fassen. Über Arbeiter- und Unternehmerklasse hinaus war es notwendig, auf die Klasse einzugehen, die eine zentrale Funktion für das Gesamtsystem hatte und numerisch sowie wertmäßig die französische Gesellschaft formte: das Kleinbürgertum.

Methodisch konnten Klassen nicht mechanisch aus den Produktionsverhältnissen abgeleitet werden, sondern sie waren in ihrer gewissen Eigenständigkeit zu verstehen. Damit rückt die Klasse als Akteur in den Vordergrund, allerdings als Akteur innerhalb gegebener Bedingungen und Funktionszusammenhänge. In diesem Kontext sind die gesellschaftlichen Verteilungsmechanismen zwar aus der strukturellen Vormachtstellung der Bourgeoisie zu verstehen, zugleich über diese hinaus aber auch als Distanzierungsstrategie: »La bourgeoisie a besoin d'une instruction qui demeure inaccessible au peuple, qui lui soit fermée, qui soit la barrière.«[150] Der prägende Einfluß von Kleinbürger- und Kleinbauerntum auf die soziale Ungleichheit kann in ihrem Eigentümerstatus und ihrer ökonomischen Situation, aber auch in ihren politischen Bündnissen und in den gesellschaftlichen Folgen von Abwehraktionen gesucht werden.

Diese Schlußfolgerung hat schließlich auch eine strategische Komponente, wenn es um die Debatte geht, ob und wie gesellschaftliche Ungleichheit vermindert bzw. abgeschafft werden kann. Denn sie weist einmal darauf hin, daß Strukturen gegenüber Institutionen und Personen ein Übergewicht besitzen. Zum anderen unterstreicht sie aber auch, daß diese Strukturen nur durch die und in den Klassen einer Gesellschaft bestehen, die sich nicht ohne Gegenwehr der Transformation der Strukturen beugen werden. Selbst wenn man die Frage der gesellschaftlichen Kräfte ausspart, die auf Wandel drängen, kann dieser Befund die Grenzen sozialdemokratischer und orthodox-kommunistischer Gesellschaftspolitik andeuten.

Anmerkungen

1 S. W. *Zapf*, Soziale Indikatoren -- Eine Zwischenbilanz, in: H.-J. *Krapp* u. W. *Zapf*, Sozialpolitik u. Sozialberichterstattung, Frankfurt 1977, S. 231-246.

2 S. die zahllosen Beispiele in J. *Donzelot*, La police des familles, Paris 1977; s. auch die Kritik an der vorwiegend ideologiegeschichtlichen Arbeit von M. *Mérignas* in: Critiques de l'économie politique 3. 1978, S. 24-56.

3 S. etwa die Prinzipien der republikanischen Schulpolitik M. *Ozouf*, L'école, l'église et la république 1871-1914, Paris 1963, S. 119 ff.

4 T. *Parsons*, Equality and Inequality in Modern Society, or Social Stratification Revisited, in: E. O. Laumann Hg., Social Stratification: Research and Theory for the 1970s, Indianapolis 1970, S. 13-72.

5 S. etwa zu den Ärzten, die im Laufe des 19. Jahrhunderts ihren Monopolanspruch durchsetzten und sich korporatistisch einkapselten: T. *Zeldin*, France 1848-1945, 2 Bde., Oxford 1973/1977, Bd. 1, S. 23 ff.; sehr farbig: J. *Léonard*, La vie quotidienne du médecin de province au XIXe siècle, Paris 1977; sowie für das 18. u. frühe 19. Jahrhundert das Sonderheft der Annales E. S. C. 32. 1977, Nr. 5.

6 S. die intelligente Diskussion bei A. *Giddens*, The Class Structure of the Advanced Societies, London 1977; zur marxistischen Diskussion vor allem N. *Poulantzas*, Les classes sociales dans le capitalisme d'aujourd'hui, Paris 1974; M. *Mauke*, Die Klassentheorie von Marx und Engels, Frankfurt 1973[4]; A.*Hunt* (Hg.), Class and Class Structure, London 1978[2]; unergiebig hingegen: M. *Neumann*, Methoden der Klassenanalyse. Untersuchungen zu einem Problem der marxistischen Soziologie, Frankfurt 1976.

7 S. G. *Ziebura* u. H. G. *Haupt* Hg., Wirtschaft u. Gesellschaft in Frankreich seit 1789, Köln 1975, S. 92 ff.; 184 ff.; 268 ff.

8 S. zu den fehlenden Untersuchungen des Bürgertums: J. *Bouvier*, La politique économique du Front populaire, in: Le Mouvement social (= MS) 54. 1966, S. 181.

9 A. *Daumard*, Les structures bourgeoises en France à l'époque contemporaine. Evolution ou permanence? in: Conjoncture économique, structures sociales. Festschrift E. Labrousse, Paris 1965, S. 449-63.

10 *Zapf,* S. 235.

11 G. *Lenski,* Macht u. Privileg. Eine Theorie sozialer Schichtung, Frankfurt 1973, S. 407.

12 S. A. *Daumard* Hg., Les fortunes françaises au XIXe siècle. Enquête sur la répartition et la composition des capitaux privés à Paris, Lyon, Lille, Bordeaux et Toulouse d'après l'enregistrement des droits de succession, Paris 1973; F.-P. *Codaccioni,* Lille 1850–1914. Contribution à une étude des structures sociales, 2 Bde, Lille 1971; P. Léon u. a., Géographie de la fortune et structures sociales à Lyon aux XIXe siècle (1815–1914), Lyon 1974.

12a S. L'injustice fiscale. Le Monde. Dossiers et documents, Nr. 45, 1977, S. 4.

13 S. F. *Braudel* u. E. *Labrousse* Hg., Histoire économique et sociale de la France, Bd. 3/1, 3/2, Paris 1976, S. 853. (Zit. Histoire économique)

14 Ebd. S. 861. Der Unterschied zwischen den Unterstützungsempfängern und den ohne Erbschaft Sterbenden ist wahrscheinlich nicht nur aus der restriktiven Armutsdefinition öffentlicher Behörden zu erklären, sondern trägt auch der Tatsache Rechnung, daß im Alter die Verdienstmöglichkeiten abnahmen.

15 Ebd.

16 S. G. *Dupeux,* La société française 1789–1960, Paris 1974[7], S. 109. J. C. *Toutain,* La population de la France de 1700 à 1959, in: Cahiers de l'I. S. E. A. Serie AF Nr. 3, Suppl. Nr. 133, 1963, Tabl. 15. A. *Plessis,* De la fête impériale au mur des fédérés, 1852–1871, Paris 1973, S. 130.

17 S. zu den unterschiedlichen Situationen G. *Garrier,* Les campagnes de l'ouest lyonnais et du Beaujolais, 1800–1970, Grenoble 1973; A. *Armengaud,* Les populations de l'Est aquitain au début de l'époque contemporaine, Paris 1961; P. *Brunet,* Structure agraire et économie rurale des plateaux tertiaires entre la Seine et l'Oise, Caen 1960.

18 L. *Chevalier,* Classes laborieuses et classes dangereuses à Paris pendant la première moitié du 19ème siècle, Paris 1958.

19 *Daumard* u. a., Fortunes, S. 122 ff.; zur Situation auf dem Land s. P. *Gratton,* Les luttes de classes dans les campagnes, Paris 1971, S. 29 f., mit Zahlen für 1891.

20 Dazu besonders: G. *Duby* u. A. *Wallon* Hg., Histoire de la France rurale, Bd. 3, 4, Paris 1976, Bd. 3, S. 223. (Zit. Histoire rurale)

21 S. ebd., Bd. 4, S. 253 ff., s. auch Economie et statistique 44, April 1973.

22 M. *Parodi,* L'Economie et la société française de 1945 à 1970, Paris 1971, S. 316 f.

23 N. *Truguin,* Mémoires et aventures d'un prolétaire à travers la révolution, Paris 1977.

24 E. *Labrousse,* Überblick über die Entwicklung der ländlich-bäuerlichen Gesellschaft vom 18. Jahrhundert bis heute, in: *Ziebura* u. *Haupt* Hg., S. 176.

25 Histoire économique, Bd. 3, S. 861; *Daumard* u. a., Fortunes, S. 122 f., 155–157; die Tabelle nach *Plessis,* S. 157.

26 *Daumard* u. a., Fortunes, S. 122 ff.: In Bourdeaux war das Verhältnis 35 Prozent zu 21, während sich die Relation in Toulouse von 25 Prozent auf 27 Prozent leicht verbesserte.

27 *Gratton, Luttes,* S. 28 f.

28 *Daumard* u. a., Fortunes, S. 160 ff.

29 Zur Industrialisierung in Frankreich s. jetzt vor allem R. *Roehl,* French Industrialization: A Reconsideration, in: Explorations in Economic History 1976, S. 233–81.

30 Histoire rurale, Bd. 3, S. 402 ff.; *Daumard,* u. a., Fortunes, S. 169 f.; *Garrier,* S. 444 u. 497 ff. P. *Sorlin,* La société française, 2 Bde, Paris 1969/1971, Bd. 1, S. 50 ff. – Zur Position des Adels s. jetzt M. *Denis,* Les Royalistes de la Mayenne et le monde moderne (XIXe–XXe siècle), Paris 1977.

31 Es stieg von 1949: 15 170 Francs auf 1975: 200 030 Francs; allerdings sind diese Zahlen nicht inflationsbereinigt s. A. *Masson* u. D. *Strauß-Kahn,* Une étude du CREP: Croissance et inégalité des fortunes de 1949 à 1975, in: INSEE, Economies et statistique 1978, S. 31–49.

32 P. *Durif,* Propriétaires et locataires en 1967, in: Economie et statistique Nr. 3, 1969.

33 *Masson* u. *Strauss-Kahn,* S. 49.

34 *Daumard* u. u. a., Fortunes, S. 160 ff. S. immer noch C. A. *Michalet,* Les placements des épargnants français de 1815 à nos jours, Paris 1968.

34a J. *Singer-Kérel,* Le coût de la vie à Paris de 1840 à 1954, Paris 1961, S. 100 ff.

35 P. L'*Hardy,* in: Economie et statistique Feb. 1973.

36 G. *Mathieu,* L'INSEE lève un coin du voile sur l'inégalité des fortunes en France, in: Le Monde, 10. 4. 1973.

37 Ebd.

38 A. Gérard, Le Second Empire. Innovation et réaction, Paris 1972, S. 44; Histoire économique, S. 1020.

38a Histoire rurale, Bd. 3, S. 222 ff.

39 Histoire rurale, Bd. 3, S. 222 ff.; sowie G. *Dupeux,* Aspects de l'histoire sociale et politique du Loir-et-Cher, 1848–1914, Paris 1962, S. 200 ff.; sowie ders., La Société . . ., S. 117. G. W. *Grantham,* Scale and Organization in French Farming, 1848–1880, in: W. N. *Parker* u. E. L. *Jones* Hg., European Peasants and Their Markets. Essays in Agrarian Economic History, Princeton 1975, S. 293–327.

40 *Garrier,* S. 444 ff.

41 S. das Beispiel des Departement Vaucluse in: C. *Mesliand,* La fortune paysanne das le Vaucluse 1900–1938, in: Annales E. S. C. 1967; zur Krise s. auch J. *Lhomme,* La crise agricole à la fin du XIXe siècle en France, in: Revue économique 1970, S. 521–53.

42 S. die Beschreibung bei D. *Halévy,* Visites aux paysans du centre, Paris 1934, 1978².

43 S. J. *Lhomme,* Pouvoir d'achat de l'ouvrier français au cours d'un siècle, 1840–1940, in: MS 63, 1968, S. 41–69; hier: S. 46; s. auch J. *Rougerie,* Remarques sur l'histoire des salaires à Paris au XIXe siècle, ebd., S. 71–108; nach M. *Perrot,* Les classes populaires urbaines, Druckfahnen ihres Beitrags zum Bd. 4 der Histoire économique et sociale, S. 31 f., wurden 1910 300 000 bis 400 000 Arbeitslose für ganz Frankreich geschätzt.

44 S. M. *Lévy-Leboyer,* Das Erbe Simiands: Preise, Profite u. Austauschverhältnisse im 19. Jahrhundert, in: Ziebura u. Haupt, S. 131–48. J. *Bouvier* u. a., Le mouvement du profit en France au XIXe siècle, Paris 1965.

45 H. *Roze,* Impôts directs et transferts sociaux: effets sur l'échelle des revenus, in: Economie et statistique 59. 1974, S. 19–31.

46 J. *Méraud,* Inégalité sociale, inflation et croissance, in: Le Monde, 4. 4. 1978.

47 Economie et statistique 59, 1974.

48 *Perrot,* S. 6; 34 f.; zu den Dienstboten s. besonders T. *McBride,* The Domestic Revolution: The Modernization of Household Service in England and France 1820–1920, London 1976; s. auch die faszinierenden Memoiren von P. *Chabot,* Jean et Yvonne, domestiques en 1900, Paris 1977.

49 R. *Trempé,* Les administrateurs des mines de Carmaux. Essai de psychologie patronale, in: MS 43. 1963, S. 53–92.

50 S. *Perrot,* S. 34 ff.; P. *Combe,* Niveau de vie et progrès technique depuis 1860, Paris 1955.

51 Le Monde, 18. 6. 1974.

52 S. B. *Lutz,* Bildungssystem u. Beschäftigungsstruktur in Deutschland u. Frankreich, in: H.-G. *Mendius* u. a., Betrieb, Arbeitsmarkt u. Qualifikation, I, Frankfurt 1976.

53 S. R. D. *Anderson,* Education in France, 1848–1870, Oxford 1975, S. 244 ff.

54 P. *Chevallier* u. B. *Grosperrin,* L'enseignement français de la Révolution à nos jours, I, Paris 1971, S. 101.

55 A. *Prost,* L'enseignement en France 1800–1967, Paris 1968, S. 34.

56 M. *Lévy-Leboyer,* Innovation and Business-Strategies in 19th- and 20th-Century France, in: E. C. *Carter* u. a. Hg., Enterprise and Entrepreneurs in 19th- and 20th-Century France, Baltimore 1976, S. 108 f.

57 *Prost,* S. 75 ff.

58 Ebd., S. 380; s. auch J. *Ozouf,* Nous les maîtres d'écoles, Paris 1967.

59 *Prost,* S. 362.

60 Ebd., S. 363; G. *Vincent,* Les professeurs de l'enseignement secondaire dans la société de la belle époque, in: Revue d'histoire moderne et contemporaine, 1966, S. 49–86; *ders.,* Les professeurs du second degré au début du XXe siècle, essai sur la mobilité sociale et la mobilité géographique, in: MS 1966, S. 47–73.

61 *Prost,* S. 326 ff.

62 *Lévy-Leboyer,* Innovation, S. 108 f.

63 S. T. J. *Nordmann,* La France radicale, Paris 1977.

64 *Prost,* S. 352.

65 *Prost,* S. 450, 459 ff.; s. auch G. *Vincent,* Les professeurs du second degré, Paris 1967.

66 S. dazu H. *Kaelble,* Historische Mobilitätsforschung, Darmstadt 1978, S. 96 ff.

67 R. *Boudon,* La crise universitaire française: essai de diagnostic sociologique, in: Annales E. S. C. 1969, S. 747 ff.

68 S. P. *Bourdieu,* Classement, déclassement, reclassement, in: Actes de la Recherche en Sciences sociales 24. 1978, S. 2–22, hier S. 21 f.; s. auch ders. u. J. C. *Passeron,* Die Illusion der Chancengleichheit, Stuttgart 1974, S. 26 f.

69 S. für einen früheren Zeitpunkt auch A. *Girard,* Die sozialen Bedingungen für Ausbildung u. Aufstieg in Frankreich, in: Kölner Zeitschrift für Soziologie (= KZfS) Sonderheft 5, 1974[5], S. 218–29.

70 *Zeldin,* Bd. 1, S. 125.

71 *Bourdieu,* Classement, S. 17 f.; 21; s. auch P. *Bourdieu* u. J. C. *Passeron,* Les héritiers, Paris 1964.

72 Plastisch dazu: *Zeldin,* Bd. 1, S. 574 ff.; s. auch J. M. *Cotteret* u. a., Lois électorales et inégalités de représentation en France 1936–1960, Paris 1960.

73 S. L. *Girard* u. a., Les Conseillers généraux en 1870, Paris 1967, S. 86 f., S. 45 ff., 187; zum Notabelnbegriff und der dahinterstehenden sozialen Realität s. A. J. *Tudesq,* Les grands notables en France (1840–1849). Etude historique d'une psychologie sociale, 2 Bde, Paris 1964.

74 Zit. bei P. *Barral,* Les fondateurs de la 3e République, Paris 1868, S. 230.

75 S. insgesamt zu diesem Komplex P. *Birnbaum,* Les sommets de l'Etat. Essai sur l'élite du pouvoir en France, Paris 1977, S. 30 ff.; s. auch S. *Dogan,* La stabilité du personnel parlamentaire sous la IIIe République, in: Revue française des sciences politiques, 1953, bes. S. 334 ff.

76 Zur Stabilität des Senats s. *Zeldin,* Bd. 1, S. 591 ff.; zur finanziell konservativen Rolle s. auch F. *Goguel-Nyegaard,* Le rôle financier du sénat français. Essai d'histoire parlementaire, Paris 1937.

77 S. J. *Charlot,* Les élites politiques en France de la IIIe à la Ve République, in: Archives européennes de sociologie 14. 1973.

78 Nach *Zeldin,* S. 577, erhält seit 1875 jeder Abgeordnete ein ähnlich hohes Gehalt wie ein Universitätsprofessor, Colonel oder Richter am Appellationsgericht.

79 *Zeldin,* ebd., S. 587.

80 *Birnbaum,* S. 71.

81 Ebd., S. 73.

82 *Zeldin,* Bd. 1, S. 115: Der Zweig der französischen Verwaltungsgeschichte expandiert besonders in den letzten Jahren, s. auch: Institut Français des Sciences Administratives, Histoire de l'Administration, Paris 1972.

82a Allein zwischen 1866 und 1906 stieg die Zahl der Staatsbeamten einschließlich des Militärs von 747 912 auf 1 237 954; s. Bulletin de la statistique générale de la France, Okt.–Juli 1914, S. 69.

83 P. *Legendre,* L'Administration du 18e siècle à nos jours, Paris 1968; *Zeldin,* Bd. 1, S. 118.

84 *Zeldin,* Bd. 1, S. 122.

85 *Birnbaum,* S. 40; V. *Wright,* Le Conseil d'Etat sous le second Empire, Paris 1972.

86 *Birnbaum,* S. 96.

87 *Zeldin,* S. 15 ff.

88 A. *Darbel* u. D. *Schnapper,* Les agents du système administratif, Paris 1969, S. 26.

89 C. *Charle,* Les milieux d'affaires dans la structure de la classe dominante vers 1900, in: Actes de la recherche en sciences sociales, Nr. 20–21, 1978, S. 83–96.

90 S. A. *Granou,* La bourgeoisie financière au pouvoir, Paris 1976.

90a L. *Fabius,* La France inégale, Paris 1975.

91 S. E. *Le Roy Ladurie* u. N. *Bernageau,* Etude sur un contingent militaire (1868), in: Annales de démographie historique 1971, S. 311–337.

92 Zu einer grundsätzlichen Kritik s. S. *Kirchberger,* Kritik der Schichtungs- u. Mobilitätsforschung, Frankfurt/M.–New York 1975.

93 S. auch *Lenski,* S. 108.

94 S. auch die Kritik daran in: J. *Kocka,* Sozialgeschichte, Göttingen 1977, S. 48 ff.

95 M. *Weber,* Wirtschaft u. Gesellschaft, Köln 1964, S. 678.

96 S. etwa J. *Bouvier,* Arbeiterbewegung u. Wirtschaftskonjunkturen, in: *Ziebura* u. *Haupt,* S. 250 ff.

97 S. C. *Fohlen,* The Industrial Revolution in France, in: R. E. *Cameron* Hg., Essays in French Economic History, Georgetown 1970, S. 215 ff.

98 Hier sei angemerkt, daß die folgenden Überlegungen angesichts der weithin brach liegenden französischen Unternehmergeschichte stark hypothetischen Charakter tragen.

99 Histoire économique, Bd. 3, S. 905 f.; s. P. *Chaline,* Les contrats de mariage à Rouen au XIXe siècle. Etude d'après l'enregistrement des actes civils publics, in: RHES 48, 1970, S. 238–75, hier S. 260 f.; P. *Guillaume,* La population de Bordeaux au XIXe siècle, Paris 1972, S. 122 ff.

100 A. *Daumard* in: Histoire économique, Bd. 3, S. 946 ff.; zur Zusammensetzung der Kapitalistenklasse und ihre Verbindungen zum Grundbesitz s. L. *Bergeron,* Les capitalistes en France 1780–1914, Paris 1978.

101 S. dazu B. *Gille,* Recherches sur la formation de la grande entreprise capitaliste (1815–1848), Paris 1959, S. 95 ff.

102 A. *Daumard,* Les élèves de l'Ecole polytechnique de 1815 à 1848, in: Revue d'histoire moderne et contemporaine (= RHMC) 1948, S. 226–34; *Bergeron,* S. 58 ff.

103 S. M. *Lévy-Leboyer,* Le patronat français a-t-il été mathusien? in: MS 88. 1974, S. 3–50.

104 S. *Charle,* S. 91; A. *Daumard,* Bourgeoisies et classes populaires urbaines à la »Belle Epoque«, Fahnen des Beitrags für die Histoire économique et sociale de la France, Bd. 4, S. 32 ff.; s. auch für die Normandie G. *Désert,* Structures sociales dans les villes bas-normandes au XIXe siècle, in: Conjoncture économique ..., S. 491–512, hier S. 501.

105 *Charle,* S. 91; s. auch *Daumard,* Bourgeoisies ..., S. 31 f.; vgl. auch die nordfranzösischen Kohlengruben, in denen der Aufsichtsrat nach alter Familienunternehmertradition geleitet wurde. M. *Gillet,* Le bassin hoiller du Nord et des Pas-de-Calais de 1815 à 1914, Paris 1973, S. 315.

106 *Bourdieu,* Classement, S. 8: Die Industriellen waren 1954 11 Prozent der Berufstätigen, 1974, 3,5 Prozent.

107 *Birnbaum,* S. 141 und passim.

108 P. *Bourdieu* u. M. de *Saint-Martin,* Le patronat, in: Actes de la recherche en sciences sociales Nr. 20–21, 1978, S. 3–82, bes. S. 65 ff.; s. auch D. *Savage,* Les dirigeants et la croissance des entreprises françaises, in: Sociologie du Travail 17. 1975, S. 136–49.

109 Eindringlich hierzu der Aufsatz von *Charles;* s. auch F. *Peiter,* Institutions and Attitudes: The Consolidation of the Business Community in Bourgeois France 1880–1914, in: Journal of Social History 9. 1975/76, S. 510–25 (insgesamt enttäuschend).

110 P. *Birnbaum* u. a., La classe dirigeante française, Paris 1978, S. 187; insgesamt s. auch *Zeldin,* Bd. 1, S. 54 ff.

111 S. M. *Perrot,* Les ouvriers en grève France, 2 Bd., Paris 1974.

112 J. *Bouvier,* Aux origines de la Troisième République: les réflexes sociaux des milieux d'affaires, in: Revue historique 1953, S. 271–301.

113 S. für die Zeit vor 1914 H. *Hatzfeld,* Du Paupérisme à la sécurité sociale, 1850–1940, Paris 1971; für die Zwischenkriegszeit s. A. *Barjot,* La sécurité sociale, in: A. *Sauvy,* Histoire économique de la France entre les deux guerres, Bd. 3, Paris 1972, S. 365 ff.

114 S. H. *Lesire-Ogrel,* Le syndicat dans l'entreprise, Paris 1967.

115 S. dazu J.-A. *Tournerie,* Le Ministère du travail origines et premiers développements, Paris 1971.

116 A. *Melucci,* Action patronale, pouvoir organisation. Règlements d'usine et contrôle de la main-d'oeuvre au XIXe siècle, in: MS 97. 1976, S. 139–60; s. B. *Mottez,* Système de salaire et politiques patronales. Essai sur l'évolution de pratiques et des idéologies patronales, Paris 1966.

117 S. P. *Friedenson,* Histoire des Usines Renault. 1. Naissance de la Grand Entreprise 1898–1939, Paris 1972, S. 237 f.; zu Unternehmerpraktiken s. auch O. *Hardy-Hémery,* Rationalisation technique et rationalisation du travail à la Compagnie des Mines d'Anzin (1929–1938), in: MS 72. 1970, S. 3–48.

118 B. *Brizay*, Le Patronat. Histoire, structure, strategie du CNPF, Paris 1975.

119 Dazu vor allem R. *Schnerb* u. a., Deux siècles de fiscalité française XIXe-XXe siècle. Histoire, économie, politique, Paris 1973, bes. S. 70 ff., 226 ff.; M. *Frajerman* u. D. *Winock*, Le Vote de l'impôt sur le revenu, 1907–1914, Paris 1973.

120 Dieser Aspekt ist bislang noch nicht durch historische Arbeiten behandelt worden, hat aber bereits eine Reihe von polemisch-zeitgenössischen Arbeiten hervorgerufen: s. G. *Duchêne*, L'Empire industriel, Paris 1869; A. *Hamon*, Les Maitres de la France, Paris 1936 bis hin zu J. *Baumier*, Les Grandes Affaires françaises. Des 200 familles aux 200 managers, Paris 1967; s. zum disziplinierenden Aspekt der Familie jetzt I. *Joseph* u. P. *Fritsch*, Disciplines à domicile. L'édification de la famille, in: Recherches 28. 1977.

121 S. R. R. *Locke*, Industrialisierung u. Erziehungssystem in Frankreich und Deutschland vor dem 1. Weltkrieg, in: Historische Zeitschrift (= HZ) 225. 1977, S. 265–96, bes. S. 289 ff.; *Prost*, S. 325 ff.

122 P. *Bourdieu* u. J. C. *Passeron*, La Reproduction, Paris 1971.

123 S. S. *Citron*, Enseignement supérieur secondaire et idéologie élitiste, in: MS 96. 1976, S. 81–101.

124 E. *Goblot*, La barrière et le niveau. Etude sociologique sur la bourgeoisie française moderne, Paris 1930². *Zeldin*, Bd. 1, S. 113.

125 *Bourdieu* u. *Passeron*, Chancengleichheit, S. 228; enttäuschend hingegen B. *Nieder*, Die Entstehung der Schule als Instititution bürgerlicher Gesellschaft, Frankfurt 1978.

126 S. Rapport de la Commission, Inégalités sociales, Paris 1975. Es handelt sich um die von der Regierung eingesetzte Kommission Sudreau, deren Ergebnisse seit ihrer Veröffentlichung im Dornröschenschlaf liegen. Auch dies ist ein Zeichen für gesellschaftlichen Immobilismus.

127 S. dazu die Übersichtsarbeiten von C. *Establet* u. a., La petite bourgeoisie en France, Paris 1974 (allein auf den Kleinhandel bezogen); H.-G. *Haupt*, Kleinbürgertum im Frankreich der Belle Epoque. Notizen zur sozialökonomischen Situation u. Funktion des Kleinbürgertums von 1895–1914, in: Lendemains 3. 1976, S. 64–8; *ders.*, Zur ökonomischen Entwicklung u. Struktur des Kleinhandels in Frankreich zu Beginn des 20. Jahrhunderts, in: ders. Hg., Bourgeoisie u. Volk zugleich? Zur Geschichte des Kleinbürgertums im 19. u. 20. Jahrhundert, Frankfurt 1978, S. 113 ff.

128 M. *Fischer*, Mittelstand als politischer Begriff in Frankreich seit der Revolution, Göttingen 1974.

129 *Daumard* u. a., Fortunes, S. 360 ff.; *Guillaume*, S. 120 ff.

130 S. dazu A. *Faure*, Note sur les épiciers parisiens au XIXe siècle ou la corporation éclatée, in: MS 1979, Heft 3, der Konkursakten auswertet. Über einen gelungenen Aufstieg via Kleinhandel berichtet F. *Raison-Jourdé*, La colonie auvergnate de Paris au XIXe siècle, Paris 1976.

131 C. *Baudelot* u. a., S. 256 ff.

132 *Garrier*, S. 550; s. auch P. *Barral*, Les agrariens français de Mèline à Pisani, Paris 1968, S. 221 f.; s. auch Recensement de la population de 1936, Bd. 2, S. 79: danach stieg die Zahl der Handelsbetriebe mit 1–5 Beschäftigten zwischen 1931 und 1936 von 265 130 auf 293 148 an.

133 S. P. *Barral*, Les agrariens . . ., S. 28 f.; E. *Weber*, Peasants into Frenchmen. The Modernization of Rural France, 1870–1914, Stanford 1976, S. 129 f.; sowie P. *Dequilly*, Le Droit de Glanage, grapillage, ratelage, chaumage et saralage. Patrimoine des pauvres, Paris 1912.

134 Histoire rurale, Bd. 3, S. 222 ff.; s. auch P. *Pinchemel*, Structures sociales et dépopulation dans les campagnes picardes de 1836 à 1936, Paris 1957; J. *Pitié*, Exode rural et migrations intérieures en France: L'Exemple de la Vienne et du Poitou-Charantes, Paris 1975.

135 S. dazu jetzt auch G. *Gavignaud*, A propos des voies de passage de »l'agriculture paysanne« à »l'agriculture capitaliste«: Note sur le cas des viticulteurs roussilonnais, in: MS 104. 1978, S. 31–42.

136 *Daumard* u. a., Fortunes, S. 360 ff.; Zitat nach Histoire économique, Bd. 3, S. 923. Zum Handwerk insgesamt für das 2. Kaiserreich s. die abgewogene Darstellung von J. *Gaillard*, Aufschwung u. Krise des Pariser Handwerks im 2. Kaiserreich, in: *Haupt* Hg., S. 65–89.

137 S. dazu *Haupt*, Kleinhandel, S. 127 f.; Faure.

138 Ebd., S. 128.

139 Ebd., S. 119.

140 P. *Gratton*, Les paysans français contre l'agrarisme, Paris 1972, S. 70 ff.

141 Y. *Lequin*, Les ouvriers de la région lyonnaise, II, Lyon 1977, S. 136; s. auch A. *Daumard*, in: Histoire économique, Bd. 3, S. 923.

142 S. A. *Vignier*, Le repos du dimanche, la loi du 3 juillet 1906, les difficultés d'application, Thèse de droit, Paris 1908.

143 Zur Politik der Confédération générale des petites et moyennes entreprises s. *Brizay*, S. 72 ff.

144 S. über die Synthèse républicaine S. *Hoffmann*, in: ders. Hg., A la recherche de la France, Paris 1963, S. 17 ff.

145 S. *Garrier*, S. 149 ff.; vgl. auch A. *Burguière*, Bretons de Plozémet, Paris 1975, S. 90 ff.; s. die Beiträge in E. *Labrousse* Hg., Aspects de la crise et de la dépression de l'économie au milieu du XIXe siècle 1846–1851, La-Roche-sur-Yon 1956.

146 M. *Agulhon*, 1848 ou l'apprentissage de la république 1848–1852, Paris 1973, S. 125 ff.; P. *Vigier*, Mouvements paysans dans le cadre de l'agriculture et de la société rurale traditionnelles, in: Enquête sur les mouvements paysans dans le monde contemporain (de la fin du XVIIIe siècle à nos jours) Rapport général, Moskau 1970, S. 23–45.

147 S. das Vorwort von P. Vilar zu P. *Gratton*, Lutte.

148 J. *Hilsheimer*, Interessengruppen u. Zollpolitik in Frankreich: Die Auseinandersetzungen um die Aufstellung des Zolltarifs von 1892, Diss. Heidelberg 1973; s. das konkrete Beispiel von J. *Sagnes,* Le

mouvement de 1907 en Languedoc-Roussillon. De la révolte viticole à la révolte régionale, in: MS 104. 1978, S. 3–30.

149 Ausgeblendet blieb hier aus Platzgründen die Debatte um die Differenzierung innerhalb der Arbeiterklasse.

149a Daß heute diese Gescheiterten durchaus einen gut bezahlten Platz in weniger professionalisierten Sektoren finden, weist nach: *Bourdieu*, Classement.

150 S. *Goblot*, S. 124.

Stand — Klasse — Organisation

Strukturen sozialer Ungleichheit in Deutschland vom späten
18. bis zum frühen 20. Jahrhundert im Aufriß

von Jürgen Kocka

I. Soziale Ungleichheit – das meint zum einen, daß die sozial
verteilbaren und sozial relevanten Lebenschancen und Lebensrisiken der verschiedensten Art – Eigentumsrechte, Konsumgüter,
Macht, Gehorsam, Ansehen, Bildung, Gesundheitsgefahren, Müh-
sal etc. – auf die verschiedenen sozialen Positionen des gesellschaftlichen Gefüges – also etwa auf Berufspositionen oder Geschlechter oder Ämter – ungleich verteilt sind; soziale Ungleichheit meint zum anderen, daß die Chancen des Zugangs zu diesen
verschiedenartig ausgestatteten Positionen ebenfalls ungleich verteilt sind.[1] Mit diesem zweiten Aspekt hat sich die sozialgeschichtliche Forschung des letzten Jahrzehnts unter dem Stichwort »Mobilität« stärker beschäftigt als mit dem ersten, der im
Mittelpunkt der folgenden Überlegungen stehen soll. Beide Aspekte hängen allerdings zusammen: die Ungleichheit des Zugangs
wird durch die Ungleichheit verschieden ausgestatteter Positionen
beeinflußt, und umgekehrt dürften tiefgreifende Veränderungen
des Zugangs zu den ungleichen Positionen deren Unterschiedlichkeit beeinflussen.

Einkommen, Bildung, Macht, Ansehen, Eigentumsrechte und
andere ungleich verteilte Chancen kann man sich als vertikale
Dimensionen eines Systems sozialer Ungleichheit vorstellen, die
meist – wie bei der Bildung – aus mehren hierarchischen Stufen,
manchmal aber – wie beim Besitz oder Nicht-Besitz von Produktionsmitteln – aus nur zwei Stufen bestehen. Die einzelnen Individuen und Familien nehmen nun auf jeder dieser Dimensionen
einen Platz ein, der sich mit der Zeit verändern kann. Im folgenden soll einmal gefragt werden, ob der Tendenz nach jemand, der
z. B. auf der Dimension »Reichtum« hoch oben rangiert, auch
auf den Dimensionen »Macht«, »Ansehen«, »Bildung« usw.
hoch oben placiert ist oder ob eine solche Tendenz zur *»Kongruenz«* oder *»Kristallisation«*[2] der Ungleichheitsdimensionen
nicht besteht; wie sich das mit der Zeit geändert hat, warum und

mit welchen Folgen für die Entstehung von gesellschaftlichen Großgruppen, Protesten und Konflikten. Zum andern soll gefragt werden, welche Ungleichheitsdimensionen dominant, welche schwächer waren, wie sich dies verschob, warum und mit welchen Folgen. Die relative Dominanz oder relative Schwäche einer Ungleichheitsdimension sollte – im Prinzip – daran ablesbar sein, ob und wie sehr sie das Bewußtsein, das Verhalten, die Gruppenbildung der Zeitgenossen prägte oder aber wie sehr sie – im Falle tendenzieller Kongruenz – andere Dimensionen determinierte. Drei weitere Fragen liegen nahe, können aber im folgenden nicht verfolgt werden: die nach den sich verändernden Spannen der Ungleichheit in ihren verschiedenen Dimensionen, die nach dem Wechsel der Individuen und Familien von einer Position zur anderen (Mobilität) und die nach der Legitimierung und Infragestellung sozialer Ungleichheit im Wandel der Zeit.

In der Umbruchzeit des späten 18. und frühen 19. Jahrhunderts entstand ein begriffliches Instrumentarium, mit dem sich die Zeitgenossen den erlebten grundsätzlichen Wandel im vorherrschenden Muster sozialer Ungleichheit klar machen wollten: das Begriffspaar Stand – Klasse. In Anlehnung an Max Weber und Marx werde ich zunächst ein ständisches Muster sozialer Ungleichheit von einem klassengesellschaftlichen *idealtypisch* abgrenzen, um dann mit Hilfe dieser Begriffe einige Entwicklungslinien zu skizzieren.[3]

»Stand« soll eine gesellschaftliche Großgruppe heißen, die sich durch eigenes Recht, durch ein bestimmtes Maß der Teilhabe an der politischen Herrschaft, durch eine besondere Form materieller Subsistenzbegründung und spezifisches Prestige (»Ehre«) von anderen Ständen unterscheidet. In der Regel wird der einzelne, über seine Familie vermittelt, durch Geburt oder durch persönliche Auswahl Mitglied eines Standes und erwirbt damit einen Anspruch auf die von seinem Stand – tendenziell auch gegen Marktkräfte – monopolisierten Lebenschancen, die er als Vorstand eines Haushalts und damit als Herr über Abhängige wahrnimmt. Jeder Stand (Geistlichkeit, Adel, Stadtbürgertum, Bauern) verpflichtet seine Mitglieder zu einer tendenziell alle Bereiche des Alltagsverhaltens normativ regelnden, konventionell geprägten, standesgemäßen Lebensführung, zu der standesspezifische Sitten und Symbole gehören, die auf standesspezifischer Bildung fußt und die eine standesgemäße Selektivität der Sozialbeziehungen (besonders Heirats- und Freundschaftsverhalten) impliziert. Diese verschiedenen Dimensionen des Unterschieds zwischen Ständen sind vielfältig aufeinander bezogen, doch läßt sich nicht eine als

die dominante hervorheben. Die Unterschiede zwischen den Ständen sind durch übergreifende rechtliche Regelungen und durch verbindliche, meist kirchliche, Weltdeutungen fixiert.

»Klassen« sind dagegen gesellschaftliche Großgruppen, deren Angehörige gleiche Interessen aufgrund gleicher Stellung auf dem Markt – oder besser: auf den Märkten – haben. Wenn man den Begriff »Eigentum« (als Inbegriff der Verbindung von Besitz und Verfügung) weit genug faßt und davon ausgeht, daß auf Märkten verwertbares Eigentum nicht nur Eigentum an materiellem Kapital, sondern auch Eigentum an verwertbarer Arbeitskraft und an bestimmten verwertbaren Leistungskompetenzen umschließt, kann man sagen, daß der gemeinsame Nenner von Klassenangehörigen und ihr Hauptunterschied zu den Angehörigen anderer Klassen in der Verfügung über bestimmte marktmäßig verwertbare Eigentumsrechte besteht. Dabei muß man dann aber einräumen, daß es verschiedene Typen von Klassen gibt, je nachdem welche Art von Eigentum auf welchem Markt verwertet wird und – über entgegengesetzte oder in Spannung befindliche Interessen vermittelt – klassenbildend wirkt.[4] Ich werde weiter unten vor allem zwischen »Besitzklassen« und »Leistungsklassen« unterscheiden. Es gehört zum Idealtyp des klassengesellschaftlichen Ungleichheitsmusters, daß die so definierte Klassenlage tendenziell auch den Zugang determiniert, den die Klassenangehörigen zu Lebenschancen der verschiedensten Art – auch außerhalb des ökonomischen Bereichs – besitzen, also z.B. ihre Teilhabe an Konsum, Bildung, sozialer Geltung und vor allem an politischer Macht.

Stand und Klasse unterscheiden sich also nicht so, daß in einem Fall ein hohes Maß an Kongruenz (»Kristallisation«) von Ungleichheitsdimensionen, im anderen Fall das Gegenteil – Autonomie oder Indifferenz der Ungleichheitsdimensionen – kennzeichnend wäre. In beiden Fällen gehen vielmehr ökonomische Verfügungsrechte, Reichtum, soziale Geltung, Macht usw. Hand in Hand. – Sowohl im ständischen wie im klassengesellschaftlichen Fall haben wir überdies mehr oder weniger *verfestigte* Muster sozialer Ungleichheit vor uns, d.h. die Mobilität zwischen den Ungleichheitspositionen ist deutlich begrenzt. Weder im Laufe eines Einzellebens noch auch im intergenerationellen Ablauf ist der Wechsel von einer Position zur anderen leicht möglich, große Barrieren sind da. – Auch ist es keineswegs so, daß der *Zugang* zum Stand durch Geburt und Familie, der Zugang zur Klasse dagegen durch den Markt reguliert würde. Zugehörigkeit kraft Geburt und Familienherkunft mag im Falle der Klasse eine etwas schwächere, weil durch Markt und andere Plazierungsmechanismen (z. B. Schule) im Prinzip überwindbare und rechtlich nicht fixierte Rolle spielen, doch im übrigen entscheidet auch über die Zugehörigkeit eines Individuums zu einer bestimmten Marktklasse seine Geburt in einer bestimmten Familie samt den ihm damit zukommenden familialen Leistungen, die selbst nicht nach Marktkriterien verteilt werden, aber das Individuum mit potentieller bzw. zukünftiger Marktmacht (Besitz, Leistungsqualifikationen etc.) ausstatten.[5]

Was Stand und Klasse grundsätzlich unterscheidet ist vielmehr dreierlei:

a) Die konstitutive Rolle des Marktes für die Bildung der Klasse (für die Ausstattung der Positionen mit Lebenschancen und -risiken, wenn auch nicht für den Zugang zu ihnen) und damit die Dominanz einer spezifischen ökonomischen Dimension fehlen im Falle des Standes.

b) Die Tendenz zur Kongruenz der verschiedenen Ungleichheitsdimensionen wird im klassengesellschaftlichen Fall eher in unpersönlicher, marktkonformer Weise – als Vermittlung zwischen relativ ausdifferenzierten Dimensionen – geleistet; die geringere Ausdifferenzierung von Wirtschaft, Sozialstruktur, Kultur und Politik im ständischen Fall erlaubt die Überlagerung, das Ineinsfallen, die Kristallisation der Ungleichheitsdimensionen in persona.[6] Der Kitt, der die einzelnen Ungleichheitsdimensionen vor allem zusammenhält, ist jeweils ein anderer, und das bedeutet viel für die Erfahrung von Ungleichheit und ihre Legitimierung.

c) Damit hängt drittens eng zusammen, daß gewisse Ungleichheiten zwar Teil des ständischen Musters, nicht aber oder kaum Teil des klassengesellschaftlichen Musters sind. So setzt Klassenbildung im Unterschied zum ständischen Muster Rechtsgleichheit voraus, so spielen differenzielle Lebensführung und Alltagsnormierung – erst recht aufgrund von Konvention und Sitte – im ständischen Muster eine geradezu zentrale, im klassengesellschaftlichen nur eine sekundäre, periphere oder gar keine Rolle.

II. Es braucht kaum erwähnt zu werden, daß die historische Wirklichkeit in diesen Idealtypen[7] nie aufging, weder die von 1750 im ständischen noch die von 1900 im klassengesellschaftlichen. Doch möchte ich argumentieren, daß – aus der Vogelperspektive – ein gut' Teil der sozialgeschichtlichen Veränderungen in Deutschland vom späten 18. zum frühen 20. Jahrhundert als Bewegung vom Stand zur Klasse gefaßt werden können – trotz bestimmter Widerstände, Gegentendenzen und schließlich Neuansätze, von denen zu sprechen sein wird. Diese Bewegung vom Stand zur Klasse beginnt allerdings sehr viel früher als in der zweiten Hälfte des 18. Jahrhunderts. Ihre treibenden Kräfte sind das beschleunigte *Bevölkerungswachstum* spätestens seit den 1740er Jahren, der zunehmend mit Elementen der Aufklärung verbündete *absolutistische Staat* seit dem 16./17. Jahrhundert und der Aufstieg des *Kapitalismus* seit dem Mittelalter. Diese drei Ursachenbündel sind eng miteinander verknüpft, aber nicht aufeinander zurückführbar, selbst vielfach, zum Teil wechselseitig bedingt.

Die Gewichtung dieser drei jedenfalls teilweise an einem Strick ziehenden Potenzen ist schwierig. Der Beitrag des monarchisch-bürokratischen Militär- und Steuerstaats machte sich vor allem im 18. und – als Antwort auf Französische Revolution und Napoleonische Kriege beschleunigt – in den ersten zwei Jahrzehnten des 19. Jahrhunderts geltend. Dieser innere Staatsbildungsprozeß verlief zweifellos unter engen restriktiven Bedingungen; allzu sehr war der absolutistische Staat noch Teil der ständischen Welt, gegen die er sich gleichwohl – aus Gründen außenpolitischer Konkurrenz und innerer Machtentfaltung – wandte. Doch vor allem durch vielfältige Aushöhlung überkommener rechtlicher Unterschiede bis hin zur Rechtsgleichheit von Staatsuntertanen bzw. Staatsbürgern, durch Versuche zur Zentralisierung der politischen Macht und damit zur Ausdifferenzierung von Staat und Gesellschaft wie auch durch den vielfach ausstrahlenden Aufbau einer nach-ständischen bürokratischen Verwaltung trug der Staat zum Abbau ständischer Strukturen bei und schuf damit Bedingungen für die Entstehung klassengesellschaftlicher Ungleichheit. Vor allem mit der Schaffung immer größerer Märkte und Kommunikationskreise – bis hin zur Nationalstaatsgründung 1870/71 – förderte die staatliche Politik indirekt auch weiterhin die Herausbildung klassengesellschaftlicher Muster, doch je mehr sich diese tatsächlich durchsetzten, desto schwächer wurden die sie fördernden Anstöße aus dem staatlich-politischen Bereich, desto häufiger tendierte die staatliche Politik zu ihrer Konterkarierung.[8]

Der Beitrag des Bevölkerungswachstums zur Sprengung ständischer und zur Ermöglichung klassengesellschaftlicher Ungleichheitsmuster war ebenfalls im späten 18. Jahrhundert und im Vormärz besonders spektakulär – man denke nur an die schnelle Vermehrung ständisch kaum mehr eingebundener, zunehmend pauperisierter Unterschichten, die schon im späten 18. Jahrhundert in vielen ländlichen Regionen weit mehr als die Hälfte der Bevölkerung stellten. Doch auch in den folgenden Jahrzehnten speisten das schnelle Bevölkerungswachstum und die mit ihm verbundenen Wanderungen jenen reibungsreichen Prozeß der Erosion überkommener und Auffüllung neuer Strukturen, der hier als Bewegung vom Stand zur Klasse bezeichnet wird. Erst seit Beginn des 20. Jahrhunderts ließ dieser Impuls nach.[9]

Während Bevölkerungswachstum und Staat den hier diskutierten Wandlungsprozeß eher durch Aushöhlung des Alten und Bereitstellung neuer Möglichkeiten förderten, war es der Aufstieg des Kapitalismus, der über die Zerrüttung der ständischen Muster hinaus das Neue in bestimmter Weise prägte, und zwar in immer durchschlagenderer Weise. Unter Kapitalismus soll hier ein ökonomisches System oder Teilsystem verstanden werden, das auf dem privaten Besitz und der privaten Verfügung über Kapital beruht, welches in weitgehend autonomen, über Marktbeziehungen miteinander verbundenen Privatunternehmen investiert ist und der Produktion und dem Tausch von Waren zum Zweck des Profits dient.[10] Die Auswirkungen dieses expansiven Wirtschaftssystems auf die Strukturen sozialer Ungleichheit beobachtet man zunächst im sehr begrenzten, durchaus unrevolutionären, wenn auch nicht reibungslosen Aufstieg eines Handels-, Verlags- und Manufakturunternehmertums. Mit Ausnahme einiger Handels- und Gewerbestädte und dort vor allem der großen Kaufleute ging der wirtschaftliche Aufstieg dieser Klasse nur selten mit einem deutlichen Zugewinn an sozialer Geltung und politischer Macht Hand in Hand. Diese sich herausbildende Bourgeoisie blieb im Vergleich zum wirtschaftlich fortgeschritteneren Westeuropa im 18. und frühen 19. Jahrhundert klein und schwach. Sie bedeutete kaum Sand im Getriebe des ständisch-absolutistischen Systems, kaum mehr als das kapitalistische Wirtschaftsverhalten einiger im übrigen noch ständisch bleibender, sich nicht wie in Frankreich zur Agrarbourgeoisie entwickelnder landwirtschaftlicher Großproduzenten, vor allem östlich der Elbe.[11]

Klassenbildende Wirkung entfaltete der Kapitalismus aber vor allem dort, wo das kapitalistische Vertrags- und Tauschprinzip nicht nur Kapitaleinsatz und Verteilung von Gütern, sondern auch den Einsatz des Faktors Arbeit zu regeln begann und zu Lohnarbeit oder lohnarbeitsähnlichen Verhältnissen führte.[12] Dies beobachten wir in vorindustrieller Zeit vor allem im schnell wachsenden protoindustriellen Verlagsgewerbe und in den wenigen Manufakturen, mit der allmählichen Durchlöcherung feudalrechtlicher Abhängigkeiten auch in den Inseln der für überlokale Märkte produzierenden Großlandwirtschaft und schließlich in größeren Handwerksbetrieben – in mannigfachen Übergangsformen.[13]

Die Industrialisierung seit den 1840er Jahren setzte diese Tendenzen fort; allerdings in rasanter Beschleunigung, weil sie den Kapitalismus als Industriekapitalismus zum ersten Mal zum dominierenden Strukturprinzip werden ließ und weil die Zentralisation der wirtschaftlichen Einheiten und die damit sich durchsetzende Trennung von Arbeitsplatz und Haushalt die Prägung durch Marktchancen, die Bildung von Marktklassen und die Spannungen zwischen ihnen erfahrbarer und verhaltensprägender werden ließen. Der Tendenz nach – und wenn man auf den ganzen Zeitraum von den 1840er Jahren bis zum Ersten Weltkrieg oder auch später blickt – wird man sagen können, daß immer mehr Lebenschancen nach Maßgabe von Marktmacht geregelt wurden, vom konjunkturabhängigen Einkommen der meisten Selbständigen und der an Zahl wie nie zuvor zunehmenden Lohnabhängigen über die Wohnverhältnisse und die soziale Geltung bis hin zur Teilhabe an politischer Macht – um nur einige Dimensionen sozialer Ungleichheit herauszugreifen. Der Rückgang der Subsistenzwirtschaft, die sich allmählich verringernde Bedeutung des landwirtschaftlichen Nebenbetriebs von Arbeitern, die Durchstrukturierung städtischer Häuser- und Wohnungsmärkte, die Ersetzung ständischer Repräsentationsregeln durch plutokratisch eingefärbte (z. B. im Dreiklassenwahlrecht), die gegenüber frühindustriellen Zeiten sehr deutliche soziale Aufwertung des Unternehmers, die Dramatisierung des Sicherheitsbegriffs angesichts zunehmender Marktabhängigkeit der Lebenschancen schnell wachsender Bevölkerungskreise – dies und anderes mehr würde die hier vertretene These stützen und könnte im einzelnen unter dieser Blickrichtung untersucht werden.[14] Am frühesten und deutlichsten setzten sich klassengesellschaftliche Strukturen an der Basis der sozialen Pyramide, an zweiter Stelle in deren oberen Rängen durch, später und sehr viel unvollkommener – zum Teil gar nicht – in den weniger marktintegrierten Mittellagen (bei Bauern, Beamten, vielen Kleingewerbetreibenden und Freien Berufen).[15]

Über diese Allgemeinheiten wird sich vielleicht schnell Konsens erreichen lassen. Schwieriger ist die Frage, in welcher Form sich die Durchsetzung der Marktklassengesellschaft, die Klassenbildung, vollzog. Um eine an sich viel komplexere Frage[16] zu einer Alternative zu vereinfachen: Waren die Lebenschancen, das Zugehörigkeitsgefühl, das Bewußtsein, das Miteinanderverkehren, Kontakte und Kommunikation, Freundschafts- und Heiratsbeziehungen, das Verhalten, schließlich die Organisation, die Aktionen und die Konflikte der Zeitgenossen eher durch ihre

Zugehörigkeit zu einer von zwei *Besitzklassen* – gemeint ist: Besitz bzw. Nichtbesitz an Produktionsmitteln – oder eher durch ihre Zugehörigkeit zu einer von vielen *Leistungsklassen* – als Anbieter von bestimmten Leistungsqualifikationen im Unterschied zu Anbietern von anderen Leistungsqualifikationen – geprägt und warum? Denn nach der anfangs vorgestellten Klassendefinition können ja sowohl marktrelevanter Besitz wie marktverwertbare Kompetenzen und Leistungen zur Basis von Marktmacht und Klassenbildung werden, und wenn man es sich richtig überlegt, ist jedes erwerbstätige Individuum – von bloßen Besitzern (Rentiers) einmal abgesehen – sowohl Mitglied einer Besitz- wie einer Leistungsklasse.*

Die Frage läßt sich auch so stellen: Aufgrund seiner Marktstellung und seiner daraus resultierenden objektiven Interessen gehört jemand lediglich einer »Klasse an sich« an, und zwar i. d. R. mehreren zugleich. Zu fragen ist, ob und warum diese Zugehörigkeit zu einer »Klasse an sich« im Bewußtsein und Verhalten der Klassenangehörigen manifest wird und ihr Verhalten zueinander wie auch ihr Verhalten gegenüber der sozialen Umwelt bestimmt – ob also aus der »*Klasse an sich*« eine »*Klasse für sich*« wird und warum. Zu fragen ist auch, *welche* Klassenangehörigkeit an sich – denn jeder steht zugleich in mehreren – in diesem Prozeß der Klassenbildung oder Klassenstrukturierung durchschlägt, welche anderen dabei in den Hintergrund treten und warum.[17]

Für das 19. und jedenfalls das frühe 20. Jahrhundert deutet viel darauf hin, daß die Unterscheidung zwischen Produktionsmittelbesitzern, die Lohnarbeiter beschäftigen, und Nicht-Besitzern, die ihre Arbeitskraft auf dem Markt verwerten, dominierte und immer dominanter wurde, obwohl die so voneinander abgegrenzten zwei Großgruppen stark binnendifferenziert waren und u. a. jeweils aus Angehörigen verschiedener Leistungsklassen (etwa Facharbeitern bestimmter Art und Ungelernten) bestanden. Je-

---

* Die Unterscheidung von Besitz- und Leistungsklassen, wie sie hier vorgeschlagen wird, ist nicht identisch mit Max Webers Unterscheidung zwischen Besitz- und Erwerbsklassen (Wirtschaft und Gesellschaft, Köln 1964, Bd. 1, S. 223–26). In der hier gewählten Sprechweise stellen Kapitalbesitzer/Unternehmer die positive, besitzlose Lohnarbeiter die negative Besitzklasse dar. Leistungsklassen sind z. B. gelernte Arbeiter einer bestimmten Berufsgruppe im Unterschied zu solchen einer anderen Berufsgruppe, zu ungelernten Arbeitern oder zu Ingenieuren. Ein und dieselbe Person gehört – um ein Beispiel zu wählen – als Lohnarbeiter einer (negativen) Besitzklasse, als Schlosser einer Leistungsklasse an.

denfalls sieht es so aus, wenn man auf die Ebene der Klassen-*organisation* blickt: Die Geschichte einer sich schrittweise und gegen viele Widerstände von den 1840er Jahren bis in die Weimarer Republik über Berufsgrenzen, Ausbildungsunterschiede, Wirtschaftssektoren, Einkommensdifferenzen hin zusammenschließenden Handarbeiterbewegung ist dafür ein sicheres Indiz; aber auch die begrenzteren Zusammenschlußtendenzen im Arbeitgeberlager bis hin zur Annäherung von gewerblichen, kommerziellen und landwirtschaftlichen Arbeitgebern seit den späten 1870er Jahren weisen in dieselbe Richtung. Offenbar schlug die Besitzklassenlage immer deutlicher (wenn auch nie vollkommen) auf Bewußtsein und Organisationsverhalten durch. Auch die politische Sprache seit dem zweiten Drittel des 19. Jahrhunderts bis hin zur Identifizierung des Klassenbegriffs mit dem Besitzklassenbegriff weisen in dieselbe Richtung.[18]

Sehr viel weniger eindeutig kristallisiert sich dagegen die Bestizklassendichotomie heraus, wenn man auf das sozialgeschichtliche »Unterfutter« des Organisationsverhaltens und der politischen Sprache blickt. Auf der sozialstrukturellen Ebene entspräche ja der eben angedeuteten Zwei-Lager-Bildung eine zunehmende Homogenität innerhalb jeder der beiden Klassen und eine schärfere Abgrenzung zwischen ihnen. Davon kann jedoch nur sehr begrenzt die Rede sein. Zwar dürfte sich der Einkommensunterschied zwischen Lohnempfängern und Unternehmern bis 1900 eher verstärkt und danach kaum verringert haben. Auch dürften die starken, der Handwerkstradition entstammenden Differenzen zwischen den Arbeitern mit dem Vordringen des Fabriksystems allmählich schwächer geworden sein. Auch die anteilige Zunahme des »geborenen Proletariats« dürfte auf eine Verringerung herkunftsbedingter Binnendifferenzierungen hingewirkt haben. Doch die Einkommens- und Vermögensunterschiede innerhalb der Lohnarbeiterschaft dürften – bei allmählich steigendem Gesamtniveau – bis zum Ersten Weltkrieg kaum abgenommen haben. Die Lohn- und Verdienstunterschiede zwischen den Branchen nahmen in diesen Jahrzehnten eher zu, der durchschnittliche Verdienstunterschied zwischen gelernten und ungelernten Arbeitern schrumpfte, wenn überhaupt, nur wenig. Erst seit dem Ersten Weltkrieg fanden hier stärkere Nivellierungsprozesse statt. – Insgesamt dürfte die Autonomie der Arbeiter am Arbeitsplatz mit der fortschreitenden Rationalisierung dieser Jahrzehnte abgenommen haben; die ungelernten Industriearbeiter nahmen nach der Reichsstatistik schneller zu als die gelernten. Aber Unterschiede des Selbstbestimmungsgrads, der Ausbildung, der Sicherheit und der leistungsabhängigen Marktstellung dürften innerhalb der Arbeiterklasse in diesen Jahrzehnten nicht zurückgegangen sein; eine deutliche Nivellierungstendenz ist bis 1914 nicht feststellbar, schon eher im Ersten Weltkrieg und danach (wenn auch dann nicht ohne Gegenbewegungen). Der Unterschied zwischen einem hochqualifizierten, aus der handwerklichen Tradition stammenden, verheirateten Mechaniker bei Siemens in Berlin und einem ungelernten, aus unterbäuerlichen Kreisen stammenden, vielleicht unstet wandernden, unverheirateten Arbeiter einer ländlichen Ziegelei in Bayern war und blieb in fast jeder Beziehung riesig.

Noch ausgeprägter waren die Lebenschancenunterschiede in der Unternehmerschaft; die Binnendifferenzierung im Unternehmerlager dürfte mit dem Aufstieg der Großunternehmen, der Riesenkonzerne und Kartelle noch gewachsen sein. Auch ist unwahrscheinlich, daß die Abgrenzungslinie zwischen den beiden Klassen, soweit sie sich als Mobilitätsbarriere darstellte, in diesen Jahrzehnten undurchlässiger wurde.[19]

Zu fragen ist also, warum es trotz der kaum abnehmenden Heterogenität innerhalb der beiden Besitzklassen zu ihrem tendenziellen Zusammenschluß auf organisatorischer Ebene kam, warum also die Besitzklassendichotomie die politische und ideologische Sozialgeschichte Deutschlands so stark prägte, obwohl sie auf sozialstruktureller Ebene nicht so eindeutig hervortrat. Warum verliefen die entscheidenden Differenzierungs- und Frontlinien nicht zwischen hochqualifizierten Facharbeitern (einschließlich der selbständigen Handwerker desselben Berufs) und ungelernten Arbeitern statt zwischen Lohnarbeitern und Produktionsmittelbesitzern? Warum strukturierte sich diese Gesellschaft so sehr als Besitzklassen- und so wenig als Leistungsklassengesellschaft? Die Antwort auf diese Frage ist weniger selbstverständlich, als man zunächst annehmen mag – besonders dann, wenn man die m. E. nicht zureichende Mehrwerttheorie beiseite läßt, mit der Marx sich die Dominanz dieses Besitzklassenunterschieds vor allem zu erklären versuchte.[20] Die Antwort müßte u. a. in folgenden vier Richtungen gesucht werden:

1. Marktmacht qua Besitz war und ist viel geeigneter als Marktmacht qua Leistung zur Begründung *nicht-marktförmiger Herrschaftsbeziehungen*. Die Leiter der großen, innerlich herrschaftlich, nicht marktförmig strukturierten Unternehmen verfügten über Entscheidungs- und Herrschaftskompetenz gegenüber den von ihnen Beschäftigten rechtlich und faktisch ja nicht aufgrund ihrer (sicher auch gegebenen) Zugehörigkeit zu einer be-

stimmten Leistungsklasse, sondern aufgrund von Besitz. Dieses Faktum mußte bei den die Herrschaft tagtäglich Erfahrenden die Unterscheidung Besitz/Nicht-Besitz an Produktionsmitteln ganz ungemein in den Vordergrund rücken. Mit der Bürokratisierung der Herrschaft in den ganz großen Unternehmen seit dem späten 19. Jahrhundert schwächte sich dieser Zusammenhang etwas ab.[21] Die Arbeitnehmer-Mitbestimmung nach dem Zweiten Weltkrieg dürfte das Junktim von Besitz und Herrschaft weiter lokkern.

2. In der Früh- und Hochindustrialisierung fiel die Unterscheidung zwischen den Besitzklassen weitgehend mit der Unterscheidung zwischen Hand- und Nicht-Handarbeit, zwischen Werkstatt und Büro/Kontor zusammen. Es war also nicht nur eine Unterscheidung zwischen Besitzern und Nicht-Besitzern, sondern – cum grano salis – gleichzeitig die Unterscheidung zwischen zwei sehr verschiedenartigen Arbeitsmilieus mit z. T. entgegengesetzter, obwohl aufeinander bezogener Symbolik und »Kultur«. Für die selbst manuell mitarbeitenden Handwerker und die zunächst ja sehr seltenen, seit dem späten 19. Jahrhundert aber schnell zunehmenden Angestellten trifft dieses Argument nicht zu; entsprechen sperrig erweisen sie sich gegenüber allen Versuchen, sie in einem dichotomischen Klassenschema zu verorten.[22]

3. Es hing mit diesem sehr erfahrbaren, mentalitätsprägenden, stilisierbaren Unterschied der Arbeitsmilieus, aber darüber hinaus auch mit Besitz- und Bildungsbarrieren zusammen, daß die intra- und intergenerationelle *Aufstiegsmobilität* über die Besitzklassenlinie hinweg zwar nicht fehlte, aber doch relativ seltener war als die Aufstiegsmobilität über klasseninterne Differenzierungslinien hinweg. Das galt auch für die Heiratskreise, wenn auch das Heiraten über die Besitzklassenlinie – hinauf und hinunter – etwas häufiger war als der berufliche Auf- und Abstieg.[23] Unter der wahrscheinlichen Voraussetzung, daß die Versperrung von Aufstiegsmöglichkeiten das Gemeinsamkeitsbewußtsein der so abgeschotteten Kollektivität eher stärkt als schwächt, trägt dieser Befund zur Erklärung bei, warum sich die damalige Gesellschaft so sehr als Besitzklassengesellschaft strukturierte.

4. Überall (außer in Ländern wie USA, die sich deshalb in dieser Hinsicht zum Vergleich besonders gut eignen) haben *ständische Ungleichheitsmuster* große, nur langsam abnehmende *Resistenz* bewiesen und mit den sich herausbildenden klassengesellschaftlichen Strukturen lange koexistiert – teils in spannungsreichen, teils in sich wechselseitig verstärkenden Verknüpfungen. Dies galt auch und gerade für das ohne revolutionäre Brüche

modernisierende Deutschland. Im Grunde können wir uns die gesamte hier diskutierte Periode als eine Periode des Übergangs vorstellen, in der sich ständische und klassengesellschaftliche Muster in wechselnden Mischungsverhältnissen verbanden. Erst die nationalsozialistische Diktatur, der Zweite Weltkrieg und der Zusammenbruch schwächten jene ständischen Traditionen nachhaltig und insofern wird die Bundesrepublik sozialgeschichtlich durch einen tiefen Einschnitt von der vorherigen deutschen Entwicklung getrennt.[24]

Die Mechanismen, mit deren Hilfe jene ständischen Muster so lange überlebten, sind vielfältig und kaum analysiert. In der Sprache und in der Literatur, in Sitten und Symbolen, aber auch im Recht und in anderen Institutionen wurden sie tradiert, manchmal auch bewußt-manipulativ verstärkt oder verfestigt, wie in der Mittelstandspolitik des Kaiserreichs. Sicher haben ständische Traditionen die sich herausbildenden klassengesellschaftlichen Strukturen manchmal gehemmt und gebrochen; so hinderten sie Marktmacht daran, fugenlos in soziales Ansehen und kulturelle Dominanz umgesetzt zu werden. Gerade in Deutschland blieben bekanntlich das Prestige-Status-System und das kulturelle Leben bis ins Dritte Reich hinein durch vorkapitalistisch-ständische Elemente zutiefst geprägt. Zugleich aber haben ständische Traditionen die klassengesellschaftlichen Ungleichheitsmuster verschärft. Z. B. konnte der an ständisch-feudale Vorbilder angelehnte großbetriebliche Patriarchalismus dazu beitragen, daß die Klassendifferenz im Unternehmen einen gängelnden, drückenden, die ganze Person umfassenden Charakter annahm, wie er in den gewissermaßen kapitalistischeren amerikanischen Großunternehmen jener Zeit unbekannt war. So wie sich viele Bürger nicht primär als Angehörige einer Klasse, sondern – in Anknüpfung an ältere Selbstauslegungsmuster – als Mitglieder eines Standes oder Quasi-Standes begriffen, so begriffen sie die Arbeiter eben nicht nur als Personen mit anderer Marktstellung und mit anderen Interessen, sondern zugleich als unterständische Standeslose, und verhielten sich sozial entsprechend. Diese ständische Einfärbung des Klassenunterschieds, die durch die vieldiskutierte »Feudalisierung« von Teilen des deutschen Großbürgertums eher noch verstärkt wurde, gab dem Klassenunterschied erst seine allumfassende, multidimensionale, lebensweltliche, sozusagen existenzielle Dimension, ohne die sich die fundamentalistische Tönung des deutschen Klassenkonflikts bis weit ins 20. Jahrhundert hinein nicht verstehen ließe. Eben dieser Konflikt wirkte auf die Ausformung der »Klassen für sich« zurück und erklärt mit, warum sich jene beiden großen Lager so deutlich herausbildeten und nicht etwa eine große Zahl von kleineren Leistungsklassen.[25]

Auch in der bedeutungsvollen Schroffheit, mit der sich »Handlungsgehilfen« und »Privatbeamte«, später die Angestellten, im Unternehmen und außerhalb, von den Handarbeitern absetzten, versteckten sich ständische Reminiszenzen, daneben allerdings auch Prägungen durch bürokratische Modelle, die in England und den USA fehlten. Bis weit ins 20. Jahrhundert hinein ist die »Kragenlinie« (die Unterscheidung white collar – blue collar) in Deutschland schärfer durchgezogen und sozial wie politisch relevanter als in den USA und wohl auch als in England und Frankreich. Weiterwirkende ständische und bürokratische – und das heißt: vor-industriekapitalistische – Prägungen haben in Deutschland an dieser neuralgischen Stelle der sozialen Pyramide zu einem Überschuß an Ungleichheit geführt, der aus der Durchsetzung des industriekapitalistischen Systems selber nicht hinreichend erklärt werden kann. Im Bewußtsein der Zeitgenossen, in der Wirklichkeit der Arbeitsverhältnisse im Unternehmen, in der klassenspezifischen und schichtenspezifischen Symbolik, im Recht, in den Rekrutierungsbasen und Zielen der Interessenverbände, schließlich auch in der staatlichen Politik, wog die »Kragenlinie« schwer – als Folge jener vor-industriekapitalistischen Prägungen. Entsprechend leichter konnten oder mußten sich die Handarbeiter in Deutschland als in einem Boot sitzend vorkommen, ausgegrenzt, über innere Berufs- und Ausbildungsgrenzen hinweg zusammengedrängt. Die Scheidungslinie zwischen Facharbeitern und Angelernten/Ungelernten hat wohl auch in der Geschichte der deutschen Arbeiterbewegung eine spürbare, aber nicht solch eine herausragende Rolle gespielt wie in England und den USA.[26]

Übrigens scheint – aus ähnlichen Gründen und mit ähnlichen Folgen für die Herausbildung einer einigermaßen geschlossenen Arbeiterklasse – auch die Unterscheidung bzw. die Front zwischen lohnabhängigen Facharbeitern und kleinen, aber selbständigen Handwerkern in Deutschland früher und schärfer durchgezogen worden zu sein als in England. Durch den Vergleich der Rekrutierungsbasen, Mitgliedschaften und Zielsetzungen englischer und deutscher früher Arbeitsorganisationen wäre das zu prüfen. Der begriffsgeschichtliche Befund scheint jedenfalls in diese Richtung zu deuten: »artisan« umfaßt noch heute selbständige wie unselbständige Angehörige eines bestimmten Handwerks, während sich »Handwerker« tendenziell schon im 19. Jahrhundert auf Selbständige einengte. Auch die englische Debatte über die »labour aristocracy« läßt sich so deuten. Häufig schließt ja der Begriff »labour aristocracy« neben hochqualifizierten Lohnarbeitern auch kleine Selbständige und niedere Angestellte ein und hebt sie gemeinsam von der großen Masse der Arbeiter ab. In Deutschland gibt es keine an Intensität vergleichbare Debatte über »Arbeiteraristokratie«, vielleicht weil dieses Zusammengehen von hochqualifizierten Lohnarbeitern und kleinen Selbständigen, diese Kooperation über die Besitzklassengrenze hinweg, hier weniger häufig war, während die Differenzierungslinie zwischen Lohnarbeitern einerseits, »altem« und »neuem Mittelstand« andererseits hier dagegen klarer markiert war als in England. Vielleicht ist die deutsche Angestellten-Diskussion (seit Beginn dieses Jahrhunderts) am ehesten als funktionales Äquivalent für die englische Debatte über »labour aristocracy« zu verstehen.[27]

Dies sind nur Andeutungen und einzelne Hinweise zur Illustration der These, daß der Übergang von der »Klasse an sich« zur »Klasse für sich« zutiefst von ständischen Rudimenten geprägt wurde, ohne die nicht zu verstehen wäre, warum gerade die Dichotomie der Besitzklassen so durchschlagend und dominant geworden ist. Hochgradige Kongruenz der Ungleichheitsdimensionen (»Kristallisation«) war ein hervorstechendes Merkmal ständischer Ungleichheitsmuster. Daß auch das neuentstehende klassengesellschaftliche Muster so stark zur »Kristallisation« tendierte, verweist auf sein ständisches Erbe.

III. Nun wäre es natürlich abwegig anzunehmen, das dichotomische Besitzklassenprinzip hätte sich in der deutschen Gesellschaft bis zum Ersten Weltkrieg rein und voll durchgesetzt. Vielmehr gab es eine Reihe konkurrierender Differenzierungen, Identitäten und Spannungsfronten, die unter der hier gewählten Fragestellung gar nicht besprochen werden können: konfessionelle, landsmannschaftliche, ethnische, Unterschiede zwischen Frauen und Männern. Zwei Entwicklungstendenzen, die der Besitzklassenstruktur Konkurrenz machten, müssen jedoch noch erwähnt werden: einmal die Tendenz zur Herausbildung von Leistungsklassen, zum anderen die Beeinflussung der Ungleichheitsmuster durch Bürokratie und Organisation.

Oben wurde ausgeführt, daß im hier gewählten Denkansatz fast alle Angehörigen von Marktklassen eine doppelte Zugehörigkeit haben: die Zugehörigkeit zu einer der beiden Besitzklassen und die Zugehörigkeit zu einer von vielen Leistungsklassen, meist in Form eines Berufs oder einer Berufsgruppe. Bisher wurde in diesem Aufsatz argumentiert, daß vor allem die Besitzklassenzugehörigkeit die reale Situation, das Selbstverständnis, das Fremdverständnis, die sozialen Beziehungen, das Verhalten und die Organisation der Individuen und Familien prägte und deren gleichzeitige Zugehörigkeit zu einer Leistungsklasse in den Hintergrund treten ließ. Dies war in der Tat so im Fall der meisten Handarbeiter und Unternehmer, doch anders stellt sich die Situation dar, wenn man auf eine Reihe qualifizierter Funktionsträger »zwischen« diesen Klassen blickt. Gemeint sind Ärzte, Rechtsanwälte, Journalisten, Techniker, Ingenieure, zunehmend aber auch Angehörige von Spezialberufen ohne akademische Bildung. Gemeint sind also Personen, die a) spezialisiertes Wissen (häufig in wissenschaftlicher Form) nicht als integrierten Teil einer anders definierten, umfassenden Tätigkeit (z. B. als Unternehmer mit technischem Wissen oder als Arbeiter mit Fachausbildung), sondern als Spezialisten für dieses Wissen einbringen; die b) ihr spezialisiertes Sachwissen nicht als Teil relativ marktentzogener Bürokratien sondern auf dafür spezialisierten Märkten anbieten.

Für diese Personen wurde eher ihre Zugehörigkeit zu einer spezifischen Leistungsklasse, die Selbständige und unselbständig Beschäftigte (z. B. freiberufliche Ärzte und angestellte Krankenhausärzte) umfaßte, zur Basis der kollektiven Identität, zur Grundlage von Bewußtsein und Verhalten. Leistungsklassen dieser Art gab es auch in vorindustrieller Zeit (Ärzte, Juristen u. a.). Es lag letztlich an der Aufwertung des spezialisierten, tendenziell wissenschaftlichen Fachwissens, in einer immer stärker arbeitsteilig differenzierten, immer komplexeren Gesellschaft, daß die Basis, auf der sich solche Klassen formten – nämlich: Leistungskompetenz statt Besitz –, immer wichtiger wurde. Die schon im 19. Jahrhundert beobachtbare, im 20. Jahrhundert beschleunigte Vermehrung und Bedeutungszunahme dieser im Prinzip quer zur Besitzklassenstruktur stehenden Leistungsklassen wird – jedenfalls soweit es sich um akademisch qualifizierte Gruppen handelt – zumeist unter dem Stichwort »Professionalisierung« diskutiert.[28]

Doch zeigt sich der allmähliche Aufstieg der Leistungsklassen nicht nur im Zwischenbereich der »professions«, sondern auch, wenn auch sehr viel schwächer, innerhalb der großen Besitzklassen selbst. Vor allem weil jene Faktoren, die oben (S. 144) zur Erklärung der Dominanz des Besitzklassenprinzips aufgeführt wurden, langfristig eher an Prägekraft verloren, schwächte sich auch in der Lohnarbeiterschaft die strukturierende Bedeutung ihrer Besitzklassenzugehörigkeit ein wenig ab und rückte damit die fragmentiertere Leistungsklassenkomponente (die ja nie ganz fehlte) ein wenig mehr in den Vordergrund, die Identität und das Verhalten der Betroffenen prägend. Die berufliche, berufsgruppenmäßige, qualifikationsbedingte Binnengliederung der Lohnarbeiterklasse dürfte seit der Zwischenkriegszeit etwas deutlicher hervorgetreten sein, wenn auch weiterhin überlagert und gedämpft durch die übergreifende Besitzklassenzugehörigkeit und die darauf fußenden gemeinsamen Interessen und Frontstellungen. Allerdings ist dies eine Entwicklung, die wir in der Arbeiterschaft des Kaiserreichs wohl noch gar nicht, in der Weimarer Republik noch kaum beobachten können und die auch bis heute noch nicht allzuweit fortgeschritten ist.[29] Auch im Unternehmer-Arbeitgeberlager ist die Bewegung von der Besitzklasse zur Leistungsklasse noch wenig weit gediehen.

Diese Entwicklungen schränkten zwar die Dominanz des Besitzklassenschemas ein. Eine Erosion klassengesellschaftlicher Ungleichheitsmuster überhaupt bedeuteten sie aber nicht, wenn man Klassen soweit definiert, wie das oben geschah und die gleiche Stellung auf dem Markt – die marktmäßige Verwertung von Ressourcen gleicher Art – als gemeinsamen Nenner der Klassenangehörigkeit versteht.

Trotzdem brachte die allmähliche Überlagerung der dominierenden Besitzklassenstruktur durch eine zunehmend konkurrierende Leistungsklassenstruktur wichtige Veränderungen mit sich. Vor allem verschoben sich die dominierenden Mechanismen des Zugangs zu den Klassen ein wenig: Schulbildung wurde als Zugangsvoraussetzung und Plazierungsinstrument wichtiger. Was bedeutete diese Verschiebung? Wurde der Zugang zu höheren, herausgehobenen, hochgeschätzten Positionen dadurch offener?

Intragenerationell sicher nicht, denn je wichtiger die Schulbildung, desto eindeutiger fiel die Plazierungsentscheidung bereits vor der eigentlichen Berufskarriere und war später nur noch schwer zu revidieren. – *Intergenerationell* zum Teil, und zwar für jenen Teil der Bevölkerung, dessen familiale Ressourcen in der Regel nicht ausgereicht hatten, den Nachkommen materielles Kapital mitzugeben, der aber in der Lage war, durch bestimmte Sozialisations- und Erziehungsleistungen die Nachkommen so zu disponieren und zu motivieren, daß sie in den Schulen, welche den Zugang nach oben eröffneten, mithalten konnten: die unteren angestellen Mittelschichten, die kleineren und mittleren Beamten und Angestellten. Sie scheinen, darauf deuten die derzeit vorhandenen Untersuchungen von Schulsystem, Mobilität und Sozialstruktur hin, die Gewinner dieser Verschiebung von der Besitz- zur Leistungsklasse gewesen sein: Ihre Söhne fanden – z. B. – als angestellte Unternehmer (Manager) um die Jahrhundertwende häufiger den Weg auf die Kommandohöhen der großen Wirtschaftsunternehmen; als der Eigentümer-Unternehmer noch ausschließlicher vorgeherrscht hatte, war diese Herkunftsgruppe unter den Spitzenunternehmern kaum vertreten gewesen. Ähnliches läßt sich langfristig hinsichtlich der politischen Führungspositionen feststellen.[30]

Ganz oben und ganz unten an der sozialen Pyramide änderte sich dagegen weniger. Besitzhintergrund erleichterte es in der Regel, die Voraussetzungen des Zugangs zu den wichtiger werdenden Leistungsklassen zu erringen: Die Schulbildung der Unternehmersöhne nahm im späten 19. Jahrhundert rasch zu. Das errungene »materielle Kapital« wurde zur Erringung des richtigen, d. h. verwertbaren »kulturellen Kapitals« für die nächste Generation eingesetzt, je nötiger dieses für Statuserhalt oder Aufstieg wurde. Der traditionell wichtige Gegensatz zwischen Besitz- und Bildungsbürgertum wurde dadurch schwächer.[31]

Für die breite Masse der handarbeitenden Bevölkerung erwies sich der Zugang zu den gehobenen Leistungsklassen als ebenso schwierig wie der Zugang zur gehobenen Besitzklasse. Denn zum einen zeigte sich, daß das Schulwesen mit seinen inneren Barrieren, Anforderungen und Selektionsmechanismen grosso modo nur für jene einen benutzbaren Mobilitätskanal darstellte, die durch Sozialisation und Erfahrungen vor der Schule, und d. h. vor allem von der Familie, richtig vorbereitet waren. Es folgt aus der skizzierten »Kristallisation« der Ungleichheitsdimensionen, daß die Familien der negativen Besitzklasse lange auch das erforderliche »kulturelle Kapital« nicht aufbringen konnten, das nötig gewesen wäre, um ihren Nachkommen den Aufstiegsweg durch Bildung statt durch Besitz zu erschließen. Hier setzte die Schule also nur bestehende Ungleichheiten fort, verhärtete und perpetuierte sie. Im 19. und frühen 20. Jahrhundert scheinen Ausbau und Aufwertung des Schulsystems die Aufstiegschancen von Arbeiterkindern nicht oder kaum erhöht zu haben; erst nach 1945 setzten hier Wandlungen ein, wenn auch in allerletzter Zeit die Skepsis darüber wieder zugenommen hat, was denn wirklich die Schule vermag, wenn die vorausgehenden Familieneinflüsse keine entsprechende Voraussetzung geschaffen haben.[32]

Wie sich aus dieser kurzen Diskussion der Rolle des Schulsystems zeigt, brachte der allmähliche Aufstieg von Leistungsklassen nicht notwendig eine Entflechtung der verschiedenen Ungleichheitsdimensionen: er führte auch keineswegs notwendig zu größerer Gleichheit.[33] Der Aufstieg der Leistungsklassen bedeutete jedoch, daß die Basis, auf der Personen gleiche marktbedingte

Chancen und Interessen teilten, sich als zusammengehörig verstanden und gemeinsam handelten, spezialisierter und spezifischer, die resultierende Gesamtstruktur im Endeffekt fragmentarisierter wurde. Denn während es nur zwei umgreifende Besitzklassen gibt, ist die Zahl der Leistungsklassen groß.

Es ist jedoch eine empirische Frage, bis zu welchem Grad und vor allem in welchen Abgrenzungen und Zusammenfassungen Leistungsklassenzugehörigkeit »an sich« zur Leistungsklassenzugehörigkeit »für sich« wird, d. h. das Bewußtsein, Verhalten, die Verkehrskreise, die Interessenformulierung und die Organisation der Betreffenden prägt. In Deutschland spielten auch in diesem Prozeß der Leistungsklassen-Konstitution ständische Einflüsse und Modelle eine große Rolle, wie im Fall der Besitzklassenbildung auch. Zum Beispiel:

Während sich in den USA Ingenieure als »Civil Engineers«, »Mining Engineers« und »Mechanical Engineers« separat identifizierten und organisierten, verstanden und organisierten sich ihre deutschen Kollegen umfassend im »Verein Deutscher Ingenieure« als »Stand« aufgrund gleicher (tendenziell wissenschaftlicher, aber nicht allzu spezialisierter) Bildung, ähnlicher Gesinnung und gleicher Stellung, nicht aber – wie in den USA – auf der Basis einer ganz spezifischen, spezialisierteren Leistungskompetenz. Ganz ähnlich der untere Angestelltenbereich: Kontorangestellte, Einzelhandelsverkäufer und Industriebuchhalter organisierten sich in den USA, wenn überhaupt, dann aufgrund ihrer *speziellen* Leistungskompetenz und Funktion, z. B. als »Retail Clerks«. In Deutschland wurden diese und ähnliche Arbeitnehmerkategorien zunächst als »Handlungsgehilfen-Stand«, später als »Kaufmännische Angestellte« von den einschlägigen Verbänden, vom Handels- und Arbeitsrecht, von Umgangssprache, Statistik und Wissenschaft zusammengefaßt. Also: Nicht als Teil der großen (negativen) Besitzklasse der Arbeitnehmer verstand man sie und verstanden sie sich und handelten sie; aber auch nicht als Angehörige einer ganz spezifischen Leistungsklasse, sondern als Mitglied einer aus mehreren Leistungsklassen bestehenden sozialen Einheit, nach ständischen Vorbildern zusammengefaßt. Noch deutlicher zeigt sich dieser Mechanismus bei der »Privatbeamtenschaft« (so der Name bis etwa 1900/1910), der Angestelltenschaft überhaupt. Nicht als Teil einer übergreifenden (negativen) Besitzklasse konstituierten sich also die als Angestellte rechnenden Berufsgruppen, wie es manche sozialistischen Theoretiker hofften und manche konservativen fürchteten. Aber sie traten auch nicht als Angehörige spezifischer Leistungsklassen auf, also nicht als

Lohnbuchhalter und Steiger und Sekretärinnen etc., sondern eben als Angestellte, d. h. als sozial handlungsfähiges Konglomerat verschiedenster Leistungsklassen, als Quasi-Stand, der sich am Modell des hochgeschätzten öffentlichen Beamtentums zu orientieren versuchte.[34]

Soweit Klassenbildung, also die Herausbildung von entsprechend abgegrenzten, sozialen Bewußtseins- und Handlungseinheiten auf Leistungsklassenbasis in Konkurrenz zur dominanten Besitzklassendichotomie, stattfand, wurde sie offenbar in Deutschland ebenfalls zutiefst von ständischen Rudimenten geprägt. Diese förderten die Entstehung umfassender, eben berufs*ständischer* statt berufs*spezifischer* Einheiten mit entsprechend traditionell eingefärbten Ansprüchen und wirkten damit der sozialen Spezifizierung entgegen. Am »Ingenieurstand«, an halbprofessionellen kaufmännischen Berufsgruppen und an den Angestellten überhaupt läßt sich das zeigen – wahrscheinlich auch am Phänomen des Bildungsbürgertums –, aber nur, wenn man international vergleicht.

IV. Zum Schluß sei auf eine Entwicklung eingegangen, die nicht nur, wie die Leistungsklassen, das Besitzklassenmuster konterkarierte, sondern das klassengesellschaftliche Grundmuster überhaupt.

Im 18. und frühen 19. Jahrhundert trugen die Auswirkungen *staatlicher Politik* vor allem zur Aushöhlung ständischer und Vorbereitung klassengesellschaftlicher Grundmuster bei; so wurde oben argumentiert. Doch in einer fundamentalen Hinsicht widersprach die schiere Existenz eines starken, nie revolutionär gebrochenen, bürokratischen Obrigkeitsstaats dem anfangs vorgestellten klassengesellschaftlichen Grundmuster, auch und gerade in der frühen Zeit. Gerade die vor-demokratische, vor- oder halbparlamentarische Struktur des deutschen politischen Systems begünstigte eine relative Autonomie der Bürokratie, die weder in den 1780er, noch in den 1840er Jahren und erst recht nicht im Ersten Weltkrieg als bloßes Herrschaftsinstrument der sozialökonomisch dominanten Klassen verstanden werden kann. Natürlich agierte sie unter restriktiven Bedingungen, zu denen Einfluß und Vetomacht der mächtigsten Marktklassen an erster Stelle gehörten; wahrscheinlich nahm auch die Affinität der Bürokratie zu den einflußreichen Marktklassen bis 1914 zu. Doch dessenungeachtet stellte gerade im deutschen System mit seiner ungebrochenen, in den Absolutismus zurückreichenden bürokratischen Tradition das höhere Beamtentum nach Herkunft, Ausbildung,

Selektionsmechanismen, Lebens- und Herrschaftschancen, Selbstbewußtsein und Ansehen ein Phänomen sui generis dar, das man weder als Stand noch als Marktklasse richtig versteht. In der Sprache dieses Referats bedeutet die relative Autonomie des bürokratischen Staats das vielleicht deutlichste Hindernis, das einer wirklich konsequenten klassengesellschaftlichen Kristallisation der Ungleichheitsdimensionen entgegenstand: Marktmacht und politische Macht gingen eben in Deutschland immer nur zum Teil Hand in Hand. In bezug auf das Militär könnte man ähnlich argumentieren, vielleicht auch mit Bezug auf den Adel.[35]

Doch die Wirkungen staatlicher Politik konterkarierten das sich im übrigen eher deutlicher durchzeichnende klassengesellschaftliche Muster noch in spezifischerer Weise, vor allem seit den 1870er/80er Jahren. Die langsam anlaufende Sozialpolitik bedeutete nicht nur Stabilisierung marktgenerierter Machtverhältnisse, das auch; sie bedeutete zugleich, wenn auch innerhalb enger, aber immer weiter hinausschiebbarer Grenzen einen Mechanismus zur Veränderung *einiger Dimensionen* des vorherrschenden Ungleichheitsmusters und damit einen Beitrag zur partiellen Reduzierung von Kristallisation. Eine gewisse Umverteilung von Versorgungschancen trat ein, die nicht über Märkte geregelt wurde.[36] Nicht zunehmende Gleichheit bedeutete das, aber einen weder ständisch, noch klassengesellschaftlich zu nennenden Mechanismus der Beeinflussung von Ungleichheit. Auch in anderen Hinsichten griff der Staat ins vorherrschende Muster sozialer Ungleichheit ein: Sozial- und arbeitsrechtliche Privilegierung verwischte oder verstärkte soziale Differenzierungslinien, wie man an der Wirkung des Angestellten-Versicherungsgesetzes von 1911 auf die Unterscheidung zwischen Arbeitern und Angestellten zeigen könnte. Auch das öffentliche Ausbildungswesen funktionierte z. T. als Transmissionsriemen zur Übermittlung staatlich-politischer Einwirkungen auf die Muster sozialer Ungleichheit, insbesondere in den mittleren und höheren Lagen. Am bürokratisch eingefärbten Berechtigungswesen ließe sich das demonstrieren.[37]

Letztlich verweist dies alles auf ein allgemeineres Phänomen. Denn nicht nur in den Wirkungen staatlicher Politik sondern auch innerhalb der großen, zunehmend bürokratisierten Unternehmen und ihrer Zusammenschlüsse seit dem späten 19. Jahrhundert, in den großen Interessenverbänden und in öffentlichen bzw. halböffentlichen Dienstleistungsorganisationen wurden zunehmend soziale Ressourcen ungleich verteilt und der Zugang zu ihnen geregelt, ohne daß dies nach traditionell-ständischen oder nach marktmäßig-klassengesellschaftlichen Kriterien geschah. Neben Stand und Markt trat wieder stärker *bürokratische Organisation*.[38] Formalisierte Qualifikationen; nach generellen Regeln erwerbbare Berechtigungen; die Aufwertung des Senioritätsprinzips; beschränkte Haftung; Gehalt statt Lohn oder Profit; Befehls-Gehorsams-Verhältnisse statt do-ut-des; Ausschließungsmechanismen gegen allzu direkte Einflüsse des Marktes – all das trat im zunehmend organisierten Industriekapitalismus seit dem späten 19. Jahrhundert deutlicher hervor. Die immer deutlicher strukturierende Kraft staatlicher Politik war nur ein Teil davon. All das ersetzte den Marktmechanismus nicht, sondern verflocht sich mit ihm, relativierte oder verstärkte ihn.[39] Im Aufstieg der professionellen Leistungsklassen könnte man das spannungsreiche Zusammenspiel von Markt und Organisation – die Verschränkung gegen den Markt gerichteter Exklusionsmechanismen mit freiberuflicher Unternehmerähnlichkeit – gut studieren.

In Deutschland, so scheint es, setzten sich solche Tendenzen zur bewußten, kollektiven Organisation besonders früh und gründlich durch, denn hier konnten sie, in gewissem Unterschied zu England und USA, auf lang eingeschliffenen bürokratischen Traditionen fußen. Nicht zufällig stammt die klassische Bürokratieanalyse von einem Deutschen.[40]

Anmerkungen

1 Diese übliche Unterscheidung z. B. bei F. *Parkin,* Class Inequality and Political Order. Social Stratification in Capitalist and Communist Societies, London 1971, S. 13 f.; K. H. *Hörning,* Struktur u. Norm: Das »Soziale« an Ungleichheit. Strukturen und Prozesse sozialer Schichtung, Darmstadt 1976, S. 12. Als erste Einführung: K. M. *Bolte* u. a., Soziale Ungleichheit, Opladen 1975[4]. – Aspekte dessen, was hier als »soziale Ungleichheit« behandelt wird, habe ich unter der Bezeichnung »soziale Schichtung« diskutiert in: Theorien in der Sozial- u. Gesellschaftsgeschichte. Vorschläge zur historischen Schichtungsanalyse, in: Geschichte u. Gesellschaft (= GG) 1. 1975, S. 32–42.

2 Zum Begriff *Bolte,* S. 14; ausführlicher und mit Literaturhinweisen: W. S. *Landecker,* Class Crystallisation and Class Concsiousness, in: J. *Lopreato* u. L. S. *Lewis* (Hg.), Social Stratification: A Reader, New York 1974, S. 224–32.

3 Zur Begriffsgeschichte vgl. H. *Stuke,* Bedeutung u. Problematik des Klassenbegriffs. Begriffs- und sozialgeschichtliche Überlegungen im Umkreis einer historischen Klassentheorie, in: U. *Engelhardt* u. a.

(Hg.), Festschrift (= Fs.) W. Conze, Stuttgart 1976, S. 46–82; W. *Conze,* Art. »Mittelstand«, in: O. *Brunner* u. a. (Hg.), Geschichtliche Grundbegriffe, Bd. 4, Stuttgart 1978, S. 49–92. – Zum Folgenden oben S. 9–32 die Einleitung von Wehler; dann vor allem: M. *Weber,* Wirtschaft u. Gesellschaft, I, Köln 1964, S. 223–27; II, S. 678–89; zum Marx'schen Klassenbegriff die Belege und Literatur bei J. *Kocka,* Klassengesellschaft im Krieg. Deutsche Sozialgeschichte 1914–1918, Göttingen 1978², S. 148 f. (Anm. 3). Sehr hilfreich sind: A. *Giddens,* The Class Structure of the Advanced Societies, New York 1973; K. U. *Mayer,* Statushierarchie u. Heiratsmarkt, in: J. *Handl* u. a., Klassenlagen u. Sozialstruktur. Emprische Untersuchungen für die Bundesrepublik Deutschland, Frankfurt 1977, S. 155–232, hier 159–62; P. *Bourdieu,* Klassenstellung u. Klassenlage, in: ders., Zur Soziologie der symbolischen Formen, Frankfurt 1974², S. 57–74; T. H. *Marshall,* Class, Citizenship, and Social Development. Essays, Garden City, N. Y. 1964, S. 84 f.; H. *Reif,* Westfälischer Adel 1770–1860. Vom Herrschaftsstand zur regionalen Elite, Göttingen 1979, Einleitung.

4 Dies ganz in Anlehnung an Max Weber und an den begrifflichen Vorschlag von Wehler in der Einleitung zu diesem Band – im Unterschied zu einem Klassenbegriff, wie ich ihn, in stärkerer Anlehnung an Marx, benutzt habe, in: Klassengesellschaft im Krieg; und: Theorien in der Sozial- und Gesellschaftsgeschichte, S. 41. – Dies ist eine, jederzeit wieder anders zu entscheidende Zweckmäßigkeitsfrage, keine inhaltliche und erst recht keine Glaubensfrage. Es wäre durchaus möglich, die folgenden Überlegungen unter Gebrauch eines engeren, durch Produktionsmittelbesitz definierten Klassenbegriffs zu entwickeln, dann allerdings nicht von »Leistungsklassen« zu sprechen, sondern dafür eine andere Bezeichnung zu wählen. Für den Gebrauch des an Weber angelehnten Begriffs hier spricht seine größere Breite, die es erlaubt, durch Besitz bzw. Verfügung an Produktionsmitteln definierte Klassen als eine Spielart von »Klasse« – neben anderen Spielarten – einzubegreifen. Gegen ihn spricht seine m. E. größere Entfernung von der akademischen Umgangssprache in Deutschland und die damit gegebene Gefahr von Mißverständnissen.

5 Dazu die grundsätzlichen Überlegungen bei S. N. *Eisenstadt,* Prestige, Participation and Strata Formation, in: J. A. *Jackson* (Hg.), Social Stratification, Cambridge 1968, S. 62–103; T. *Parsons,* Equality and Inequality in Modern Society, or Social Stratification Re-Visited, in: E. O. *Laumann* (Hg.), Social Stratification: Research and Theory for the 1970s, Indianapolis 1970, S. 13–72, hier S. 19 ff. Die ungleiche Verteilung von Lebenschancen, auch soweit sie Resultat von Marktprozessen und insofern »erworben« ist, wird auch im klassengesellschaftlichen Fall durch nicht-marktmäßige, eher askriptive Mechanismen, etwa durch Vererbung oder durch innerfamiliale Sozialisation, von Generation zu Generation weitergereicht und erst dadurch zur strukturierten, mehr oder weniger verfestigten sozialen Ungleichheit. Man könnte deshalb fragen, wie Klassen durch familiale Leistungen entstehen, erhalten werden oder zerfallen. Dazu siehe demnächst aus-

führlicher K. *Ditt,* J. *Kocka,* J. *Mooser* und H. *Reif,* Familie u. soziale Plazierung. Studien zur Sozialgeschichte der Familie in Westfalen im 19. Jahrhundert, Opladen 1979 (Forschungsbericht-Reihe des Wissenschaftsministeriums NRW).

6 Man denke an den Typus des frühneuzeitlichen Feudalherren, der Reichtum, ökonomische Macht, soziale Geltung, geistlichen Einfluß und politische Herrschaftsbefugnisse in seiner Person verbinden mochte, und vergleiche ihn mit dem kapitalistischen Industrieunternehmer des späten 19. Jahrhunderts. Dieser konnte seinen Reichtum und seine ökonomische Macht in soziale Vorteile, politischen Einfluß und kulturelle Güter umsetzen ohne diese doch qua Unternehmer schon zu besitzen. Etwas anders gewendet, ist dieses Phänomen der Ausdifferenzierung von Wirtschaft, Sozialstruktur und Politik im Übergang von der ständischen Welt zur bürgerlichen Gesellschaft oft behandelt worden. Vgl. S. *Landshut,* Historische Analyse des Begriffs des »Ökonomischen«, in: H.-U. *Wehler* Hg., Geschichte u. Ökonomie, Köln 1973, S. 40–53; O. *Brunner,* Das Problem einer europäischen Sozialgeschichte, in: ders., Neue Wege der Verfassungs- u. Sozialgeschichte, Göttingen 1968², S. 80–102; W. *Conze,* Das Spannungsfeld von Staat u. Gesellschaft im Vormärz, in: ders. Hg., Staat u. Gesellschaft im deutschen Vormärz 1815–1848, Stuttgart 1962, S. 207–18.

7 Zum Idealtypus: M. *Weber,* Gesammelte Aufsätze zur Wissenschaftslehre, Tübingen 1968³, S. 191; J. *Kocka,* Sozialgeschichte, Göttingen 1977, S. 86 ff.

8 Vgl. zu diesem Abschnitt: O. *Hintze,* Staat u. Verfassung, Göttingen 1962², bes. S. 34–83; R. *Vierhaus,* Deutschland im Zeitalter des Absolutismus, Göttingen 1978; G. *Oestreich,* Strukturprobleme des europäischen Absolutismus, in: VSWG 55. 1968, S. 329–47; K. O. v. *Aretin,* Einleitung, in: ders. Hg., Der aufgeklärte Absolutismus, Köln 1974, S. 11–51; R. *Koselleck,* Preußen zwischen Reform u. Revolution. Allgemeines Landrecht, Verwaltung u. soziale Bewegung von 1791–1848 Stuttgart 1975². – Für den Vormärz und die Revolution von 1848/49 denke man in Preußen an die zunehmenden Widerstände, die seitens der Bürokratie einem unkontrollierten Durchbruch der kapitalistischen Industrialisierung oder dem sozio-politischen Aufstieg der Bourgeoisie entgegengesetzt wurden. Vgl. R. *Tilly,* Financial Institutions and Industrialization in the Rhineland 1815–1870, Madison 1960; *Koselleck,* Preußen; sowie die frühe Kurzfassung: ders., Staat u. Gesellschaft in Preußen 1815–1848, in: Conze Hg., Staat und Gesellschaft im deutschen Vormärz, S. 79–112. Für das späte 19. Jahrhundert siehe die Überlegungen unten S. 150 ff.

9 Zur Beschleunigung des Bevölkerungswachstums und zum Anwachsen der unterbäuerlichen Schichten seit der ersten Hälfte des 18. Jahrhunderts: K. *Blaschke,* Bevölkerungsgeschichte von Sachsen bis zur Industriellen Revolution, Weimar 1967; E. W. *Buchholz,* Ländliche Bevölkerung an der Schwelle der Industrialisierung, Stuttgart 1966; R. W. *Lee,* Zur Bevölkerungsgeschichte Bayerns 1750–1850, in: VSWG 62. 1975, S. 309–38; H. *Harnisch,* Bevölkerung u. Wirtschaft,

in: Jahrbuch für Wirtschaftsgeschichte 1975/II, S. 57–87. Zur Wechselwirkung zwischen Bevölkerungswachstum und wirtschaftlichem Ausbau durch protoindustrielle Hausindustrie vor allem H. *Medick,* Bevölkerungsentwicklung, Familienstruktur u. Protoindustrialisierung, in: Sozialwissenschaftliche Informationen 3. 1974, S. 33–38; P. *Kriedte* u. a., Industrialisierung vor der Industrialisierung. Gewerbliche Warenproduktion auf dem Land in der Formationsperiode des Kapitalismus, Göttingen 1978. Ein guter Überblick über die Zeit seit dem späten 18. Jahrhundert: W. *Köllmann,* Bevölkerungsgeschichte 1800–1970, in: H. *Aubin* (†) u. W. *Zorn* (Hg.), Handbuch der deutschen Wirtschafts- und Sozialgeschichte, Stuttgart 1976, Bd. 2, S. 9–50. Zu den Wanderungen jetzt vor allem D. *Langewiesche,* Wanderungsbewegungen in Deutschland, in: W. *Conze* u. U. *Engelhardt* Hg., Arbeiter im Industrialisierungsprozeß, Stuttgart 1979.

10 Vgl. K. *Marx,* Das Kapital, Bd. 1 (= MEW, Bd. 23), Berlin 1962; J. *Schumpeter,* Sozialismus u. Demokratie, München 1950[2] (1972[3]), S. 122 f., 198 ff.; ders., Art. »Unternehmer«, in: Handwörterbuch der Staatswissenschaften, Bd. 8, Jena 1928[4], S. 476–87; D. S. *Landes* (Hg.), The Rise of Capitalism, New York 1966, S. 1 ff.

11 J. *Kocka,* Unternehmer in der deutschen Industrialisierung, Göttingen 1975, S. 19–41; M. P. *Liebel,* The Bourgeoisie in South Western Germany 1500–1789 – A Rising Class?, in: IRSH 10. 1965, S. 282–307; J. *Mittenzwei,* Zur Klassenentwicklung des Handels- u. Manufakturbürgertums in den deutschen Territorialstaaten, in: ZfG 23. 1975, S. 179–90; H. *Rosenberg,* Bureaucracy, Aristocracy, Autocracy. The Prussian Experience, 1660–1815, Cambridge/Mass. 1968[3]; ders., Die Pseudodemokratisierung der Rittergutsbesitzerklasse, zuletzt in: ders., Machteliten u. Wirtschaftskonjunkturen, Göttingen 1978, S. 83–101; H. *Harnisch,* Die Herrschaft Boitzenburg (14. bis 19. Jahrhundert), Weimar 1968.

12 Entsprechend spricht Marx vom Kapitalismus erst dort, wo formal freie, Mehrwert produzierende Lohnarbeit in größerem Umfang gegeben ist. Das ist ein etwas engerer als der hier verwendete Kapitalismusbegriff. Vgl. zu Marx' Begriff des Kapitalismus vor allem Giddens, S. 32–36, 82 ff.

13 Vgl. z. B. *Kriedte* u. a., Industrialisierung; H. *Krüger,* Zur Geschichte der Manufakturen u. der Manufakturarbeiter in Preußen, Berlin 1958; K. *Schwarz,* Die Lage der Handwerksgesellen in Bremen während des 18. Jahrhunderts, Bremen 1975; J. *Ziekursch,* 100 Jahre schlesischer Agrargeschichte, 1763–1848, Breslau 1927.

14 Als beste wirtschaftsgeschichtliche Übersicht: K. *Borchardt,* Wirtschaftliches Wachstum u. Wechsellagen 1800–1914, in: *Aubin/Zorn* Hg., Handbuch, S. 198–275. Die deutsche Sozialgeschichte des Zeitraums wurde unter dieser Fragestellung noch nicht geschrieben. Ohne diese – oder eine andere – leitende Fragestellung, aber materialreich: W. *Conze,* Sozialgeschichte 1800–1850, sowie: Sozialgeschichte 1850–1918, in: ebd., S. 426–94, 602–84; s. auch: E. *Sagarra,* A Social History of Germany 1648–1914, London 1977; F.-W. *Henning,* Der

Beginn der modernen Welt im agrarischen Bereich, in: R. *Koselleck* Hg., Studien zum Beginn der modernen Welt, Stuttgart 1977, S. 97–114.

15 Aber selbst in der bäuerlichen, heimgewerblich durchsetzten Gesellschaft Minden-Ravensbergs lassen sich Tendenzen zur Marktklassenbildung schon im Vormärz nachweisen. Vgl. J. *Mooser,* Bäuerliche Gesellschaft im Zeitalter der Revolution 1789–1848. Zur Sozialgeschichte des politischen Verhaltens ländlicher Unterschichten im östlichen Westfalen, Diss. Bielefeld 1978.

16 Die Frage ist in Wahrheit deshalb noch komplexer, weil man sich neben Besitz und Kompetenz auch noch andere Ressourcen denken kann, die auf Märkten verwertet und damit zur Basis von Marktmacht und zur Grundlage weiterer Typen von Klassen werden können: etwa kulturelle (symbolische) Güter oder soziale Beziehungen selber.

17 Was hier in Anlehnung an die Marx'sche Sprache Transformation der »Klasse an sich« in die »Klasse für sich« genannt wird, heißt bei Weber: Übergang von der »Marktklasse« zur »sozialen Klasse«. Die Frage nach Bedingungen, Formen und Folgen dieses Übergangs ist auch das zentrale Thema von Giddens, der dafür den Begriff »structuration of classes« gebraucht. Ein kritisches Referat seines Ansatzes bei K. U. *Mayer,* Ungleiche Chancen u. Klassenbildung, in: Soziale Welt 28. 1977, S. 468 f.

18 Vgl. W. *Köllmann,* Politische und soziale Entwicklung der deutschen Arbeiterschaft 1850–1914, in: G. A. *Ritter* Hg., Deutsche Parteien vor 1918, Köln 1973, S. 316–30; H. *Mommsen* Hg., Sozialdemokratie zwischen Klassenbewegung u. Volkspartei, Frankfurt 1974. Zum Gebrauch des Klassenbegriffs der Aufsatz von Stuke oben Anm. 3.

19 Eine systematische Untersuchung der beiden Klassen unter der Fragestellung, ob ihre Binnendifferenzierungen allmählich schärfer hervortraten, ungefähr konstant blieben oder etwas verblaßten, fehlt. Vgl. die Bemerkungen bei *Kocka,* Weltkrieg, S. 8–9, mit den zugehörigen Belegen S. 152–53. Zur Binnendifferenzierung im Unternehmerlager vgl. H. *Nußbaum,* Unternehmer gegen Monopole. Über Struktur und Aktionen antimonopolistischer bürgerlicher Gruppen zu Beginn des 20. Jahrhunderts, Berlin 1966. Den Forschungsstand über die Aufstiegsmobilität der Arbeiter referiert H. *Kaelble,* Historische Mobilitätsforschung. Westeuropa u. die USA im 19. u. 20. Jahrhundert, Darmstadt 1978, S. 46–72.

20 Vgl. H. C. *Schröder,* Aspekte historischer Rückständigkeit im ursprünglichen Marxismus, in: K. *Kluxen* u. W. J. *Mommsen* Hg., Politische Ideologien und Nationalstaatliche Ordnung. Fs. f. Theodor Schieder, München 1968, S. 199–218, hier S. 202 f.; *Giddens,* S. 94 ff.; W. *Becker,* Die Achillesferse des Marxismus: der Widerspruch von Kapital und Arbeit, Hamburg 1974.

21 Vgl. R. *Bendix,* Herrschaft u. Industriearbeit. Untersuchungen über Liberalismus und Autokratie in der Geschichte der Industrialisierung, Frankfurt 1956; *Kocka,* Unternehmer, S. 110–23. – Es ist

beim Blick auf das Innere des Unternehmens sehr deutlich, daß Herrschaftsbeziehungen ein zentrales Moment des Bereiches bzw. der Dimension »Wirtschaft« sind. Deshalb erscheint es mir problematisch, »Wirtschaft, Herrschaft und Kultur als die wichtigsten Dimensionen der Sozialstruktur« zu bezeichnen und gewissermaßen logisch gleichgeordnet nebeneinander zu stellen (so Wehler oben S. 9 ff.).

22 Vgl. als Fallstudie J. *Kocka,* Unternehmensverwaltung u. Angestelltenschaft am Beispiel Siemens 1847–1914. Zum Verhältnis von Kapitalismus u. Bürokratie in der deutschen Industrialisierung, Stuttgart 1969. Zur großen Bedeutung von Symbolen zur Selbst- und Fremdidentifikation von Klassen: *Bourdieu* (wie oben Anm. 1). Die Unterscheidung zwischen Werkstatt und Kontor erfuhr eine zusätzliche Aufladung dadurch, daß sie im großen und ganzen mit der in den vorindustriellen Jahrhunderten so wichtigen Unterscheidungslinie zwischen Analphabeten und Lese- bzw. Schreibkundigen zusammenfiel (vgl. R. *Bendix,* Tradition and Modernity Reconsidered, in: ders., Embattled Reason, New York 1970, S. 309 ff.). Auch dies war bald nicht mehr der Fall, als die Schulbildung der breiten Bevölkerung im 19. Jahrhundert rasch zunahm. Dazu im Überblick: P. *Lundgreen,* Alphabetisierung u. Schulbildung im internationalen Industrialisierungsprozeß, in: Sozialwissenschaftliche Informationen 3. 1974, S. 17–21.

23 Vgl. die von D. Crew über Bochumer Arbeiter des späten 19. Jahrhunderts errechneten Mobilitätsraten, zusammengestellt bei Kaelble, Mobilitätsforschung, S. 61 f., dort vor allem die Spalte »ungelernte Fabrikarbeiter«; sowie die vergleichenden Daten zur intergenerationellen Berufsmobilität und zum Heiratsverhalten im Bericht von *Ditt* u. a. (oben Anm. 5).

24 Vgl. in bezug auf das selbständige Kleinbürgertum und die Angestellten die Beiträge von H. A. *Winkler* und J. *Kocka* in: M. R. *Lepsius* Hg., Sozialgeschichtliche Grundlagen der Bundesrepublik Deutschland, Stuttgart vorauss. 1980. – Generell: J. *Kocka,* 1945–1949. Restauration oder Neubeginn?, in: C. *Stern* u. H. A. *Winkler* Hg., Wendepunkte deutscher Geschichte, Frankfurt 1979.

25 Zu vorindustriellen und vorbürgerlichen Traditionen in der deutschen Kultur: M. *Weber,* Der Nationalstaat u. die Volkswirtschaftspolitik (1895), in: ders., Gesammelte politische Schriften, Tübingen 1958², S. 1–25; F. *Stern,* The Failure of Illiberalism. Essays on the Political Culture of Modern Germany, New York 1972; F. *Ringer,* The Decline of the German Mandarins. The Academic Community, 1890–1933, Cambridge, Mass. 1969. – Zum Patriarchalismus: J. *Kocka,* Management u. Angestellte im Unternehmen der Industriellen Revolution, in: R. *Braun* u. a. Hg., Gesellschaft in der industriellen Revolution, Köln 1973, S. 172 ff. – Vgl. L. *Beutin,* Das Bürgertum als Gesellschaftsstand im 19. Jahrhundert, in: ders., Gesammelte Schriften zur Wirtschafts- u. Sozialgeschichte, Köln 1963, S. 284–319. Zum Gesamtproblem: R. *Dahrendorf,* Gesellschaft u. Demokratie in Deutschland, München 1965.

26 J. *Kocka,* Angestellte zwischen Faschismus u. Demokratie. Zur

politischen Sozialgeschichte der Angestellten: USA 1890–1940 im internationalen Vergleich, Göttingen 1977.

27 Siehe dazu E. J. *Hobsbawm*, The Aristocracy of Labour Reconsidered, in: M. *Flinn* Hg., Proceedings of the Seventh International Economic History Congress, Edinburgh 1978, Bd. 2, S. 457–66; sowie seinen Beitrag in diesem Band. Weiterhin: G. *Crossick*, An Artisan Elite in Victorian Society, London 1978. – Zur deutschen Angestelltendebatte: S. *Braun*, Zur Soziologie der Angestellten, Frankfurt 1964; zum Beginn: J. *Kocka*, Industrielle Angestelltenschaft in frühindustrieller Zeit, in: O. *Büsch* (Hg.), Untersuchungen zur Geschichte der frühen Industrialisierung vornehmlich im Wirtschaftsraum Berlin/Brandenburg, Berlin 1971, S. 315 ff.

28 Vgl. *Kocka*, Angestellte zwischen Faschismus u. Demokratie, S. 359, Anm. 14 a (mit Literatur); M. S. *Larson*, The Rise of Professionalism. A Sociological Analysis, Berkeley 1975; D. *Rüschemeier*, Professionalisierung. Theoretische Probleme für die vergleichende Geschichtsforschung, in GG 6. 1980, H. 3.

29 Vgl. R. M. Lepsius in diesem Band und seine auch sonst geäußerte These, daß sich die traditionelle »Versäulung« der deutschen Gesellschaft durch zunehmende Differenzierung seit 1933/45 aufgelockert habe. Vgl. *Lepsius*, Sozialstruktur u. soziale Schichtung in der Bundesrepublik Deutschland, in: R. *Löwenthal* u. H.-P. *Schwarz* Hg., Die zweite Republik, Stuttgart 1974, S. 282 ff.

30 Vgl. *Kaelble*, Mobilitätsforschung, S. 81 f. mit Hinweisen auf die Studien von Kraul, Ringer u. Jarausch.

31 Vgl. *Kocka*, Unternehmer, S. 59 ff., 105 ff., 115 ff.; als ausgezeichnete Unternehmerstudie: F. *Zunkel*, Der rheinisch-westfälische Unternehmer, 1834–1879, Köln 1962.

32 Vgl. P. *Lundgreen*, Die Eingliederung der Unterschichten in die bürgerliche Gesellschaft durch das Bildungswesen im 19. Jahrhundert, in: Internationales Archiv für Sozialgeschichte der deutschen Literatur 3. 1978, S. 87–107; *Kaelble*, Mobilitätsforschung, Kap. III u. IV; P. *Bourdieu*, Kulturelle Reproduktion u. soziale Reproduktion, in: ders. u. J. C. *Passeron*, Grundlagen einer Theorie der symbolischen Gewalt, Frankfurt 1973, S. 91–139; W. *Müller* u. K. U. *Mayer*, Chancengleichheit durch Bildung? Untersuchungen über den Zusammenhang von Ausbildungsabschlüssen und Berufsstatus, Stuttgart 1976.

33 Die langfristige Entwicklung der Einkommensverteilung in Deutschland ist nicht voll geklärt. Sie scheint bis 1900 oder gar bis 1914 ungleicher geworden und dann im großen und ganzen *langfristig* konstant geblieben zu sein, trotz gewisser Nivellierungstendenzen im Ersten Weltkrieg und in den 1920er Jahren. Vgl. die Diskussion bei *Kaelble*, Social Stratification in Germany in the 19th and 20th Centuries: A Survey of Research Since 1945, in: Journal of Social History 10. 1976, S. 156–57 (mit Literatur); *Borchardt* (wie oben Anm. 14), S. 223–29. Ob die Verteilung anderer Lebenschancen – z. B. Wohnqualität, Gesundheit, Ansehen, Macht, Zugang zu kulturellen

Gütern – gleicher geworden ist, wurde m. W. im Langzeitvergleich noch nicht systematisch erforscht.

34 Vgl. *Kocka,* Angestellte zwischen Faschismus u. Demokratie.

35 Vgl. *Koselleck,* Preußen; *Kocka,* Preußischer Staat u. Modernisierung im Vormärz: Marxistisch-leninistische Interpretationen und ihre Probleme, in: H.-U. *Wehler* (Hg.), Sozialgeschichte Heute. Fs. Hans Rosenberg zum 70. Geburtstag, Göttingen 1974, S. 211–27; *Kocka,* Klassengesellschaft, Kap. IV. Zur Geschichte des Beamtentums: O. *Hintze,* Der Beamtenstand, in: ders., Soziologie u. Geschichte, Göttingen 1964², S. 66–125. Als Klasse im hier verwandten Sinn kann das Beamtentum nicht bezeichnet werden, weil die Verteilung der Güter Chancen und Risiken auf Beamtenpositionen gerade nicht durch Marktmechanismen, sondern durch Alimentation seitens des Staates geschieht. Eher schon gleicht das Beamtentum einem »Stand«, wie oben S. 138 definiert, denn Rudimente eines eigenen Rechtes, eine besondere Form materieller Subsistenzbegründung (Gehalt des Dienstherrn), gegen den Markt monopolisierte Lebenschancen und die Einbeziehung der gesamten Person in das Dienstverhältnis kennzeichnen den Typus des Beamten. Doch ist andererseits der Beamtenstatus durch Leistungskompetenz erreichbar (achieved) und insofern mit Leistungsklassen eher vergleichbar als mit Ständen. In seiner Entstehung war das monarchisch-staatliche Beamtentum überdies ein strikt anti-ständisches Phänomen.

36 Ich halte es deshalb für verwirrend, von den Empfängern staatlicher Alimentationen als »Versorgungsklassen« zu sprechen (so Lepsius u. a.), jedenfalls wenn man daran festhält, daß Klassen durch Märkte konstituiert werden. Staatliche Alimentation unterscheidet sich prinzipiell von Appropriation via Marktchancen.

37 Dazu siehe *Lundgreen,* Eingliederung der Unterschichten, S. 90 ff. – als Beispiel der Verschärfung sozialer Ungleichheiten durch staatliche Einflüsse, die über das scharf gegliederte (in Europa überall dreigegliederte) Schulsystem wirkten. Vgl. auch am Berliner Beispiel: D. K. *Müller,* Sozialstruktur u. Schulsystem. Aspekte zum Strukturwandel des Schulwesens im 19. Jahrhundert, Göttingen 1977; *Kocka,* Bildung, soziale Schichtung u. soziale Mobilität im Deutschen Kaiserreich. Am Beispiel der gewerblich-technischen Ausbildung, in: D. *Stegmann* u. a. Hg., Industrielle Gesellschaft und politisches System. Fs. F. Fischer zum 70. Geburtstag, Bonn 1978, S. 297–314. – Daß im späten 20. Jahrhundert, in Deutschland erst nach der NS-Zeit, staatliche, durchs Schulwesen vermittelte Einflüsse umgekehrt auch soziale Ungleichheit lindern konnten, argumentiert: *Kaelble,* Educational Opportunities and Government Policies: Postprimary Education Before 1914, in: P. *Flora* u. A. J. *Heidenheimer* Hg., The Development of Welfare States in Europe and America, University of California Press (vorauss.) 1979.

38 Das fügt sich in das Konzept des »Organisierten Kapitalismus« ein, das die Tendenz zur kollektiven, bewußten, formalen Organisation (im Unterschied zu Spontaneität oder Dezentralisation einerseits,

im Unterschied zu marktmäßiger Koordination und Allokation anderseits) als Signum einer fundamentalen Transformation verschiedener Wirklichkeitsbereiche auf einer fortgeschrittenen Stufe des Industriekapitalismus zu beschreiben und zu erklären versucht. Vgl. H.-A. *Winkler* Hg., Organisierter Kapitalismus. Voraussetzungen u. Anfänge, Göttingen 1974.

39 In anderer Sprache diskutiert das hier Gemeinte auch *Marshall,* Class, S. 110 ff.

40 Vgl. *Weber,* Wirtschaft u. Gesellschaft.

Soziale Ungleichheit und Klassenstrukturen in der Bundesrepublik Deutschland

Lebenslagen, Interessenvermittlung und Wertorientierungen

von M. Rainer Lepsius

Seit dem Zweiten Weltkrieg hat sich die Sozialstruktur westlicher Industriegesellschaften wesentlich geändert. Dies bringt zunächst eine Reihe von Sozialindikatoren zum Ausdruck: die beständige Hebung des Lebensstandards, die Verminderung der Arbeitszeit, der Wandel in der Erwerbsstruktur, die Verbesserung der Wohnverhältnisse, die Ausbreitung der Massenkommunikation und die Erhöhung des Ausbildungsniveaus. Darüber hinaus sind neue Institutionen ausgebildet worden für die Interessenvermittlung, die politische Steuerung und die Legitimitätssicherung, die den politischen Prozeß in diesen Gesellschaften verändert haben. Schließlich zeigen sich Wandlungen in den Wertorientierungen und Verhaltensweisen, wobei einerseits eine zunehmende Entkirchlichung, andererseits eine noch inhaltlich unbestimmte Pluralisierung von subkulturellen und gesamtgesellschaftlichen Wertvorstellungen auftreten. Der mit diesen kurzen Hinweisen umschriebene Wandel der Sozialstruktur ist zwar dem Ausmaß nach beträchtlich, doch theoretisch amorph. Einzelne Elemente sind gut beschreibbar, doch die Analyse ihrer typischen Konfiguration ist nur unvollkommen gelungen. So erscheint einerseits der Begriff der Klassengesellschaft immer weniger geeignet, den Strukturtyp der Gegenwartsgesellschaft zu erfassen, andererseits erweisen sich neuere Modelle und Begriffsbildungen wie postindustrielle Gesellschaft oder Spätkapitalismus, technisch-wissenschaftliche Lebenswelt oder Wohlfahrtsstaat kaum gehaltvoller.

Gesellschaften können auch heute unter dem Aspekt ihrer Klassenstruktur analysiert werden und zwar aus zwei Gründen. Einmal hat der Strukturwandel der jüngsten Vergangenheit nicht alle traditionell mit dem Begriff der Klassenstruktur verbundenen Elemente verändert, und zum zweiten werden im Bewußtsein weiterhin Kategorien der Klassen zur Wahrnehmung und Verhaltensorientierung benutzt. Auch wenn man das Modell der Klassengesellschaft nicht mehr als Signum der Zeit für angemessen hält, bedeutet dies doch nicht, daß die analytische Perspektive der Klassenstrukturierung der gesellschaftlichen Ordnung als solche obsolet geworden sei. Man kann sich dem Vorschlag von Anthony Giddens anschließen, der empfiehlt, statt eine Debatte über den Strukturtypus der Gegenwartsgesellschaft zu führen, sich der Frage zuzuwenden, inwieweit und mit welchen Folgen moderne westliche Industriegesellschaften durch Klassen strukturiert werden.[1] Es handelt sich dann nicht mehr um Fragen wie: Gibt es noch eine Klassengesellschaft oder befinden wir uns in einer »nivellierten Mittelstandsgesellschaft«, sondern um Fragen wie: Welche Strukturprinzipien bestimmen die gegenwärtige Gesellschaft und welche Rolle kommt dabei dem Strukturprinzip der Klassenbildung zu? Es war ja immer irreführend, komplexe gesellschaftliche Strukturen unter nur einem Ordnungsprinzip zu charakterisieren, denn in aller Regel haben wir es mit verschiedenen und gegensätzlichen Prinzipien zu tun, deren konkrete Mischung erst die Eigenart und innere Dynamik einer gesellschaftlichen Formation bestimmt. Inwieweit dann eines dieser Strukturprinzipien als für eine Zeit strukturdominant und entwicklungsleitend bezeichnet werden kann, ergibt sich erst aus der Analyse aller jeweils bestehenden Prinzipien und ihrem Mischungsverhältnis, nicht aber aus der Deduktion theoretischer Konstruktionen.

Wenn man nun Gesellschaften unter dem Aspekt ihrer Strukturierung durch Klassen analysieren will, ergibt sich natürlich sofort die Frage, was mit dem Begriff der Klasse gemeint werden soll. Den plausibelsten Ansatzpunkt bietet dabei meines Erachtens eine Problemfassung, die sich von Karl Marx herleitet. Ich meine damit nicht den Klassenbegriff im Rahmen seiner Geschichtsphilosophie, sondern im Rahmen seiner empirischen Analysen von Gesellschaften. Manifeste Klassen bestehen für Marx nach der berühmten Definition im 18. Brumaire des Louis Bonaparte: »Insofern Millionen von Familien unter ökonomischen Existenzbedingungen leben, die ihre Lebensweise, ihre Interessen und ihre Bildung von denen anderer Klassen trennen und ihnen feindlich gegenüberstellen«.[2] Klassen sind in dieser Fassung also soziale Gebilde, deren Angehörige durch gleiche ökonomische Bedingungen in ihrer Lebenslage, ihren Interessen und Wertorientierungen homogenisiert werden und sich dadurch von den Angehörigen anderer Klassenlagen unterscheiden und zu diesen in Konflikte treten. Wir haben also verschiedene Elemente zu beachten: die ökonomisch bestimmte Lebenslage, die Interessenformierung und ihre Vermittlung mit anderen Interessenlagen, sowie die

Wertorientierungen. Die Klassenlage wird auch für Marx sozial und politisch erst dann strukturdominant, wenn sie zur durchschlagenden Organisationsdimension mit hohem Konfliktpotential wird. Die Klassenstruktur einer Gesellschaft ist daher das Ergebnis eines Prozesses von ökonomischer Differenzierung, politischer Organisation und kultureller Deutung. Dieser Prozeß kann zu einer »Verschärfung«, aber natürlich auch zu einer »Verminderung« der Wirkung der Klassenstruktur als Ordnungsprinzip in einer Gesellschaft führen, er ist in jedem Fall ein historisch-empirisch zu prüfender Vorgang gradueller Veränderung. Nur wenn man mit der Klassenformierung immer auch eine geschichtsphilosophische Evolution der Gesellschaft aus der Dichotomie zwischen Produktivkräften und Produktionsverhältnissen meint, ist die strukturdominante Funktion der Klassenbildung festgelegt. Für eine soziologische Analyse ist hingegen die Bedeutung des Strukturprinzips der Klassenformierung von Gesellschaften prinzipiell offen und stets empirisch, unter Beachtung der Wirksamkeit anderer Strukturprinzipien, zu prüfen.

Die Frage nach der Bedeutung von Klassenstrukturen in der Bundesrepublik ist daher auf der Ebene der Beschreibung der Lebenslage, auf der Ebene der Untersuchung der Prozesse der Interessenformierung und institutionalisierten Interessenvermittlung, und auf der Ebene der Wertorientierungen und ihrer Bedeutung für die Legitimation und Verfahrenskonformität der Prozesse der Interessenvermittlung zu behandeln. Dabei wäre zugleich die Wirksamkeit anderer Strukturprinzipien moderner Gesellschaften systematisch zu beachten und diese mit der Wirkung des Strukturprinzips der Klassenformierung in Beziehung zu setzen. Dies liefe im Ergebnis auf eine gesamtgesellschaftliche Analyse der Bundesrepublik hinaus, die hier natürlich nicht vorgenommen werden kann. So kann es sich lediglich um eine Skizze handeln, die einige der hier zu beachtenden Struktureigenschaften der Gesellschaft der Bundesrepublik aufgreift.

I. Zur Enwicklung der Lebenslage von ökonomisch definierten gesellschaftlichen Kategorien (»Klassenlage«)

Max Weber präzisierte den Begriff der Klasse als Gruppe von Menschen, die sich in einer gleichen Klassenlage befinden. Die Klassenlage ergibt sich aus »Maß und Art der Verfügungsgewalt (oder des Fehlens solcher) über Güter oder Leistungsqualifikationen und aus der gegebenen Art ihrer Verwertbarkeit für die Erzielung von Einkommen oder Einkünften innerhalb einer gegebenen Wirtschaftsordnung«.[3] Weber unterscheidet Einkünfte aus der Verwertung von Besitz oder aus Erwerbschancen und kommt so zur Unterteilung von »Besitzklassen« und »Erwerbsklassen«. Wir werden dieser Unterscheidung folgen und ihr eine weitere »Versorgungsklasse« anfügen, womit die Klassenlage bzeichnet werden soll, die durch Versorgungsansprüche gegenüber dem Sozialversicherungssystem und durch Versorgungschancen über öffentliche Güter bestimmt wird. Wir folgen dann wieder Weber, wenn im Anschluß daran die auch von ihm unterschiedene »soziale Klasse« thematisiert wird, die in sich zwar verschiedene Klassenlagen umfaßt, aber durch Mobilitätsbarrieren von anderen Klassenlagen abgeschlossen ist.

1. »Besitzklassen«. Zunächst ist festzustellen, daß rein quantitativ der Anteil derjenigen Bevölkerungsteile, die wirtschaftlich selbständig sind und insofern ihre Produktionsmittel besitzen, ständig zurückgegangen ist. Diese Tatsache kommt in der Verteilung der Erwerbstätigen nach der Stellung im Beruf zum Ausdruck.

Tab. 1: Verteilung der Erwerbstätigen nach der Stellung im Beruf

Jahr	Selbständige	Mithelfende Familien- angehörige	Beamte und Angestellte	Arbeiter
1939	14,0	16,7	22,1	47,2
1950	14,5	13,8	20,6	51,0
1960	12,4	9,8	28,1	49,1
1970	10,5	6,7	36,4	46,4
1976	9,1	4,6	43,7	42,5

Über 85 % der Erwerbstätigen sind abhängig beschäftigt und zwar zu etwa gleichen Teilen als Arbeiter und als Angestellte und Beamte. Jene 13,7 % der Erwerbstätigen, die noch selbständig beschäftigt sind, umfassen in erster Linie Landwirte (39 %), sowie freie Berufe (20 %) und gewerbliche Selbständige (40 %). Zieht man die Landwirte ab, verbleiben als freie Berufe und gewerbliche Selbständige noch 8,3 % der Erwerbstätigen. Das bedeutet zunächst einmal, daß nur für einen kleinen Teil der Bevölkerung die Lebenslage durch Besitz bestimmt wird.

Aus Vermögensrenditen können heute ihre Existenz auf dem jeweiligen Niveau des Lebensstandards sichern:[4] Arbeiter über eine Zeit von 2,1 Monaten, Landwirte über eine Zeit von 3,7 Monaten, selbständige Gewerbetreibende über 4,9 Monate und freiberuflich Tätige über 7,1 Monate. Mit anderen Worten: auch die Besitzer ihrer Produktionsmittel sind für die Erhaltung ihrer Lebenslage auf die unmittelbare Einkommenserwirtschaftung angewiesen und sind insbesondere auch für die Alterssicherung von sozialpolitisch administrierten Transferzahlungen abhängig.

Damit sind nahezu alle Erwerbstätigen heute in das gesamt-wirtschaftliche Leistungssystem der Erstellung des Sozialprodukts und der Verteilung dieses Sozialprodukts über Erwerbseinkommen und Transfereinkommen einbezogen. Die gesamtwirtschaft-liche Interdependenz der Lebenslagen verschiedener Bevölke-rungsgruppen ist gewachsen, eine sich davon absetzende Rentiers-klasse gibt es nicht mehr. Auch das deutlich höhere Einkommen und die davon sich ableitende bessere Bedarfsdeckung der Selb-ständigen (1969: das Zweifache gegenüber den Haushalten von Beamten und Angestellten und das Dreifache von Haushalten der Arbeiter[5]) ändert an dieser gesamtwirtschaftlichen Verflochten-heit nichts. Die relativ günstige Lebenslage von Landwirten, freiberuflich Tätigen und gewerblich Selbständigen ist weniger eine Funktion der Kapitalrendite als vielmehr der über den Markt realisierbaren und institutionell abgesicherten Erwerbs-chancen der Selbständigen.

Auch die Vererbung von Eigentum an Produktionsmitteln hat nur für eine sehr geringe Zahl von Personen Bedeutung, nämlich für die Landwirte, die sich zu etwa 90 % aus Landwirtsfamilien rekrutieren, sowie für die gewerblich Selbständigen, die sich al-lerdings nur zu etwa 50 % aus Familien von Selbständigen re-krutieren. Dies ist eine »Vererbungsquote« innerhalb von »Be-sitzklassen«, die weniger als 10 % der erwerbstätigen Bevölkerung erfaßt.

Besitzklassen im Sinne Max Webers stellen insofern keine strukturdominanten Einheiten mehr dar. Die wesentliche Ursache dafür ist einerseits der sektorale Wandel der Wirtschaftsstruktur, insbesondere die Abnahme der Bedeutung der Landwirtschaft, andererseits die wachsende Bedeutung der politisch durchgesetz-ten und institutionell verankerten Sicherung der Lebenslage. Da-mit hat die Besitzrendite ihre früher dominante Bedeutung als Si-cherheit in Notlagen und im Alter verloren. Es kommt noch ein zweites hinzu. Die Bedeutung der Eigentumsrechte als sozial-strukturelles Ordnungsprinzip wurde auch dadurch vermindert,

daß die Verfügungschancen über das Eigentum an Produktionsmitteln nicht mehr im gleichen Maße die Lebenslage eigentumsloser Bevölkerungsteile bestimmt. Zu denken ist dabei sowohl
an die Chancen der Bodenrentner, über Pacht- und Schuldver-
hältnisse die Lebenslage der Agrarbevölkerung zu beeinflussen,
als auch an die Chance der Kapitalrentner, über Arbeitsverhältnisse
und lokale Nachfragemonopole die Lebenslage der Arbeiter und
Angestellten zu kontrollieren. Die fortschreitende Normierung der
Sozial- und Wirtschaftsverfassungen hat die Sozialwirksamkeit
von Besitzrentnern erheblich vermindert.

Wenn man also für die Bundesrepublik feststellen kann, daß
die Bedeutung der Besitzklassen sowohl quantitativ als auch
qualitativ zurückgegangen ist, heißt dies nicht, daß Besitzklassen
nicht weiterhin spezifische Privilegierungen ihrer Lebenslage aufweisen. Diese Privilegierung findet ihren wichtigsten Ausdruck in
den Chancen der Vermögensbildung durch Sparen und über in-
vestierte Betriebsgewinne. In der Regel gilt: Je höher das Einkommen, desto größer die Sparleistung und entsprechend die Chance
der Vermögensbildung, und ferner: Eigenfinanzierte betriebliche
Investitionen erhöhen die Vermögenssubstanz der Eigentümer.
Aus beiden Quellen fließt eine beständige Privilegierung der Ver-
mögensbildungschancen der Besitzklassen, die zu einer überaus
ungleichen Vermögensverteilung geführt hat. Nach den bekannten
Unterssuchungen über die Verteilung des gewerblichen Produk-
tivvermögens besitzen etwa 1,7 % der Haushalte 70 % des Pro-
duktivvermögens, oder etwa 35 % des gesamten Privatvermö-
gens. In den Vermögensformen des Geld- und Grundvermögens
ist die Verteilung weit ausgeglichener. Im Bereich des Geldvermö-
gens (Spareinlagen, Bausparbriefe und Wertpapiere) hat sich die
Verteilung in den letzten Jahren etwas zugunsten der Arbeitnehmer verändert, dennoch liegt auch hier eine erhebliche Privilegierung der Selbständigen vor.[6]

2. »Erwerbsklassen«. Als Erwerbsklasse bezeichnete Max Weber eine Klassenlage, insoweit die Lebensbedingungen ihrer Angehörigen durch die Verwertung von Gütern oder Leistungen bestimmt werden. In der Tat scheint die Strukturdifferenzierung
moderner Gesellschaften primär unter dem Aspekt der Erwerbsklassen erfaßt werden zu können. Der wichtigste Indikator dafür
ist die Verteilung des Einkommens.

Monatliches Nettoeinkommen	Selbständige	Angestellte und Beamte	Arbeiter	Rentner
	%	%	%	%
bis 1 500 DM	0,3	24,7	28,3	65,4
1 500 — 2 250 DM	6,3	27,6	32,0	19,0
2 250 — 3 000 DM	13,1	18,1	19,3	7,7
3 000 — 4 000 DM	20,5	13,0	11,5	4,3
4 000 — 5 000 DM	18,7	7,7	5,2	2,1
5 000 und mehr	41,1	8,8	3,7	1,5
	100,0	100,0	100,0	100,0

Monatliches Nettoeinkommen	alle Haushalte	Haushalte der Erwerbstätigen (ohne Rentner)	Haushalte der Arbeitnehmer (ohne Selbständige)
	%	%	%
bis 1 500 DM	37,7	22,5	26,6
1 500 — 2 250 DM	23,7	26,3	29,9
2 250 — 3 000 DM	14,2	17,8	18,7
3 000 — 4 000 DM	10,2	13,5	12,2
4 000 — 5 000 DM	6,1	8,3	6,4
5 000 und mehr	8,0	11,5	6,1
	99,9	99,9	99,9

Quelle: Deutsches Institut für Wirtschaftsforschung: Wochenbericht 30, 31/76.

Das Gesamtbild zeigt eine erhebliche Besserstellung der Selbständigen und eine Schlechterstellung der Rentner. Hingegen ist die Verteilung der Haushaltseinkommen zwischen Arbeitern und Angestellten relativ gleichartig. Dies würde sich noch vergrößern, wenn man die Beamten und Angestellten mit höherer Bildungsqualifikation aussondern würde.

Betrachtet man die Einkommenverteilung in einer anderen Perspektive, nämlich im Hinblick auf die Verteilung der sozialen Gruppen über die Quintile (d. h. in Gruppen von jeweils 20 %) der Haushaltseinkommen, ergibt sich für das Jahr 1969 ein ähnliches Bild, wobei auch die Landwirte und Beamten als privilegierte Sozialgruppen heraustreten.

Tab. 3: Verteilung der Haushalte über die Quintile des Haushaltsnettoeinkommens nach der sozialen Stellung des Haushaltsvorstandes 1969

		1. Quintil	2. Quintil	3. Quintil	4. Quintil	5. Quintil
Landwirte	%	3,8	4,9	9,7	20,9	60,8
Selbständige	%	2,5	4,6	7,3	14,9	70,9
Beamte	%	1,2	7,4	20,4	30,7	40,4
Angestellte	%	8,5	15,6	20,9	26,4	28,6
Arbeiter	%	10,3	26,9	29,8	24,3	8,8
Nichterwerbstätige	%	45,0	22,3	13,0	10,8	9,0

Quelle: G. Schmaus, Personelle Einkommensverteilung im Vergleich 1962/63 und 1969, in: H.-J. Krupp u. W. Glatzer Hrsg., Umverteilung im Sozialstaat, Frankfurt 1978, S. 93.

Das mittlere Haushaltseinkommen für die Arbeitnehmer liegt 1975 im Bereich von 1500 bis 3000 DM, es bestimmt sich einerseits durch den Modalwert (die größte Besetzungsdichte auf der Einkommensskala), der für Angestellte 1583 DM und für Arbeiter 1511 DM betrug, und andererseits durch das arithmetische Mittel (dem durchschnittlichen Einkommen der betreffenden Sozialgruppe), das für Angestellte 2649 DM und für Arbeiter 2269 DM betrug. Innerhalb dieses Einkommensbereiches lagen etwa die Hälfte (48,6 %) der Arbeitnehmerhaushalte, und unter Einschluß der Haushalte der Selbständigen 44,1 % der Haushalte aller Erwerbstätigen.

Dieses Einkommen repräsentiert die typische Lebenslage der unselbständig Beschäftigten, da auch ein Teil derjenigen, die weniger verdienen, im Laufe des Lebenszyklus in diese Einkommenslage vordringt und die Mehrzahl der Rentner zum Zeitpunkt ihrer Erwerbstätigkeit sich ebenfalls in diesem Einkommensbereich befand. Diese Einkommenslage umschreibt daher die typische »Arbeitnehmergesellschaft«, deren Konsumkraft die Binnenkonjunktur wesentlich bestimmt, deren Wahlverhalten die Basis des Parteiensystems bildet, und deren sozialmoralische Leitbilder die »Normalmoral« der Gesellschaft darstellen.

Diese »middle mass« oder »Arbeitnehmermitte« wird nicht

mehr durch typisch unterschiedliche Erwerbschancen für Arbeiter und Angestellte gegliedert, ihre Erwerbschancen werden primär von den in Tarifverträgen festgelegten Differenzierungen von Lohn- und Gehaltsklassen und den diesen Regelungen angepaßten Besoldungsgruppen des öffentlichen Dienstes bestimmt. Ihre Erwerbschancen sind daher untereinander vermittelt im System der Tarifverträge und bleiben auch über Zeit hinweg relativ stabil. Ihre Lebenslage unterscheidet sich von derjenigen der höheren Angestellten und Beamten, deren Entlohnung durch die Prämierung von Bildungspatenten deutlich höher ist, und von derjenigen der gewerblich Selbständigen und der freien Berufe. Nach unten hebt sie sich ab gegenüber den Lebenslagen von Arbeitnehmern niedriger Arbeitsqualifikation, insbesondere von denjenigen ohne Berufsausbildung. Die Lage dieser »middle mass« erscheint relativ gesichert. Sie stellt die »Stammbelegschaften« von Unternehmen und ist insofern von Konjunkturschwankungen in der Beschäftigungslage weniger betroffen. Sie verfügt über ausreichende Organisationskraft, um über Gewerkschaften und Betriebsräte zusätzliche Sicherheit zu erwirken. Sie muß von staatlichen Maßnahmen der Wirtschafts-, Steuer- und Sozialpolitik hinreichend berücksichtigt werden, da schon ihre Konsumkraft und ihr Steuer- und Beitragsaufkommen wirtschaftliche Grundlagen für staatliche Politik darstellen. Schließlich bestimmt ihr Wahlverhalten in einer parteienstaatlichen Demokratie die Basis des Parteiensystems und damit des politischen Prozesses, so daß ihre allgemeine Interessenlage die Beachtung aller Parteien gewinnt.

Nun ist nicht zu verkennen, daß die nominale Abgrenzung des Einkommensbereiches mit 1500 und 3000 DM pro Haushalt relativ weit gezogen ist, und je nach der Haushaltszusammensetzung sich innerhalb dieses Einkommensbereiches beträchtliche Ungleichheiten einstellen können.[7] So ist insbesondere die Lebenslage von Landwirten und Arbeitern schlechter, als es aus dem Nettoeinkommen der Haushalte geschlossen werden könnte, da bei ihnen das Einkommen pro Kopf der Haushaltsangehörigen proportional geringer ist als bei den anderen sozialen Gruppen; umgekehrt ist die Versorgungslage der Rentner beträchtlich besser pro Kopf der Haushaltsangehörigen, als es das Nettoeinkommen pro Haushalt erwarten läßt. Die Frauenerwerbstätigkeit spielt bei den Arbeiterhaushalten eine relativ größere Rolle für den Lebenshaltungsstandard als bei den Angestelltenhaushalten. Die unterschiedliche Haushaltsgröße und die Zahl der Einkommensbezieher innerhalb eines Haushaltes tragen zu einer erheblichen Differenzierung der faktischen Lebenslage bei. Transfereinkommen aus dem sogenannten Familienlastenausgleich haben dabei eine erhebliche Bedeutung.

Doch auch, wenn man die Einkommensgrenzen der »gesellschaftlichen Mitte« enger zieht und auf eine in sich nun weit homogenere Einkommensspanne von 1750 bis 2750 DM pro Haushalt begrenzt, wird durch die Einkommenslage noch ein Drittel der Haushalte der Erwerbstätigen erfaßt. Und auch dieser Teil der Arbeitnehmer, nämlich 31 % der Angestellten und 35 % der Arbeiter, sind eine so große Gruppe, daß für sie das Vorhergesagte gelten kann: nämlich eine relativ ökonomisch stabile und politisch hinreichend repräsentierte gesamtgesellschaftliche Stellung, die ihnen gute Erwerbschancen dauerhaft sichert. Selbst wenn man die Einkommensgrenze nochmals auf 2000 DM erhöht, verbleiben insgesamt 56,2 % der Angestellten- und 49,2 % der Arbeiterhaushalte in einer Lebenslage, die eine Realisierung materieller und ideeller Lebenserwartungen ermöglicht, zumal davon ausgegangen werden kann, daß das Rentensystem den erreichten Lebensstandard im Alter weitgehend sichert.

Problematisch erscheint hingegen die Lebenslage der Haushalte von Erwerbstätigen mit einem Einkommen unter 1500 DM. Diese Gruppe umfaßt immerhin 28 % der Arbeiter- und 25 % der Angestelltenhaushalte. Zum großen Teil handelt es sich dabei zwar um Einpersonenhaushalte, so daß das Pro-Kopf-Einkommen nicht niedriger zu sein braucht als in einem Mehrpersonenhaushalt mit höherem Einkommen. Dennoch kommen hier insgesamt schlechte Erwerbschancen eines Teiles der Arbeitnehmer zum Ausdruck. Soweit es sich dabei um Haushalte mit mehreren Personen handelt, liegt hier eine deutliche Unterprivilegierung vor. Sie kann entweder das Ergebnis einer vorübergehenden Konstellation im Lebenszyklus (z. B. bei jungen kinderreichen Familien) oder eine dauerhafte Situation (z. B. bei ungelernten Arbeitnehmern in unsicheren Beschäftigungsverhältnissen) sein. Eine relative Deprivation nicht nur der ökonomischen Lage ist zu erwarten, die im Falle ihrer Übertragung in der Generationenfolge zur Ausbildung einer Unterschicht führen kann, die dauerhaft von den Konsumstandards, den sozialmoralischen Überzeugungssystemen und den Verhaltensmustern der »middle mass« abgekoppelt werden kann. Insofern hier eine Vielzahl von zum Teil persönlichen Eigenschaften wirksam werden, ist eine völlige Aufsaugung dieser unterprivilegierten Bevölkerungsteile durch politische Maßnahmen nicht möglich, doch ist es wünschenswert, diese Gruppe möglichst klein zu halten. Dazu trägt insbesondere die stetige Anhebung der untersten Lohngruppen bei, auch wenn sich dagegen stets besondere Widerstände erheben und der Interessendruck in Vermittlungsorganisationen, insbesondere den Gewerkschaften, dafür nicht stark ist. Die Aufrechterhaltung von Einkommensunterschieden bei gleichzeitiger Verhinderung der Ausbildung einer unterprivilegierten Unterschicht stellt eine zentrale Problematik der Einkommenspolitik, aber auch der Familien- und Ausbildungsförderung dar.

Man muß jedoch betonen, daß nur ein Teil dieser unteren Einkommensgruppen in den Bereich der Armut absinkt. Wenn für 1969 berechnet wurde, daß etwa 12,4 % der Bevölkerung in Haushalten leben, deren Einkommen unter der »milden relativen Armutsgrenze« (d. h. weniger als 60 % des durchschnittlichen Nettoeinkommens der privaten Haushalte) liegt, ist das einerseits ein Zeichen für die sozialpolitisch erfolgreiche Begrenzung von Armut, andererseits aber insofern bedenklich, als zu diesen Haushalten überwiegend kinderreiche Arbeiterfamilien gehören.[8] Unterprivilegiertheit ist zwar kein kollektives Klassenschicksal, aber doch ein über Klassenlagen sehr ungleichmäßig verteiltes Lebensrisiko, das wesentlich über den unbefriedigenden Familienlastenausgleich und mangelnde Ausbildungsqualifikationen ausgelöst werden kann. Hinzu tritt als drittes Element die Unterprivilegierung von Frauen, soweit sie nicht über Familieneinkommen oder eigene dauerhafte Erwerbstätigkeit in das Rentensystem eingegliedert sind.

Festzuhalten bleibt die strukturelle Heterogenität der Unterprivilegiertheit, ihre relative Größe und zugleich geringe politische Repräsentation.

Die ökonomisch privilegierten Schichten, etwa ein Drittel der Haushalte der Erwerbstätigen, umfassen primär gewerbliche und freiberufliche Selbständige, sowie höher qualifizierte Angestellte und Beamte. Sie sind nach Lebenshaltung und zumeist nach Bildungsgrad deutlich von der »middle mass«, der »Arbeitnehmermitte« abgesetzt, stehen ihnen gegenüber auch durch ihre hohe Selbstrekrutierung in sozialmoralischer Distanz. Ihre privilegierten Erwerbschancen beruhen auf heterogenen Umständen: auf Marktmechanismen, staatlichen Marktbeeinflussungen (insbesondere in der Landwirtschaft) und vertraglichen Tarif- und Einkommensordnungen für Dienstleistungen (insbesondere für die selbständigen und angestellten akademischen Berufe). Diese Heterogenität der strukturellen Grundlagen für die privilegierten Erwerbschancen läßt höchst unterschiedliche Klassenlagen innerhalb der privilegierten Schichten entstehen. Ihre Interessen richten sich dabei sowohl auf die Durchsetzung marktwirtschaftlicher Erwerbschancen gegenüber staatlichen Interventionen, wie auf die staatliche Garantie von Einkommensprivilegien. Überdurchschnittliche Organisationskraft, Partizipation und Einflußchancen sichern relativ gute Erwerbschancen. Die Einkommensverteilung in der Bundesrepublik erfährt dadurch einen etwas höheren Grad von Ungleichheit als in vergleichbaren Gesellschaften.[9] Der relativ hohe Grad privatwirtschaftlicher Organisation und marktwirtschaftlicher Austauschbeziehungen in der Bundesrepublik eröffnet den Erwerbschancen der Selbständigen und den sich von ihnen ableitenden Einkommen der angestellen Führungskader eine gute Ausgangslage. Deren Einkommenslagen wirken als Anreize für die gehobenen Einkommen auch im staatlichen und nicht marktwirtschaftlichen Sektor.

Die Lebenslage der privilegierten Erwerbsklassen hat Eigenschaften, die man vor der Jahrhundertwende dem »Bürgertum« zugeschrieben hat, ohne doch dessen einstiger Stellung voll zu entsprechen. Hervorgehoben seien: Wohnverhältnisse, die über dem notwendigen Bedarf liegen, ein Sparverhalten, das über das Ansparen für einen bestimmten Zweck hinausgeht, Einkommensteile, die frei verfügbar sind für individuelle Interessen, eine Urlaubs- und Freizeitkultur. Andererseits ist die Verfügbarkeit über dauernde häusliche Dienstleistungen, für das Bürgertum noch bis zum Zweiten Weltkrieg eine Selbstverständlichkeit, fast ganz verschwunden. Daran knüpft sich sowohl eine Schrumpfung der bürgerlichen Geselligkeit wie eine größere Belastung der Hausfrauen des Bürgertums mit Hausarbeit bei gleichzeitiger Zunahme der Erwerbstätigkeit dieser zumeist qualifiziert ausgebildeten Frauen.

Bei der hervorgehobenen Stellung der Selbständigen ist zu berücksichtigen: die in der Regel weit höhere Arbeitszeit, die häufig unentgeltliche Mitarbeit der Ehefrau sowie die Notwendigkeit, aus dem eigenen Einkommen auch Aufwendungen zu bestreiten, die für unselbständig Beschäftigte der Arbeitgeber trägt. Dazu gehören einerseits Sozialaufwendungen, andererseits Aufwendungen für die Bereitstellung und Erhaltung des Arbeitsplatzes. Es fehlt noch an zuverlässigen Transformationsregeln, um das Einkommen von Selbständigen in eine Äquivalenz zu den Einkommen von Unselbständigen zu setzen, wobei auch Unterschiede in der Besteuerung, die gegenwärtig offenbar Landwirte sehr begünstigen, erfaßt werden müßten. Im übrigen ist es bemerkenswert, daß die Masse der Landwirte in die privilegierten Einkommensklassen zu rechnen sind, ein Umstand, der allerdings auch für Bauern mit günstigen Produktionsbedingungen um die Jahrhundertwende galt.

Insgesamt sind die Erwerbschancen der unselbständig Beschäftigten in einem hohen Maße durch tarif-, arbeits- und sozialrechtliche Regelungen fixiert. Wir haben ein in Lohn- und Gehaltsgruppen graduell abgestuftes Einkommenssystem, das durch arbeits- und sozialrechtliche Bestimmungen nivelliert ist und durch zentrale Tarifverträge untereinander vermittelt wird. Die Lebenslage des Einzelnen wird wesentlich dadurch bestimmt, wie er in dieses Einkommenssystem eingestuft wird, und welche Aufstiegs- oder Abstiegschancen sich für ihn nach dieser Einstufung ergeben. Für die Einstufung ist die Ausbildungsqualifikation von größter Bedeutung. Personen mit Grundschulbildung ohne Lehre verbleiben in den untersten Einkommensgruppen, Personen mit gewerblicher oder kaufmännischer Lehre haben begrenzte Aufstiegschancen, zugleich aber auch ein Abstiegsrisiko, wenn ihre Ausbildungsqualifikation über die Zeit nicht mehr nachgefragt wird. Überwiegend aber verbleiben sie in mittleren Einkommenslagen und haben zudem eine weit höhere Beschäftigungsgarantie als Ungelernte in Zeiten konjunktureller Arbeitsmarktkontraktion. Mittlere und vor allem höhere Bildungsabschlüsse sichern ein privilegiertes Lebenseinkommen.[10]

Außerhalb dieses Systems stehen die Selbständigen in Gewerbe und Landwirtschaft, die freiberuflich Tätigen und die Spitzenpositionen in der Privatwirtschaft. Dabei gilt für die Landwirtschaft eine politisch wirkungsvoll durchgesetzte Paritätsregel, die ihre Einkommen über staatliche Förderungsmaßnahmen von einer internationalen Marktkonkurrenz ablöst. Auch für einen Teil der freiberuflich Tätigen spielen staatlich oder verbandlich geregelte Tarifordnungen eine wesentliche Bestimmungsgrundlage ihrer Erwerbschancen. So verbleiben nur noch kleine Bevölkerungsteile, die direkt über Marktprozesse in ihren Erwerbschancen bestimmt werden.

Marktabhängigkeit besteht für die Masse der Bevölkerung nicht mehr klassentypisch als vielmehr über sektorale oder konjunkturelle Marktänderungen, insbesondere über Änderungen auf den verschiedenen Arbeitsmärkten. Dabei werden die jeweils neu auf den Arbeitsmarkt tretenden, d. h. Jugendliche oder Hausfrauen, stärker betroffen als bereits eingegliederte Personen. Gerade die starken sektoralen Veränderungen treffen Personen höchst unterschiedlich und quer zu ihrer Klassenlage. Diese sektorale Differenzierung der Erwerbschancen scheint dabei von großer Bedeutung zu sein, wobei Prozesse der Entqualifizierung

zu beruflichem Abstieg, erforderliche Umschulungen oder Fort-
bildungen zu großen individuellen Anstrengungen für die Erhaltung der Erwerbschancen zwingen. Konjunkturelle, sektorale
sowie regionale Wirtschaftspolitik wird damit zu einem zentralen
Faktor für die Erwerbschancen im allgemeinen wie für den einzelnen, und zwar prinzipiell unabhängig von der Lage der verschiedenen Erwerbsklassen. Strukturdominant sind daher nicht mehr
so sehr Verteilungskonflikte zwischen den verschiedenen Erwerbsklassen, auch wenn diese bestehen und vielfach sehr sichtbar ausgetragen werden, als vielmehr Spannungen in der Vermittlung von Ausbildungssystem und Beschäftigungssystem, sowie
sektorale Ungleichgewichte und konjunkturelle Schwankungen
im Wirtschafts- und Beschäftigungssystem.

3. »*Versorgungsklassen*«. Angesichts der Bedeutung, die Sozialpolitik und öffentliche Güter für die Lebenslage von Menschen
haben, erscheint es gerechtfertigt, die von Max Weber getroffe-
ne Unterscheidung in »Besitzklassen« und »Erwerbsklassen« zu
ergänzen durch die Kategorie der »Versorgungsklassen«. Im Anschluß an Webers Definitionen könnte man formulieren: »Versorgungsklasse« soll eine Klasse insoweit heißen, als Unterschiede
in sozialpolitischen Transfereinkommen und Unterschiede in der
Zugänglichkeit zu öffentlichen Gütern und Dienstleistungen die
Klassenlage, d. h. die Güterversorgung, die äußere Lebensstellung
und das innere Lebensschicksal bestimmen.
Versorgungsklassen ergeben sich stets dann, wenn der Zugang
zum sozialpolitischen Versicherungssystem unterschiedlich ist,
oder eine Disparität zwischen den erbrachten Aufwendungen und
den erhaltenen Leistungen typisch gleichartige Bevölkerungsgruppen betrifft. Insoweit das Sozialversicherungssystem auf dem Erwerbseinkommen aufbaut, bekräftigt es die bestehenden Erwerbsklassen auch für die Zeit der Nichterwerbstätigkeit, gewinnt also
zunächst noch keine eigenständige Komponente für die Entwicklung von »Versorgungsklassen«. Insoweit aber das Sozialversicherungssystem typische soziale Gruppen von der Teilnahme ausschließt, oder die Leistungen an Beiträge und Anwartszeiten
knüpft, die regelmäßig von bestimmten sozialen Gruppen nicht
erbracht werden, diskriminiert das Sozialversicherungssystem
diese sozialen Gruppen, die insoweit zu einer »Versorgungsklasse« werden. Das herausragende Beispiel sind Frauen, die nicht
oder nicht ausreichend lange erwerbstätig waren und deren Ar-
beitsleistung als Hausfrauen und Mütter für das Sozialversicherungssystem unerheblich ist. Wenn diese Frauen aus den abgelei-

teten Versorgungsansprüchen der vollerwerbstätigen Ehemänner (durch deren Tod oder durch Scheidung) herausfallen, geraten sie häufig in eine Armutssituation. Sie stellen insofern in einer bestimmten Phase im Lebenszyklus eine unterprivilegierte Versorgungsklasse dar.

Von größter Bedeutung sind Transferzahlungen für die Altersversorgung. Waren einst die Beamten die wichtigste privilegierte Versorgungsklasse im Hinblick auf ihre Alterssicherung, so ist durch die Sozialversicherung diese Privilegierung zwar noch nicht völlig aufgehoben, doch nivelliert. Andererseits ist durch die Universalisierung der Altersversorgung eine Interdependenz zwischen der Lebenslage der Erwerbstätigen und der Rentner entstanden, die zu Disparitäten zwischen Aufwand und Ertrag für einzelne Generationslagen führen kann. Da ja Rentenzahlungen, gleichgültig aus welchen Rechtstiteln sie sich ableiten, nie durch die einstmaligen Versicherungsbeiträge der Rentenempfänger sondern immer nur durch das Beitragsaufkommen der Erwerbstätigen erfolgen können, ist die Höhe der Altersversorgung abhängig von demographischen wie von konjunkturellen Schwankungen. Insofern treten die Nichterwerbstätigen als Versorgungsklassen den Erwerbstätigen gegenüber. Der intergenerationelle Einkommenstransfer bestimmt die Lebenslage der Erwerbstätigen ebenso wie diejenige der Rentner. Diese Situation scheint sich angesichts der demographischen Situation zu verschärfen, da der jetzige Beitragssatz der Erwerbstätigen mit 18 % des Einkommens voraussichtlich in Zukunft beträchtlich erhöht werden muß.

Zunächst ist freilich darauf hinzuweisen, daß die Versorgung der Rentner in den letzten Jahrzehnten außerordentlich verbessert werden konnte. Auch wenn, wie Tabelle 3 ausweist, die Rentnerhaushalte überwiegend im unteren Quintil der Einkommensgruppen liegen, ist doch darauf hinzuweisen, daß angesichts der geringeren Personenzahl und der geringeren Investitionsbedürfnisse in Rentnerhaushalten, deren Bedarfsdeckungschancen im Durchschnitt über denjenigen von Arbeiterhaushalten liegen.[11] Damit ist die für die letzten Jahrzehnte charakteristische Aufhebung des ungleichen Altersrisikos von verschiedenen Erwerbsklassen herausgestellt. Die Lebenslage von Erwerbsklassen wird heute wesentlich durch politisch administrierte Transfereinkommen beeinflußt, was insbesondere im Alter, aber auch im Hinblick auf den Familienlastenausgleich von struktureller Bedeutung ist.

Das Gesamtsystem der Transferzahlungen ist überaus komplex und nicht ohne weiteres auf seine Wirkungen für die Ausbildung von Versorgungsklassen zu beurteilen.[12] Insgesamt gilt, daß die

Haushalte mit geringem Einkommen durch die Transferzahlungen begünstigt werden, auch wenn ein großer Teil der empfangenen Transferzahlungen durch Beiträge und Steuern jeweils von den Empfängern selbst aufgebracht wird. Andererseits gibt es auch spezifische Maßnahmen, die primär den mittleren und höheren Einkommensgruppen zugute kommen, so etwa die Ausbildungsförderung, die Sparförderung, die Besteuerung von landwirtschaftlichen Betriebsgewinnen. Ohne diese Problematik hier weiter diskutieren zu können, sei mit diesen Bemerkungen wenigstens auf eine neue und strukturell bedeutsame Dimension der Bestimmung von Lebenslagen in wohlfahrtsstaatlichen Systemen hingewiesen.

Die zweite Dimension für die Bildung von Versorgungsklassen liegt in der unterschiedlichen Zugänglichkeit zu öffentlichen Gütern. Diese Güter werden aus öffentlichen Einnahmen zur kostenlosen Benützung bereitgestellt. Sie stehen damit prinzipiell allen Erwerbsklassen gleichmäßig zur Verfügung. Zu solchen Gütern gehören neben der öffentlichen Sicherheit und dem Umweltschutz insbesondere das Bildungswesen, das Verkehrssystem und die Sport- und Freizeiteinrichtungen. Alle diese Güter spielen heute bei der Bestimmung der Lebensqualität eine erhebliche Rolle. Das Bildungswesen hat darüber hinaus eine wichtige Funktion für die Berufslaufbahn und Positionszuweisung im Einkommenssystem, ist also kausal wirksam für die Erwerbschancen. Insoweit nun der Zugang zu diesen öffentlichen Gütern für spezifische soziale Gruppen typisch ungleich ist, entstehen dadurch Versorgungsklassen. Die historisch vielleicht bedeutsamste Wirkung unterschiedlicher Zugänglichkeit von öffentlichen Gütern liegt wohl im Bildungssystem, insofern das öffentlich finanzierte sekundäre und tertiäre Bildungswesen über lange Zeiten hinweg konfessionell, regional und nach sozialen Schichten höchst ungleichmäßige Zugänglichkeit besaß. Die Bevorzugung der städtischen Bevölkerung gegenüber der ländlichen, der protestantischen gegenüber der katholischen, der Mittelschichten gegenüber den Bauern und Arbeitern haben strukturell wesentliche Prägungen in der deutschen Gesellschaft bewirkt. Auch heute sind derartige Ungleichheiten in der Zugänglichkeit von öffentlichen Gütern festzustellen, wenngleich die Expansion im sekundären und tertiären Bildungswesen in den letzten Jahren die Diskriminierungen verringert haben. Ob man deswegen schon von einer prinzipiell gleichrangigen »horizontalen Dimension der Disparität von Lebensbereichen« neben einer »vertikalen Dimension der Ungleichheit von Schichten und Klassen«[13] sprechen kann, muß bezweifelt werden, zumal sich die Disparitäten in der Versorgung mit öffentlichen Gütern vielfach symmetrisch zur Differenzierung der Einkommenslagen von Erwerbsklassen ausbilden. Je größer freilich die Bedeutung der öffentlichen Güter für die Lebensqualität ist, desto erheblicher ist die Frage nach deren möglicher differentiellen Zugänglichkeit und die Frage, nach welchen Kriterien die öffentliche Hand diese Güter bereitstellt. Eine Selektivität im Hinblick auf die politische Repräsentationskraft verschiedener sozialer Gruppen und damit eine kumulative Privilegierung von politisch einflußreichen Gruppen kann unterstellt werden. Hervorgehoben werden soll wenigstens der Aspekt der »Disparität der Lebensverhältnisse« zwischen Stadt und Land, die zweifellos historisch von größter Bedeutung war und heute zumindest insoweit ausgeglichener ist, als die Lebensqualität in den Großstädten vielfach gesunken, die Attraktivität von Mittelstädten im Umlandbereich von Großstädten hingegen beträchtlich gestiegen ist. Festgehalten sei wenigstens in diesem Zusammenhang der Umstand, daß die Zugänglichkeit von öffentlichen Gütern ein wesentlicher Bestimmungsgrad der Lebensqualität ist, ihre Nutzung unabhängig von Einkommen möglich ist, ihre Bereitstellung selektiv erfolgt und die Zugänglichkeit teilweise die unterschiedlichen Lebenschancen von Erwerbsklassen verstärkt, teilweise aber auch in wichtigen Bereichen vermindert.

Wie immer man die Bedeutung der Versorgungsklassen für die Sozialstruktur einschätzen will, insbesondere das Ausmaß der durch Versorgungsansprüche bzw. öffentliche Versorgungsangebote erreichten Korrektur der Lebenschancen, wie sie sich aus dem Beschäftigungssystem ergeben, bleibt doch festzuhalten, daß in wohlfahrtsstaatlichen Systemen die Bedeutung von Besitz und Einkommen für die Bestimmung der Lebenslage nicht mehr ohne die Filter der öffentlichen Versorgungchancen bewertet werden kann. Strukturell bedeutsam ist dabei der Umstand, daß Versorgungsklassen primär durch politisch-administrative Maßnahmen und Gestaltungen bestimmt werden, nicht aber durch Marktbeziehungen, Kaufkraftausstattung und Vertragsbeziehungen. Der Wohlfahrtsstaat begründet eine neue Dimension für die Verteilung von Lebenschancen.

4. »Soziale Klassen«. »Besitz-«, »Erwerbs-« und »Versorgungsklassen« sind als solche noch keine sozialen Einheiten, d. h. Gebilde gleicher Verhaltensweisen, spezifischer Interaktionsdichte oder ähnlicher Wertorientierungen. Sie stellen zunächst nur Kategorien von Personen dar, die im Hinblick auf bestimmte Ele-

mente ihrer Lebenslage eine Gleichartigkeit aufweisen, ohne jedoch schon »vergesellschaftet« zu sein. Um die Vergesellschaftung von sozialen Kategorien zu erfassen, empfahl Weber die Einführung einer gesonderten Bezeichnung »soziale Klasse«. Soziale Klassen in seinem Sinn sind »Gesamtheiten von Klassenlagen, zwischen denen ein Wechsel persönlich und in der Generationenfolge leicht möglich und typisch stattzufinden pflegt«.[14] Im Vergleich zur Erforschung von Einkommensklassen und Vermögensklassen ist der Forschungsstand über »soziale Klassen« im hier gemeinten Sinn sehr viel geringer, insbesondere soweit es sich um allgemeine Aussagen über Gesamtgesellschaften handelt.

Aus der Auswertung der Mikrozensuszusatzerhebung über berufliche und soziale Umschichtung der Bevölkerung 1971 ist es für die Bundesreublik gelungen, nähere Anhaltspunkte für die soziale Mobilität zwischen Berufskategorien zu gewinnen.[15] Dabei ist auch erstmals eine repräsentative Erfassung der Heiratsbeziehungen zwischen verschiedenen Berufsgruppen gelungen. Das connubium ist gerade für die Ausbildung von »sozialen Klassen« ein wichtiger Indikator, der sowohl den personalen Interaktionsraum wie den typischen Mobilitätsbereich sozialer Gruppen bestimmt. Auch Weber rechnete das connubium zu den Merkmalen »ständischer« Verkehrskreise (s. Tabelle 4 auf S. 184!).

Wenn man diese Ergebnisse betrachtet, ist zunächst festzustellen, daß die Bauern eine offenbar besonders hohe Selbstrekrutierung der Ehepartner aufweisen. Die nächst wichtigsten Austauschbeziehungen bestehen zwischen den Bauern und den Arbeitern, worin der fließende Übergang zwischen den Nebenerwerbslandwirten und den sog. Arbeiterbauern zum Ausdruck kommt. Doch insgesamt dürfen die Bauern als eine auch im connubium deutlich abgeschlossene Bevölkerungsgruppe angesprochen werden, die im wesentlichen nur über die Abwanderung mit der Gruppe der Arbeiter vermittelt ist.

Die Arbeiter wählen zu zwei Dritteln ihre Ehefrauen aus dem Kreis der Töchter von Arbeitern und zeigen damit eine sehr hohe Binnenrekrutierung im connubium. Rechnet man dazu noch den Anteil der Arbeiterehefrauen, deren Vater Landwirt war, zeigt sich eine erhebliche Interaktionsbarriere zu den nicht-manuellen Berufsgruppen der Angestellten und Beamten. Hier liegt zweifellos eine strukturell erhebliche Grenzlinie für die Formierung von »sozialen Klassen«. Dennoch ist ein erheblicher Austausch zwischen der Arbeiterschaft und den Angestellten und Beamten festzustellen: Etwa die Hälfte der einfachen und mittleren Angestellten und Beamten wählt ihre Ehefrauen aus dem Kreis der Ar-

Tab. 4: Soziale Herkunft der Ehefrauen von Männern
verschiedener Berufsgruppen

Beruf des Ehemannes 1971	Beruf des Vaters der Ehefrau								Anteil der Ehemänner
	1	2	3	4	5	6	7	8	
1. Landwirte	81	6	5	1	1	1	0	5	4
2. un- und angelernte Arbeiter	17	40	26	5	4	1	0	7	20
3. Facharbeiter, Vorarbeiter, Meister	10	29	37	6	7	2	0	9	29
4. einfache Beamte und Angestellte	10	24	30	11	9	3	1	12	5
5. mittlere Beamte und Angestellte	7	18	31	8	15	6	1	14	17
6. gehobene Beamte und Angestellte	6	9	24	7	17	14	4	19	12
7. höhere Beamte und Angestellte	4	4	13	4	14	22	15	24	3
8. Selbständige	10	13	24	6	11	8	3	25	10
Anteile der Väter	13	23	29	6	9	5	2	13	100

Quelle: K. U. Mayer, Statushierarchie u. Heiratsmarkt, in: J. Handl
u. a., Klassenlagen u. Sozialstruktur, Frankfurt 1977, S. 176 (vereinfacht).

beitertöchter. Diese Austauschbeziehung ist stark asymmetrisch,
da die Arbeiter nur zu etwa 10 % ihre Ehefrauen aus dem Kreis
der Töchter von Angestellten und Beamten wählen. Wir haben es
offenbar mit zwei sozialen Prozessen zu tun: einmal mit einer
starken Binnenrekrutierung der Arbeiter, die insgesamt zahlenmäßig stagnieren, zum zweiten mit einem asymmetrischen Austausch zwischen Arbeitern und Angestellten infolge der starken
Expansion der mittleren und gehobenen Angestellten. Das Wachstum des tertiären Sektors führt zu einer Aufstiegsmobilität der
Arbeiter und gleichzeitig zu hoher Selbstrekrutierung der Arbeiter und damit Abgrenzung von den nicht-manuell Tätigen. Bedeutsam für die soziale Vermittlung der Arbeiter mit anderen
Schichten sind insbesondere die Heiratsbeziehungen zu den Selbständigen, die zu 37 % ihre Ehefrauen aus dem Kreis der Arbeitertöchter rekrutieren. Das Schrumpfen der gewerblich Selbstän-

digen, insbesondere der Handwerker mit weniger als 10 Beschäftigten, trifft daher die Mobilitätschancen der Arbeiter besonders.

Was nun die Angestellten und Beamten betrifft, ist zunächst – wie schon gesagt – darauf hinzuweisen, daß die mittleren und gehobenen Angestellten und Beamten die bei weitem stärksten Zuwachsraten aufweisen und damit natürlich die geringsten Chancen der Selbstrekrutierung haben. Dies sind infolgedessen auch die Berufsgruppen, die über das connubium die stärkste Vermittlung zwischen Arbeiterschaft und Angestelltenschaft darstellen, d. h. eine »soziale Klasse« mit noch relativ heterogener Herkunft. Die höheren Angestellten und Beamten sind demgegenüber bereits weitgehend aus dem Zusammenhang mit der Arbeiterschaft herausgelöst und können sich überwiegend aus den nicht-manuell Tätigen rekrutieren. Beachtlich bleibt allerdings bei ihnen die starke Heiratsbeziehung mit den Töchtern von Selbständigen. Da die Selbständigen eine schrumpfende Berufsgruppe sind, müssen sie Töchter »abgeben«, wobei dies offenbar nach dem Prinzip der sozial homogenen Partnerwahl nach Prestige und sozio-ökonomischer Gleichheit erfolgt.

Die Selbständigen sind nach Tätigkeit und sozio-ökonomischem Status sowie Bildungsgrad überaus heterogen, und dementsprechend ist auch ihr Heiratsverhalten das uneinheitlichste aller Berufsgruppen. Der relativ stärkste Austausch besteht einerseits mit den Facharbeitern und andererseits mit den höheren Beamten und Angestellten, worin sich die Zusammensetzung der Selbständigen aus den Handwerkern einerseits, aus den freien Berufen andererseits widerspiegelt.[16]

Zusammenfassend könnte man aus dieser Perspektive zu folgenden Aussagen über die Formierung von »sozialen Klassen« kommen. Die in einem Prozeß der Schrumpfung befindlichen Bauern zeigen eine hohe Selbstrekrutierung und vermutlich auch sozio-kulturelle Abschließung. Nach erreichter Stabilisierung des Anteils der Bauern an der Erwerbsstruktur wird voraussichtlich die starke Selbstrekrutierung der Ehefrauen sich vermindern, wobei dann nur noch die Bauern in guter Ertragslage und mit guten Betriebs- und Arbeitsverhältnissen eine Chance haben werden Ehefrauen aus nicht-landwirtschaftlicher Herkunft zu gewinnen, eine Situation, die bereits heute erkennbar wird überall dort, wo die Lebens- und Arbeitsverhältnisse der Landwirtschaft unter das Niveau des »normalen« Arbeitnehmers fällt.

Die Arbeiter werden bei tendenziell fortschreitender leichter Kontraktion ihres Beschäftigtenanteils und bei Aufhören des Zustroms aus der Landwirtschaft eine zunehmende Selbstrekrutierung ihrer Ehefrauen zeigen und vermutlich auch sozial-moralisch eine größere Distanz zu anderen Berufsgruppen entwickeln. Ihre Zustromschancen liegen nicht mehr bei der landwirtschaftlichen Überschußbevölkerung, sondern im wesentlichen bei den Absteigern aus dem nicht-manuellen Bereich der unteren Angestellten.

Bei den Angestellten und Beamten wird bei weiterer Zunahme des Anteils an den Erwerbstätigen eine relative Offenheit der Rekrutierung bestehen bleiben, wobei eine interne Graduierung durch Bildungspatente größere Bedeutung gewinnt. »Soziale Klassen« werden sich also dauerhaft erhalten im Hinblick auf die Bauern und die Arbeiter, inwieweit sich die nicht-manuellen als solche, oder die gehobenen und höheren Schichten der Angestellten und Beamten im besonderen zu einer oder mehreren »sozialen Klassen« dauerhaft formieren, ist nicht mit Sicherheit vorauszusagen. Die vermutlich entscheidenden Fragen sind dabei einmal der Grad sozialpolitischer und einkommenspolitischer Vergleichbarkeit zwischen den mittleren Angestellten und den qualifizierten Arbeitern, und zum zweiten der Grad der Durchsetzung von professionspolitischen, einkommenspolitischen und kompetenzmonopolisierenden Interessenlagen der höheren Angestellten, Beamten und freiberuflich Tätigen. Je nachdem wird sich die sozial-moralische Abgrenzung gegenüber der Masse der mittleren Angestellten und Beamten verstärken. Angesichts der starken Zunahme der für diese Berufsgruppen konstitutiven Bildungspatente ist die Frage der homogenen Interessenlage dieser Berufsgruppen unbestimmt, denn es könnte auch mit einer teilweisen Nivellierung der Privilegien dieser Berufsgruppen gerechnet werden.[17]

Eine andere Möglichkeit, gesamtgesellschaftliche Aussagen über die Homogenität von Berufsgruppen und Schichten im Hinblick auf die Formierung spezifischer »sozialer Klassen« zu gewinnen, besteht in der Analyse des politischen Verhaltens, insbesondere des Wahlverhaltens, soweit das Parteiensystem, auf das sich dieses Verhalten bezieht, eine ausreichende symbolische Repräsentation von »Klassenmentalitäten« und »Klasseninteressen« bietet (s. Tabelle 5 auf S. 187!).

Auch im politischen Verhalten bestätigt sich die große Homogenität der Bauern, wogegen sich für alle anderen Berufsgruppen keine so geschlossene Ausprägung einheitlichen Wahlverhaltens ergibt. Dennoch ist eine deutliche politische Mehrheitsmeinung bei den Selbständigen und den höheren Angestellten und Beamten festzustellen, ebenso wie bei den ungelernten Arbeitern. Bemerkenswert erscheint demgegenüber die über die beiden großen Parteien recht gleichmäßig verteilte Wahlentscheidung bei den ge-

Tab. 5: Wahlentscheidung und Beruf des Haushaltsvorstandes
1976

	CDU/CSU	SPD	FDP
Arbeiter			
ungelernte	36	62	2
gelernte	44	49	6
Angestellte und Beamte			
einfache und mittlere	45	44	10
höhere	58	28	14
Selbständige			
kleine und mittlere	63	32	5
größere und große	62	28	10
Bauern	87	11	2

Quelle: M. *Berger* u. a., Bundestagswahl 1976: Politik und Sozialstruktur, in: Zeitschrift für **Parlamentsfragen**, 1977/2.

lernten Arbeitern und den einfachen und mittleren Angestellten und Beamten. Kirchenbindung und Gewerkschaftsbindung spielen bekanntlich eine durchschlagende Rolle, doch ist gerade dieser Umstand von Bedeutung für die Bewertung des Grades der »Klassenformierung« innerhalb der »Arbeitnehmergesellschaft«. Die starke Annäherung von gelernten Arbeitern und einfachen und mittleren Angestellten signalisiert eine relativ geringe Polarisierung im politischen Selbstverständnis dieser sozialen Schichten untereinander. Die Ausbildung eines übergreifenden Selbstverständnisses, das stärker durch schichtunspezifische Wertorientierungen bestimmt wird, scheint wesentlicher. Demgegenüber stellen sich höhere Angestellte und Beamte wesentlich anders in ihrem Wahlverhalten dar, was eine höhere schichtspezifische Homogenität in der Wertorientierung (und in der Interessenlage) ausdrücken könnte. Jedenfalls, und das soll in diesem Zusammenhang festgehalten werden, gibt das Parteiensystem in der Bundesrepublik geringeren Anlaß, ein politisches Verhalten zu akzentuieren, das »soziale Klassen« symbolisiert, als dies bei anderen Parteiensystemen in der Gegenwart wie in der deutschen Vergangenheit der Fall war bzw. ist.

Schließlich können Meinungs- und Einstellungsdaten für die Prüfung von Homogenitätsgraden »sozialer Klassen« verwendet werden. Angesichts der großen Zahl solcher Daten ist eine systematische Diskussion in diesem Zusammenhang allerdings nicht möglich. Immerhin seien einige allgemeine Tendenzen hervorgehoben. Zunächst ist darauf hinzuweisen, daß politisches Interesse und politische Teilnahme mit steigender Schulbildung regelmäßig zunimmt. Angesichts der geringeren Schulbildung der Arbeiter findet sich bei ihnen auch das relativ geringste politische Interesse und die geringste politische Teilnahme. Dabei muß es offen bleiben, ob dies primär durch die Lebenslage oder durch den Ausbildungsgrad verursacht wird, so daß nicht ohne weiteres von einer typischen, an die Lebenslage gebundenen Apathie der Arbeiter gesprochen werden kann, auch wenn dies häufig geschieht. Bei der Beurteilung der eigenen Lage und der Chancengleichheit im allgemeinen geben Arbeiter im Durchschnitt negativere Urteile als Angestellte und Selbständige, worin eine realistische Einschätzung der relativen Unterprivilegierung der Arbeiter zum Ausdruck kommt. Dennoch findet sich keine durchgängige Andersartigkeit in der Beurteilung der Lebensumstände und der Zufriedenheit mit der eigenen Lage zwischen Arbeitern und Angestellten, so daß nicht von einem tiefgreifenden Unterschied im Lebensgefühl ausgegangen werden kann. Meinungsdaten zeigen jedenfalls keine subkulturell dramatische Unterscheidung zwischen den Arbeitern und Angestellten.

Ein häufig verwandter Indikator sei zum Schluß noch angeführt, nämlich die subjektive Selbsteinschätzung der Schichtzugehörigkeit.

Tab. 6: Selbstzurechnung zu sozialen Schichten
nach Beschäftigungskategorien

	Arbeiter-schicht	Mittel-schicht	obere Mittel- und Oberschicht	keine Selbst-zurechnung
Landwirte	21	55	6	18
Selbständige	3	66	23	8
Beamte	10	64	21	5
Angestellte	11	73	13	3
Arbeiter	60	35	1	4
Insgesamt	30	55	9	6

Quelle: Komponenten der Wohlfahrt in der Bundesrepublik Deutschland. Ergebnisse einer repräsentativen Bevölkerungsumfrage im Juni 1978. Sonderforschungsbereich 3, Mikroanalytische Grundlagen der Gesellschaftspolitik, Frankfurt und Mannheim. Tabellenband von C. Siara, Mannheim 1979, S. 9.

Bei aller Vorsicht, die bei der Interpretation von Umfrageergebnissen angebracht ist, kann man daraus doch entnehmen, daß eine Mehrheit sich selbst der Mittelschicht zurechnet, die auch 35 % der Arbeiter umfaßt. Freilich kann vermutet werden, daß bei der Hinzufügung einer Kategorie »Unterschicht« der Anteil der Arbeiterschicht etwas größer gewesen wäre. So zeigten die Ergebnisse einer Umfrage im Jahre 1972, bei der auch diese Kategorie vorgegeben worden war, folgende Verteilung: Arbeiterschicht 38 %, Mittelschicht 51 %, obere Mittelschicht und Oberschicht 9 %.[18] Doch auch hier tritt in der Generationenfolge und entsprechend der sektoralen Umschichtung der Erwerbsstruktur ein Wandel ein, der gut zum Ausdruck kommt, wenn man die Verteilungen der Selbstzurechnung über verschiedene Altersgruppen verfolgt.

Tab. 7: Selbstzurechnung zu sozialen Schichten
nach Alterskategorien

	Arbeiter-schicht	Mittel-schicht	obere Mittel- und Oberschicht	keine Selbst-zurechnung
über 60 Jahre	39	47	7	7
35—59 Jahre	30	58	9	3
18—34 Jahre	23	58	12	7

Quelle: wie bei Tabelle 6.

Die starken Veränderungen im Berufssystem haben in den letzten Jahrzehnten zusammen mit der kontinuierlichen Wohlstandshebung zu einer erheblichen Veränderung im Schichtungssystem und in der Wahrnehmung des Schichtungssystems geführt. Das kommt bei den jüngeren Alterskohorten weit stärker zum Ausdruck als bei den älteren, die selbst nicht in diesem Maße von der Veränderung des Berufssystems erfaßt wurden und in ihrer Selbstwahrnehmung entsprechend konservativ geblieben sind. Die Mobilität im Berufssystem hat dazu geführt, daß 75 % der zwischen 1920 und 1940 geborenen Männer im Jahre 1971 eine andere berufliche Stellung innehatten als ihre Väter. Die Hälfte dieser Veränderungen kann auf die Veränderung des Berufssystems selber zurückgeführt werden, die andere ist hingegen individuelle Mobilität innerhalb eines konstanten Berufssystems.[19]

Die in diesen Zahlen zum Ausdruck kommende starke berufliche Mobilität kommt im einzelnen in der Tabelle 8 zum Ausdruck. Durchgängig ergibt sich etwa ein Anteil von 40 % der Söhne, die direkt die gleiche berufliche Stellung wie ihre Väter einnehmen. Der Austausch zwischen den Gruppen der Arbeiter und der Angestellten ist dabei in den Bereichen der Facharbeiter und der einfachen und mittleren Angestellten beträchtlich: 40 % der Söhne von Facharbeitern werden Angestellte, und 30 % der Söhne von Angestellten werden Arbeiter. Hingegen sind die Aufstiegschancen der Söhne von un- und angelernten Arbeitern mit 25 % relativ gering, und die Abstiegschancen der Söhne von gehobenen Angestellten und Beamten mit 10 % die jeweils Arbeiterberufe innehaben, sehr gering. So wirkt die große berufliche Mobilität nur für einen Teil auch als soziale Mobilität. Dennoch ist die starke Veränderung des Berufssystems ein strukturelles Merkmal, das gegen eine Verhärtung von Klassenformierungen wirkt.

Tab. 8: Mobilität von Männern, die 1920–1940 geboren wurden, nach dem Beruf ihrer Väter zum Erhebungszeitraum 1971

Beruf der Söhne:	Land-wirte	Selb-ständige	einfache und mittlere Beamte und Angest.	gehobene Beamte und Angest.
Berufe der Väter				
Landwirte —9 ha	17	6	11	3
Landwirte 10 ha u. mehr	42	6	9	5
Selbständige —1 Mitarbeiter	1	28	19	12
Selbständige 2—9 Mitarbeiter	1	37	18	15
Selbständige 10+ Mitarbeiter	0	45	14	19
einf. u. mittlere Beamte u. Angestellte	0	9	35	20
gehob. Beamte u. Angest.	0	12	22	41
höhere Beamte u. Angest.	0	12	14	32
un- u. angelernte Arbeiter	0	5	16	4
Facharb., Vorarbeiter, Meister	0	8	22	10
Anteile der Söhne	4.6	10.5	19.9	11.9
Differenz Väter/Söhne	—9.6	—3.1	+5.7	+6.6

Beruf der Söhne:	höhere Beamte und Angest.	un- und angelernte Arbeiter	Fach- u. Vorarb., Meister	Anteile der Väter
Berufe der Väter				
Landwirte —9 ha	1	39	22	6.9
Landwirte 10 ha u. mehr	2	24	14	7.3
Selbständige —1 Mitarbeiter	4	16	20	6.8
Selbständige 2—9 Mitarbeiter	5	7	17	5.6
Selbständige 10+ Mitarbeiter	10	3	9	1.2
einf. u. mittlere Beamte u. Angestellte	5	10	21	14.2
gehob. Beamte u. Angest.	14	3	9	5.3
höhere Beamte u. Angest.	36	2	3	1.9
un- u. angelernte Arbeiter	0	40	35	23.0
Facharb., Vorarbeiter, Meister	1	18	41	27.6
Anteile der Söhne	3.5	21.7	27.3	
Differenz Väter/Söhne	+1.6	—1.3	—0.3	

Quelle: K. U. Mayer, Fluktuation u. Umschichtung, unveröff. Habil.-Schrift Mannheim 1977, S. 139.

Hinzu kommt die Wirkung der Ausdehnung des sekundären und tertiären Bildungswesens. Immerhin ist der Anteil derjenigen, die nur die Volksschule besucht haben, von der Altersgruppe der über 60jährigen mit 72 %, über die Altersgruppe der 35–59jährigen mit 68 % bis zur Altersgruppe der 18–34jährigen mit 47 % erheblich gesunken.[20]

Welche Folgen sich daraus für die Ausbildung von »sozialen Klassen« ergeben werden, kann nur vermutet werden. Entscheidend scheint dabei der Umstand zu sein, daß die niedrig qualifizierte Arbeiterschicht durch die landwirtschaftliche Überschußbevölkerung keinen Zustrom mehr erhalten wird. Wenn die Rekrutierung der unqualifizierten Arbeiter aber nur noch aus sich selber erfolgt, muß mit einer über die Generationenfolge sich verschärfenden Abgrenzung dieses Teils der Bevölkerung gerechnet werden. Wenn sie primär durch ausländische Arbeiter ergänzt würde, dann würde eine ethnische Heterogenität der unqualifizierten Arbeiter eintreten, die weder ihre Organisationskraft noch ihre sozialmoralische Integration erhöhen würde. Nur durch sozialpolitische Maßnahmen kann die Ausbildung eines neuen ethnisch heterogenen Proletariats begrenzt werden.

Für die qualifizierte Arbeiterschaft bedeutet hingegen der Zustrom von ausländischen Arbeitern in der Regel eine Statushebung durch »Unterschichtung«.[21] Das Ausmaß dieser kollektiven Hebung durch Unterschichtung hängt von der Quantität der Berufsqualifikation und dem politischen Status der ausländischen Arbeiter ab. Tendenziell entsteht eine breite »Arbeitnehmermitte«, die weder politisch noch sozial-moralisch größere Gegensätze aufweist, und nach Einkommenslage, Bildungschancen und Berufssicherheit in einer zwar graduierten aber doch einheitlichen Lebenslage sich befindet mit fließenden Grenzen untereinander. Dies würde durch den Abbau der jetzt noch wirkungsvollen Mobilitätsgrenzen über Bildungsabschlüsse, d. h. durch den Ausbau der Berufsbildung und Fortbildung verstärkt werden.

Abgehoben werden die höheren Berufsqualifikationen bleiben, und zwar sowohl über die Bildungspatente wie über die durch diese monopolisierbaren Berufe und Leitungsfunktionen. Sowie sich die Expansion dieser Bildungsqualifikationen stabilisiert und die mit ihr verbundene Ausweitung dieser Berufspositionen aufhört, wird die Tendenz zur Selbstrekrutierung in der Generationenfolge steigen. Bei hoher Organisationskraft und überdurchschnittlichem Zugang zu politischen Entscheidungsgremien haben diese Bevölkerungsteile eine gute Chance, ihre Interessen durchzusetzen.

Max Weber unterschied vor etwa 60 Jahren vier soziale Klassen: die Arbeiterschaft als Ganzes, das Kleinbürgertum, die besitzlose Intelligenz und Fachgeschultheit, sowie die Klasse der Besitzenden und durch Bildung Privilegierten.[22] Vielleicht wären folgende Modifizierungen in Betracht zu ziehen.

1. In der Arbeiterschaft besteht eine Tendenz einerseits zur Ausdifferenzierung einer Unterschicht und andererseits zur Angleichung der qualifizierten Arbeiter an die unteren und mittleren Angestellten und Beamten. Diese traditionelle Spannung innerhalb der Arbeiterschaft wird primär durch die Gewerkschaften vermittelt und sozialpolitisch überbrückt.

2. Das »Kleinbürgertum« ist expandiert, aus der Orientierung am »alten Mittelstand« gelöst und möglicherweise im Übergang zu einer neuen »Arbeitnehmerschicht«.

3. Die »besitzlose Intelligenz und Fachgeschultheit« der Angestellen oder Beamten wird voraussichtlich zunehmen. Ihre Angehörigen sind weiterhin deutlich abgehoben und füllen die Leitungspositionen von Unternehmen, Organisationen und öffentlichen Institutionen. Auf der Grundlage dieser Positionen erreichen sie überdurchschnittliche Einkommen. Prozesse der Profes-

sionalisierung sichern ihnen relative Handlungsautonomie innerhalb von Organisationen und gegenüber anderen Institutionen.

4. Die Klasse der Besitzenden ist demgegenüber quantitativ wie
dem Einfluß nach zurückgegangen. Die Ausübung der durch Eigentumsrechte gestützten Handlungsautonomie ist von den Besitzenden zum großen Teil auf die besitzlose Intelligenz übergegan-
gen, soweit diese Organisationen und Unternehmungen, die nach
privatrechtlichen Prinzipien organisiert sind, leiten. Die Bedeutung des Eigentums ist nicht mehr beschränkt auf die Verfü-
gungsfreiheit der Eigentümer, sie beruht heute insbesondere darin,
daß aufgrund privaten, genossenschaftlichen oder öffentlichen
Eigentums relativ autonome Handlungskompetenzen organisiert
werden können, unbeschadet des Ausmaßes von wirtschaftlichen
Mitteln, die an das Eigentum gebunden sind.

Bei aller semantischen Gleichheit der Bezeichnungen von gesellschaftlichen Großgruppen über die Zeit ist allerdings zu betonen, daß die realen Phänomene, die durch diese Bezeichnungen
erfaßt werden sollen, sich über die Zeit wesentlich verändern. Dies
gilt für »soziale Klassen« insbesondere in zweierlei Hinsicht, im
Ausmaß des faktisch bestehenden Lebensstandards, der über die
letzten Jahrzehnte erheblich erhöht worden ist, wie im Hinblick
auf den Bildungsstand, der sich ebenfalls beträchtlich gehoben
hat. Jedenfalls darf das Fortbestehen bestimmter gesellschaftlicher
Großgruppen nicht so verstanden werden, als ob sich damit eine
intertemporale Gleichartigkeit der typischen Lebenserfahrung und
Interessenlage verbinden würde.

II. Rahmenbedingungen für die Interessenformierung und Interessenvermittlung

Mit der Frage nach der Klassenstruktur einer Gesellschaft war
stets mehr als eine Beschreibung von Ungleichheiten in den typischen Lebenslagen von Bevölkerungsgruppen beabsichtigt. Die
Gleichartigkeit der Lebenslage sollte auch Aufschluß geben über
die strukturellen Interessenformationen und die sich auf ihnen
aufbauenden politischen Kräftekonstellationen. In diesem Sinne
waren schon für Karl Marx »Klassen an sich« »politische Bewegungen« auf der Grundlage sozialstrukturell gleichartiger Interessenlagen. Ihren konkreten und geschichtsmächtigen Charakter erhielten diese politischen Bewegungen durch ihre Organisation, die
Bestimmung des Gegners, die Formulierung einer Ideologie und

durch eine politische Führung. In dieser Verklammerung von sozialstruktureller Lebenslage und politischer Organisation lag die überragende Bedeutung des Klassenbegriffs als Instrument gesamtgesellschaftlicher und historischer Analyse.

Auch Weber schließt sich dieser Perspektive an, wenngleich seine konkreten gesamtgesellschaftlichen und historischen Analysen eine komplexere Fassung der Konstellationselemente enthielten, da für ihn eine geschichtsphilosophisch begründete Vorrangigkeit von »vergesellschaftetem Klassenhandeln« nicht durchschlagend sein konnte. Ich möchte daher im folgenden, eher Weber folgend als Marx, einige Argumente zusammentragen, die von Bedeutung sein könnten für die Prüfung der Frage nach der Aussagekraft des Klassenbegriffes für die Untersuchung von Interessenformierung und Interessendurchsetzung in modernen Industriegesellschaften oder in der Formulierung von Giddens für den Grad der Klassenstrukturierung moderner Gesellschaften des parlamentarisch demokratischen Typs.

1. Institutionalisierungen sozialer Konflikte. Die Entwicklung der politischen Ordnungen westlicher Industriegesellschaften in den letzten Jahrzehnten läßt sich charakterisieren durch die Ausbildung einer Vielzahl neuer Institutionen zur Bewältigung und Regelung sozialer Konflikte. Die Bundesrepublik ist auf diesem Wege vielleicht weiter fortgeschritten als andere westliche Staaten. Zu diesen institutionellen Neubildungen gehören für den Bereich von Klassenkonflikten insbesondere: das Arbeitsrecht, die Sozialversicherungssysteme, die Tarifvertragsfreiheit, die Mitbestimmung auf Unternehmensebene und die Betriebsverfassung. Dies sind keineswegs alle bestehenden neuen Institutionalisierungen von Konflikten, nur jene, die unmittelbar für den traditionellen Klassenkonflikt zwischen Arbeitnehmern und Arbeitgebern Bedeutung haben.

Die Wirkung dieses Institutionengeflechts liegt tendenziell darin, daß Konfliktinhalte desaggregiert, spezifiziert und auf je bestimmte Austragungsorte differenziert werden. Mit anderen Worten, durch die Institutionalisierung von sozialen Konflikten tritt an die Stelle eines inhaltlich umfassenden »Zentralkonflikts« die Ausformung von zahlreichen Einzelkonflikten, an die Stelle diffuser und wertgeladener »Grundsatzfragen« eine Reihe von jeweils spezifischen »Regelungsproblemen«, an die Stelle prinzipieller »Verfassungsfragen« eine Reihe von pragmatischen »Verfahrensfragen«. Je nach der Art des entsprechenden Institutionenmusters ergibt sich daraus eine größere oder geringere Teilbarkeit von ehemals komplexen Konfliktgegenständen, eine größere oder geringere Differenzierung der Ebenen des politisch-sozialen Entscheidungs- und Implementierungssystems, auf denen die Konfliktbehandlung stattfindet, und eine größere oder geringere Chance der Anpassungselastizität der jeweiligen Konfliktparteien an strukturellen Wandel und für die Gewinnung von Legitimität.[23]

Der Klassenkonflikt in der zweiten Hälfte des 19. Jahrhunderts gewann dadurch seine Strukturbedeutung, daß zahlreiche einzelne Probleme, die mit der Industrialisierung entstanden waren: Arbeitsbedingungen, Entlohnung, Wohnungsversorgung, Alters- und Krankheitssicherung, politische Teilnahme sich zu »dem« Klassenkonflikt aggregierten. Je umfassender der Inhalt dieses Konfliktes war, desto allgemeiner und wertgeladener mußte er erscheinen. Da ferner keine angemessenen Arenen für die Austragung dieses Konfliktes bestanden, konnte er nicht in Verhandlungsformen gebracht werden, so daß er sich zunächst als ein prinzipieller Systemkonflikt darstellen mußte. Angesichts dieser Lage blieb der »Gegner« auch relativ unbestimmt, und das »System« des Kapitalismus als solches wurde zum Gegner. Da zugleich auch keine oder nur sehr beschränkte Teilnahmechancen am zentralen politischen Steuerungssystem für die Arbeiterschaft bestanden, wurde die Verfassung als solche entlegitimiert und erschien die Revolution als einzig geeignetes Mittel zur Veränderung. Der typische Klassenkonflikt des 19. Jahrhunderts war daher nicht primär Ausdruck von Verteilungskämpfen, sondern von Verfassungskämpfen um die Entwicklung neuer politischer, wirtschaftlicher und sozialer Institutionen. In dem Maße, in dem solche Institutionen sich stärker ausgebildet haben, verliert der Klassenkonflikt seinen Charakter als Verfassungskonflikt und nimmt zunehmend die Form von Verteilungskonflikten an. Damit aber erfolgt zugleich eine Desaggregierung der Konfliktinhalte, eine Teilbarkeit der Konfliktgegenstände und damit eine größere Kompromißfähigkeit in der Konfliktlösung, eine zunehmende verfahrensmäßige Kodifizierung der Austragungsformen.

Unangesehen des jeweiligen »Problemdruckes«, der aus strukturellen Konflikten in Gesellschaften entsteht, hat das Institutionensystem als solches eine Eigenbedeutung für die Vergrößerung oder Verminderung von mobilisierbarer Konfliktmacht, von Legitimitätssicherung und Anpassungselastizität. Interessenformierung und Interessenvermittlung werden institutionell geformt, und je mehr dies der Fall ist, desto geringer wird die Wahrscheinlichkeit der ideologischen Dramatisierung für die Interessenformierung und der unmittelbaren Mobilisierung von Interessengenossen für die Erzwingung der Interessenvermittlung in das Entscheidungs- und Implementationssystem von Gesellschaften. Insofern ist es plausibel, daß Klassenbewegungen von abnehmender Strukturbedeutung für moderne pluralistisch-demokratische Gesellschaften werden.

Diese Bemerkungen sollen nun nicht bedeuten, daß Ideologien oder Klasseninteressen keine Bedeutung mehr hätten, sie wollen aber darauf hinweisen, daß die Analysen von Ideologien und »Klasseninteressen« nicht unmittelbar aus der sozialen Lage von Bevölkerungsteilen abgeleitet werden können, sondern stets die Eigenwirkungen des Institutionensystems, über das Formierung und Vermittlung von Interessen erfolgt, systematisch zu beachten haben. Es ist hier nicht der Ort, die Wirkungsweise des gegenwärtigen Systems der Institutionalisierung von Konflikten systematisch zu analysieren. Doch sei wenigstens andeutungsweise auf einige Aspekte hingewiesen, die für die Ausbildung von Klassen als politisch organisierte Interessengebilde von Bedeutung sind.

Für eine Gesellschaft, in der die ganz überwiegende Mehrzahl der Erwerbstätigen als Arbeiter, Angestellte und Beamte unselbständig beschäftigt ist, hat die Regelung der Arbeitsbedingungen eine strukturdominante Bedeutung. Dazu gehört die Regelung der Arbeitszeit, der Inhalte der Arbeitsvollzüge, die Form und der Inhalt der Anweisungsunterworfenheit im Arbeitsverhältnis, die Regelung von Einstellung und Ausstellung, die Prinzipien der Entlohnung und dergleichen mehr. In der heutigen Situation werden diese Elemente der Arbeitsordnung weitgehend kollektiv und prinzipiell gleichartig durch das Arbeits- und Sozialrecht, die Tarifverträge und die Betriebsverfassung bestimmt, wobei sowohl gerichtliche wie von den Tarifparteien paktierte Sanktionsmittel zur Sicherung dieser Regelungen bereitstehen. Damit ist eine institutionell weitgehend normierte Arbeitsordnung entstanden, die eine materiell unterschiedliche, aber formell gleichartige Grundstruktur der Lebenssituation darstellt. Dies ist zugleich eine gemeinsame Basis für die auf der Erfahrung der Arbeit aufbauende sozial-moralische Einheit der Gesellschaft. Die Idee der staatsbürgerlichen und rechtlichen Gleichheit der Mitglieder einer Gesellschaft erstreckt sich auch auf eine gleichartige Rechtsstellung als Arbeitnehmer in der Arbeitsordnung. Je stärker die Arbeitsordnung schichtspezifische Ungleichheiten aufweist, desto stärker werden die Differenzierungen in den schichtspezifischen sozial-moralischen Leitideen sein. Daraus folgt nicht nur eine starke subkulturelle Differenzierung der Gesellschaft, sondern auch eine

Disposition für unterschiedliche politische Organisationen und Ideologien.

Unter den genannten institutionellen Komponenten der kollektiven Strukturierung der Arbeitsbedingungen möchte ich besonders die Betriebsverfassung herausgreifen. Eine Interessenvermittlung von Arbeitnehmern und Arbeitgebern auf der Ebene von Betrieben setzt eine Institutionalisierung voraus, die eine tatsächliche Einflußchance der Arbeitnehmer und andererseits eine Handlungsautonomie der Betriebsleitung sichert. Um diese gegensätzlichen Funktionen zu verbinden, kommt es insbesondere darauf an, daß im Rahmen der Betriebsverfassung nur solche Konfliktgegenstände zum Austrag kommen, die auch auf dieser Ebene entschieden und implementiert werden können. Betriebsverfassungen, durch die auf betrieblicher Ebene gesamtgesellschaftliche Probleme geregelt werden sollen, müssen ihre Entscheidungskapazität überschreiten und sind daher von vornherein erfolgsbeschränkt. Eine funktionierende Betriebsverfassung bedarf daher der Ergänzung durch weitere Institutionen, ist nur in einem Institutionenverbund möglich. Dazu gehört ein gesamtgesellschaftliches Arbeits- und Sozialrecht mit einer leistungsfähigen Gerichtsverfassung, die verrechtlichte Konfliktfälle aus der Entscheidungskompetenz der Betriebsverfassung löst. Dazu gehört ferner ein funktionierendes System tarifvertraglicher Regelungen über die Rahmenbedingungen von Entlohnung, Arbeitszeit und Beschäftigungsbedingungen, die einheitlich für Tarifgebiete und Wirtschaftszweige gelten.

Um aber die Betriebsverfassung in einen Institutionenverbund einzufügen, bedarf es bestimmter Voraussetzungen auf der Seite der Gewerkschaftsorganisation. Wenig geeignet erscheinen dafür Betriebsgewerkschaften. Sie sind schon durch ihre Organisationsform nicht in der Lage, die Interessen der Arbeitnehmer auf überbetriebliche Institutionen zu übertragen und innerhalb eines Institutionenverbundes zu vermitteln. Auch ein Gewerkschaftssystem, das auf zahlreichen Berufsgewerkschaften aufbaut, ist weniger geeignet, eine komplexe Institutionalisierung sozialer Konflikte zu bewirken. Die Konkurrenz von Gewerkschaften innerhalb eines Betriebes führt zur Fragmentierung der Interessen der Arbeitnehmer und tendenziell zu einer partikularistischen Konfliktregelung auf niedriger Verhandlungsebene, etwa einer Betriebsabteilung. Dabei ist zwar ein hoher Anpassungsgrad an die Bedürfnisse der jeweiligen Arbeitssituationen möglich, andererseits aber eine geringere allgemeine Normierung für große Kategorien von Arbeitnehmern zu erwarten. Die englische Betriebsverfassung ist dafür ein Beispiel: eine hohe Thematisierung von geringen Lohnunterschieden und partikularistischen Arbeitsordnungsregelungen, die zu immer neuen Präjudizierungen anderer partikularistischer Einzelfallregelungen führt. Ein System von wenigen Industriegewerkschaften ist demgegenüber geeigneter, die Verklammerung von verschiedenen Ebenen der Konfliktaustragung und Arbeitsordnungsregelung zu übernehmen. Seine Problematik besteht dann mehr darin, bei hoher Interessenaggregation in den Gewerkschaftsspitzen, eine hinreichende Basisorganisation der Mitglieder zu sichern.

In Deutschland haben wir das umfaßendst ausgebaute Betriebsverfassungssystem, das durch die Mitbestimmung auf Unternehmensebene ergänzt wird. Bei starker institutioneller Differenzierung der Konfliktinhalte auf verschiedenen Ebenen der Konfliktinstitutionalisierung ist eine insgesamt relativ pragmatische Einstellung zur Konfliktlösung zwischen den Arbeitnehmern und den Arbeitgebern entwickelt worden. Die wesentlichsten Auseinandersetzungen finden außerbetrieblich in den Tarifverhandlungen statt, so daß die betriebliche Ebene von zahlreichen großen Konfliktgegenständen entlastet ist. Eine relativ geregelte und legitimierte Arbeitsordnung in den Betrieben hat bisher auch eine ideologische Mobilisierung der Arbeiterschaft nicht ermöglicht. Die Gewerkschaften haben sich an die wirtschaftlichen und technologischen Veränderungen elastisch anzupassen vermocht und insgesamt eine hohe Arbeitsproduktivität ermöglicht. Die Organisation der Gewerkschaften als Industriegewerkschaften hat auch eine allgemeine Arbeitnehmerorientierung statt einer Betonung von quasiständischen und schichtspezifischen Interessen und symbolischen Repräsentationen gefördert. Insgesamt kann man für die deutsche Situation von einer relativ ideologiearmen und pragmatischen Vermittlung der Arbeitnehmerinteressen auf der Betriebsebene sprechen. Die Funktion der Betriebsräte ist dabei von entscheidender Bedeutung für die Basisorganisation und die unmittelbar erfahrbare Mitwirkung an der Gestaltung der Arbeitsbedingungen.

Ich habe relativ ausführlich die Bedeutung der Betriebsverfassung für die Interessenvertretung und Interessenvermittlung der Arbeitnehmer in der modernen Industriegesellschaft herausgestellt. In ihr scheint mir die Basis zu liegen für alle weiteren Institutionen der schichtspezifischen Interessenvermittlung und Teilhabe der Masse der Erwerbstätigen in hochdifferenzierten und bürokratischen Gesellschaften. Der Zusammenhang zwischen den Institutionen der Konfliktvermittlung und der Ausbildung von politisch organisierten Klassen erfolgt über die jeweils dominante Interessenformierung und die Möglichkeiten der Interessenvermittlung. Aggregation und Desaggregierung der Konfliktinhalte, der Grad, in dem jeweils verschiedene Ebenen mit unterschiedlicher Regelungskompetenz ausgebildet und effektiv wirksam werden können, die Sicherung der Basislegitimation für das System der Interessenvermittlung bei gleichzeitiger Erhaltung der Kompromißelastizität der Verhandlungsrepräsentanten stellen dabei wesentliche Variablen dar. Klassenstrukturen sind daher insoweit strukturdominant, als zentrale Konfliktinhalte nur über die politische Organisation von Basismacht in die Entscheidungs- und Implementationssysteme einer Gesellschaft wirksam vermittelt werden können.

2. Pluralisierung der Machtarenen. Moderne Gesellschaften mit einem wirkungsvoll ausgebauten Verbandssystem zeichnen sich dadurch aus, daß neben der Marktmacht und der Staatsmacht auch Verbandsmacht entstanden ist. Insoweit ehemals Klassenbewegungen gegen die Marktmacht von Unternehmen entstanden sind, haben sie selber zur Pluralisierung der Machtarenen beigetragen. Die Machtappropriation von Verbänden verändert die Interessenformierung und die Interessendurchsetzung selber in einer Art, die tendenziell die Klassenbewegung nicht mehr zur gleichen Bedeutsamkeit bringt wie im Entstehungszeitraum der Machtappropriation der Verbände.

Das Beispiel für das Gemeinte kann vielleicht der Deutsche Bauernverband bieten, der die »Klassenlage« der Bauern trotz ihrer quantitativen Kontraktion und ihrer schrumpfenden Bedeutung für die Erwirtschaftung des Sozialprodukts in der Bundesrepublik in historisch einmaliger Weise gehoben hat. Die Verbandsmacht war in der Lage, gegen die schwache Marktmacht der Landwirtschaft und bei geringer politisch-ideologischer Dramatisierung die Interessen der Bauern vorzüglich in das politische System zu vermitteln und Staatsmacht für ihre Interessenlage zu mobilisieren. Im Falle der Landwirtschaft kommt strategisch hinzu, daß sie keinen Gegenverband vor sich hat, der eine unmittelbar konträre spezifische Interessenlage formieren und politisch vermitteln würde. Konkret bedeutet dies: Verbandsmacht kann Interessenlagen von Minderheiten bei geringer Marktmacht und dem Vorliegen günstiger Konstellationen dauerhaft durchsetzen, ohne die Formen einer »Klassenbewegung« zu entwickeln.

Die typische Lebenslage der Angehörigen einer Schicht wird bestimmt durch ihre Plazierung innerhalb eines Kräftedreiecks von Marktmacht, Staatsmacht und Verbandsmacht. Der Grad der Interessendurchsetzung einer Schicht über diese verschiedenen Arenen und in den Austauschbeziehungen zwischen diesen Arenen ist entscheidend. Dabei kann eine schlechte Position in einer dieser Arenen kompensiert werden durch eine starke Position in einer anderen oder durch eine Kombination von Einflußchancen auf zwei anderen Machtarenen. Die dynamische Grundkonstellation für jeweilige Chancen der Interessendurchsetzung innerhalb dieser Machtarenen und ihrer gegenseitigen Verflechtungen wäre für die Analyse des Grades der Klassenorientierung einer Gesellschaft von erheblicher Bedeutung.[24]

In der ursprünglichen Fokalisierung dieser Problematik stand die jeweilige Marktmacht von Klassen im Vordergrund. Asymmetrische Marktbeziehungen zwischen Kapital und Arbeit bestimmten die unterprivilegierten Einkommenslagen der Arbeiter und zugleich die Gewinnchancen der Kapitaleigner. Dieser Problemfassung wurde dann angefügt die Perspektive der Kompensation der relativen Marktschwäche durch die Organisation von Verbandsmacht durch Gewerkschaften. Schließlich ergänzt sich die Problemfassung durch die Betonung der Staatsintervention zugunsten einer Interessenlage. Systematisch wären jedoch stets die drei Machtarenen für sich und in ihrer gegenseitigen Vermittlung für die Analyse der relativen Chance der Interessenvermittlung und -durchsetzung zu beachten. Die schwächste Chance der Interessenrepräsentation besteht dabei natürlich in den Fällen geringer Marktmacht, schwacher Verbandsmacht und geringen Zuganges zur Staatsmacht. Und diese Lage scheint für einige sogenannte Randgruppen typisch zu sein.[25] Gute Chancen der Interessenrepräsentation ergeben sich umgekehrt bei großer Marktmacht, starker Verbandsmacht und guter Zugänglichkeit zur Staatsmacht. In dieser Lage befinden sich privilegierte Gruppen. Doch bedarf es keiner linear gleichartigen Plazierung auf diesen Dimensionen der Interessenvermittlung, da kompensatorische und substitutive Effekte vorliegen können. Insofern stehen der Interessenvermittlung von sozialen Gruppen stets mehrere Mechanismen für ihre Interessenvermittlung zur Verfügung, die sie zum Teil selber schaffen können. Die Ausbildung von Interessenformierungen auf der Basis von politisch organisierten Klassenverbänden ist dann am wahrscheinlichsten, wenn die Marktmacht gering und die Zugangschancen zur Staatsmacht beschränkt sind. Die klassenartige Formierung von Interessen ist daher auch abhängig von der Struktur der Vermittlungschancen in die Machtarenen. Sie kann je nachdem gewichtiger oder unwichtiger sein. Es ist also prinzipiell nicht davon auszugehen, daß der Grad der klassenmäßigen Interessenformierung immer strukturdominant ist, ebenso wenig freilich auch davon, daß eine Tendenz zur strukturellen Abnahme von klassenmäßiger Interessenorganisation in modernen und demokratischen Gesellschaften notwendig eintritt. Je nach der sich wandelnden Interessenlage und den Konstellationsbedingungen für ihre wirksame Vermittlung ist daher mit einer Schwankung der Bedeutung von klassenmäßigen Interessenformierungen zu rechnen.

Für die Bundesrepublik kann davon ausgegangen werden, daß ein ausgebautes und zentralisiertes Verbandssystem eine große Repräsentationskraft verschiedener Interessenlagen hat, die zumeist spezifischer sind als es die Formation von Klasseninteressen zu sein pflegen. Die Verbandsmacht ruht daher nur zum Teil auf einer klassenmäßigen Interessenformierung auf, zu einem anderen Teil aber auf einer Interessenformierung von Statusgruppen, die Klasseninteressen fragmentieren und übergreifen. Beispiele dafür sind etwa die relativ einflußreichen Verbände der Ärzte, der Lehrer, der Industriezweige. Der Zugang dieser Verbände zur Staatsmacht ist relativ ausgeglichen und gut und zwar sowohl über die Einflußchancen über die Parteien wie über die Bürokratien. Angesichts der engen Mehrheitsverhältnisse und des nur wenige Parteien umfassenden Parteiensystems, ergibt sich eine relative Offenheit aller Parteien für die Verbandsinteressen, auch dann, wenn die Mehrheit der jeweiligen Verbandsangehörigen typischerweise nur eine der Parteien unterstützt. Die Marktmacht der Interessenverbände wächst, soweit sie durch quotale Mitwirkungsrechte direkt marktrelevante Entscheidungen beeinflussen können. Dies gilt etwa für den Arbeitsmarkt über betriebliche oder tarifvertragliche Bestimmung der Arbeitsverhältnisse oder über quotale Mitwirkungsrechte der Mitbestimmung für die Gewerkschaften. Eine Tendenz zur Ausbildung von interdependenten Einflußmustern für Interessenverbände in den verschiedenen Machtarenen ist erkennbar und wird unter dem Stichwort des Neokorporativismus diskutiert,[26] wenngleich alle diese Tendenzen noch keine feste Institutionalisierung – etwa in der Form einer mit Gesetzgebungsrechten ausgestatteten Kammer der Sozial- und Wirtschaftsverbände – erreicht haben. Doch im Prinzip kann gelten, daß je höher die Einflußchancen der Verbände über quotalisierte Mitwirkungsrechte sind, desto geringer ihre Wirksamkeit auf der unmittelbaren Mobilisierung ihrer Mitglieder und der Ausweitung ihrer Mitgliederbasis beruht. Nur dort, wo die Verbandsmacht nicht institutionell garantiert und durch Quoten gesichert ist, also über freie Rekrutierung von Mitgliedern und deren Bereitschaft zur Sanktionierung der Interessenforderung erfolgt, ist mit einer aktiven Politisierung von Bevölkerungsgruppen für spezifische Interessenlagen und daher auch mit einer klassenmäßigen Interessenformierung zu rechnen. In dieser Lage befinden sich heute im wesentlichen die Parteien und die Gewerkschaften, die daher auch in besonderem Maße Träger einer Konfliktrhetorik sind, die sich klassenmäßiger Interessenformierung bedient. Doch auch hier sind relative Grenzen gegeben durch den Mehrheitszwang für die Parteien und durch die politische Heterogenität der Arbeitnehmer.

3. Verteilungskonflikte und Kompetenzkonflikte. In einem System hoher und institutionell verflochtener Interessenformierung und Interessenvermittlung in die verschiedenen Machtarenen erscheinen Verteilungskonflikte immer stärker als funktional interdependente Allokationsentscheidungen. Die Höhe der Unternehmer- und der Unternehmensgewinne sind nicht mehr primär eine Frage nach etwa vorenthaltenen Lohneinkommen sondern eine Frage der gesamtgesellschaftlichen Allokation von Investitionsmitteln und damit verbunden der Kompetenz der Investitionsentscheidung. Einkommenspolitik ist zugleich Konjunkturpolitik über die Beeinflussung der Konsumgüternachfrage. Die Subventionierung von Wirtschaftszweigen über sektorale oder regionale Wirtschaftspolitik ist zugleich Beschäftigungspolitik. Die Beispiele ließen sich vermehren. Entscheidend ist, daß auch die Träger von Sonderinteressen durch ihre Einbindung in das Institutionengeflecht immer stärker auf eine gesamtwirtschaftliche Bewertung der Durchsetzung ihrer Interessen verpflichtet werden. Verteilungskonflikte können bei einem kontinuierlich wachsenden Sozialprodukt leicht durch Proportionalisierung von jeweiligen Zuwächsen bei Aufrechterhaltung der Kompetenzallokationen in den Entscheidungssystemen gelöst werden. Bei Stagnation oder Schrumpfung des Sozialprodukts muß hingegen mit einer Verschärfung der Verteilungskonflikte gerechnet werden, wobei es wahrscheinlich ist, daß auch die überkommene Kompetenzallokation in Frage gestellt wird. Am deutlichsten wird dies vielleicht am Beispiel der Debatte um die sog. Investitionskontrolle und die Kontrolle von Kapitalfonds, die aus einer überbetrieblichen Vermögensbildung für Arbeitnehmer entstehen können. Gleichermaßen deutlich ist die Verbindung der Konflikte über die Allokation von Einkommen mit der Allokation von Entscheidungskompetenzen im Falle der Organisation des Gesundheitswesens:

Ärzteeinkommen ist verbunden mit der Kompetenzallokation von Ärzten gegenüber den Trägern der Krankenversicherung. Die Interessen der einzelnen Gruppen nach Maximierung ihres Anteils am Sozialprodukt verbindet sich so mit einem Kampf um die Allokation von Entscheidungskompetenzen, die eine entsprechende Privilegierung durchsetzen und rechtfertigen können. Die Chance für eine Privilegierung wächst, wenn eine Monopolisierung eines Produkts oder einer Dienstleistung institutionell durchgesetzt und staatlich anerkannt wird. Entscheidend sind dabei die Chancen, Zurechnungsregeln gesamtgesellschaftlich durchzusetzen für die asymmetrische Zurechnung von Anteilen am Sozialprodukt. Die jeweils erfolgreich behauptete Kompetenzallokation für die Bestimmung solcher Zurechnungsregeln bestimmt zugleich die Regeln für die Berechnung der Folgekosten einer bestimmten institutionellen Ordnung und damit die Chance, Kosten, die innerhalb eines Subsystems der Gesellschaft entstehen, zu externalisieren, d. h. einem anderen Subsystem oder über den Staat dem Gesamtsystem zuzuweisen.

War der Klassenkonflikt im 19. Jahrhundert immer auch ein Verfassungkonflikt, sind die Verteilungskonflikte zwischen organisierten Statusgruppen heute immer auch Konflikte über die Allokation von Entscheidungskompetenzen im komplexen System von institutionalisierten Konfliktaustragungen und Vermittlungen zwischen den Machtarenen. Solange die politische Steuerung dieser Konflikte über die Kompetenzallokation eine hinreichende Legitimität behält, wird sich daraus kein Verfassungskonflikt entwickeln, aus dem sich dann weiterhin auch eine Aktivierung der politischen Organisation von Klassenbewegungen erwarten ließe.

III. Elemente der »Klassenkultur«

Soziale Klassen als soziale Einheiten, nicht bloß als statistische Kategorien, bedürfen stets einer ihnen eigenen typischen Wertorientierung. Insofern konstituieren sich Klassen als soziale Einheiten auch für Marx erst durch das Bewußtsein der Klassenangehörigen, eine eigene Einheit zu sein, und durch ihr an dieser Vorstellung orientiertes Verhalten. Immer wieder wird daher eine empirisch feststellbare geringe Verhaltensorientierung an »Klasseninteressen« auf ein mangelndes, manipuliertes oder unterdrücktes Klassenbewußtsein zurückgeführt. Die Weckung oder

Herstellung des »richtigen Klassenbewußtseins« gilt dann als politisches Ziel, um den Grad der Klassenstrukturierung der Gesellschaft zu erhöhen. In diesem Zusammenhang empfiehlt es sich, wenigstens einige Bemerkungen zum Problemkomplex der »Klassenkultur« zu machen, mindestens zu dem Zweck, die eingangs erhobene Forderung nach einer dreidimensionalen Analyse des Strukturprinzips der Klassenbildung, ansatzweise einzulösen.

Zunächst ist darauf hinzuweisen, daß »Klassenkultur« höchst unterschiedliche Dinge meinen kann. Im Sinne von Marx ist das »Klassenbewußtsein« eine gedachte Ordnung, die den historischen Funktionen von Klassen entsprechen soll. Solche gedachten Ordnungen enthalten ein Weltbild, das allgemeine Geltung beansprucht und der Wahrnehmung einen Sinnzusammenhang verleiht. In diesem Sinne gibt es nachwievor eine fungibel gedachte Ordnung der »Klassengesellschaft«, ihrer Ordnungselemente und Ordnungspostulate. Ihr normativer Gehalt ist im einzelnen unterschiedlich und der Grad, in dem diese gedachte Ordnung zur Sinngebung der Wahrnehmung verwendet wird, situationsspezifisch beschränkt. Träger dieser gedachten Ordnung sind – wie bei allen gedachten Ordnungen – bestimmte Intellektuelle, die diese Weltbildkonstruktion interpretieren und als Deutungsmittel anbieten. Für die Bundesrepublik kann gelten, daß die Exposition dieser gedachten Ordnung sehr beschränkt ist und nur gelegentlich ein inhaltlich wenig ausgeformtes Klassenbewußtsein als Deutungsmittel für die Alltagserfahrung angesonnen wird. Dies hat vermutlich am meisten damit zu tun, daß der normative Gehalt dieser gedachten Ordnung durch die Bezugnahme auf die Realisierung dieses Weltbildes in der DDR geringe Überzeugungskraft gewinnt. Insofern kann man sagen, daß eine »Klassenkultur« im Sinne der Verbreitung einer spezifischen gedachten Ordnung, in der Klassen eine universelle Bedeutung haben, nur unerheblich verbreitet ist. Allerdings ist darauf hinzuweisen, daß gedachte Ordnungen wie die der Klassengesellschaft oder auch des Nationalismus stets verfügbar bleiben und unter bestimmten Konstellationsbedingungen von Intellektuellen rasch propagiert werden und verhaltensleitende Bedeutung für Bevölkerungsteile gewinnen können. Vermutlich gibt es in anderen westeuropäischen Gesellschaften eine größere Verbreitung einer gedachten Ordnung der Klassengesellschaft als in der Bundesrepublik, was wenigstens aus der größeren Verbreitung kommunistischer Parteien geschlossen werden könnte.

In einem allgemeineren Sinne könnte von der Wertorientierung an Vorstellungen von Klassen gesprochen werden, wobei nicht ein dominantes Weltbild gemeint wäre, sondern eher eine inhaltlich diffuse Identifikation mit sozialen Klassen oder Gruppen. In diesem Sinne ist eine »Klassenkultur« in der Bundesrepublik natürlich weit verbreitet, wie man es aus der Bereitschaft, sich sozialen Klassen zuzurechnen entnehmen kann (vgl. Tabelle 6), doch ist die Verhaltensrelevanz solcher Identifikationen unbestimmt.

Schließlich spricht man häufig auch von klassenspezifischen Subkulturen und meint damit die Ausbildung von intergenerationellen Wertorientierungen, die für die Angehörigen verschiedener sozialer Klassen oder Schichten typisch seien. Im wesentlichen haben wir es hier mit dem Ergebnis schichttypischer Sozialisationsunterschiede zu tun, die mit der Art der Lebensverhältnisse, aber auch mit der Art der Organisation des Schulsystems zusammenhängen können. Es gibt eine umfangreiche Literatur über die schichtspezifischen Sozialisationsprozesse in der deutschen Gesellschaft, die hier nicht diskutiert werden kann. Ohne Zweifel kann man weiterhin davon ausgehen, daß durch typische Unterschiede im Sozialisationsprozeß wesentliche subkulturelle Differenzierungen eintreten. Doch sei auf zwei Elemente hingewiesen, die hier eher auf eine Verringerung des Abstandes als auf seine Vergrößerung hinweisen. Einmal ist die Universalisierung von Standards der Kindererziehung weit fortgeschritten und zum anderen ist mit der Verlängerung des Schulbesuches eine größere Einheitlichkeit in den gelernten Standards eingetreten. Diese Art der Universalisierung bestimmter Sozialisationsinhalte über die Schichten hinaus wird verstärkt durch die Inhalte der Massenmedien.

Im Zusammenhang damit ist es interessant, daß neuere vergleichende Forschungen über Wertpräferenzen in westlichen Industriestaaten zu dem Ergebnis gekommen sind, daß die soziale Schicht einen geringen Einfluß auf die Selbstzurechnung zu einer Links-Rechtsdimension politischer Einstellung hat. Erheblicher scheint der Bildungsgrad und das politische Interesse auf die Ausformung des politischen Bewußtseins zu wirken. Und hier kommt deutlich die Bedeutung des Bildungswesens für die Differenzierung der Wertorientierungen zum Ausdruck. Wichtig erscheint nicht so sehr die soziale Herkunft oder die soziale Lage als vielmehr die Einbeziehung in formal vermittelte Bildungsinhalte und deren Bekräftigung durch konkrete Interaktionseinheiten, in denen sich die Menschen befinden.[27]

Der heute stattfindende Wandel der Wertorientierungen geht in die allgemeine Richtung der Präferenz für eine größere Gleichheit bei allen sozialen Gruppen, wobei die Unterschiede in der Präferenz für konservative oder progressive Werte und politische Richtungen sich stärker nach der religiösen Bindung als nach der Schichtzugehörigkeit unterscheidet.[28] Wir können hier nur noch verweisen auf die Problematik, die sich mit der möglichen Herausbildung einer neuen sog. post-materialistischen Wertorientierung verbindet,[29] um damit anzudeuten, daß sich der Wertwandel keineswegs in einer Richtung allgemeiner Nivellierung vollzieht, aber doch nicht in einer Weise, die zur Verstärkung von subkulturellen Abgrenzungen zwischen Klassen führt. Für den vorliegenden Zusammenhang genügt die Feststellung, daß eine klassenmäßige Strukturierung von Wertorientierungen nicht strukturdominant zu sein scheint.

In gewisser Weise scheint sich der Wertwandel in der Gegenwart ebenso wie die Änderungen der Lebenslagen und die Formen der Interessenformierung und Interessenvermittlung nach Strukturprinzipien zu vollziehen, die zwar keineswegs soziale Ungleichheit aufheben, aber die sozialen Konsequenzen sozialer Ungleichheit in neuen Formen auftreten lassen, deren Erfassung durch das Beharren auf dem Ansatz der Klassenanalyse nicht gefördert werden.

Anmerkungen

1 A. *Giddens,* The Class Structure of the Advanced Societies, New York 1975, S. 20.

2 Zitiert nach K. *Marx,* Politische Schriften, 1. Bd., Hrsg. H. J. Lieber, Stuttgart 1960, S. 376.

3 M. *Weber,* Wirtschaft u. Gesellschaft, Tübingen 1972[5], S. 177.

4 Vgl. E. *Ballerstedt* u. E. *Wiegand,* Einkommensverwendung u. Versorgung, in: W. *Zapf* Hrsg., Lebensbedingungen in der Bundesrepublik, Frankfurt 1977, S. 439.

5 Vgl. G. *Schmaus,* Personelle Einkommensverteilung im Vergleich 1962/63 u. 1969, in: H.-J. *Krupp* u. W. *Glatzer* Hrsg., Umverteilung im Sozialstaat, Frankfurt 1978, S. 100.

6 Vgl. die Zusammenfassung der Untersuchungen von W. *Krelle* u. a., in: G. *Gutmann* u. a., Die Wirtschaftsverfassung der Bundesrepublik Deutschland, Stuttgart 1979[2], S. 26–30. Ferner: *Monatsberichte der Deutschen Bundesbank,* 29. Jg. Nr. 11 (November 1977), S. 23–31: Ersparnisbildung u. Geldvermögen der Haushalte von Arbeitnehmern, Selbständigen und Rentnern.

7 Vgl. im einzelnen den Beitrag von *Schmaus.*

8 Vgl. W. *Glatzer,* Einkommenspolitische Zielsetzungen u. Einkommensverteilung, in: W. *Zapf* Hrsg., sowie F. *Klanberg,* Materielle Armut in Perspektive, in: *Krupp* u. *Glatzer* Hrsg., *ders.,* Armut u. ökonomische Ungleichheit in der Bundesrepublik Deutschland, Frankfurt 1978.

9 Vgl. M. *Schnitzer,* Income Distribution. A Comparative Study of the United States, Sweden, West Germany, East Germany, the United Kingdom and Japan, New York 1974. Nach den dort aufgeführten Daten hat das oberste Fünftel der Einkommensbezieher in der Bundesrepublik einen etwas höheren Anteil am Gesamteinkommen, als dies in Schweden, Großbritannien und den USA der Fall ist. Siehe insbes. S. 40, 86, 112, 184.

10 Vgl. dazu W. *Müller,* Klassenlagen u. soziale Lagen in der Bundesrepublik, in: J. *Handl* u. a., Klassenlagen u. Sozialstruktur, Frankfurt 1977, insbes. S. 33 ff.

11 Vgl. *Schmaus,* S. 100.

12 Vgl. H.-J. *Krupp,* Das monetäre Transfersystem in der Bundesrepublik Deutschland, in: *ders.* u. *Glatzer* Hrsg.

13 J. *Bergmann* u. a., Herrschaft, Klassenverhältnis u. Schichtung, in: Theodor W. *Adorno* Hrsg., Spätkapitalismus oder Industriegesellschaft?, Stuttgart 1969, S. 82. Vgl. auch C. *Offe,* Politische Herrschaft u. Klassenstrukturen, in: G. *Kress* u. D. *Senghaas* Hrsg., Politikwissenschaft, Frankfurt 1969.

14 *Weber,* Wirtschaft u. Gesellschaft, S. 177.

15 Die Analyse dieser Datensätze erfolgte durch eine Forschergruppe im Rahmen des Projekts Sozialpolitisches Entscheidungs- und Indikatorensystem für die Bundesrepublik Deutschland (SPES). Die ersten Ergebnisse dieser Analysen wurden vorgelegt von den Mitgliedern dieser Forschergruppe in dem Buch von *Handl* u. a. Dort auch weitere Literaturhinweise auf frühere Veröffentlichungen der Autoren. Die zusammenfassende Veröffentlichung der Gesamtergebnisse steht noch aus« sie ist zum Teil in den noch unveröffentlichten Habilitationsschriften von K.-U. *Mayer,* Fluktuation u. Umschichtung, Mannheim 1977, und W. *Müller,* Klassenlage u. Lebenslauf, ebd. 1978, dargestellt. Vgl. ferner die Materialien bei *Zapf,* Hrsg.

16 Vgl. im einzelnen die Arbeit von *Mayer.*

17 Zur Zeit sind 84 % derjenigen, die Abitur, Ingenieurschule oder Hochschulabschlüsse haben, in vorwiegend leitenden, lehrenden oder hochqualifzierten Spezialistentätigkeitsbereichen beschäftigt, nur 2 % im manuellen Bereich. Umgekehrt haben von denjenigen, die mit vorwiegend leitenden, lehrenden und hochqualifizierten nicht-manuellen Tätigkeiten beschäftigt sind, nur 49 % einen höheren Bildungsabschluß. Angesichts der Zunahme des Anteils der höheren Bildungsabschlüsse kann einerseits erwartet werden, daß der Arbeitsbereich der leitenden, lehrenden und hochqualifiziert nicht-manuellen Tätigkeiten zunehmend von denjenigen monopolisiert wird, die höhere Bildungspatente aufweisen, was zu einer entsprechenden Dramatisierung dieser Grenze führen würde und dementsprechend über die Zeit auch zur

Ausbildung einer eigenen »sozialen Klasse«. Vgl. *Müller*, Klassenlage, S. 36.

18 Vgl. F. U. *Pappi*, Parteiensystem u. Sozialstruktur in der Bundesrepublik, in: Politische Vierteljahresschrift 14. 1973/2.

19 Diese Zahlen entstammen den Untersuchungen von *Mayer*, Fluktuation, S. 140.

20 Auch diese Daten entstammen der Umfrage des Sonderforschungsbereichs 3: *Mikroanalytische Grundlagen der Gesellschaftspolitik* (Frankfurt u. Mannheim), Komponenten der Wohlfahrt in der Bundesrepublik Deutschland, Tabellenband von C. *Siara*, Mannheim 1979, S. 60.

21 Zum Problem der Unterschichtung vg. H.-J. *Hoffmann-Nowotny*, Soziologie des Fremdarbeiterproblems, Stuttgart 1973.

22 *Weber*, Wirtschaft und Gesellschaft, S. 179.

23 Vgl. zu der Problematik der Institutionalisierung von Konflikten: R. *Dahrendorf*, Class and Class Conflict in Industrial Society, Stanford 1959; zur Problematik der Transformation von Konfliktgegenständen in institutionalisierten Konfliktaustragungen: B. *Nedelmann*, Handlungsraum politischer Organisationen, in: Sozialwissenschaftliches Jahrbuch für Politik 4. 1975; zur Problematik der Anpassungselastizität in Gesellschaften: A. *Etzioni*, The Active Society, New York 1968.

24 Macht ist hier nicht als ein Null-Summen-Begriff verstanden: die Macht des einen ist nicht gleich der Ohnmacht des anderen. Macht ist vielmehr in unterschiedlichem Maße durch die Akteure innerhalb eines sozialen Systems zu erzeugen und in jeweils situationsspezifischer Weise zu unterschiedlichem Grade einsetzbar. Vgl. dazu z. B. T. *Parsons*, On the Concept of Political Power, in: Politics and Social Structure, New York 1969, J. S. *Coleman*, Power and the Structure of Society, New York 1974.

25 Auf die Problematik der Formierung von Interessen und ihre Organisation in Mitgliedervereinen kann hier nicht eingegangen werden, vgl. dazu M. *Olson*, The Logic of Collective Action, Cambridge 1965.

26 Zur Debatte um den Neokorporativismus vgl. P. C. *Schmitter*, Still the Century of Corporatism? in: F. B. *Pike* u. T. *Stritch* Hrsg., The New Corporatism, Notre Dame 1974, und die Beiträge in: Comparative Political Studies 10. 1977, H. 1, von P. C. *Schmitter, G. Lehmbruch*, B. *Nedelmann* und K. G. *Meier«* ferner: E. W. *Böckenförde*, Die politische Funktion wirtschaftlich-sozialer Verbände und Interessenträger in der sozialstaatlichen Demokratie, in: Der Staat 15. 1976.

27 Vgl. dazu R. *Inglehart* u. H. D. *Klingemann*, Party Identification, Ideological Preference and the Left-Right Dimension among Western Mass Publics, in: I. *Budge* u. a. Hrsg., Party Identification and Beyond, London 1976.

28 Vgl. dazu M. *Kaase* u. H. D. *Klingemann*, Sozialstruktur, Wertorientierung u. Parteiensystem: Zum Problem der Interessenvermittlung in westlichen Demokratien, in: J. *Matthes* Hrsg., Verhandlungen

des 19. Deutschen Soziologentages (erscheint 1979). Ferner die Beiträge in P. *Kmieciak* u. H. *Klages* Hrsg., Wertwandel u. gesellschaftlicher Wandel, Frankfurt 1979.

29 Dazu vor allem R. *Inglehart,* The Silent Revolution, Princeton 1977. Ferner: S. H. *Barnes,* u. M. *Kaase* Hrsg., Political Action: Mass Participation in Five Western Democracies, Beverly Hills 1979.

Soziale Ungleichheit und Klassenstrukturen in Italien vom Ende des 18. bis zum Anfang des 20. Jahrhunderts

von Volker Hunecke

I. Vorbemerkung

Der Behandlung des Themas stellen sich vor allem zwei Schwierigkeiten in den Weg: Die erste besteht darin, daß Italien nach dem bekannten Diktum Metternichs noch um die Mitte des vorigen Jahrhunderts allenfalls ein »geographischer Ausdruck« war; wenn auch die politische Einigung bald folgen sollte, blieb es auch danach in wirtschaftlicher, sozialer und kultureller Hinsicht ein so heterogenes Gebilde »wie kein anderes der großen europäischen Länder«; im Grunde hat man es noch lange über die Einigung hinaus mit »mehreren Italien« zu tun.[1] Die extreme Ungleichmäßigkeit, mit der sich die verschiedenen Landesteile entwickelten, und nicht minder die krassen wirtschaftlichen und sozialen Unterschiede innerhalb einzelner Regionen sind bis zu einem gewissen Grad schon für das 18. Jahrhundert kennzeichnend, aber, statt sich mit der Zeit abzuschleifen und auszugleichen, bildeten sie sich zu einem strukturellen Dualismus der wirtschaftlichen und sozialen Verhältnisse, zu einer Verschränkung von Entwicklung und Unterentwicklung aus, die ihrem Ausmaß und ihrer Intensität nach vielleicht in keinem anderen der hier zu vergleichenden Länder eine Entsprechung finden. Auf diesen für die neuere italienische Geschichte so grundlegenden Sachverhalt kann an dieser Stelle nur nachdrücklich hingewiesen, aber nicht mit der an sich gebotenen Ausführlichkeit im einzelnen eingegangen werden. Die uns auferlegte Kürze erfordert solche und noch manche andere bedauerliche Abstriche.

Die andere Hauptschwierigkeit für eine Überblicksdarstellung liegt darin, daß, wie erst jüngst wieder von kompetenter Seite hervorgehoben wurde, eine sozialhistorisch-quantitative Bestandsaufnahme der kapitalistischen Transformation der italienischen Gesellschaft im 19. und 20. Jahrhundert noch in ihren allerersten

Anfängen steckt;[2] das wird sich unvermeidlich auch in den folgenden Ausführungen niederschlagen.

Diese werden (vielleicht zu einseitig, wie auf den ersten Blick erscheinen mag) vor allem über die *Italia agricola,* über die Landwirtschaft und die Agrarverfassung, über Grundbesitzer und Bauern handeln. Das hat seinen Grund in der Eigenheit oder in den Eigentümlichkeiten der neueren italienischen Geschichte. Ein kurzer Vergleich mit Frankreich, das unter den hier betrachteten Ländern am nächstlängsten und am nächststärksten bäuerlich geblieben ist, mag das verdeutlichen. Im 18. Jahrhundert und noch bis zur Restaurationszeit hin haben beide Länder viele Gemeinsamkeiten: Sie ähneln sich stark in der wirtschaftlichen, gesellschaftlichen und politischen Reformbewegung, welche die Schlußphase des Ancien Régime charakterisiert. Auch Italien hatte seine physiokratische Bewegung, erlebte einen zähen und langwierigen Kampf gegen die Überreste des Feudal- und Zunftwesens und blieb in der Durchsetzung des modernen bürgerlichen Eigentumsprinzips nicht zurück. In der Liberalisierung des Getreidehandels (Toskana) oder in der Unterdrückung der Zünfte (Mailand) waren einige Regionen dem sonst tonangebenden Nachbarn sogar voraus. Nach der Revolution und der »napoleonischen Episode« war diesseits und jenseits der Alpen der landbesitzende und rentenbeziehende *propriétaire (proprietario)* die gesellschaftlich dominierende Figur. Die Unterschiede in der Verteilung des ländlichen Grundbesitzes waren allerdings beträchtlich. Zu diesem, wie gleich zu sehen ist, folgenreichen Unterschied kommt ein anderer, vielleicht noch gewichtigerer hinzu, der verkürzend mit zwei Namen angedeutet werden kann: Saint-Simon und Simonde de Sismondi.

Der Industrialismus des ersten und seiner Schüler war Stimulanz und/oder Ausdruck einer auf die Transformation der alten Gesellschaft gerichteten Bewegung, ideologischer Ansporn der französischen Industrialisierung.[3] Sismondis Agrikulturismus lebte dagegen von einer radikalen Kritik der entstehenden industriekapitalistischen Produktionsweise und verherrlichte ihr gegenüber die traditionellen Formen der italienischen Agrarverfassung, besonders die toskanische Halbpachtwirtschaft. Sismondi stieß zwar auch in Italien gelegentlich auf Widerspruch, z. B. von seiten einiger Agrarkapitalisten des Nordens; es bleibt aber das historisch folgenreiche Faktum, daß seine Anschauungen und die von ihm repräsentierte Denkhaltung auf der Halbinsel einen äußerst fruchtbaren Boden für ihre Aufnahme und Tradierung fanden.

Wie sich diese unterschiedlichen Ausgangskonstellationen langfristig auf die Wirtschafts- und Sozialstrukturen ausgewirkt haben, zeigen folgende Zahlen: Am Vorabend des Ersten Weltkriegs (1911) waren 41 % der französischen Erwerbsbevölkerung in der Landwirtschaft beschäftigt, in Italien hingegen noch 59,1 %. Ein Vierteljahrhundert später (1936) war in Frankreich diese Erwerbsgruppe auf ein gutes Drittel (35,6 %) zurückgegangen, während in Italien deren absolute Zahl fast konstant blieb und prozentual noch über die Hälfte (52,5 %) ausmachte.[4] Eine Industrienation wie England, Deutschland usw. wurde Italien erst im Verlauf der beiden letzten zweieinhalb Dezennien, und darum steht die *Italia agricola* im Mittelpunkt der folgenden Überlegungen.

II. Der Übergang von der ständischen zur bürgerlichen Gesellschaft

Die Grundlage der sozialen Ungleichheit vor und nach dem Ende des Ancien Régime bildete die extrem ungleichmäßige Verteilung von Grund und Boden, die das Ergebnis einer mehrhundertjährigen historischen Entwicklung war und auch noch für unseren Betrachtungszeitraum das sozialgeschichtlich bedeutsamste Faktum bleiben sollte. In den (land-)wirtschaftlich blühendsten Gebieten Ober- und Mittelitaliens kontrollierten Kirche, Adel und Städter bereits im 15. und 16. Jahrhundert in der Regel über zwei Drittel und nicht selten über 90 % des Kulturlands.[5] Zwischen diesen Gruppen gab es in den folgenden Jahrhunderten wechselnde Besitzverschiebungen (vor allem zu Lasten der Kirche). Der Adel dürfte im 18. Jahrhundert in diesen Gebieten etwa die Hälfte der landwirtschaftlichen Nutzfläche besessen haben (gegenüber 20–25 % in Frankreich) und wahrte seinen Besitzstand im wesentlichen über die Revolutionszeit hinaus. Der Aufstieg neuer grundbesitzender Schichten, die Konsolidierung einer Agrarbourgeoisie, vollzog sich im Norden wie im Süden im Sinne einer »tendenziellen Integrierung« in den Adel und einer »Neuzusammensetzung der *classe proprietaria*« infolge der durch die französische Revolution ausgelösten politischen Ereignisse.[6] Für den insgesamt geringen bäuerlichen Besitz ist seine extreme Aufsplitterung, die Zwergparzelle, kennzeichnend, deren Besitzer für die Statistik Eigentümer sein mögen, in Wirklichkeit aber, ihren Interessen und ihrer Mentalität nach, arme

Bauern sind.[7] Pointiert gesprochen: Italien war seit dem späten Mittelalter ein Land von Bauern ohne Bauernland; der Landhunger seiner Bauern war folglich eine der mächtigsten Triebfedern der sozialen Bewegungen jener und kommender Jahrhunderte.[8]

Über die politisch-institutionellen und wirtschaftlich-sozialen Veränderungen im Zeitalter der Reformen und Revolutionen in Kürze nur folgendes: Auch das italienische Ancien Régime war ständisch oder korporativ geprägt, doch bis auf die Königreiche Piemont-Sardinien und Neapel gab es keine ständisch gegliederten politischen Vertretungskörperschaften. Dieser Umstand (und, was Piemont-Sardinien angeht, die faktische Unterwerfung der Parlamente unter das Königtum) erleichterte die Durchführung vieler Reformwerke lange vor der revolutionären Periode. Zu den wichtigsten gehört die Erstellung von Katastern in vielen Einzelstaaten, die eine wenn auch nicht immer gerechtere so zumindest doch produktions- und produktivitätsfördernde Besteuerung des Grundbesitzes ermöglichten. Die physiokratischen Ideen und die Prinzipien des Laissez-faire errangen frühzeitige Siege in der Toskana, während Pläne einer Agrarreform, vor allem die Förderung des Kleingrundbesitzes, scheiterten. Das vorrangige Ziel der Reformer, die Produktion und Steuerkraft des Landes zu erhöhen, ließ sich fast niemals und nirgends mit der anderen Absicht, mehr soziale Gerechtigkeit herbeizuführen, verbinden. Insgesamt machten diejenigen Reformen die größten Fortschritte, »welche die mächtigsten sozialen Gruppen begünstigten oder zumindest nicht schädigten«.[9] Adel und modernes Bürgertum, das massenhaft zuerst als Agrarbourgeoisie in Erscheinung trat, verschmolzen fast reibungslos zu der Schicht der *proprietari,* die ihre rechtliche Legitimierung und die Absicherung ihrer gesellschaftlichen Vorrangstellung im Code Civil fand.

Auf die hier umrissenen Zustände und ihre Entwicklung ist ein Schema, das von der Abfolge oder gar Entgegensetzung »agrargesellschaftlicher Stände« und »industriekapitalistischer Klassen« (Wehler) ausgeht, kaum anwendbar. Da sich die italienische Historiographie nie sonderlich mit dem Problem Schichten/Klassen unter rein definitorisch-theoretischen Aspekten abgegeben hat, mag es nützlich sein, hierüber das Vokabular der Zeitgenossen zu befragen. Deren Aussagen sind von verblüffender Eindeutigkeit und Hellsichtigkeit. Ihnen zufolge zerfällt die Gesellschaft in die beiden Klassen der *proprietari* und *non proprietari;* was sie jedoch ihrem Wesen nach zu antagonistischen Klassen macht, ist weniger das so naheliegende Kriterium des Grundbesitzes, sondern die Verfügung über fremde Arbeitskraft bzw. die Notwendigkeit, die eigene verkaufen zu müssen. In seiner »Wissenschaft der Gesetzgebung« (1874) schreibt Gaetano Filangieri darüber: »Die Eigentümer und Nicht-Eigentümer oder auch Mietlinge sind die beiden unseligerweise einander feindlichen Klassen von Bürgern. Vergeblich haben die Moralisten versucht, einen Friedenspakt zwischen diesen beiden verschiedenen Zuständen herzustellen; der Eigentümer wird immer versuchen, die Arbeit des Mietlings zum geringstmöglichen Preis zu kaufen, und dieser wird immer versuchen, sie zum höchstmöglichen Preis zu verkaufen«.[10] Und in einer Broschüre aus dem Jahr I der italienischen Republik etwa findet sich dieselbe Argumentation mit dem erläuternden Zusatz: »Das ist die einzige Ungleichheit der Zustände, welche für die bürgerlichen Gesellschaften wesentlich ist. Jeder gesellschaftliche Unterschied ist seinem Ursprung nach darauf zurückzuführen«.[11]

Auch zur Interessensicherung sei Filangieri zitiert: »Jede Einschränkung, jeder Stoß, den man den kostbaren Rechten des Eigentums zufügt, ist das größte Hindernis, das man der Strebsamkeit (industria) der Menschen zufügen kann«[12] – dieser produktivistische Impetus der Reformer gereichte der sich bildenden Klasse der *proprietari* auf die denkbar einseitigste Weise zum Vorteil. Die »Befreiung« des Grund und Bodens von seinen »feudalen Fesseln« kam für die Masse der Bauern einer Katastrophe gleich. Mit der »Verbürgerlichung« des Lands ging ihnen ein großer Teil der Kollektivrechte und des Eigentums der Dorfgemeinschaften verloren und die Nutzung des (vor allem im Süden sehr ausgedehnten) Domanial- und Gemeindelands. Die Agrarkontrakte wurden in den meisten Fällen in dem Moment verschärft, wo der Landbesitz von kirchlichen und frommen Körperschaften an Weltliche überging. Diese Vorgänge wie überhaupt die Kommerzialisierung der Landwirtschaft und der Gesamtheit der materiellen Lebensgrundlagen sind selbstverständlich keine italienische Besonderheit. Worin sich Italien aber von den analogen Vorgängen etwa in Frankreich unterscheidet, ist vor allem folgendes: Auf der Halbinsel führten die revolutionären Veränderungen vom Ende des 18. Jahrhunderts zu keiner Umverteilung des Lands zugunsten der Bauern oder auch nur zur Konsolidierung des bäuerlichen Besitzes, sondern zu einem »neuen Monopol des Grundbesitzes« und zur Bildung einer Agrarbourgeoisie, in der alte und neue Grundbesitzerschichten verschmolzen.[13]

In Süditalien war diese Entwicklung durch die Auflösung der antibaronalen Front während des 18. Jahrhunderts bereits vorgezeichnet, und mit den (auch in den übrigen Gebieten) zahlreichen

Bauern- und Volksaufständen während der revolutionären Periode war der frühzeitige und tiefe Bruch zwischen Bauernschaft und Bourgeoisie besiegelt. »Wer Brot hat und Wein, muß ein Jakobiner sein«[14] – dieses gängige Diktum bringt sinnfällig die völlige Fremdheit der Massen gegenüber der bürgerlich-patriotischen Bewegung zum Ausdruck. Was im Mezzogiorno, aber mehr oder minder ausgeprägt auch in anderen Regionen, die Konstellation der agrarischen Klassenverhältnisse nachhaltig bestimmen sollte, war die Langsamkeit, mit der sich eine überdies schwache Schicht moderner Agrarunternehmer bildete; dementsprechend unentwickelt blieb der Klassengegensatz zwischen diesen und den ländlichen Lohnarbeitern. Häufiger standen sich in Feindseligkeit der kleine Grundbesitzer bürgerlicher Herkunft, der sein Land nicht selbst bewirtschaftete, und der Kolone gegenüber, der jenem einen Teil seiner dürftigen Rente streitig machte; und eine Quelle nicht endender Auseinandersetzungen zwischen Großgrundbesitzern und armen Bauern bildete deren immer wieder artikulierte Forderung, die Usurpationen von Gemeinheitsrechten und Gemeindeland rückgängig zu machen; eine Drohung, die noch bis ins 20. Jahrhundert auf dem bürgerlichen Besitz lastete.[15] Wie die Bauern des Südens hatten auch diejenigen des Nordens allen Grund, sich über die Verdrängung der alten und großen Grundbesitzer durch kapitalistische Pächter und mittlere bürgerliche Grundbesitzer zu beklagen.[16]

Was die Unterwerfung der Bauernschaft noch verschärfte oder auch bloß einen besonders auffälligen Aspekt ihrer totalen Subordination bildete, war die »in Italien säkulare Neigung, die auch von der fortgeschrittensten Demokratie der Städte geteilt wird, das Landvolk, die *villani*, als inferiore Menschen zu betrachten«.[17] Die »Satire auf die Bauern« war der literarische und folkloristische Ausdruck dieser Neigung, die eine sehr handfeste Basis in den wirtschaftlichen Verhältnissen hatte und (worauf besonderer Nachdruck zu legen ist) in Italien viel ausgeprägter war und sich länger behauptete als in anderen Ländern. Hier ist nicht der Platz, auf die mittelalterlichen und frühneuzeitlichen Wurzeln des in Italien besonders scharf ausgeprägten Gegensatzes zwischen Stadt und Land einzugehen; festzuhalten ist aber das auch noch für die neueste italienische Geschichte in seiner sozialen und kulturellen Tragweite kaum zu unterschätzende Faktum, daß der Antagonismus zwischen Grundbesitzern und Bauern weitgehend mit der Beherrschung des platten Landes durch die Städte zusammenfiel, in denen sich die Interessen von grundbesitzendem Adel und Bürgertum, von Zünften und Fabrikanten, von großen und kleinen Verbrauchern zu einer unheiligen Allianz gegen die unmittelbaren bäuerlichen Produzenten vereinigten.[18] Eine Variante des Stadt-Land-Gegensatzes, nur ins Kolossale gesteigert und schon fast rassistisch, stellte der Nord-Süd-Gegensatz dar. Das beinahe koloniale Abhängigkeitsverhältnis des Südens vom Norden drückte sehr prägnant Farini, Cavours Statthalter in den neapolitanischen Provinzen, aus: »Welche Barbarei! Alles andere als Italien! Das ist Afrika: die Beduinen sind gegenüber diesen *cafoni* ein Ausbund bürgerlicher Tugend«.[19]

III. Die agrarische Klassengesellschaft

Die Absicherung (und Verschärfung) des Systems der sozialen Ungleichheit erfolgte in dem neuen Einheitsstaat auf vielfältige Weise. Um den Staat vor dem finanziellen Bankrott zu bewahren, aber auch um den Appetit der rentenhungrigen Bourgeoisie zu befriedigen, wurde nach 1861 das in Mittel- und Süditalien noch riesige Vermögen der toten Hand in überstürzten Aktionen veräußert. Die Gesamtheit der liquidierten Güter belief sich auf etwa 2,5 Millionen Hektar. Die einmalige Chance, durch die Förderung des Kleingrundbesitzes die extrem polarisierten Besitzstrukturen aufzulockern, wurde so gut wie ganz vertan. Nicht nur gingen die kleinen Bauern meistens leer aus, sondern sie gerieten mit dem Übergang der Ländereien von kirchlichen Besitzern und frommen Stiftungen an Bürgerliche unter neue, meist strengere *padroni*. Mit diesen Besitzwechseln engte sich überdies die wirtschaftliche Grundlage der traditionellen Armenunterstützung und Benefizienz immer mehr ein, und der Verlust jahrhundertealter Gemeinnutzungsrechte machte die Existenz einer Millionen zählenden Grenzbevölkerung immer prekärer.[20]

In der Gestaltung der Agrarkontrakte fixierte dagegen der neue Staat mit dem Bürgerlichen Gesetzbuch von 1865 deren traditionelle Strukturen, »indem er die wirtschaftlich-soziale Vorrangstellung des Grundbesitzers festschrieb«. Während die oft archaischen, gewohnheitsrechtlichen Formen der Agrarkontrakte nicht angerührt wurden, stellte der Gesetzgeber einer weiteren Verschlechterung in der Lage der Bauern, welche durch den privaten Vertragsabschluß zwischen wirtschaftlich und sozial ungleichen Parteien ermöglicht wurde, kein Hindernis in den Weg. Erst nach dem Sturz des Faschismus wurde der Grundsatz der staatlichen Neutralität in der Festsetzung der Pachtpreise, die faktisch einer Begünstigung der stärkeren Vertragspartei gleichkam, nach und nach aufgegeben.[21] Bis heute, während diese Zeilen niedergeschrieben werden, berät das republikanische Parlament noch immer über die endgültige Abschaffung der alten Agrarkontrakte und ihre Ersetzung durch ein einheitliches Pachtsystem; ein Beschluß darüber steht noch aus.

Etwa zwei Dutzend Kataster hatte der fiskalische und produktivistische Reformeifer des 18. Jahrhunderts dem nachfolgenden hinterlassen, die eine völlig legale Appropriation der Arbeit, welche die Bauern zur Verbesserung und Wertsteigerung des von ihnen bewirtschafteten Lands geleistet hatten, ermöglichten. Die alten Kataster bildeten mit gewissen Modifikationen auch nach der politischen Einigung die Basis für die Besteuerung des Grundbesitzes. Die teils enormen Diskrepanzen zwischen tatsächlichem Bodenwert und Steuerlast führten zwar dazu, daß 1886 ein neuer einheitlicher Kataster beschlossen wurde, der aber erst nach dem Sturz des Faschismus fertiggestellt wurde. Solange die Landwirtschaft das Rückgrat des wirtschaftlichen Lebens bildete, war somit der Grundsatz der steuerlichen Ungleichheit festgeschrieben.[22]

All diese Maßnahmen konnten nicht zuletzt deswegen so glatt durchgesetzt werden, weil der Ausschluß der bäuerlichen Massen (und der Unterschichten im weiteren Sinn) von politischer Beteiligung und selbst von der Verwaltung der Gemeindeangelegenheiten von langer Hand vorbereitet war. Die aufklärerischen Reformer lieferten den risorgimentalen und postrisorgimentalen Führungsschichten hierfür die Argumente und Vorbilder. Bei der Reform der toskanischen Gemeindeverwaltung (1787) wurden zwar die Befugnisse der Grundbesitzer ausgedehnt, die Bauern aber wegen ihrer »Unwissenheit« von einer Mitbestimmung ausgeschlossen. Der sukzessive Ausschluß der südlichen Bauern von der Gemeindeverwaltung wurde endgültig besiegelt durch das Dekret von 1806, welches die alten Gemeindeparlamente abschaffte. Damit wurden nur die rechtlichen Konsequenzen aus einer Auffassung gezogen, derzufolge die Bauern »fast wie die Wilden« sind und die Landlosen nicht zu den Bürgern gehören.[23]

Die Baumeister des Nationalstaats erhoben die Grenze zwischen Alphabetismus und Analphabetismus zum maßgebenden Kriterium für die politische Partizipation der Massen. Den gebildeten Zeitgenossen zufolge markierte die Sprachgrenze zwischen »Italienisch« und Dialekt auch eine soziale Barriere – diejenige zwischen »Bürgerlichen« und den »untersten Klassen des Volks«.[24] Hinter der Barriere der Bildung fand sich das politische Privileg gut geschützt. Noch 1911 zählte selbst die schönfärberische offizielle Statistik fast 40 % Analphabeten im Landesdurch-schnitt, über 50 und gar 70 % in allen Regionen Süditaliens.[25] Die »kulturelle Hegemonie« zog die schlimmsten Formen des lo-kalen *malgoverno* nach sich, unter dem vor allem die *cafoni* zu leiden hatten.[26] Abgesehen von dem kurzen »liberalen« Intermez-zo vom Ende der Ära Giolitti bis zu den Anfängen der faschisti-schen Diktatur blieb die Mehrheit des »Volks« bis zum Ende des Faschismus von der Verwaltung der Gemeindeangelegenheiten, von jeder Mitentscheidung über seine unmittelbaren Lebensinter-essen ausgeschlossen.

Diese, noch keineswegs erschöpfende, Zusammenstellung ent-hält wichtige Hinweise darauf, wie das System sozialer Ungleich-heit von den Herrschenden benutzt und abgesichert wurde; die es tragende und weithin determinierende Basis bleibt indessen noch aufzuzeigen. Sie ist in einem Phänomen zu suchen, das man zu-mindest annäherungsweise mit dem Ausdruck Agrikulturismus umschreiben kann und das in mancher Hinsicht dem von B. Moore analysierten »Katonismus« ähnelt.[27] Auf makrosko-pische Weise sind katonistische Tendenzen im faschistischen Ruralismus zu greifen, aber auch und vor allem in dem Jahrhun-dert davor. Wenn Sismondis Kritik der Politischen Ökonomie und der ihr zugrunde liegenden Verhältnisse von so vielen italieni-schen Staatsmännern, Ökonomen und Publizisten geteilt wurde, ist der Grund dafür weniger in einer undifferenzierten Abwehr-haltung gegenüber dem »zunehmenden Eindringen von Marktbe-ziehungen in eine Agrarwirtschaft« (Moore) zu suchen, sondern spezieller in der Ablehnung einer sich selbst überlassenen indu-striekapitalistischen Entwicklung und des gesellschaftlichen Man-chestertums; gefürchtet wurden die hiervon ausgehenden Bedro-hungen für den Bestand der Gesellschaft und ihre überkommenen Machtverhältnisse. Auf eine detaillierte Analyse des in sich und in seinen Auswirkungen höchst komplexen Agrikulturismus kön-nen wir uns hier nicht einlassen,[28] sondern nur auf einige im vor-liegenden Zusammenhang relevante Aspekte eingehen.

Am auffälligsten an der Argumentation der Agrikulturisten ist, daß sie die Ökonomie nie losgelöst von ihren sozialen und poli-tischen Implikationen betrachten: Wirtschaftlicher Reichtum kann gesellschaftlich negativ zu Buch schlagen, und eine Armut in Anstand kann den wahren Reichtum einer Gesellschaft ausma-chen. Beispielhaft heißt es etwa bei Petitti di Roreto: »Den Reich-tümern, die eine große Anzahl von Bürgern leiden lassen oder sie schlechter machen, ziehen wir eine Armut vor, die sie wenigstens gesund und anständig erhält. Den wunderbaren und vielfältigen

Erzeugnissen einer erfindungsreichen Maschinenindustrie ziehen wir die rohe und magere Produktion der individuellen Kraftanstrengung vor, wenn jene die erwähnten Folgen nach sich zieht, die von dieser nicht zu befürchten sind«.[29] Das sind vertraute Gedankengänge aus dem frühen Industrialismus, wie man sie etwa auch in Deutschland seitens der romantischen Schule der Nationalökonomie kennt. Doch hierzulande und anderswo war diese Haltung nicht so breit verwurzelt und nicht so lange vorherrschend wie in Italien. In Deutschland, um bei dem Beispiel zu bleiben, obsiegte Fr. List mit seinem System industrieller Erziehungszölle, während sich die italienische Führungsschicht nach vollbrachter Einigung dem industriefeindlichen Freihandel verschrieb und nach dem Übergang zum Protektionismus einer Zollpolitik, die von Gerschenkron geradezu als ein Hindernis für die italienische Industrialisierung bezeichnet wurde.[30]

Verblüffend ist, wie Petittis Argumentation noch mitten während des Faschismus, den manche als eine »Entwicklungsdiktatur« hinstellen möchten, von einem so namhaften Vertreter des Regimes wie Arrigo Serpieri aufgegriffen wurde: »Um in der Gesellschaft das beste Gleichgewicht zwischen ländlichen und städtisch-industriellen Elementen zu bewahren«, predigte auch er, sich zur Erreichung dieses Ziels »mit einem geringeren Reichtum abzufinden«.[31] Das heißt mit anderen Worten: Verzicht auf wirtschaftliche Entwicklung, um den gesellschaftlichen Status quo zu konservieren. Am deutlichsten sichtbar ist das in Süditalien, wo die Klasse der *proprietari* immer bereit gewesen ist, den »Kreislauf des Elends« nicht anzutasten, um die eigene Macht zu erhalten.[32]

Hiermit ist erst ein Aspekt des italienischen Katonismus skizziert. Dieser ist zwar agrikulturistisch, aber nicht, wie Moore das Phänomen allgemein beschreibt, »durch und durch industriefeindlich und antimodern«.[33] Von einem Antiindustrialismus läßt sich nur in dem Sinn sprechen, daß die große Industrie und überhaupt der moderne Urbanismus mit Argwohn und oft mit Feindseligkeit betrachtet wurden, weil sie der Herd gesellschaftlicher Unruhe und Revolutionen zu sein schienen, die der traditionellen Agrargesellschaft fremd waren. Die Verteidigung und Verherrlichung der Landwirtschaft entsprach zwar einerseits den Interessen der großen, exportorientierten Agrarunternehmer und Grundrentner, aber auf der anderen Seite war der Agrikulturismus Ausdruck viel weiterreichender ökonomischer und gesellschaftlich-politischer Präokkupationen. Die agrikulturell strukturierte Gesellschaft stellte ein seit Jahrhunderten erprobtes Modell dar, die

Aneignung des bäuerlichen Surplus mit der so gut wie unangefochtenen Vorrangstellung der Grundbesitzer und »Reichen« zu verbinden. Um dieser Eigenschaft willen sangen so viele das Loblied auf die Landwirtschaft und waren so viele bereit, ihren Primat anzuerkennen. Und wenn schon nicht die Vorherrschaft der landwirtschaftlichen Produktionsweise auf ewige Zeit zu konservieren war, so sollten wenigstens die mit ihr verbundenen Formen des gesellschaftlichen Zusammenlebens und der sozialen Kontrolle dem neuen Industrialismus seinen Stempel aufdrücken.

Der Agrikultur wurde eine zugleich herrschende wie dienende Rolle zugewiesen: Von ihr her wurden die gesellschaftlich verbindlichen Normen des Herrschaftsgefüges definiert, und gleichzeitig wurde ihr die Bewältigung von Problemen und Konflikten aufgebürdet, welche aus dem Industrialismus resultierten. Landwirtschaftliche und manufakturelle Arbeit sollten in enger Verbindung bleiben, damit aus dem Bauern nie ein wirklicher Industriearbeiter werden könne, damit sich seine gemäßigten ländlichen Bedürfnisse nicht zu städtischen wandelten, damit ihm das Land Zuflucht vor den industriellen Krisen bieten könne. Als Reservoir und Regulator der industriellen Arbeitskraft hatte das Land deren physische Produktion und moralische Formung zu gewährleisten und möglichst alle Schwierigkeiten des industriellen Sektors zu absorbieren. Solche Gedanken blieben im Italien des 19. Jahrhunderts nicht realitätsferne Wunschvorstellungen, sondern prägten auf nachhaltige Weise seine Industrialisierung und damit sein gesamtes wirtschaftliches und soziales Gefüge; mit welchen unmittelbaren und längerfristigen Folgen kann hier nicht weiter erörtert werden.[34]

Zwischen der Idealisierung der Landwirtschaft und ihrem tatsächlichen Zustand gab es eine enorme Diskrepanz. In dem Schlußbericht der großen Agrarenquête aus den 1880er Jahren führte Stefano Jacini aus, daß auf den intensiven, im großen und kleinen betriebenen, Landbau und auf die spezialisierte Kleinkultur alles in allem nicht mehr als ein Fünftel der landwirtschaftlichen Nutzfläche entfalle und der riesige Rest auf die »einfache und im Raubbau betriebene Agrikultur«.[35] Eine unterschiedlich starke kommerzielle Durchdringung der Landwirtschaft und Inseln einer fortgeschrittenen Agrikultur gab es in beinahe allen Regionen; der moderne Agrarkapitalismus blieb jedoch im 19. Jahrhundert im wesentlichen auf Teile des Piemont, der Lombardei und der Emilia beschränkt, und zu einem »Massenphänomen« wurde er erst nach der Jahrhundertwende, wenn nicht geradezu erst nach dem Zweiten Weltkrieg.[36] Zeitgenössische Kritiker und

moderne Autoren sind sich darin ziemlich einig, daß der nieder-
gedrückte Zustand der Landwirtschaft und ihre allzu schleppende
Modernisierung zu einem großen Teil den scharf ausgeprägten
Klassenstrukturen auf dem Lande, den archaischen Produktionsverhältnissen und vor allem der Beibehaltung der traditionellen,
oft vexatorischen Agrarkontrakte zuzuschreiben sind.[37]

Der Traditionalismus in der Agrarverfassung und speziell in
den Agrarkontrakten kann nicht einfach auf das Beharrungsver-
mögen einer mehr oder minder immobilen ländlichen Gesellschaft
zurückgeführt werden; vielmehr handelt es sich hierbei um die
unterschiedlich bewußte Benutzung einer Tradition als Antwort
auf die Herausforderungen des sich ausbreitenden Kapitalismus.
Dessen größte und am meisten gefürchtete Herausforderung bestand in der Entstehung einer Klasse von »Proletariern«, und
zwar nicht so sehr in der Industrie (das war für Italien eine fer-
nere Sorge) als auf dem Land. Befürchtungen vor der Ausbreitung eines Landproletariats tauchten schon während des Risorgimento immer wieder in der agronomischen Literatur und in der
politischen Publizistik auf und sollten aus ihr bis zum Faschismus
nicht mehr verschwinden. Die Furcht vor dem ländlichen oder
vielmehr vor dem landlosen Proletarier führte im Risorgimento
zu einer zumindest partiellen Abkehr vom traditionellen Bild des
Bauern.[38] Wenn der Kult des Bauern und des Landes mehr und
mehr die »Satire auf die Bauern« in den Hintergrund treten ließ,
handelte es sich dabei nur scheinbar um die Revidierung eines ur-
alten Feindbildes. Gegen den wirklichen Bauern, den ewigen Ant-
agonisten des *proprietario,* gegen seine zunehmende Unruhe und
Aufsässigkeit wurde das Idealbild eines Bauern ins Feld geführt,
das aus den vorgeblich bäuerlichen Eigenschaften der Demut und
Unterwerfung, der Genügsamkeit und Friedfertigkeit gebildet
war. Den Bildnern dieses bäuerlichen Mythos war sehr bewußt,
daß diese Tugenden an eine materielle Voraussetzung geknüpft
waren: an den Besitz einer Parzelle oder doch zumindest an die
dauerhafte Bindung des Bauern an das Land, sei es in Form der
Halbpacht *(mezzadria)* oder in einer anderen Form des Teilbaus
und der Anteilswirtschaft. Unzählige Stimmen erhoben sich,
welche die gesellschaftlich wohltätigen Auswirkungen des Kleingrundbesitzes priesen und seine Stärkung ebenso wie die der
mezzadria und des Kolonats empfahlen. Das Bollwerk gegen den
Aufstieg des ländlichen *proletario* sollte der kleine *proprietario,*
der *mezzadro* oder der Kolone sein.[39] Die Stärkung des kleinen
Grundbesitzes bedeutete nur scheinbar eine Negierung des großen; dieser lebte vielmehr von der Parzelle, die den Bauern ans

Land band und (ebenso wie die traditionellen Agrarkontrakte) seine Arbeitskraft wohlfeiler machte als diejenige des freien Lohnarbeiters.

Das Festhalten an der alten Agrarverfassung oder vielmehr ihre nur partielle und schleichende Transformation forderte auch einen Preis. Selbst ein wirtschaftlich Liberaler und Progressist wie Cavour ermahnte seine Zeitgenossen, »die Bande der Sympathie und Zuneigung« zu festigen, »welche zwischen denjenigen, die besitzen, und jenen, die das Land bebauen, bestehen« – »auch um den Preis einiger Opfer«.[40] Eine Generation später warnte Jacini geradezu vor »denjenigen, die sich vielleicht mehr von politischen und literarischen als von ökonomischen Ideen leiten lassen« und welche die *mezzadria* überall und um jeden Preis einführen möchten und sich sagen: »Besser eine mittelmäßige Agrarproduktion und das Volk auf dem Land ruhig als größerer landwirtschaftlicher Reichtum, der ständig der Mißgunst unzufriedener Bauern ausgesetzt ist«.[41] Solche Stimmen verschafften sich auch später noch Gehör in den offiziellen Organisationen der Agrarier.[42] Und der Faschismus machte, indem er an eine hundertjährige Tradition anknüpfte und sie weiterführte, die sog. »Enttagelöhnerung« *(sbracciantizzazione)* des Landproletariats zu einem Angelpunkt seines Agrarprogramms und nahm es in Kauf, daß dadurch die produktivistischen Ziele seiner Landwirtschaftspolitik durchkreuzt wurden.[43]

Die Kosten für einen solchen und sei es auch bloß partiellen Verzicht auf höhere Effizienz und Produktivität zahlten wiederum vor allem die Bauern. Die Zeugnisse über das Massenelend auf dem Land sind so zahlreich und so bekannt, daß wir uns hier mit einem einzigen Hinweis begnügen können: Der italienische Bauer aß, sofern überhaupt, sehr schlechtes Brot; das begehrte Weizenbrot oft nur dann, wenn er sterbenskrank war. Das bezeugen schon die aufklärerischen Kritiker des Feudalregimes und noch die liberalen Ökonomen unter dem Faschismus;[44] das bezeugt vor allem die Ausbreitung der Pellagra unter den ärmsten Bauern Oberitaliens.[45]

Ist nun aus dem bisher Gesagten zu schließen, daß das Konzept einer »marktbedingten Klassengesellschaft« auf Italien nicht anwendbar ist? Wenn man die Polanyi und auch anderen zufolge utopische Vorstellung eines sich selbst regulierenden Markts im Auge hat,[46] ist eine solche Übertragung sicherlich nicht zulässig. Zwar war der Wirtschaftsliberalismus in Teilen Italiens schon seit dem 18. Jahrhundert eine bedeutende Kraft; zwar wurde die Bildung eines inneren Markts nach der Einigung durch drastische

Interventionen des Staats gefördert und erfolgte Italiens Integration in den Weltmarkt nach den rigorosesten freihändlerischen Grundsätzen; aber auf der anderen Seite kann nicht übergangen werden, daß noch bis weit in das 20. Jahrhundert hinein große Teile der ländlichen Bevölkerung in eine fast selbstgenügsame Subsistenzwirtschaft eingebunden blieben. Noch kurz vor Ausbruch des Zweiten Weltkriegs produzierten von 4,2 Mill. landwirtschaftlichen Betrieben nur 1,2 Mill. Getreide für den (damals staatlich regulierten) Markt; diese niedrige Zahl wirkt noch erstaunlicher, wenn man bedenkt, daß das faschistische Regime seit Mitte der 20er Jahre die Steigerung der Getreideproduktion als das absolut vorrangige Ziel seiner Landwirtschaftspolitik verfolgt hatte.

Wichtiger als dieser Gesichtspunkt ist jedoch der folgende: Wie im vorigen ausgeführt wurde, nahm gerade die Klasse der *proprietari* zu dem »sich selbst regulierenden Markt« eine zwiespältige Haltung ein. Sie folgte seinem Kräftespiel, solange und soweit es ihren wirtschafts- und gesellschaftspolitischen Orientierungen entsprach. Wenn es diesen zuwiderlief, wie in der Aussicht einer unkontrollierten Industrialisierung oder in der drohenden Proletarisierung der ländlichen Massen, suchte sie, selbst mit drastischen Mitteln, die Tendenzen des Markts zu korrigieren. Sie benutzte den Freihandel (und später den Protektionismus) als Waffe gegen eine unkontrollierte Industrialisierung und die Beibehaltung halbfeudaler oder jedenfalls nicht formell freier Arbeitsverhältnisse auf dem Land gegen eine Proletarisierung. In dieser Hinsicht kann man statt von »marktbedingten Klassen« eher von der Herrschaft einer marktbedingenden Klasse sprechen.

Wie vielschichtig, ambivalent und wandelbar das Verhältnis von Markt und politischer Macht war, kann besonders gut am Beispiel des Arbeitsmarkts illustriert werden. Ob man für Italien bis zum Ende des Faschismus überhaupt von einem verallgemeinerten freien Arbeitsmarkt sprechen kann, erscheint fraglich. Dieser fand seine Grenzen einerseits in der unzureichenden Ausbildung des nationalen Markts und andererseits in gesetzlichen und weniger gesetzlichen Bestimmungen und Maßnahmen, mit denen die absolutistischen, die liberalen und die faschistischen Regierungen die Freizügigkeit der Arbeitskraft einschränkten. Die faschistische Gesetzgebung gegen die Binnenwanderung verdiente nach Luigi Einaudi die Bezeichnung »Wiederherstellung der Grundhörigkeit«.[47] Ähnliche Ziele wurden mit anderen, subtileren Mitteln wie durch die Ausdehnung der *mezzadria,* durch das Programm der »Enttagelöhnerung« usw. verfolgt.

Das war die eine Seite der Arbeitsmarktpolitik. Von dieser nicht zu trennen ist eine andere, die ihren Ursprung in der aufklärerisch-utilitaristischen Überzeugung hat, daß Reichtum und Armut einander bedingen, daß der Reichtum einer Nation im Verhältnis zur allgemeinen Armut wachse, weil die Not der einzige Ansporn zur Arbeit sei.[48] Zur Milderung der Massenarmut wurde in Italien bekanntlich so gut wie nichts getan, und so bewahrte sich das Land in der Armut seiner bäuerlichen Massen einen ungeheuren Reichtum, zu dessen gewinnbringender Nutzung nur der rechte Zeitpunkt abzuwarten war. Dieser kam mit dem weltweiten Wirtschaftaufschwung um 1900 (und dann wieder nach 1950). In größter Freizügigkeit entließ die Nation Millionen ihrer Bürger auf die Arbeitsmärkte der entwickelteren Industrieländer diesseits und jenseits des Atlantik (und später auch in die Wirtschaftsmetropolen Norditaliens). Mit der Unterordnung des nationalen unter die Bedürfnisse des internationalen Arbeitsmarkts verwirklichte sich für Millionen Italiener zum ersten Mal die »Freiheit der Arbeit«, aber damit wurde zugleich auch der Platz Italiens in der Weltmarktdialektik von Entwicklung und Unterentwicklung festgelegt: Lieferant eines »Rohstoffs« zu sein, der praktisch unbegrenzt und obendrein durch die unbezahlte Arbeit seiner »Produzentinnen« umsonst zu haben war.[49]

IV. Klassenkonflikte

Noch bevor die in den 1870er Jahren ausbrechende große Agrarkrise die Halbinsel erfaßte, gab es eine oft leidenschaftlich geführte Diskussion, ob es auch in Italien eine Soziale Frage gäbe oder nicht. Denjenigen, die sich in der trügerischen Hoffnung wiegten, daß ihrem Land diese Plage der zivilisiertesten Völker, sei es aufgrund der geringen Fortschritte des Industrialismus, sei es aufgrund einer klugen Politik, bisher erspart geblieben sei, hielten die wackeren Mitstreiter Pasquale Villaris entgegen, daß die Soziale Frage in Italien auf dem Land existiere, d.h. die Form der Agrarfrage angenommen habe. Um das zu zeigen, brauche man sich nicht lange bei der Lage der elendsten Bauern der Poebene, der römischen Kampagna, der Basilikata und der Abruzzen oder im Innern Siziliens aufzuhalten, sondern nur die gewöhnliche Bauernfamilie zu betrachten: denn auch deren materielle Existenz sei ständig gefährdet und von der Gnade der anderen Klassen abhängig.[50] Auch affirmativer eingestellte Zeitgenossen erkannten an, daß, solange »einer Klasse von

Bürgern (. . .) der Genuß selbst der geringsten Güter der Zivilisation verwehrt ist«, eine Soziale Frage in ihrer schlimmsten Form existiere;[51] eine solche könne man auch nicht leugnen, wenn man darunter »das lebhafter als einst empfundene Bedürfnis der nichtshabenden Klassen« verstehe, besser leben zu wollen.[52] Noch offenbare sich in Italien die Soziale Frage nicht in Streiks, sondern im Banditenwesen *(brigantaggio)* und in der Emigration; letztere sei eine »Ausflucht vor der Unterdrückung jenseits des *brigantaggio,* des Mords und der Rebellion«.[53] Noch hundert Jahre später, d. h. in diesen Jahren, hat sich für viele Sarden die Alternative: Bandit oder Emigrant kaum verändert.[54]

All diese Äußerungen gehören einer Zeit an, in der jahrhundertealte Formen des Klassenkampfs auf dem Land noch fortbestanden, aber neue Kampfformen sich bereits ankündigten. Die Gleichzeitigkeit von nur unzureichend als »archaisch« und »modern« charakterisierten Kampfformen ist das vielleicht auffälligste Merkmal der Klassenkonflikte auf dem Land. Die antiken »fureurs paysannes« und eine der kämpferischsten modernen Bauernbewegungen trafen in Italien zusammen.

Zu den vor Jahren meist diskutierten Problemen des Risorgimento gehört die Antonio Gramsci zugeschriebene oder vielmehr untergeschobene These von der »Agrarrevolution, die nicht stattfand« *(rivoluzione agraria mancata).* Was auch immer man von ihr halten mag, so kann zumindest nicht die Tatsache geleugnet werden, daß die Entstehung des italienischen Einheitsstaats »von großen Bewegungen der bäuerlichen Massen begleitet und manchmal stimuliert, aber häufiger bekämpft wurde, welche in einigen entscheidenden Momenten den Charakter regelrechter Bauernkriege annehmen. Hierfür genügt es, an die großen Bauernbewegungen von 1796, 1799, 1808, 1821 und 1860 zu erinnern, welche in allen Krisen des Risorgimento den jakobinischen und konstitutionellen Bewegungen der oberen Schichten meistens vorangehen, sodann aber mit diesen in einen offenen und blutigen Gegensatz eintreten sollten«.[55] Ein bäuerliches 1789 hat es in Italien weder früher noch später gegeben, aber gewissermaßen einen Ersatz in einem endemischen, säkularen Klassenkampf, der in den unterschiedlichsten Formen, offen und verdeckt, gewaltsam und weniger gewaltsam, legal und weniger legal ausgetragen wurde.

Die älteste, die am weitesten verbreitete und die zugleich am schwersten faßbare Form bäuerlichen Widerstands drückte sich in der (schon von den mittelalterlichen Schriftstellern und noch im 19. Jahrhundert so genannten) »Bosheit« und in den »Listen«

der Bauern aus. Eine umfangreiche Enzyklopädie ließe sich mit den großen und kleinen Betrügereien füllen, welche zum Schaden ihrer Herren der Einfallsreichtum der Bauern im Lauf der Jahrhunderte ersonnen hat.[56] Darüber äußerte sich noch in der zweiten Hälfte des 19. Jahrhunderts ein Grundbesitzer aus dem Veneto: »Im gesellschaftlichen Verkehr und insbesondere im Umgang mit ihrem *padrone* gebrauchen die Bauern gewöhnlich als Waffe des Angriffs und der Verteidigung die hier so genannte Bauernbosheit (malizia villana). Ich vermag davon keine passende Bestimmung zu geben, aber es handelt sich dabei um eine äußerliche Servilität mit Verachtung im Innern, um eine scheinbare Fügsamkeit mit dauerndem Widerspruch, um eine Zuneigung in Worten mit Mißgunst im Herzen, um naive Harmlosigkeit, fast krasse Dummheit mit schurkischer, versteckter Schläue, um eine unablässige, fast zum System erhobene Lüge, um eine äußerste Verworfenheit aus materiellem Interesse ...«.[57] Wegen ihrer zunehmenden »Ruchlosigkeit« ging auch Nicola Onorati, der Begründer einer modernen Agronomie in Süditalien, mit den Bauern hart ins Gericht; und zwar fast in denselben Worten, mit denen vierhundert Jahre früher Leon Battista Alberti seiner Verachtung der Bauern freien Lauf gelassen hatte.[58] In der Tradierung eines Topos enthüllt sich hier die Konstanz eines Phänomens, das leider erst wenig erforscht ist.[59]

In längst klassisch gewordenen Seiten hat vor nunmehr vielen Jahren Fernand Braudel beschrieben, wie sich seit der Mitte des 16. Jahrhunderts, gleichzeitig mit der irreversiblen Polarisierung der Gesellschaft in Reich und Arm, das Banditenwesen im Mittelmeerraum und zuvörderst in Italien ausgebreitet hat.[60] Im Mezzogiorno und auf den Inseln blieb diese Form des sozialen Protests in ungebrochener Tradition bis gegen Ende des 19. Jahrhunderts und in Ausläufern selbst bis in unsere Zeit lebendig. Der sog. »große *brigantaggio*«, welcher in den neapolitanischen Provinzen der Staatseinigung folgte, weitete sich zu einem mehrjährigen Bürgerkrieg aus, in dem mehr Opfer zu beklagen waren als in allen Schlachten der Unabhängigkeitskriege zusammen.[61] Das war kein einmalig zu zahlender Preis für die bürgerlich-kapitalistische Einigung des Landes; vielmehr durchziehen die Proletariergemetzel *(eccidi proletari)* wie ein blutroter Faden die ganze Geschichte des liberalen Staats[62] und finden ihren grausig-makabren Höhepunkt in den Schlächtereien des Ersten Weltkriegs.[63] Will man überhaupt über Klassenstrukturen sprechen, so kann man über diese monströsen Fakten nicht hinweggehen. Übrigens gab es unter den Zeitgenossen einige, selbst große Grundbe-

sitzer wie Sidney Sonnino, die wußten und aussprachen, daß der
»Brigant« in der Vorstellung der armen Bauern »wie ein wilder
Protest gegen soziale Unterdrückung und eine Behauptung ihrer
individuellen Würde« lebt.[64]

Eine andere für den Süden typische Form des Kampfs waren
die (sporadisch auch heute noch vorkommenden) Landbesetzun-
gen. Anders als der *brigantaggio,* der nur zu vorübergehenden
Höhepunkten ein Kollektivphänomen war, wurden die Landbe-
setzungen von den Dorfgemeinschaften getragen, die mit diesem
Akt, hierin den tatsächlichen oder ihnen nur beigelegten Motiven
der »Briganten« durchaus vergleichbar, für die Wiederherstellung
alter Rechte und für die Wiederaneignung usurpierten Lands
kämpften. Bemerkenswert ist wiederum der säkulare Charakter
dieses Protests: 1820, 1848 und dann vor allem nach den beiden
Weltkriegen. Die vehement antikapitalistische Stoßrichtung ihres
Kampfs um das Land artikulierten auf beispielhafte Weise die sar-
dischen Hirten und Bauern, die Anfang der 1830er Jahre gegen
die Einhegungen rebellierten und in einer Petition an den Vize-
könig die »Unmenschen« anklagten, »die alle Ländereien usurpie-
ren, was noch niemals im Volk von Nuoro gesehen wurde; und
um nicht Hungers zugrunde zu gehen, müssen wir Sklaven dieser
Schlemmer werden, und jene, die, wie die Alten, ihnen auf keine
Weise dienen können, müssen an ihrer Tür um ein Stück Brot
betteln, was noch nie im Volk von Nuoro gesehen wurde und
was man nie sehen würde, wenn nicht alle Unterhaltsmittel ok-
kupiert wären«.[65]

Landhunger und der diesem zugrunde liegende leibliche Hunger gehören zu den nahezu konstanten Merkmalen der Geschichte des italienischen Lands und seiner Bauern. Eine illusionäre
Sättigung fanden sie allein durch die Flucht ins Schlaraffenland.
Dreiundreißig Variationen dieses Mythos hat man für das 16.
und 17. Jahrhundert allein in Italien gefunden.[66] Spuren dieses
Mythos, der ewigen Sehnsucht nach Befreiung von Hunger, Aus-
beutung und Unterdrückung, waren noch in der Generation von
Emigranten lebendig, die um die Wende vom 19. zum 20. Jahr-
hundert in die »neue Welt« auswanderte. In dieser Flucht, eine
Alternative zum Kampf in der Heimat, ist manchmal noch der
Klassenhaß der Ausgestoßenen sichtbar:

> Andaremo in Mèrica
> In tel bel Brasil
> E qua i nostri siori
> Lavorarà la terra col badil![67]

Wirkliche Befreiung war die Auswanderung selten. Das hat un-
längst Nuto Revelli vor Augen geführt, der in einem bewunde-
rungswürdigen Werk die alten Protagonisten jenes Massenexo-
dus zum Sprechen gebracht hat. Von ihnen selbst erfahren wir
von dem entsetzlichen Hunger, der sie in die Ferne getrieben hat;
von der übermäßigen Arbeit in der Fremde, um das Geld für ein
Stück Land in der Heimat zu verdienen; von ihrem Schicksal nach
der Heimkehr, als in einer veränderten Welt ihre Parzelle wertlos
wurde. Für diese Bauern-Emigranten begann und endete das Leben als eine Tragödie.[68]

So sahen, in der notwendig skizzenhaften Verkürzung, die
Kämpfe der Bauern ohne Land *(contadini senza terra)* aus: mit
der Vergangenheit eng verflochten wie das wirtschaftliche und
gesellschaftliche Ambiente selbst, in dem sie sich abspielten. Gewissermaßen den Gegenpol der Bauernbewegung bildeten die
Kämpfe der Tagelöhner *(braccianti avventizi)*. Sie waren im
Grunde keine Bauern mehr, sondern freie Lohnarbeiter, Landarbeiter, einer total anderen Agrarlandschaft zugehörig. Wie der
moderne Agrarkapitalismus ganze Landstriche der Poebene um-
geformt und geprägt hatte, so auch diese Arbeiter. Die Lebens-
ader, die den Bauern mit dem Land verbindet, war für sie ein für
alle Mal durchschnitten: für sie zählte allein der Lohn; ihre Organisation war die Gewerkschaft; ihre Waffe der Streik. Mit der
Entstehung dieser Lohnarbeiterklasse vertieften sich die Spaltun-
gen innerhalb des Landproletariats. An den entgegengesetzten
Enden standen, wenn man es schematisch vereinfachen darf,
die *contadini senza terra* und die *braccianti;* irgendwo zwischen
ihnen die *mezzadri,* Kolonen usw. In dieser inneren Klassenspal-
tung lag die Tragödie der italienischen Bauernbewegung beschlossen. Nach der Niederwerfung des *brigantaggio* entfaltete sie sich
erneut in einem Crescendo von Kämpfen seit den 1880er Jahren.
Eine Gruppe zog die andere nach sich, und wechselweise ging die
Führung der Kämpfe mal an die eine, mal an die andere Gruppe
über. Einheitliche Ziele und eine einheitliche Organisation und
Leitung konnten sie untereinander nicht finden, da ihre Interessen zu gegensätzlich waren. Dieser innere Klassengegensatz war
mitentscheidend für den Verlauf und die Niederlage der bäuerlichen Massenbewegungen nach dem Ersten Weltkrieg. Um sie zu
besiegen, bedurfte es aber immerhin auch des bewaffneten Ge-
genangriffs der Agrarier.[69] Wie sich diese mit der faschistischen
Bewegung verbanden, ist nur allzu bekannt. Uns bleibt hier lediglich die Feststellung übrig, daß die Ursprünge des Faschismus so
eng mit der Geschichte der *Italia agricola* verwoben sind, daß

man über jenen nicht sprechen kann, ohne dieser auf den Grund zu gehen.

Anmerkungen

1 S. *Jacini,* I risultati della Inchiesta Agraria (1884), Hg. G. *Nenci,* Torino 1976, S. 8, 78.

2 P. *Villani,* Problemi e prospettive di ricerca: La storia sociale dell' Italia contemporanea, in: Quaderni storici 12. 1977, S. 218.

3 A. *Gerschenkron,* Economic Backwardness in Historical Perspective, Cambridge, Mass. 1966², S. 23 f.; M. *Larizza Lolli,* Il sansimonismo (1825–1830). Un'ideologia per lo sviluppo industriale, Torino 1976.

4 Berechnet nach B. R. *Mitchell,* European Historical Statistics 1750–1970, London 1975, S. 155 (Frankreich), u. P. *Ercolani* Documentazione statistica di base, in: G. *Fuà* (Hg.), Lo sviluppo economico in Italia, Bd. 3, Milano 1975², S. 422 (Tab. XII.2.3.B); zu den für Italien sehr umstrittenen Zahlen vgl. O. *Vitali,* La popolazione attiva in agricoltura attraverso i censimenti italiani (1881–1961), Roma 1968.

5 G. *Cherubini,* La proprietà fondiaria nei secoli XV–XVI nella storiografia italiana, in: Società e storia 1978/1, S. 9–33.

6 C. *Capra,* Nobili, notabili, élites: dal »modello« francese al caso italiano, in: Quaderni storici 13. 1978, S. 21 ff.; S. J. *Woolf,* La storia politica e sociale, in: Storia d'Italia Einaudi, Bd. 3: Dal primo Settecento all'Unità, Torino 1973, S. 24 ff.; A. *Caracciolo,* La storia economica, ebd., S. 554 ff. A. *Lepre,* Classi, movimenti politici e lotta di classe nel mezzogiorno dalla fine del Settecento al 1860, in: Studi storici 16. 1975, S. 363 ff.

7 *Lepre,* S. 376.

8 Anstelle vieler Einzelbelege sei hier nur an das große Buch von F. *Vöchting* (Die Urbarmachung der römischen Campagna, Zürich 1935) erinnert, dessen Register ein eigenes Stichwort »Landhunger, bäuerl.« enthält.

9 *Woolf,* S. 139 u. passim; F. *Venturi,* Settecento riformatore. Da Muratori a Beccaria, Torino 1969; R. *Zangheri,* I catasti, in: Storia d'Italia Einaudi, Bd. 5/1, Torino 1973, S. 761–806.

10 G. *Filangieri,* La scienza della legislazione (1784), zit. in: L. *Dal Pane,* Storia del lavoro in Italia. Dagli inizi del secolo XVIII al 1815, Milano 1958², S. 428.

11 Della proprietà rispetto al diritto politico, Milano, An. I della Repubblica italiana, zitiert ebd., S. 115; vgl. auch *Lepre,* S. 344 ff.

12 *Filangieri,* La scienza della legislazione, zitiert in: R. *Villari,* Mezzogiorno e contadini nell'età moderna (»Universale Laterza« 390), Bari 1977, S. 44.

13 *Villari,* S. 50 und Teil 1, passim.

14 *Woolf,* S. 187 (»Chi tene pane e vino / ha da esse giacubbino«).

15 *Lepre,* S. 354 ff.

16 E. *Franzina,* La grande emigrazione. L'esodo dei rurali dal Veneto durante il secolo XIX, Venezia 1976, S. 135 f., 157 A. 30.

17 *Jacini,* S. 56, 116 ff.

18 R. *Romano,* Una tipologia economica, in: Storia d'Italia Einaudi, Bd. 1, Torino 1972, S. 284 f.; C. *Vivanti,* Lacerazioni e contrasti, ebd., S. 902 ff; A. *Guenzi,* Un mercato regolato: Pane e fornai a Bologna nell'età moderna, in: Quaderni storici 13. 1978, S. 382 f.

19 M. L. *Salvadori,* Il mito del buongoverno. La questione meridionale da Cavour a Gramsci, Torino 1963², S. 28.

20 G. *Luzzatto,* L'economia italiana dal 1861 al 1894, Torino 1968, S. 28 ff., 106 ff.; E. *Sereni,* Il capitalismo nelle campagne (1860–1900), Torino 1968², S. 135 ff.; G. *Candeloro,* Storia dell'Italia moderna, Bd. 5, Milano 1968, S. 383 ff.

21 G. *Giorgetti,* Contadini e proprietari nell'Italia moderna. Rapporti di produzione e contratti agrari dal secolo XVI a oggi, Torino 1974, S. 418 ff., 506 ff.

22 *Romano,* S. 274 f.; R. *Nieri,* L'imposta fondiaria in Italia (1864–1886), in: Annali della Fondazione Luigi Einaudi 10. 1976, S. 187–251; ders., Aspetti della tassazione agraria in Italia: le leggi di imposta del 1864, in: Quaderni storici 11. 1976, S. 547–580.

23 *Woolf,* S. 127, 132, 171 f.; *Villari,* S. 89 ff.

24 T. *De Mauro,* Storia linguistica dell'Italia unita, Bari 1970², S. 44 f.

25 Ebd., S. 95 ff.

26 L. *Franchetti,* Condizioni politiche e amministrative della Sicilia (1877), in: ders. u. S. *Sonnino,* Inchiesta in Sicilia, Bd. 1, Firenze 1974, S. 193 ff.; S. *Sonnino,* I contadini in Sicilia (1877), ebd., Bd. 2, S. 107 ff.

27 B. *Moore,* Soziale Ursprünge von Diktatur und Demokratie, Frankfurt 1969, S. 561 ff.

28 G. *Bollati,* L'italiano, in: Storia d'Italia Einaudi, Bd. 1, S. 998 ff.; V. *Hunecke,* Arbeiterschaft u. Industrielle Revolution in Mailand 1859–1892. Zur Entstehungsgeschichte der italienischen Industrie u. Arbeiterbewegung, Göttingen 1978, S. 27 ff., 35 ff.

29 *Woolf,* S. 335; vgl. *Villari,* S. 199 ff.

30 *Gerschenkron,* S. 80.

31 A. *Serpieri,* La bonifica integrale (1927), abgedruckt in: L. *Villari* (Hg.), Il capitalismo italiano del Novecento (»Universale Laterza« 310), Bd. 1, Bari 1975, S. 196.

32 P. *Farneti,* Sistema politico e società civile. Saggi di teoria e ricerca politica, Torino 1971, S. 150, 147.

33 *Moore,* S. 567.

34 *Franzina,* bes. S. 96 ff.; *Hunecke,* S. 49 ff.

35 *Jacini,* S. 84.

36 P. *Villani,* Il capitalismo agrario in Italia (sec. XVII–XIX), in: Studi storici 7. 1966, S. 471, 509.

37 Siehe z. B. L. *Masella,* Rapporti di produzione e contratti agrari negli scrittori napoletani tra Sette e Ottocento, in: Nuova rivista storica 60. 1976, S. 535–550; R. *Zangheri,* Gli studi di storia dell' agricoltura nell'ultimo ventennio, in: ders., Agricoltura e contadini nella storia d'Italia, Torino 1977, S. 91 f., 102; *Villani,* Capitalismo, passim.

38 *Bollati,* S. 961 ff.; A. *Asor Rosa,* Scrittori e popolo. Il populismo nella letteratura italiana contemporanea, Roma 1972⁴.

39 *Woolf,* S. 330 f.; *Caracciolo,* S. 601 f.; S. *Sonnino,* Das Meiersystem in Toskana, in: Italia 1. 1874, S. 135 ff.; ders., Contadini, S. 232 ff.; Z. *Ciuffoletti,* Nota storica, in demselben Bd., S. 309 ff., 325 f.; *Franzina,* S. 81 ff.; C. *Poni,* Carlo Berti Pichat e i problemi economici e sociali delle campagne bolognesi dal 1840 al 1848, in: Bollettino del Museo del Risorgimento, Bologna 5. 1960, Teil 2, S. 743–781.

40 *Woolf,* S. 336.

41 *Jacini,* S. 48.

42 P. *Corti,* Fortuna e decadenza dei Comizi Agrari, in: Quaderni storici 12. 1977, S. 743 f., 748 ff.

43 G. *Orlando,* Progressi e difficoltà dell'agricoltura, in: *Fuà* (Hg.), Sviluppo, S. 78 ff., 87 ff.

44 *Venturi,* S. 43, 93; L. *Einaudi,* I contadini alla conquista della terra italiana nel 1928–30, in: Rivista di storia economica 4. 1939, S. 294 f.

45 G. *Porisini,* Agricoltura, alimentazione e condizioni sanitarie. Prime ricerche sulla pellagra in Italia dal 1880 al 1940, Genf 1974.

46 K. *Polanyi,* The Great Transformation (1944), Boston 1971, S. 141, 150 und passim.

47 *Romano,* S. 257; *Villari,* Mezzogiorno, S. 9 f.; *Hunecke,* S. 197 ff.

48 *Venturi,* S. 730 f.; *Woolf,* S. 132; *Polanyi,* S. 103, 117; *Hunecke,* S. 165 f.

49 A. *De Clementi,* Appunti sulla formazione della classe operaia in Italia, in: Quaderni storici 11. 1976, S. 700 ff.; M. *Dalla Costa,* Riproduzione e emigrazione, in: dies. u. L. *Fortunati,* Brutto ciao. Direzioni di marcia delle donne negli ultimi 30 anni, Roma 1977, S. 13–70.

50 *Sonnino,* Contadini, S. 266, 268 A. 64; vgl. *Hunecke,* S. 44 f.

51 A. *Salandra,* in: La Rassegna settimanale, 22. Sept. 1878, zitiert in: *Franchetti* u. *Sonnino,* Bd. 1, S. XLI (Vorwort).

52 *Jacini,* S. 131, 28.

53 *Salandra,* ebd.; *Sonnino,* Contadini, S. 253.

54 G. *Ledda,* Lingua di falce. Romanzo, Milano 1977, S. 14 f., 25. Bekannter ist Leddas früherer auch verfilmter Roman: Padre padrone: L'educazione di un pastore, Milano 1975, der bereits ins Französische und Deutsche übersetzt wurde; siehe die sehr positive Besprechung von E. *Le Roy Ladurie,* L'éducation d'un berger sarde, in: Le Monde, 23. Sept. 1977.

55 *Sereni,* S. XXI.

56 Was sich zu dem Thema bei G. P. *Hönn,* Betrugs-Lexicon, Coburg 1761 (Nachdruck München 1977) findet, nimmt sich geradezu kümmerlich aus gegenüber den entsprechenden Ausführungen italienischer Schriftsteller seit dem 16. Jh. Ich beabsichtige, über das Thema zu späterer Gelegenheit eine Untersuchung vorzulegen.

57 A. *Maresio Bazolle,* Il possidente bellunese (geschrieben zwischen 1868 und 1890), zitiert in: *Franzina,* S. 147; vgl. ebd., S. 141 ff.

58 N. *Onorati,* Memorie su l'economia campestre e domestiche (1828), zitiert in: *Lepre,* S. 334; vgl. damit L. B. *Alberti,* Il libri della famiglia, Hg. R. *Romano* u. A. *Tenenti,* Torino 1972², S. 238 f.

59 Ein spezielles Problem dieses großen Komplexes wird in dem Büchlein von F. *Bozzini,* Il furto campestre. Una forma di lotta di massa nel Veronese e nel Veneto durante la seconda metà del '800, Bari 1977, behandelt.

60 F. *Braudel,* La Méditerranée et le monde méditerranéen à l'époque de Philippe II, Bd. 2, Paris 1976³, S. 75–94.

61 F. *Molfese,* Storia del brigantaggio dopo l'Unità, Milano 1966; allgemein hierzu: E. J. Hobsbawm, Primitive Rebels. Studies in Archaic Forms of Social Movement in the 19th and 20th Centuries, Manchester 1959, Kap. 2; ders., Bandits, Harmondsworth 1972.

62 Erster Versuch einer Statistik der Toten in den Jahren 1900–1915 in E. *Sereni,* La questione agraria nella rinascita nazionale italiana, Torino 1975², S. 225 A. 1.

63 E. *Forcella* u. A. *Monticone,* Plotone d'esecuzione. I processi della prima guerra mondiale, Bari 1968; C. *De Simone,* Soldati e generali a Caporetto, Roma 1970.

64 *Sonnino,* Contadini, S. 104.

65 L. *Scaraffia,* Le rivolte contadine in Sardegna: Ipotesi di ricerca, in: Quaderni storici 11. 1976, S. 805.

66 J. *Delumeau* (sous la direction de), La mort des pays de Cocagne. Comportements collectifs de la Renaissance à l'âge classique, Paris 1976, S. 11.

67 *Franzina,* S. 202 ff. (das Gedicht auf S. 204).

68 N. *Revelli,* Il mondo dei vinti. Testimonianze di vita contadina, 2 Bde., Torino 1977.

69 Überblick über die umfangreiche Literatur zu dem Thema bei V. *Hunecke,* Die neuere Literatur zur Geschichte der italienischen Arbeiterbewegung. Teil I: Von den Anfängen bis zum Vorabend des Ersten Weltkriegs, in: Archiv für Sozialgeschichte 14. 1974, S. 571–578; Teil II: Der Erste Weltkrieg u. die Nachkriegsjahre, ebd., 15. 1975, S. 439–446; zu den *braccianti avventizi* siehe auch den schönen Aufsatz von R. *Derosas,* Lo sciopero de »La Boje« nel Polesine e le sue origini, in: Società e storia 1978/1, S. 65–86.

Soziale Ungleichheit und Klassenstrukturen in den USA

von Hans-Jürgen Puhle

I. Die Meinung, daß die USA ein Land ausgeprägter Gleichheit seien, gehört zu den ältesten Topoi des amerikanischen Selbstverständnisses auf der einen und des Amerikabildes der Europäer auf der anderen Seite, wie es z. B. Alexis de Tocqueville in inzwischen klassisch gewordene Formulierungen gefaßt hat.[1] Aber Tocqueville steht hier keineswegs am Anfang. So hat z. B. Heinrich Heine bereits 1830, also fünf Jahre vor dem Erscheinen von Tocquevilles Amerika-Buch, die USA charakterisiert als den »großen Freiheitsstall, der bewohnt von Gleichheitsflegeln«, und der hat damit lediglich eine längst gängige communis opinio wiedergegeben.[2] Diese Meinung von der Gleichheit hat sich in der Regel sowohl auf die Gleichheit der Bürger vor dem Gesetz und vor den Institutionen wie auch auf eine – zumindest relative – soziale Gleichheit bezogen. Dabei ist im amerikanischen Selbstverständnis jedoch zu keiner Zeit die tatsächliche Gleichheit der Lebensbedingungen und Lebenslagen – etwa im Sinne der Tocquevilleschen »égalité des conditions«[3] – gemeint gewesen oder gar als Ziel angestrebt worden, sondern es ist immer nur – und auch dies eher normativ denn als Ergebnis empirischer Analysen – die relative Gleichheit der Lebenschancen von einem Ausgangspunkt her betont worden. Die Festlegung der Unabhängigkeitserklärung, »that all men are created equal«, bedeutet in ihrem Kontext das genaue Gegenteil von Gleichmacherei und impliziert darüber hinaus ganz erhebliche Einschränkungen gerade auch für die Wirkungsmacht eines denkbaren Gebots zugunsten sozialer Gleichheit. Sie spiegelt nämlich, wie bekannt ist, ganz wesentlich den pragmatischen Grundconsensus einer kapitalistischen Wirtschaftsgesellschaft, wie er zuerst etwa von John Locke artikuliert worden ist und im 18. Jahrhundert in den amerikanischen Kolonien vorherrschte.[4] Gleichheit bedeutet hier vor allem eine grundsätzliche und abstrakte – aber nicht unbedingt immer auch deutlich ausgeprägt feststellbare – Gleichheit des Zugangs der individuellen Wirtschaftssubjekte zum Markt in dessen weitester

Bedeutung. Selbst wenn die lokalen Märkte im 17. und 18. Jahrhundert in ihrer Größe, ihrem Einzugsbereich und in ihrer wirtschaftlichen Bedeutung z. T. noch beschränkt waren und sich ein »nationaler« Binnenmarkt – der dann rasch expandierte – erst seit Anfang des 19. Jahrhunderts herausbildete, gab es doch bereits in der früheren Zeit einen relativ freien, von ständischen Schranken nur wenig behinderten Zugang zu Land, ins Handwerk und in den Handel. Die Zuschreibung sozialer Positionen war in viel stärkerem Maße als in Europa abhängig von den Chancen des einzelnen oder seiner Familie im – wie auch immer begrenzten – Markt.

Das so verstandene Gleichheitsprinzip hat wesentlich beigetragen zu einer verhältnismäßig frühen Durchsetzung relativ gleicher politischer Partizipationschancen zunächst der Eigentümer und später – allmählich und bis heute in der Praxis noch vielfach gebremst – auch der Habenichtse. Gleichzeitig allerdings hat die Anerkennung des Marktprinzips als der obersten nicht nur wirtschaftlichen, sondern auch gesellschaftlichen und politischen Regulierungsinstanz schon zu einem sehr frühen Zeitpunkt die Weichen gestellt zugunsten spezifischer Formen marktbedingter und vom Markt diktierter sozialer Ungleichheit.[5] Auf der einen Seite hat der kapitalistische Grundconsensus in der amerikanischen Gesellschaft sicherlich – von Anfang an und bis heute spürbar – zu einer im Vergleich mit Europa geringeren Ausprägung von Klassenbewußtsein, bzw. von sozialem Bewußtsein überhaupt beigetragen.[6] Die Akzeptierung des Prinzips der individuellen Konkurrenz im Markt hat die Solidarität und das konfliktive Potential sozialer Gruppen eingedämmt, soziale und politische Interessen zunehmend fragmentiert und atomisiert und die Isolierung einzelner gefördert.[7] Andererseits stellt die Stärke des kapitalistischen Consensus von Anfang an in Nordamerika zum größten Teil nur den Reflex einer anderen, außerordentlich wichtigen Grundkonstellation dar: der Schwäche oder Abwesenheit feudaler Relikte, ständisch-korporativer Gliederungsprinzipien, absolutistischer und bürokratischer Traditionen, also jener »vormodernen«, vorkapitalistischen und vorbürgerlichen Elemente, die in Europa zu den vielfältigen Mischformen des Übergangs von der Ständegesellschaft zur Klassengesellschaft geführt haben.[8]

Die Frage, ob aus diesem grundlegenden Unterschied mehr oder weniger soziale Ungleichheit resultiert, muß zunächst unentschieden bleiben, wenn man auch vermuten darf, daß mit einiger Sicherheit Bestimmungselemente und Formen der Ungleichheit in den USA andere sein werden als in den (besonders kontinental-) europäischen Gesellschaften und sich die Schranken zwischen den verschiedenen Ebenen der sozialen Schichtung in bestimmten Bereichen möglicherweise in den USA als weniger rigide erweisen können. In Nordamerika dominierte in bezug auf die soziale Statuszuweisung das Marktprinzip so gut wie von Anfang an, nicht weil der Markt besonders groß war, die Mentalität der Wirtschaftssubjekte besonders kapitalistisch oder die Mechanismen kapitalistischen Wirtschaftens besonders entfaltet, sondern weil die aus vorkapitalistischer Zeit überkommenen Barrieren für eine kapitalistische Entwicklung besonders schwach oder nicht vorhanden waren. Es gab zwar einige solcher Barrieren, vor allem in den Anfängen der regional außerordentlich verschiedenen kolonialen Gesellschaftsorganisationen und noch bis ins 19. Jahrhundert hinein, sie waren aber seit dem späten 17. Jahrhundert zu keiner Zeit so hoch, daß sie das Marktprinzip als den dominanten Faktor der Statuszuweisung hätten ablösen können. Die gesellschaftliche Differenzierung fand im wesentlichen statt als eine am Markt orientierte Klassenbildung, und die Klassengesellschaft ist dann auch lange Zeit reiner ausgeprägt gewesen als in Europa, wo das Marktprinzip sich einerseits entweder später oder mit deutlichen Beschränkungen durchsetzte und andererseits in manchen Ländern (z. B. Deutschland) bereits früher wieder eingeschränkt wurde durch zunehmende politische oder korporativ-organisatorische Statusallokation.[9]

Die schwierigen Probleme für den Historiker, der sich für soziale Schichtung und deren Kriterien interessiert, liegen im Fall der USA nicht so sehr – wie meistens in Europa – am Anfang, also in der Zeit des Beginns einer marktorientierten Klassenbildung, sondern in späteren Zeiten: Zum einen ist die Bedeutung der Einschränkung des Marktprinzips im 20. Jahrhundert durch die zunehmende Herausbildung oligopolistischer Großkorporationen und den allmählichen Übergang zu einem stärker organisierten Kapitalismus mit vermehrter Staatsintervention in ihrer Wirkung auf die soziale Schichtung problematisch. Und zum anderen bleibt – gerade in einem Vergleich – zu fragen, wie sich denn die unterschiedliche Ausgangskonstellation Nordamerikas weiterhin, vor allem während des Industrialisierungsprozesses ausgewirkt hat, welche Faktoren möglicherweise noch neu dazugekommen sind, ob z. B. die angedeuteten Unterschiede im selben Ausmaß wie zu Anfang erhalten geblieben sind oder sich verändert haben und ob, wenn sie sich verändert haben, die Gründe dafür in den Eigenarten und Folgen der Industrialisierung selber zu suchen sind oder anderswo. Außerdem müßte auch geprüft werden, ob sich aufgrund der Veränderungen die Sozialstrukturen Nordamerikas und Europas womöglich inzwischen ähnlicher geworden sind als sie es anfangs waren.

Natürlich kann die Entwicklung von mehr als drei Jahrhunderten in einer kurzen Übersicht zum Zwecke des Vergleichs nicht in jeder Hinsicht angemessen behandelt werden. Vereinfachungen werden nicht ausbleiben, und vieles, was der Genauigkeit halber gesagt oder belegt werden müßte, wird nicht gesagt oder belegt werden können. Die folgenden Bemerkungen konzentrieren sich im wesentlichen auf die Fragen nach dem Gesamttrend der Entwicklung der nordamerikanischen Gesellschaft und nach der Qualität der Bestimmungselemente sozialer Ungleichheit, insbesondere auf das Verhältnis von marktabhängigen (also klassenspezifischen) und nicht marktabhängigen Faktoren bei der sozialen Positionszuweisung und auf die Veränderungen dieses Verhältnisses im Laufe der Zeit. Dabei erscheint es zweckmäßig, zunächst die wichtigsten Unterschiede zwischen den europäischen Entwicklungen und der amerikanischen in ihrem weiteren Verlauf zusammenzufassen und die amerikanische Entwicklung zu periodisieren. Ferner wird zu fragen sein nach den sektoralen und regionalen Besonderheiten, nach den (geringen) vorklassengesellschaftlichen Elementen der Anfangszeit und für das 20. Jahrhundert vor allem auch nach den Problemen des Übergangs von der eindeutig marktbedingten Klassengesellschaft zu einer weniger eindeutigen, in ihrer Marktabhängigkeit begrenzten Modifikation der Klassengesellschaft, für die wir noch keinen Namen haben. Die Hauptfrage, die überall durchscheint, läßt sich dabei grob wie folgt zusammenfassen: in welchem Ausmaß und warum gewinnt oder verliert in den Perioden zwischen 1750 und 1970 die Klassenzugehörigkeit an Bedeutung gegenüber anderen Kriterien sozialer Ungleichheit?

Doch zuvor noch eine Bemerkung zur Begrifflichkeit: Die Begriffe der »Klasse«, der Klassenzugehörigkeit oder der Klassenbildung, beziehen sich in diesem Zusammenhang auf die Gesamtheit jener Kriterien und Prinzipien sozialer Schichtung, die wesentlich marktabhängig sind. Sie schließen eng an die Marxsche und Max Webersche Begrifflichkeit an, umfassen aber die Marxsche Orientierung am Besitz oder Nichtbesitz von Produktionsmitteln als *eine* Möglichkeit unter mehreren.[10] Es scheint sinnvoll, mit Max Weber Besitzklassen und Erwerbsklassen zu unterscheiden, je nachdem, ob die Besitzunterschiede oder die Chancen der

Marktverwertung von Gütern oder Leistungen die Klassenlage primär bestimmen.[11] Soziale Ungleichheit ist aber allein durch die unterschiedlichen Klassenlagen noch nicht hinreichend charakterisiert. Sie hat immer mehrere Dimensionen, die zwar voneinander abhängig sein, deren Stellenwerte sich aber zeitlich und sektoral verschieben können. Die soziale Lage und die Lebenschancen eines einzelnen oder einer Familie werden nicht nur bestimmt durch die marktabhängigen, also klassenmäßigen Schichtungskriterien wie Beruf, Einkommen, Besitz, Vermögen, Wohnung und Wohngegend, sondern auch noch durch andere Prinzipien sozialer Differenzierung. Unter diesen gibt es solche, deren Ursprung nichts mit dem Markt zu tun hat, deren Vorhandensein aber den Erfolg im Markt und im sozialen Prozeß mitdeterminiert wie Alter, Geschlecht, Hautfarbe, ethnische Zugehörigkeit und in der Regel auch die Konfession, und wieder andere, die in unterschiedlicher Dichte vermittelt marktabhängig sein können wie Bildung und Erziehung, Versorgungsansprüche, ökonomische und politische Privilegien, die Einbindung in die Gemeinde oder mächtige Organisationen, Familientraditionen und Sozialisationsmuster, die Zumessung von Prestige und »sozialer Ehre« (M. Weber),[12] Konsum, Freizeitverhalten, Lebensstil und die Tatsache, ob jemand auf dem Land, in der Großstadt oder in suburbia wohnt.

In der Folge soll hier zwar wesentlich, aber nicht ausschließlich nach den klassenmäßigen Charakteristika sozialer Ungleichheit gefragt werden.[13] Auch die anderen genannten Kriterien müssen gelegentlich berücksichtigt werden, im Falle der USA insbesondere die ethnische Zugehörigkeit und die Bildung, neuerdings auch die Stellung in der Versorgungspyramide, und Prestige und Konsum. Letztere können wichtige Ersatzfunktionen haben.[14] Da für die Bildungschancen, die »Einstiegshöhe« und die Statuszuweisung eines Individuums nicht nur dessen eigene vergangene geographische und vertikale soziale Mobilität wichtig ist, sondern auch die der Eltern und möglicherweise noch die der Großeltern, verdient der Komplex der Familie besondere Aufmerksamkeit. Die Familie, in der markterworbene (und nicht markterworbene) Konstellationen und Errungenschaften abseits der Marktmechanismen weitergegeben werden, bildet in vieler Hinsicht den Gegenpol zum Markt im Prozeß der sozialen Positionszuweisung. Welches Gewicht dabei jeweils den einzelnen Faktoren in einer bestimmten Zeit und Region in bezug auf eine soziale Gruppe zugekommen ist, ließe sich umfassend und systematisch nur in einer sorgfältigen Längsschnittanalyse überprüfen, die an dieser Stelle nicht vorgenommen werden kann und für die auch noch eine Reihe wichtiger Vorarbeiten fehlen. Hier soll stattdessen nur anhand einiger Beispiele in einer Grobperiodisierung: Vorindustrielle Zeit (II), Industrialisierungsperiode (III und IV) und 20. Jahrhundert (V) im Überblick nach der Kongruenz bzw. Nichtkongruenz einiger weniger Kriterien für soziale Ungleichheit bzw. nach deren Verhältnis zueinander gefragt werden.

Zuvor allerdings müssen die amerikanischen Besonderheiten zumindest skizziert werden: Die Bedingungen des sozialen Lebens in der »neuen Nation« der USA unterschieden sich in mancher Hinsicht von denen Europas.[15] Da war zunächst die schon erwähnte andere Ausgangskonstellation: die Schwäche oder das gänzliche Fehlen ständischer Bindungen und spätfeudaler oder absolutistischer, bürokratischer, vorkapitalistischer Traditionen; die frühe Dominanz marktorientierter Klassenbildung mit einer vergleichsweise direkten Bindung auch der politischen Herrschaftsrollen an ökonomische Mechanismen; und die Gegebenheiten einer expandierenden Siedlungskolonie mit unbegrenzt scheinenden räumlichen und ökonomischen Ressourcen und chronischem Arbeitskräftebedarf. Diese Konstellation wurde in der Folge, vor allem seit dem zweiten und dritten Jahrzehnt des 19. Jahrhunderts, modifiziert und ergänzt durch weitere Faktoren: die aufeinanderfolgenden Einwanderungswellen (rund 34 Millionen zwischen 1821 und 1932) und die sich aus ihnen ergebende ethnische Differenzierung, der damit verbundene Import sozialer Probleme, denen man glücklich entkommen zu sein glaubte, die schubweise Westwanderung und neue Landnahme, die Ausweitung des Binnenmarkts und eine hohe geographische Mobilität, die mit dem Einsetzen der Industrialisierung im Nordosten während der 30er Jahre des 19. Jahrhunderts und mit dem Eisenbahnbau extrem beschleunigt und vergrößert wurde. Insbesondere das zeitliche Zusammentreffen von Einwanderung, Westwanderung und Industrialisierung – ein für die Expansion der US-Wirtschaft einmaliger Glücksfall – hat im 19. Jahrhundert die Verhältnisse auf dem amerikanischen Arbeitsmarkt sowie die soziale Lage und die Lebenschancen der newcomers ebenso wie der ein wenig älteren Amerikaner in spezifischer Weise geprägt.[16]

Gleichzeitig muß aber auch auf die inneramerikanischen Differenzen hingewiesen werden, wenngleich auch die hier nur sehr grob angedeutet werden können: Es macht einen Unterschied, ob von den puritanischen Neuengland-Kolonien die Rede ist, mit ihren hierarchischen Strukturen und einem hohen Grad etablierter Konventionalität, religiös motivierter, oft repressiver sozialer

Kontrolle, oder von den südlichen Plantagenkolonien mit Sklavenwirtschaft und Zügen einer unverhüllten – allerdings wesentlich kapitalistischen – Pseudo-Aristokratisierung, oder ob die Rede ist von den geographisch wechselnden Bezirken der Frontier-Gesellschaft mit ihren speziellen Tugenden, Konfliktlösungsmechanismen und Anforderungen an jene, die Erfolg haben und aufsteigen oder unter freundlicheren Vorzeichen weiterwandern wollten.[17] In jenen Regionen des mittleren und fernen Westens vollends, die erst nach dem Einsetzen der Industrialisierung erschlossen und besiedelt wurden, wirken nicht nur keine kolonialen, sondern insgesamt auch schwächere vorindustrielle Traditionen nach.

Über diese regionalen Unterschiede vor allem in Besiedlung und Wirtschaftsweise hinaus wird auch sektoral zu differenzieren sein: Die soziale Ungleichheit im Farmsektor etwa sollte zweckmäßigerweise gesondert untersucht werden. Ein Sonderproblem stellt auch die alte Sklavengesellschaft dar, auf deren innere Strukturierungsprinzipien ich im Rahmen dieser Überlegungen nicht gesondert eingehen kann, oder die heutige Negergesellschaft mit ihren spezifischen Subkulturen, an der deutlich wird, was auch für andere, besonders farbige, aber auch für nichtfarbige ethnische Einwanderergruppen gilt: daß sich nämlich bei der Zumessung von sozialen Lagen und Lebenschancen Kriterien der marktabhängigen Klassenbildung und Klassenzurechnung und solche der Statuszuweisung qua ethnischem Hintergrund überlagern und durchdringen.[18] Ein anderes Sonderproblem ist die Rolle und die soziale Mobilität von Frauen, über die wir trotz deren großer Zahl sehr wenig wissen, weil sie nach den bislang akzeptierten Regeln der Schichtungs- und Mobilitätsforschung entweder den Vätern oder den Ehemännern als Anhängsel zugerechnet worden sind.[19] Zumindest für die neueste Zeit kann hier jedoch das Argument nicht mehr gelten, daß es zur näheren Erforschung der sozialen Lage der Frauen nur spärliche Quellen gäbe.

II. Bereits in der vorindustriellen Gesellschaft der späten Kolonialzeit sahen die Zeitgenossen durchweg drei Klassen, die sie in der charakteristisch doppelbödigen Terminologie der Epoche noch mit ständischen Begriffen belegten: in den Worten Patrick Henry's »the well born, the middle and the lower ranks«.[20] Das Schichtungsmuster war allerdings vielfältiger und komplizierter. An der Spitze standen zwei deutlich erkennbare Gruppen: die – meistens eingesessenen – Großkaufleute, die oft sehr vielseitige Handelsunternehmer, Bankiers, Agenten, Makler und Reeder in einer Person waren, und die Grundbesitzer, die zusammen mit anderen »gentlemen of property« insgesamt höchstens 10 %, der Bevölkerung ausmachten, denen über die Hälfte aller Vermögenswerte gehörten, einschließlich eines Siebtels der Einwohner. Ganz unten finden wir die recht- und eigentumslosen Negersklaven, darüber die weißen indentured servants und ebenfalls eigentumslose, abhängige, aber freie ungelernte Arbeiter (ca. 20 % der Weißen, 33 % der Gesamtbevölkerung), von denen etwa nur ein Viertel im Laufe der Zeit nicht aufstieg. Der Anteil der besitzlosen Unterklassen lag insgesamt, regional verschieden, zwischen einem Drittel und zwei Fünfteln. Über die Hälfte – in manchen Regionen weit über die Hälfte – der Bevölkerung finden wir zwischen diesen beiden Extremen: Vor allem die kleinen Subsistenzfarmer (40 bis 50 % der weißen Bevölkerung), die Handwerker (Master Craftsmen, Mechanics) und ihre Gesellen (im Durchschnitt etwa 10 %, in den Städten jedoch oft zwischen 30 und 50 % der Steuersubjekte) sowie eine im Durchschnitt etwa 15 bis 20 % der Bevölkerung ausmachende wohlhabendere Schicht reicherer, für den Markt produzierender Farmer, spezialisierter handwerklicher Kleinunternehmer, Ladenbesitzer und zwar einflußreicher und gut verdienender, aber nicht immer auch angesehener Professionals (Juristen, Ärzte, Geistliche usw., etwa 2 bis 4 %).[21]

Die letzten hundert Jahre der Kolonialzeit waren – trotz gelegentlicher Versuche merkantilistischer Steuerung der Wirtschaft und einer deutlichen Begrenzung der Marktmechanismen – im gesellschaftlichen Bereich, und umso ausgeprägter, je näher die betreffende Region noch an der Frontier-Gesellschaft war, charakterisiert einerseits durch eine hohe Kongruenz von Besitz- und Erwerbsklasse, Prestige und politischem Einfluß – wobei Besitz und Einkommen dominierten – und andererseits durch eine relativ große Durchlässigkeit der Klassenlinien, die erst in den Revolutionsjahren, und durch die Revolution noch vielfach gebremst zurückging.[22] Die Kolonien gaben keinesfalls jedem eine gleiche Chance. Insbesondere das puritanische Neuengland wies bis hin in die Einteilung der Kirchenbänke in den Worten von Henry Adams »eine soziale Hierarchie« auf, »in which respectability, education, property and religion united to defeat and crush the unwise and vicious«.[23]

Bei der sozialen Statuszuweisung traten marktabhängige, vermittelt marktabhängige (vor allem Prestige) und nicht marktabhängige Kriterien gemischt auf. Die Marktkriterien wurden allerdings im Laufe der Zeit wichtiger. Die anfangs noch geübte Praxis, die soziale Lage der Einwanderer im Herkunftsland bei der Landvergabe zu berücksichtigen, also Land in einer Art vorausgesetzter, prästabilierter Hierarchie zuzuteilen, wurde eingestellt. Die Versuche, die importierten englischen Standes- und Klassenunterschiede institutionell in Gesetzen und Verordnungen festzuschreiben (z. B. in Maryland, Pennsylvania, den Carolinas), schlugen ebenfalls schon im 17. Jahrhundert fehl. Die Privilegien der Gentlemen vor Gericht wurden abgeschafft. Durch den Markterfolg vermittelte vertikale soziale Mobilität war möglich. Innerhalb von acht bis zwölf Jahren konnte ein Commoner aufgrund seines Besitzerwerbs als Gentleman anerkannt werden. Der immer noch doppelte Charakter der Mobilitätskriterien wird aber daran deutlich, daß dabei auch die Ausübung öffentlicher Ämter hoch honoriert wurde, und daß Erziehung und spezialisierte Fertigkeiten bereits sehr früh eine einflußreiche Rolle spielten.[24]

Eine andere Einschränkung des Marktprinzips bei der Statusallokation lag lange Zeit hindurch noch in der rigiden sozialen Kontrolle durch die Familien, die einen hohen Grad an Konformität erzwang. »Family Government«, das vor allem im puritanischen Neuengland entscheidend zum Zusammenhalt, zur Stabilität und auch zur Stagnation der Gemeinden und Kolonien sowie zu relativ niedrigen Wanderungs- und Mobilitätsraten beigetragen hat, hat vielfach die religiös sanktionierten patriarchalischen Strukturen und Fürsorgepflichten (incl. einer Sozialpflichtigkeit des Eigentums) und andere Muster der englischen Gesellschaftsordnung besser und länger konserviert als andere Institutionen. Als die Kontrolle des pater familias über die »modified extended family« (P. J. Greven) gegen Ende des 17. Jahrhunderts schwächer wurde (und damit auch die Migration zunahm), trat allmählich und teilweise die des »Community Government« an ihre Stelle.[25] Und auch die Politik war und blieb dominiert von einer schmalen, aber prinzipiell offenen Elite.[26]

Spartätigkeit und Besitzerwerb garantierten eine bescheidene, aber deutliche Aufwärtsmobilität in die nächsthöhere Schicht fast als Regelfall. Begrenzt wurde dieses Muster ganz oben durch die Abschirmung der eingesessenen Elite gegenüber den nouveaux riches qua Prestigeschranke, und ganz unten durch die relative Chancenlosogkeit ungelernter Arbeiter und insbesondere der indentured servants, die ihre hohen Aufwärts-Mobilitätsraten aus dem 17. Jahrhundert im 18. Jahrhundert nicht mehr erreichten und von denen allenfalls noch ca. 20 % zu kleinen Farmern oder Handwerkern aufstiegen.[27] Der einfachste, freilich auch bescheidenste Weg zum Aufstieg war der Erwerb einer kleinen Farm, durch den der Arbeiter oder frühere servant die Schwelle vom Eigentumslosen zum Eigentümer übersprang.

Auch in den Städten waren die Trennungslinien besonders der mittleren Ränge durchlässig. Arbeiter mit spezialisierten Fertigkeiten konnten Handwerker oder Kleinunternehmer werden, Gesellen konnten sich selbständig machen. Die Fürsorgepflicht des Family Government der Meister für Gesellen und Lehrlinge wirkte eher integrierend und führte nicht zu zünftlerischer Abschottung. Die Handwerkervereine standen praktisch auch den Gesellen offen, und zünftlerische Bestrebungen – etwa bei den Zimmerleuten in Philadelphia – blieben erfolglos aufgrund der expandierenden Nachfrage, der zunehmenden Einwanderung und der im letzten Drittel des 18. Jahrhunderts deutlicher werdenden Kommerzialisierung des Handwerks. Vielfach waren wohlhabende Handwerker trotz deutlicher Status-Unterschiede, etwa in Kleidung, Lebenshaltung oder Bücherbesitz, sogar noch bis in die Revolutionsjahre hinein die politischen Führer und Vorbilder eigentumsloser Arbeiter gegen jene, die man die »Aristokratie« nannte. Dieser Zustand änderte sich allerdings durch die Kommerzialisierung und die Kriegskonjunktur sowie die rapide Abnahme des Angebots unfreier Arbeit seit den 1770er Jahren. Indem die Handwerker zunehmend Unternehmer wurden und Lohnarbeiter beschäftigten, verschärfte sich die Trennungslinie nach unten, deutlich sichtbar auch in der Zunahme der Gesellenstreiks ab Ende der 1780er Jahre. Demgegenüber war die Trennungslinie nach oben, zwischen wohlhabenderen Handwerkern und den Kaufleuten, die nicht zur eingesessenen Besitzaristokratie gehörten, trotz wichtiger Differenzen in Kleidung und Lebensstil nicht sehr scharf: Sie wohnten nebeneinander, verkehrten miteinander, waren aktiv in denselben gesellschaftlichen Organisationen und heirateten auch gelegentlich untereinander.[28]

Zu beachten sind allerdings insgesamt die regionalen Unterschiede, die sich wesentlich aus Besiedlungsstadium und Wirtschaftsweise ergaben: Nicht nur zwischen den Nord- und den Südstaaten, sondern vor allem auch zwischen der Frontier-Gesellschaft und den Zonen der Subsistenzlandwirtschaft einerseits und der kommerziellen Landwirtschaft und den Städten andererseits. Nach den Daten, die Jackson Turner Main für die Zeit zwischen 1763 und 1788 gesammelt hat,[29] war die Konzentration der Vermögen in den Händen der reichsten 10 % der Bevölkerung im Süden durchweg um 5 Prozentpunkte höher als im Norden, im Durchschnitt jedoch vergleichsweise gemäßigt (im Norden 45 %, im Süden 50 %; 1929 waren es im Gesamtdurchschnitt 64 %, 1956

56 %). Für die Frontier- und Subsistenzfarm-Regionen lag der Prozentsatz zwischen 22 und 30, was fast schon einer egalitären Besitzverteilung nahekommt. Wesentlich größer war die Konzentration dagegen in den Zonen der marktorientierten Landwirtschaft, die meist in den Tälern lagen oder in New York z. B. am östlichen Ufer des Hudson. Hier schwankt der Anteil zwischen 45 und 55 %. Am höchsten lag er in den großen städtischen Zentren mit z. T. über 60 % (z. B. in Charleston, Boston, Philadelphia, Salem). Im Süden gab es einerseits z. T. weniger Subsistenzfarmen, andererseits waren die Städte insgesamt reicher, wiesen mehr Eigentumslose und Arme auf als das Land; die städtische Gesellschaft war aber unterhalb der »Aristokratie« auch weitgehend offener als z. B. in den Zonen der kommerziellen Landwirtschaft.[30]

Der Anteil der eigentumslosen freien oder unfreien Arbeiter an den Wirtschaftssubjekten schwankte nach Ausweis der (methodisch sicher problematischen) Steuerlisten in der Revolutionszeit zwischen einem Viertel (Neuengland) und etwa zwei Fünfteln (im Durchschnitt des Südens), in New Jersey und den Carolinas betrug er etwa ein Drittel, in Pennsylvania und New York etwas mehr; an der Spitze steht wieder Charleston mit 65 %. Von dem im Durchschnitt über 30 % der Weißen, die kein Eigentum hatten, stieg in dieser Phase etwa die Hälfte, in den Frontier-Regionen bis zu über drei Viertel zu Eigentümern auf, durch Kauf einer Farm oder Vordringen ins städtische Handwerk. Von jenen, die in der Steuerliste von Philadelphia von 1769 identifizierbar als Eigentumslose geführt wurden, erwarben in der Folge 33 bis 40 % Eigentum und stiegen auf. In den Frontier-Bereichen war deren Anteil größer, die Aufstiegsmobilität aber deutlicher begrenzt. Sie ging selten über die Etablierung als Subsistenzfarmer hinaus. Oberhalb der Eigentumsgrenze lagen die Mobilitätsraten in den Städten höher: In einem kleineren Sample (31 bzw. 40) von Handwerkern in Philadelphia und Boston (1769 bzw. 1780) verbesserten 50 bzw. 60 % ihre soziale Position gegenüber ihren Vätern, und 19 bzw. 25 % schafften den Sprung von ganz unten, vom Eigentumslosen zum wohletablierten und angesehenen Handwerker. In New York rekrutierte sich zwar die vorrevolutionäre Kaufmannselite fast zur Hälfte aus den alteingesessenen Familien, wies aber auch einen hohen Anteil von 30 bis 40, nach der Revolution sogar von 50 % Selfmademen auf.[31]

Die hier nur sehr grob und vereinfacht skizzierten Konstellationen gesellschaftlicher Ungleichheit, wie sie sich in der späten Kolonialzeit und während der amerikanischen Revolution darstellen, scheinen in ihren Grundzügen wohl auch noch etwa drei weitere Jahrzehnte lang erhalten geblieben zu sein. Genauere Fallstudien – insbesondere im Sinne einer Langzeitreihe – sind allerdings gerade für diese Zeit zwischen 1790 und 1820 bislang nur äußerst spärlich vorhanden. Mit dem Beginn der frühen Industrialisierung seit den 1830er Jahren und der etwa gleichzeitig rapide ansteigenden Einwanderung änderte sich das Bild jedoch grundlegend.

III. Für diese Phase der frühen Industrialisierung zwischen dem Beginn der Ära Jackson und dem Bürgerkrieg verfügen wir wieder über eine ganze Reihe instruktiver Einzelstudien mit durchweg verläßlich aufbereitetem Material, wenn die Dichte der Dokumentation auch noch längst nicht so groß ist wie etwa für die spätere Zeit ab 1880 oder, vor allem, für das 20. Jahrhundert. Neben den breiter angelegten Studien von Edward Pessen[32] handelt es sich dabei insgesamt vor allem um Untersuchungen zur Entstehung der industriellen Unternehmerschaft und der Industriearbeiterschaft sowie zur Veränderung der städtischen Gesellschaft in Boston, New York und Philadelphia[33] sowie in kleineren Städten des Nordostens wie Newburyport, Waltham, Springfeld, Mass.,[34] Paterson, N. J. und Buffalo, Kingston und Poughkeepsie, N. Y.[35] Die Arbeiten über westlichere Regionen, z. B. über Trempeaulau County, Wisc., Birmingham, Ala. und San Antonio, Tex., sowie über Chicago beziehen sich zwar in der Regel auf eine spätere Zeit, sind aber in vieler Hinsicht typologisch vergleichbar.[36]

Ich muß mich an dieser Stelle damit begnügen, einige sichtbare Gesamttendenzen vereinfacht zusammenzufassen und von allen – auch wichtigen – Einzelheiten abzusehen. Die wichtigste Frage, die sich in unserem Kontext stellt, lautet: inwieweit und in welche Richtung haben Industrialisierung, Einwanderung und Westwanderung die skizzierten Zustände verändert? Diese Frage hat u. a. folgende Aspekte: Hat die Ungleichheit zugenommen oder abgenommen? Sind die Schranken rigider geworden oder durchlässiger? Sind neue Klassen entstanden? Haben neue Schichtungskriterien die alten überlagert? Sind die Dimensionen der Ungleichheit auseinandergetreten oder relativ kongruent geblieben? Welche bestimmten alten oder neuen Mobilitätsmuster gibt es? – Aus der Vogelschau, die sicherlich unbefriedigend bleibt, ergibt sich folgender Eindruck:

Auf der einen Seite sind gerade die Jahre zwischen 1820 und 1860, in denen das Gleichheitsideal des Common Man wieder verstärkt und mit breiter ideologischer Wirkung propagiert wurde, eine Zeit unvergleichlich deutlich zunehmender Ungleichheit. Das gilt vor allem für die Konzentration von Besitz und Vermögen. Auf der anderen Seite scheinen trotz erheblicher struktureller Umschichtungen, der Entstehung einer dünnen Unternehmerschicht und einer breiten, in sich differenzierten und fragmentierten Klasse von Industriearbeitern sowie der zunehmend deutlichen Absonderung von White Collar-Funktionen, die Klassenschranken nicht grundsätzlich rigider geworden zu sein. Eine Arbeiter-»Aristokratie« wie in England bildete sich nicht. Beschäftigungs- wie »Eigentumsmobilität« (Thernstrom) bleiben deutlich begrenzt, werden aber nicht blockiert, wie man meinen müßte, wenn man die Argumente rückwärts extrapoliert, die die Lynds über »Middletown« oder Warner u. a. über »Yankee City« vorgetragen haben.[37]

Im frühen Unternehmertum scheinen die Kaufleute, »merchant capitalists« (Commons), Verleger und Makler die findigen Handwerksmeister bei weitem in den Schatten gestellt zu haben, aufgrund ihres Kapitalvolumens, ihrer Marktübersicht und wohl auch der Kombination unterschiedlicher Geschäfte. Und in dieser Schicht dominierte eindeutig die generationenüberspannende Kontinuität der etablierten Familien. Zwischen 1820 und 1840 kamen von den hundert reichsten Steuerzahlern in der Stadt New York 95, in Boston 92 aus der schon vorhandenen Oberklasse der reichsten, wenn auch nicht immer auch der angesehensten Familien, im Durchschnitt aller Städte dürften es zwischen zwei Drittel und drei Viertel gewesen sein. Auch über längere Zeit hinweg findet man an der Spitze der Steuerlisten immer dieselben Namen. Dabei werden allerdings die Reichsten seit den 30er Jahren relativ reicher, und der Anteil der prestigeträchtigsten Familien (»Knickerbockers«, »Brahmins«) an den Reichsten geht merklich zurück: Im industriell am weitesten entwickelten Philadelphia, wo 1850 die Industriearbeiter schon die Mehrheit waren, besaßen die reichsten 10 % der Bevölkerung 89 % der Vermögen. In New York stieg der Anteil des reichsten 1 % der Bevölkerung an den Vermögen von 29 % (1828) auf 40 % (1845), der der reichsten 4 % von 49 auf 66 %. Der Anteil der »Knickerbockers« ging von 50 auf 40 % zurück und fiel weiter unter 20 % gegen Ende des Jahrhunderts. In Boston verlief die Entwicklung ähnlich, allerdings auf der Ebene von rund 10 Prozentpunkten höher. Der Faktor Prestige also dissoziiert sich etwas mehr von Reichtum und Einfluß.[38]

Unterhalb dieser Spitze treten Besitz und Erwerbsweise zunehmend als Klassenkriterien nebeneinander, oft austauschbar, sich in gewissen Grenzen gegenseitig ersetzend. Hinzu kommt, mit Wirkungen auf Beruf, Bildung, Religon und gemeindlichen Zusammenhang, noch der Faktor der ethnischen Differenzierung durch die Einwanderung, in dieser Frühzeit am auffälligsten in der Zunahme der katholischen Iren unter den Arbeitern. Herausbildung der Industriearbeiterschaft bedeutet auch hier wie anderswo das Fallen der letzten, in Amerika ohnehin immer schwach gewesenen Schranken für die Geltung des reinen Konkurrenz und Marktprinzips auf dem Arbeitsmarkt, Auflösung der traditionellen sozialen Kontrolle, der Fürsorgepflichten der Meister und des Family Government, Trennung der Wohnviertel voneinander unter Klassengesichtspunkten, Aufspaltung der religiösen wie der bürgerlichen Gemeinden. Aber es gibt wichtige Unterschiede. Die amerikanischen Arbeiter rekrutierten sich nicht aus abgesunkenen Handwerkern oder landlos gewordenen Bauernsöhnen der eigenen Region. Sie rekrutierten sich wesentlich aus Einwanderern, die kontinuierlich in großer Zahl ins Land strömten und auch dort extrem mobil blieben.[39] In der Regel findet man nur etwa die Hälfte der Arbeiter einer Steuerliste oder eines Zensus bei der darauffolgenden Zählung wieder. Die anderen sind weitergezogen oder rückgewandert.[40] Die amerikanische Arbeiterklasse befand sich seit ihrem Entstehen im 19. Jahrhundert in einem permanenten Umschlag, in permanenter Bewegung. Dieser Umstand hat einmal wesentlich beigetragen zur Individualisierung der sozialen Ansprüche und Beziehungen, zur Isolierung der einzelnen und zur Atomisierung der Arbeiterschaft, die auf diese Weise kaum Solidarität und klassenspezifischen Zusammenhalt entwickelt hat. Vielmehr haben die Arbeiter weitgehend den konkurrenzkapitalistischen Middle Class-Consensus mit seiner Fixierung auf Property und Fortkommen im Beruf übernommen, z. B. auch sehr früh schon die Trennung zwischen den »deserving poor« und den »undeserving poor« anerkannt. Auf dieser Basis ist soziale Ungleichheit weitgehend selbstverständlich akzeptiert worden und konnte so leicht in die Mechanismen des gesellschaftlichen und politischen Systems integriert werden. Hier liegt auch einer der Gründe, weshalb bewußte politische Anstrengungen und »emanzipatorische« Kräfte zur Überwindung von Ungleichheit in den USA verhältnismäßig wenig Resonanz gefunden haben, im Gegensatz z. B. zu punktuellen, reformistischen Reparatur- und Stabilisierungsstrategien.[41]

Auf der anderen Seite mildert der hohe Anteil der Migranten in der Statistik die Anteile der nach ganz unten Abgesunkenen.

Die Tatsache der Wanderung und der horizontalen Mobilität hat darüber hinaus schon um die Mitte des 19. Jahrhunderts die früher deutlicheren Mobilitätsunterschiede zwischen den länger besiedelten Regionen und dem Frontier-Bereich stark eingeebnet sowie unter bestimmten Voraussetzungen auch die vertikale Mobilität erhöht. Die relative Heimatlosigkeit der Wanderer wurde erträglicher gemacht durch die spezifisch »amerikanischen« Kompensationen eines erhöhten Selbstwertgefühls (aufgrund der höheren Mobilität und dank der Ideologie des »american dream«), vergleichsweise hoher Partizipationschancen und der praktisch für jeden bestehenden Möglichkeiten des Zugangs zum Markt. Andererseits brachten die Einwanderer aus ihren europäischen Herkunftsländern zumindest die Erinnerung an eine bestimmte ständische oder Klassenlage bereits ebenso mit wie ein entsprechendes schichtspezifisches Normengefüge. Beide trugen bei zur Bildung sektoraler, durch Sprachbarrieren oft noch deutlich markierter soziokultureller Subsysteme, vor allem innerhalb der Arbeiterschaft, deren Kollektivmentalitäten, in denen sich die »alten« und die »neuen« Kriterien und Anstöße vielfach unklar überlappten, dadurch fraktioniert wurden. Eine einheitliche Arbeiterkultur konnte so zunächst nicht entstehen. Ob die »amerikanischen« Kompensationen ausreichten, die dabei auftretenden Friktionen und Enttäuschungen auszugleichen, oder ob Resignation, sozialer Abstieg oder Rückwanderung darauf folgten, müßte in gezielten empirischen Studien näher beleuchtet werden.

Sieht man von diesen noch ungelösten Fragen ab, präsentiert sich das Bild der Zeit zwischen 1820 und 1880 allerdings als relativ stabil. Es entsteht kein abgesunkenes Proletariat, sondern es differenzieren sich Gruppen von ungelernten, angelernten und gelernten Handarbeitern und ebenso oder ähnlich unterscheidbaren Nicht-Handarbeitern, wobei die ersten vorübergehend stark und die letzten kontinuierlich und allmählich zunehmen. Die vorliegenden Einzelstudien deuten für diese Zeit auf eine relativ stabile Rate der Aufstiegsmobilität hin und auf eine allmähliche Zunahme der Abstiegsmobilität.[42] Der Erwerb spezialisierter Fertigkeiten wird dabei immer mehr zu einem zentralen Kriterium, an das sowohl die Beschäftigungsmobilität wie die ersatzweise Eigentumsmobilität gekoppelt ist. Was die intragenerationale Mobilität angeht, so ist sie besonders hoch für die gelernten und die angelernten Arbeiter, nach Blumins Philadelphia-Studien auch für die unteren White Collar-Ränge, seit den 1830er Jahren auch für die Handwerker, für diese allerdings nicht nur aufwärts, sondern auch abwärts. Nach Thernstrom blieben in Newburyport zwei Drittel der ungelernten Arbeiter ungelernte Arbeiter, nur ein Zehntel von ihnen brachte es zum gelernten Arbeiter. Von ihren Söhnen dagegen stiegen drei Viertel zu angelernten Arbeitern auf; höher kamen allerdings nur 5 %. Insgesamt blieben ein Drittel aller Familien dort, wo sie waren.[43]

Versucht man einen breiteren Überblick, so legen die Einzeldaten nahe, daß von den Söhnen ungelernter Arbeiter insgesamt etwa 60 %, von denen gelernter Arbeiter 75 % aufstiegen. Ein hoher Anteil entfällt hier allerdings auf die sogenannte mittelbare oder auch relative Aufstiegsmobilität, nämlich den Aufstieg innerhalb der Arbeiterklasse, nicht jedoch über die Klassenlinie hinaus. Den Aufstieg über die Eigentumsgrenze hinweg, also in die unteren Ränge der Middle Class schafften zwischen 25 und 30 % der Söhne aus der Arbeiterschaft, ein Wert der wesentlich über den europäischen Anteilen liegt. Während die Daten für die kleineren Städte Newburyport, Mass., Paterson, N. J. und Poughkeepsie, N. Y. auf eine relativ eingeschränkte Beschäftigungsmobilität hindeuten, haben insbesondere Thernstroms und Blumins Arbeiten über Boston und Philadelphia höhere Mobilitätschancen ergeben. Die Ergebnisse deuten hier ferner übereinstimmend darauf hin, daß die Söhne von Einwanderern gegenüber den Yankees zunächst zwar Handicaps hatten, daß diese Handicaps aber abnahmen und durch spezialisierte Fertigkeiten, Bildung und Aufstiegserfolge der Väter kompensiert werden konnten. In Boston stiegen auch eingewanderte katholische irische Arbeiter in die Middle Class auf, ihre Söhne sogar ebenso häufig wie die Söhne der Protestanten. Allerdings sind unter den Absteigern die Katholiken wieder häufiger anzutreffen.[44]

IV. Diese Ergebnisse beziehen sich auf in der Regel nordöstliche Städte seit der frühen Industrialisierung, meistens auf deren spätere Phase des Übergangs zur Hochindustrialisierung seit den 50er und 60er Jahren des 19. Jahrhunderts. In der Phase der Hochindustrialisierung selbst, also etwa zwischen 1860 und dem Ersten Weltkrieg, setzen sich die hier idealtypisch abgebildeten Tendenzen fort, teilweise beschleunigt sowohl durch das Tempo und die spezifischen Anforderungen dieser Phase der Industrialisierung selber als auch durch die Zunahme der Einwanderung und die von agrarischen wie industriellen Interessen forcierte Expansion nach Westen. Ob der beschleunigte Ausbau der Schwerindustrie im letzten Viertel des 19. Jahrhunderts und die spezifischen Arbeitsbedingungen im Bergbau und in der Hüttenindustrie (vor allem in Pennsylvania und West Virginia) die marktbedingte, also klassenmäßige Ungleichheit ruckartig sektoral und regional verschärft haben, kann an dieser Stelle nicht näher untersucht werden. Die vor der Jahrhundertwende zunehmenden und danach anhaltenden Konflikte und blutigen Arbeitskämpfe in diesen Industriesektoren deuten darauf hin. Vergleiche mit den älteren und den späteren Industrien, der Blick auf die zunächst noch weiter fließenden Wanderungswellen und vor allem das spätere Ende dieser harten Arbeitskämpfe und die weitgehend funktionierende Integration der Arbeiter auch dieser Sektoren »ins System« lassen bei der Beurteilung zögern. Das geschilderte Bild ist allerdings auch sonst nicht vollständig:

Noch um die Mitte des 19. Jahrhunderts lebten rund 20 Millionen von 23 Millionen Amerikanern auf dem Land und über 60 % der Erwerbstätigen waren in der Landwirtschaft tätig. Erst nach 1880 werden es weniger als die Hälfte und in der Folge geht dann der Anteil kontinuierlich zurück: 1900 37,5; 1920 27,0; 1940 17,6; 1950 11,5; 1969 4,3; 1975 3,3 %.[45] Durch Einwanderung und Westwanderung expandierte – im Gegensatz zu Europa – zunächst auch der Farmsektor weiter, und viele Farmerfamilien konnten ihre soziale Position verbessern, indem sie geographisch mobil blieben, neues Land suchten, den Übergang von der Subsistenzwirtschaft zur Produktion für den Markt fanden, die Verbesserung der Verkehrswege nutzten usw., obwohl die Statistik sie als stationär und immobil ausweist. Auch und gerade für die ärmsten der Einwanderer bestand hier das ganze 19. Jahrhundert über die Chance eines – wenn auch deutlich begrenzten oder erst in der zweiten Generation erreichten – Aufstiegs, deren Wirkung man nicht unterschätzen darf. Die Legende von der größeren Gleichheit der Amerikaner hat sich vornehmlich aus diesem landwirtschaftlichen Sektor genährt und hier, besonders in relativ homogen besiedelten, übersehbaren kleineren Räumen, zuweilen auch durchaus ihre ökonomische und soziale Realität gehabt. Für diesen Sektor galt auch mit Sicherheit, was für die östlichen Industriestädte der zweiten Jahrhunderthälfte nicht mehr mit Sicherheit gesagt werden kann: daß Besitzstatus und Erwerbsklasse noch zusammenfielen und Eigentum noch das entscheidende Kriterium der sozialen Zuordnung war. Wer Property, also in der Regel zumindest eine kleine Subsistenzfarm, hatte, gehörte nach dem Selbstverständnis der Umwelt gewissermaßen automatisch zu jener breiten Mittelklasse, die so vielfältig ideologisiert und für das Ganze der Gesellschaft genommen worden ist. Die Verfügung über Eigentum trennte die Mittelklasse(n) von den Unterklassen. Respektabilität und Prestige waren daran gebunden.[46]

Dieses Muster hat sich auch in den Städten noch als durchaus wirkungskräftig erwiesen in der Bedeutung jenes Phänomens, das zuerst von Chinoy analysiert und inzwischen auch von Thernstrom als »Eigentumsmobilität« klassifikatorisch erfaßt worden ist:[47] daß nämlich auch für die städtischen Unterschichten der Erwerb von Eigentum, z. B. eines eigenen Hauses oder anderer, vorzeigbarer Konsumgüter Aufstieg signalisiert, selbst dann, wenn die Berufsmobilität nach oben ausbleibt. Der Eigentumserwerb erfüllt hier eine wichtige Ersatzfunktion in der Anähnelung an die Mittelklasse, der sich auch noch in der Mitte des 20. Jahrhunderts die Angehörigen der amerikanischen Working Class wesentlich näher fühlten als jener Lower Class der Eigentumslosen, von der sie sich durch den Erwerb gerade abzugrenzen trachten. Auf diese Weise ist das Kriterium der Erwerbsklasse, das in jedem Prozeß einer zunehmend differenzierten industriellen Arbeitsteilung an Bedeutung gewinnt, in den USA noch lange Zeit mit Elementen des Besitzkriteriums durchsetzt geblieben, ein Umstand, der die »Reinheit« klassengesellschaftlicher Mechanismen beeinträchtigt und der neben dem kapitalistischen Grundconsensus und der hohen Fluktuation und Atomisierung der Arbeiterschaft sicherlich auch zu der geringen Ausprägung klassenspezifischer Solidarität beigetragen hat.

Insgesamt ist allerdings seit den letzten Jahrzehnten des 19. Jahrhunderts der Beruf, also die Klassifizierung qua Erwerbsklasse, zum wichtigsten Kriterium der sozialen Zurechnung geworden, aus dem sich zunehmend rechenhafter und durchaus verallgemeinerbar zahlreiche andere Charakteristika ableiten lassen, insbesondere Einkommens-, Vermögens-, Konsum- und Prestigekategorien. Andererseits ist nachgewiesen worden, daß für die aktuelle Stellung im Beruf andere Faktoren ausschlaggebend sind in folgender geradezu historisch-kausaler Reihenfolge: Ausbildung des Vaters, berufliche Position des Vaters, eigene Ausbildung und die Schwelle des ersten Eintritts ins Arbeitsleben. Mit zunehmendem Alter verschieben sich die Gewichte dieser Faktoren nach hinten.[48]

Gleichzeitig haben Anforderungen und Eigenarten der Industrialisierung selber auf neue Differenzierungen hingewirkt, so etwa auf die deutliche Herausbildung der sog. »Kragenlinie«, der Trennung zwischen Blue Collar und White Collar Workers, also zwischen Arbeitern und Angestellten. Diese Kragenlinie ist zwar aus vielen Gründen, die Jürgen Kocka im einzelnen untersucht hat, in den USA schwächer ausgeprägt und auch durchlässiger gewesen als die Trennungslinie zwischen Arbeitern und Angestellten in Deutschland, aber sie ist, gerade was Bildungsvoraussetzungen, Prestige, Konsum und Lebensstile angeht, doch inzwischen in einer Deutlichkeit vorhanden, die angesichts des so gut wie völligen Fehlens des ständischen und obrigkeitlich-bürokratischen Hintergrunds in den USA erstaunlich anmutet.[48a] Hier scheinen zahlreiche Faktoren ineinanderzuwirken: Die disziplinierende und bürokratisierende Wirkung der Industrialisierung holt gewissermaßen nach, was an vorindustrieller Grundlegung – etwa im deutschen Sinne – noch fehlte, ein breiter Prozeß, der inzwischen bereits bis zur hochgradigen Formalisierung von Ausbildungsvoraussetzungen und zu einer breit aufgefächerten Professionalisierung fortgeschritten ist. Daneben scheint auf der Prestigeskala, gewissermaßen in kollektiver Zurechnung und in demokratisierter Breite, noch die wichtige vorindustrielle Unterscheidung zwischen Handarbeit und Nicht-Handarbeit, zwischen Dreckarbeit und sauberer Arbeit eine Rolle zu spielen.

Zu den Determinanten sozialer Ungleichheit in den USA gehört seit den ersten Jahrzehnten des 19. Jahrhunderts allerdings noch ein außerordentlich wichtiges Kriterium, das in dieser Form und Bedeutsamkeit in Europa unbekannt war: die unterschiedliche ethnische Zugehörigkeit mit ihren religiösen, sprachlichen und kulturellen Konsequenzen, die für die Einwanderer und ihre Kinder erhebliche Handicaps bedeuten konnten, die erst allmählich zu überwinden und in bescheidenem Rahmen insbesondere durch Eigentumserwerb oder Bildungsanstrengungen auszugleichen waren. Pauschal läßt sich sagen, daß, je jünger eine ethnische Einwanderungsgruppe war, deren Angehörige umso weiter unten sich in die soziale Gruppenhierarchie einordnen mußten. Vielfach entsprach dieser Prozeß auch dem Phänomen der inneren Westwanderung. Die neuen Einwanderer stießen in den östlichen Städten in jene unteren Positionen nach, die frühere Einwanderer oder meistens deren Söhne oder Enkel räumten, indem sie weiterzogen. Im Farmland des Mittelwestens und Westens waren die ethnischen Trennlinien und entsprechende Diskriminierungen der zuletzt Gekommenen vielfach geringer, besonders dann, wenn die Angehörigen einer Volksgruppe im geschlossenen Verband siedelten. In der allgemeinen Prestigehierarchie rangierten nach den eingesessenen Yankees zunächst – etwa in der Reihenfolge ihrer Einwanderung – die protestantischen Briten, Niederländer, die Deutschen und die Nordeuropäer, dann kamen die Franzosen, die Iren und Südeuropäer, vor allem Italiener und Griechen, die

Ostjuden, Armenier und Polen. Eine gewisse Sonderstellung nahmen aufgrund ihrer geschäftlichen Erfolge die westeuropäischen Juden und an der Westküste auch die Chinesen ein. Ganz unten rangierten zwar ältere, aber unfreiwillige Einwanderer, die Neger, denen in jüngerer Zeit allerdings noch die Mexiko-Amerikaner und die Puertoricaner folgen.[49]

Das Auftauchen einer jüngeren Gruppe auf dem Arbeitsmarkt verbesserte jeweils die Berufschancen der älteren Gruppen, das Vorhandensein von Negern, neuerdings auch Mexiko-Amerikanern oder Puertoricanern diejenigen der europäischen Einwanderer insgesamt. Prinzipiell ist die ethnische Zugehörigkeit ein Statuskriterium, das gewissermaßen quer liegt zu den ökonomischen Kriterien marktabhängiger Klassenbildung. Es haben sich aber dennoch im Ganzen keine beliebigen Kombinationen der sozialen Zurechnung ergeben, da schon seit dem letzten Viertel des 19. Jahrhunderts die Berufszuweisung den Linien ethnischer Segregation folgte, also die ethnische Zugehörigkeit eines einzelnen oder einer Familie im Regelfall die Berufschancen und damit die marktbedingte Klassenzugehörigkeit entscheidend mitbestimmte und auch weiterhin deren sichtbarer Ausdruck blieb. Ethnicity und Klassenlage blieben wesentlich kongruent. Die Bedeutung dieses Mechanismus hat allerdings umso mehr abgenommen, je länger die Einwanderung der betreffenden Volksgruppe bzw. Familie zurückliegt. Von der alteingesessenen Oberklasse wurden dabei mit der Zeit außer den protestantischen Nordeuropäern und den Deutschen allenfalls vereinzelt noch einige irische Selfmademen akzeptiert (z. B. die Kennedys in Boston). Zu Reichtum, Macht und Einfluß konnten mit der Zeit auch westeuropäische Juden und Iren kommen, später auch Italiener. Samuel Lubell hat vor Jahren bereits an einigen Beispielen nachgewiesen, wie – beim Vorliegen entsprechender zahlenmäßiger Voraussetzungen – mit der Zeit und etwas verzögert auf den wirtschaftlichen Erfolg auch der Erfolg politischer Organisation nach ethnischen Gesichtspunkten folgen konnte.[50]

V. Was nun das ausgehende 19. und das 20. Jahrhundert angeht, so ertrinken wir in einer Fülle von Detail- und Spezialstudien, die es oft schwer macht, die allgemeinen Tendenzen noch aufzufinden. Insbesondere können die Ergebnisse einzelner Urban und Community Studies[51] sowie breitere (meistens Berufs-) Mobilitätsstudien mit Kohortenanalysen[52], Beiträge zu den Welfare Economics und zu Problemen der Minderheiten, über Bildungschancen und Elitestudien, vor allem zur Business Elite,[53] im Hinblick auf unser Problem ausgewertet werden. Außerdem sind die Anregungen jener grundlegenden konzeptionellen Beiträge zur sozialen Schichtung und zur Mobilitätsforschung aufzunehmen und zu berücksichtigen, die in diesem Zusammenhang nicht im einzelnen diskutiert werden können.[54]

Die gängigen Klassen- und Schichtungsmodelle, die in diesen Studien mit zahlreichen Variationen angeboten werden, weisen dieselben Grundmuster auf. Sie basieren im wesentlichen auf der schon in vorindustrieller Zeit artikulierten Dreiteilung in Ober-, Mittel- und Unterklasse(n), differenzieren aber weiter, so daß sich eine Vierer-, Fünfer- oder Sechser-Typologie ergibt. Zum einen wird zwischen oberer und unterer Mittelklasse (den unteren White Collar-Rängen) unterschieden, zum anderen zwischen Working Class und Lower Class, die dann wesentlich aus Arbeits- und Eigentumslosen und aus Randexistenzen besteht. Unterscheidet man dann noch zwischen einer oberen Oberklasse (den alten Familien) und einer unteren Oberklasse (den nouveaux riches), gelangt man zu jener klassischen Sechser-Typologie, die Warner u. a. in ihren »Yankee City«-Studien wesentlich aus den Kriterien: Beruf, Einkommensquelle, Wohngegend und Haustyp entwickelt haben und die seitdem als Vorbild und Raster für zahllose Schichtungsanalysen gedient hat. Zum Vergleich folgende Zurechnungen:[55]

Warner u. a. (1941 ff.)		*Centers (1945)*	
Obere Oberklasse	1,4 %	Oberklasse	3 %
Untere Oberklasse	1,6	Mittelklasse	43
Obere Mittelklasse	10,0	Working Class	51
Untere Mittelklasse	28,0	Lower Class	1
Obere Unterklasse	34,0	*NORC (1973)*	
Untere Unterklasse	25,0	Oberklasse	2 %
		Obere Mittelklasse	11
		Mittelklasse	41
		Working Class	41
		Lower Class	4

Die Warnersche Typologie, in der die untere Mittelklasse und die obere Unterklasse zusammen die Ebene des »common man« ausmachen (62 %), ist von Davis u. a. auch für die Südstaaten übernommen worden.[56] Dort, wo es keine alten Familien gibt, schrumpft sie automatisch zur Fünfer-Typologie. Die unterschiedlichen Daten spiegeln im wesentlichen unterschiedliche Zurechnungskriterien wider. Übereinstimmung besteht zumindest zwischen den neueren Studien über die beiden Extreme, eine sehr dünne Oberschicht und eine sehr dünne unterste Unterschicht jenseits der Arbeiterschaft. Letzteres wird von Kritikern wie Kolko, Rossides und anderen bestritten, die wenigstens die anerkannten »Armen«, die Arbeitslosen, Wohlfahrtsempfänger etc. dazurechnen wollen und auf einen Anteil der unteren Unterschicht zwischen 20 und 25 % kommen.[57] Darüber hinaus werden bestimmte Kategorien von qualifizierten Arbeitern und Angestellten einmal zur Arbeiterklasse, ein andermal zur Mittelklasse gerechnet, was die Schwankungen in den mittleren Rängen erklärt.

Eine marxistisch inspirierte Gegentypologie hat Anderson entwickelt. Er fragt nach der Funktion im Produktions- und Vermarktungsprozeß und unterscheidet deutlich zwei Klassen: Auf der einen Seite die Kapitalisten (ca. 20 %), die sich nur zu einem ganz geringen Teil von 1 bis 2 % aus »reinen« Kapitalisten, überwiegend aus Klein- und Unterkapitalisten, Managern, Juristen und ca. 10 % selbständiger alter Mittelklasse zusammensetzen, und auf der anderen Seite die Arbeiterklasse (ca. 80 %), zu der außer der Arbeiterklasse »im engeren Sinn« (40 bis 45 %) auch die durch bestimmte Anforderungen an Fertigkeiten und/oder formale Ausbildung gekennzeichnete »neue Arbeiterklasse«, also vornehmlich die White Collar Workers und die Dienstleister gehören.[58]

Im Gegensatz zu den Feststellungen über die berufliche Mobilität (Occupational Mobility), die sich an die meistens formal unzweideutigen Berufsangaben halten (eine Eigenschaft, die die große Zahl dieser Studien erklärt, aber ihren analytischen Wert erheblich begrenzt), wird die Genauigkeit quantifizierender Aussagen über die Schicht- oder Klassenzugehörigkeit in größerem Maßstab vor allem durch die Tatsache beeinträchtigt, daß über die konkreten Dimensionen eines der wichtigsten Kriterien keine Einigkeit herrscht: Wie schon für die Industrialisierungsperiode im 19. Jahrhundert ist auch für das 20. Jahrhundert die Entwicklung der Einkommens- und Vermögensverteilung umstritten. Die rein statistisch errechneten Werte sind von »revisionistischen« Autoren insbesondere unter Berücksichtigung der Steuerprivilegien und der weiteren organisierten Vorteile für bestimmte etablierte Berufsgruppen als irreführend kritisiert worden. Entsprechende Neuberechnungen wiesen erheblich größere Ungleichheiten aus.[59] Berücksichtigt man darüber hinaus noch die unterschiedlichen Kriterien der Selbsteinschätzung, die seit 1945 ein unregelmäßiges Schwanken der meisten Befragten zwischen Mittel- und Arbeiterklasse zum Ergebnis gehabt haben, und die verschiedenen Möglichkeiten der Aufnahme und Kombination von Statuscharakteristika und Berufsprestige, die ebenfalls seit 1945 nur kaum signifikante Verschiebungen erfuhren, so sind weitere beliebige Zuordnungen möglich.[60] Es scheint daher sinnvoll, zunächst von den »großen« Kategorien abzusehen und sich auf die besser beschreibbaren kleineren Einheiten zu beschränken.

Die wichtigsten Tendenzen der Wirtschaftsentwicklung spiegeln sich auch in der Beschäftigungsstatistik: Die kontinuierliche Abnahme des Primärsektors, hier vor allem der Landwirtschaft (von 37,6 % der ökonomisch Aktiven 1900 auf 4,5 % 1975), eine vorübergehende Zunahme des sekundären Sektors in der ersten Hälfte des 20. Jahrhunderts (von 35,8 % 1900 auf 40,3 % 1950), die inzwischen deutlich rückläufig ist (33,4 % 1975), und ein kontinuierliches Wachstum des tertiären Sektors insgesamt (von 26,6 % 1900 auf 62,1 % 1975). Auffällig sind ferner die Zunahme der Frauen unter den Erwerbstätigen (18,3 % 1900, 39,5 % 1975) sowie die Abnahme des Anteils der ungelernten Arbeiter sowohl insgesamt als auch gegenüber den gelernten und angelernten, und vor allem der rapide Anstieg des Anteils der Angestellten aller Art (von 17,6 % 1900 auf 50,4 % 1975), besonders der höher qualifizierten und der Techniker sowie der Büroangestellten. Der Anteil der Selbständigen hat zwischen 1870 und 1954 um rund drei Viertel abgenommen, der der Gehaltsempfänger hat sich fast verfünffacht.[61]

Die Reallöhne der Fabrikarbeiter sind seit 1860 mit Unterbrechungen und Stagnationsphasen (vor allem 1890 bis 1913 und 1930 bis 1939) angestiegen, besonders stark und konjunkturbedingt in der Zeit zwischen 1860 und 1890, während der 20er Jahre und seit dem Zweiten Weltkrieg. Ihr Niveau liegt wesentlich höher als in Europa, wenngleich die Wachstumsraten zeitweise niedriger gewesen sind. Die Einkommen der Farmer sind seit den 30er Jahren durch Staatsintervention stabilisiert und z. T. verbessert worden. In der Zeit nach dem Zweiten Weltkrieg sind die Realeinkommen insgesamt angestiegen, und es hat auch eine sehr bescheidene Umverteilung stattgefunden: Der Anteil des obersten Fünftels der Einkommensbezieher hat sich leicht, der der obersten 5 % sogar erheblich vermindert, während die Anteile der folgenden vier Fünftel etwas angestiegen sind, die des zweiten bis vierten Fünftels allerdings wesentlich mehr als der des untersten Fünftels.[62] Die Benachteiligung der unteren Einkommen durch die Steuergesetzgebung ist dabei noch nicht berücksichtigt. Auch muß die generelle Gültigkeit dieser Feststellungen durch den Hinweis darauf eingeschränkt werden, daß es sich bei dieser Zeit um eine Aufschwungphase handelt. Die Vermögensverteilung folgt im 20. Jahrhundert einem in Industrieländern allgemeinen Trend zu einer gewissen Verringerung der Ungleichheit: 1929 verfügten in den USA die reichsten 10 % der Bevölkerung über 64 % aller Vermögen, 1956 nur noch über 56 %. Im Jahre 1962 verfügte das oberste Fünftel der Besitzer über 76 %, die untersten drei Fünftel zusammen nur über 8,5 % der Vermögen.[63]

Was die Beschäftigungsmobilität angeht, so ist offenbar im 20. Jahrhundert der soziale Aufstieg in den USA zwar gelegentlich, aber insgesamt nicht eindeutig häufiger gewesen als in europäischen Industrieländern, z. B. Großbritannien oder Schweden.[64] Neuere Untersuchungen haben allerdings auch die These von einer möglichen Abnahme der Aufstiegsmobilität nicht bestätigt.[65] Insbesondere die intergenerationale Mobilität aufwärts scheint seit dem Beginn des 20. Jahrhunderts auf einem verhältnismäßig hohen Niveau stagniert zu sein, möglicherweise auch leicht zugenommen zu haben.[66] Die Klassenlinien scheinen etwas, aber nicht sehr viel durchlässiger gewesen zu sein als in Europa, insbesondere war die Aufstiegsmobilität in die obere Mittelschicht und in bestimmte Oberschichtenberufe größer als z. B. in Deutschland. Auch gingen die Nachteile der Einwanderer und ihrer Kinder nach dem Ende der großen Einwanderungswellen in den 20er Jahren zurück. Selbst die Söhne weißer Einwanderer der jüngeren ethnischen Minoritätengruppen bekamen allmählich dieselben Chancen wie die alteingesessenen Angelsachsen.[67]

Deutlich wirkt sich dabei allerdings die Diskriminierung der Neger aus, wenn auch seit den 40er Jahren in vermindertem Umfang. Neger haben durchweg die unattraktiveren und schlechter bezahlten Berufe und weniger Eigentum als Weiße, ihre Bildungschancen sind geringer und sie sind öfter arbeitslos. Noch 1970 waren Neger in der Gruppe der gelernten Arbeiter unterrepräsentiert. Der Anteil der Farbigen an jenen, die die Schule schon nach acht Jahren verlassen, liegt bei 37 %, also noch zwei Prozentpunkte höher als der Anteil der Einwanderer und fast doppelt so hoch wie der der Weißen (18 %). Nach den Feststellungen von Duncan ist die Mobilitätsrate von Negern von ganz unten aufwärts geringer, die von White Collar-Positionen abwärts größer als die von Weißen. Allerdings muß man hier auch das Alter berücksichtigen: Vielfach sind jüngere Neger besser ausgebildet als ältere Weiße und haben entsprechend größere Zugangschancen.[68] Letzteres gilt in ähnlicher Weise auch für Frauen, deren Anteil an den Studenten der höheren Schulen und

Colleges sich zwischen 1870 und 1956 von 21 auf 35,2 % vergrößert hat.[69]

Die beherrschende Tendenz seit dem ausgehenden 19. Jahrhundert ist die Zunahme der Bedeutung von Ausbildung und Erziehung für Statuszuweisung und Mobilität. Sie gehört zu einem Prozeß der Professionalisierung und Karriereformalisierung, der auf dem Wege zur »nachindustriellen Gesellschaft« (D. Bell) immer vehementer deutlich wird.[69a] Der Zusammenhang zwischen dem Beruf des Vaters und dem des Sohnes wird dabei stärker vermittelt durch den Ausbildungsstand des Sohnes, der seinerseits abhängig ist vom Status des Vaters, aber statusbildend für den Sohn. Welche Funktion dabei mehr ins Gewicht fällt, ist nicht immer eindeutig. Der hohe Stellenwert der Bildung kommt auch in der Selbsteinschätzung zum Ausdruck, wenn sich etwa (1964) von den Arbeitern mit einer Ausbildung über die High School hinaus 39,6 % zur Middle Class rechnen, von den Arbeitern mit Grundschulausbildung jedoch nur 10,6 %.[70] Die größere Offenheit und Durchlässigkeit des Bildungssystems sowie die Bereitschaft zu wesentlich höheren Bildungsausgaben haben die USA von Anfang an im Vergleich zu Europa ausgezeichnet. Die Rate des Schulbesuchs war dort bereits ab 1850 höher als in Europa, der Anteil des Faktors Bildung am Wirtschaftswachstum betrug nach den Berechnungen von Denison und Schultz zwischen 1929 und 1956 zwischen 21 und 23 %. Und der Anteil der Arbeiterkinder an den College-Absolventen lag schon 1945 bei 31 %.[71] Fragt man nach den Gründen dafür, muß man sicher einige Faktoren nennen: Zum einen die integrierende Funktion der Schule für die »neue« Nation von Einwanderern, die vielfach auch weiterhin Binnenwanderer blieben, ferner den höheren Stellenwert des Bildungskriteriums aufgrund der Abwesenheit traditioneller, ständischer, zünftlerischer, hierarchischer Beschränkungen und der weitgehenden Abwesenheit von etablierten Bildungsprivilegien sowie die Gleichheitsideologie und -rhetorik. Einerseits blieb die Qualität einer Ausbildung zwar vielfach abhängig von der Finanzkraft der Eltern und die Stellung in der Bildungsskala insofern gekoppelt an Besitz- oder Erwerbsklasse, aber andererseits setzte die Bildungsinvestition zugleich auch in vermehrtem Umfang frei von diesen Bindungen.

Die größere Bedeutung der Bildung kann man auch den übersichtlichen Fallstudien über die Business Elite entnehmen, in denen Herkunft und Mobilität amerikanischer Wirtschaftsführer seit 1870 untersucht worden sind.[72] Darüber hinaus bestätigen diese Arbeiten den Eindruck starker Kontinuität. Der Zugang zur Wirtschaftselite scheint in etwa gleichgeblieben zu sein. Die Angehörigen dieser Gruppe waren Ende des 19. Jahrhunderts und noch weit ins 20. Jahrhundert hinein fast ausnahmslos Abkömmlinge von Briten und protestantischen, städtischen Nordeuropäern, zu mehr als der Hälfte Söhne von Businessmen und Angehörige der Oberklassen, sehr im Gegensatz zur politischen Elite, die bereits zur Hälfte aus den Mittelklassen kam. Ein Vergleich der Studie von Warner und Abegglen von 1952 mit der von Taussig und Joslyn von 1928 deutet zum einen auf die vermehrte Wichtigkeit der Erziehung, zum anderen auf eine leichte Zunahme der Rigidität der Mobilitätsschranken hin.[73]

Die begrenzte Ausweitung der Bildungschancen, die in den letzten Jahrzehnten noch durch gezielte und staatlich geförderte Hilfsprogramme zugunsten bestimmter Minderheiten sektoral vergrößert worden ist, hat eine wichtige Rolle gespielt im Prozeß einer leichten und relativen Verringerung der sozialen Ungleichheit im 20. Jahrhundert, die allerdings die sozialen Gruppen unterschiedlich betroffen hat. Die Handicaps für Farbige, arme Weiße im Süden, arme Farmer, Alte und Kranke und die zerbrochenen Familien insbesondere der farbigen »Welfare Mothers« bestehen weiter und sind deutlich sichtbar. Die Diskriminierung der Frauen scheint zwar insgesamt schneller abzunehmen als in manchem europäischen Land, doch es bleiben, nach Familienhintergrund und Bildungsstand gestaffelt, immer noch erhebliche Nachteile. Vollends zu den Verlierern gehören in dem strukturellen wirtschaftlichen und gesellschaftlichen Wandlungsprozeß des 20. Jahrhunderts, in dem der Erwerb spezialisierter Fertigkeiten immer wichtiger geworden ist, die ungelernten – und in etwas geringerem Umfang auch die angelernten – Arbeiter in Industrie und Landwirtschaft. Sie sind in der Regel die ersten, die in kritischen Zeiten arbeitslos werden, und sie sind auch am wenigsten abgesichert gegen die Risiken einer zunehmenden und gerade durch die hergebrachte Fragmentierung der Arbeiterschaft und ihr nur gering ausgeprägtes Klassenbewußtsein noch besonders verstärkten individuellen Unsicherheit, die keineswegs nur ökonomische Dimensionen hat.[74] Die Schichten darüber, die gelernten Arbeiter, die Angestellten, Farmer und kleinen Selbständigen profitieren – auch aufgrund ihres höheren Organisationsgrades – in der Regel stärker von den öffentlichen Regulierungs-, Ausgleichs- und Versorgungsmechanismen und den privaten Versicherungs- und Pensions-»plänen«, die vor allem seit der Einführung der New Deal-Programme in den 30er Jahren auch in den USA zugenommen haben, wenn sie auch bis heute noch lange nicht die Dichte der »sozialen Netze« der meisten europäischen Industrieländer erreicht haben. Hier gibt es deutliche Ansätze zu einer Verlagerung der Kriterien sozialer Positionszuweisung von »Property« zu »Welfare«.

Auf dem Farmsektor z. B. hat insgesamt die Ungleichheit erheblich abgenommen durch den erhöhten Kapitalbedarf, die außergewöhnliche Schrumpfung des gesamten Sektors, die zunehmende Abwanderung und die wesentlich an der Marktleistung orientierten staatlichen Subventionsprogramme, die die kleinsten Farmer zur Aufgabe gezwungen haben. Die Pachtverhältnisse haben ebenfalls erheblich abgenommen. Für die untersten Ränge der ländlichen Sozialordnung gelten diese Feststellungen jedoch nicht ohne weiteres. Die Arbeitslosigkeit in der Landwirtschaft ist etwa dreimal so hoch wie im nationalen Durchschnitt, die Löhne der (überwiegend farbigen) Farmarbeiter sind verhältnismäßig niedrig und gewerkschaftliche Organisation wird noch heute mit Methoden behindert, die aus der Zeit der europäischen »Herrn im Haus« stammen könnten. Nach den Kriterien der staatlichen Sozialversicherung gab es 1966 in den USA 6,1 Millionen Familien, die in »Armut« lebten, davon 4 Millionen in den Städten und 2,1 Millionen auf dem Land (davon 1,6 Millionen Weiße und 0,5 Millionen Farbige.) Letztere sind 34,4 % aller »Armen« gegenüber einem Anteil des Agrarsektors an der ökonomischen Aktivität von 5 bis 6 %.[75]

In der jüngsten Zeit ist insgesamt eine relative Verringerung von »Poverty« festzustellen. Nach den staatlichen Kriterien ging der Anteil der Familien mit Einkommen unterhalb der Subsistenzgrenze (below the low income level) zwischen 1959 und 1972 um etwa die Hälfte zurück: von 48 auf 29 % bei den Negern und von 15 auf 7 % bei den Weißen. Am geringsten war der Rückgang allerdings bei den farbigen Welfare Mothers (von 65 auf 53 %).[76] Es scheint jedoch fraglich, ob in diesem Vorgang ohne weiteres auch eine Reduzierung von Ungleichheit gesehen werden kann. Es ist – abgesehen von methodischen Fehlerquellen – nicht einmal sicher, daß mit der Aufbesserung der Einkommen auch nur die ökonomische und gesellschaftliche Unsicherheit dieser Familien verringert wird, da neben der Höhe des Einkommens gerade für die »Armen« noch andere Faktoren von zentraler Bedeutung sind: Familienstrukturen, medizinische Versorgung, Wohnung und Arbeit, Rechtssicherheit usw. Es wäre wichtig, diese Zusammenhänge in ihrer Auswirkung auf eine mögliche Veränderung von Ungleichheit insgesamt zu prüfen.

VI. Die letzten Feststellungen machen sicherlich deutlich, daß die Untersuchung der beruflichen Mobilität und ihrer Voraussetzungen und Wirkungen, so wichtig sie ist, uns noch keineswegs das ganze Spektrum der Dimensionen sozialer Ungleichheit aufschlüsseln kann. Sie sagt insbesondere wenig aus über die Stabilität und die Konsistenz der sozialen Strukturen und über deren prägende Wirkung auf einzelne Familien. Wer nach den Kriterien der beruflichen Mobilität aufsteigt, ist damit noch nicht automatisch ein sozialer Aufsteiger in einem umfassenden Sinn. In den USA ist es für einen Arbeiter oder Angestellten oder jeden anderen z. B. eine ganz entscheidende Frage, ob er, wenn er beruflich aufgestiegen ist und mehr verdient als vorher, in seiner alten Wohngegend wohnen bleiben soll oder in eine »bessere« Gegend zieht, in der andere kollektive Verhaltensstandards und andere Konsummuster gelten, die in der Regel auch mehr kosten, aber qua Prestige und Aufstiegschancen für die Kinder auch größere und angenehmere Rewards bieten können. Lebensstil und Konsummuster sind, neben dem Bildungsstatus und der Stellung in der Versorgungspyramide, zunehmend wichtiger werdende Kriterien sozialer Zuordnung.[77] Sie sind möglicherweise – und diese Hypothese bliebe im einzelnen noch zu beweisen – aus verschiedenen Gründen in den USA wichtiger als in vergleichbaren europäischen Ländern. Einmal fehlen die Tröstungen eines solidarischen Klassenbewußtseins, und Isolierung und soziale Fragmentierung sind groß. Außerdem wirkt die kulturelle Angleichung an den American Way of Life wie an die Normen und Muster der vermeintlichen breiten Mittelklassengesellschaft auch desintegrierend. Die Zwänge zur Anpassung sind aber stark, zumal konventionelles Verhalten im Sinne der Weberschen »ständischen Tendenzen« in Amerika schon seit der Kolonialzeit unverhältnismäßig stark positiv honoriert worden ist. Und schließlich ist seit der Entdeckung und enormen Ausweitung einer bewußten Konsumkultur in den 20er Jahren kontinuierlich ein ganzes Arsenal von Instrumenten, Mechanismen, neuen Berufen und ganzen Wissenschaften entwickelt worden mit dem Zweck, den Konsum im Interesse der Produzenten weiter anzuheizen oder wenigstens durch Abwechslung zu stabilisieren.

Die Zunahme von Konsum tendiert zu einer gewissen Egalisierung: Sie kann die einzelnen und die Familien als Konsumenten gleicher machen als sie es in anderen Rollen nach ökonomischer Lage, Bildung oder Prestige sein mögen, und Kriterien etablieren, die mit denen der »harten«, direkt marktabhängigen Klassenzuweisung nicht kongruent sein müssen, wenngleich auch der Konsum sich in der Regel wesentlich marktabhängig gestaltet und der Spielraum folglich nicht allzu groß ist. Diese angedeutete Möglichkeit wird eingeschränkt auf der einen Seite durch die Herausbildung einer in raffinierter Weise gestaffelten Hierarchie von Konsummustern, auf der anderen Seite durch die Tatsache, daß es noch andere, in den USA vor allem ethnisch geprägte Subkulturen gibt, deren spezifisch kulturelles Eigengewicht in dem Maße deutlicher geworden ist, in dem andererseits die Diskriminierung zumindest der nichtfarbigen ethnischen Minoritäten abgenommen hat. Auch die Kriterien der Ethnicity können aber die ökonomisch determinierte Klassenzugehörigkeit modifizieren.

Zum Schluß ergeben sich einige vorläufige Eindrücke aus der Vogelschau, Zuordnungsprobleme und eine Reihe von Fragen, die noch nicht geklärt werden können:

Am Anfang war der Markt, wenn er auch noch begrenzt war; das Marktprinzip dominierte bei der sozialen Positionszuweisung, wenn auch gelegentlich vermittelt. Der Grad der Kongruenz (Konsistenz, Kristallisation) der verschiedenen Dimensionen sozialer Ungleichheit war hoch; die Gruppen der Produktionsmittelbesitzer, der Reichen, der Angesehen und der politisch Mächtigen deckten sich überwiegend. Der dominante Faktor war zunächst der Besitz, der aber durchweg an den Erwerb gekoppelt war. Die Klassen waren Besitzklassen, aber zunehmend auch Erwerbsklassen.

Property Rights definierten wesentlich soziale und politische Beziehungen und machten den Markt zur entscheidenden Arena von Herrschaft über die Ökonomie hinaus.[78] In der Folge, seit dem 19. Jahrhundert, haben sich Stellenwert und Rolle des Marktprinzips in ihrer Wirkung auf soziale Schichtung verändert. Diese Veränderungen können erklärt werden aus den gesamtwirtschaftlichen Umwälzungen des 19. und des 20. Jahrhunderts und deren soziale und politische Wirkungen, erstens aus dem Industrialisierungsprozeß und zweitens aus dem Übergang zum stärker organisierten Kapitalismus im 20. Jahrhundert.

Die Industrialisierung hat nicht nur neue Klassen geschaffen oder alte Klassenlinien modifiziert durch die Herausbildung der Industriearbeiterschaft und untereinander differenzierter Angestelltenkategorien und die wichtige Verschiebung zugunsten der Kriterien der Erwerbsklasse anstelle der Besitzklasse (wenngleich hier Reste geblieben sind). Ihre leitenden Prinzipien: Disziplinierung, zunehmend spezialisierte Funktionsteilung, Bürokratisierung, Organisation, Hierarchisierung und Oligarchisierung haben zusammen mit dem historisch singulären Phänomen der

Masseneinwanderung in die USA und der extrem hohen horizontalen Binnenmobilität schon um die Mitte des 19. Jahrhunderts Akzente gesetzt, die in die Richtung einer Einschränkung der Geltung des reinen, unvermittelten Marktklassenprinzips deuten. Bildung, ethnischer und familärer Hintergrund und die Aufenthaltsdauer der Familie in den USA wurden wichtiger; Reichtum, Prestige und politische Macht traten etwas mehr auseinander; die Differenz zwischen Frontier und länger besiedelten Regionen wurde geringer, wenn auch grundsätzlich Unterschiede zwischen Stadt und Land blieben. Die Klassenschranken blieben, je nach Konjunktur, mehr oder weniger durchlässig, die Aufstiegsmobilität blieb in der Regel begrenzt, nahm jedoch nicht ab.

Die zunehmende Herausbildung oligopolistischer Großkorporationen und vor allem der Übergang zum stärker organisierten Kapitalismus (den manche auch »corporate capitalism« oder »political capitalism« nennen) und zu vermehrter Staatsintervention in Wirtschaft und Gesellschaft hat im 20. Jahrhundert auch in den USA die umfassende Marktorientierung noch deutlicher eingeschränkt zugunsten der Prinzipien korporativer, verklammerter und oft bürokratischer Großorganisation, der Akklamationssicherung und Konditionierung von oben. Dabei sind Teilbereiche der sozialen Zuordnung noch stärker in die für eine bestimmte Zeit als verfestigt und statisch erfahrenen, wenngleich am Ende immer und weiterhin auch wieder marktabhängigen Korporationshierarchien eingegliedert und somit etwas weiter aus dem direkten Einflußbereich der Marktlagen entfernt worden. Bürokratische und politische Statusallokation hat sich mit der Marktallokation vermischt. Es kann zeitweise ein Abstand entstehen zwischen dem realen Status und dem theoretisch aus der Marktallokation resultierenden Status, den am Ende allerdings der Markt in der Regel aufzuholen pflegt (z. B. wenn ein Großunternehmen pleite macht). Die Marktabhängigkeit der Klassenzugehörigkeit wurde vermittelter, die Kriterien überlappen sich stärker. Zu den neuen Kriterien gehören Versorgungsansprüche, gesetzliche und vertragliche Garantien, Laufbahnvorschriften, staatliche Leistungen, Inanspruchnahme spezieller Förderungsprogramme auf der einen und Konsummuster auf der anderen Seite. Der beherrschende Faktor scheint allerdings auch aufgrund technologischer Erfordernisse zunehmend der Bildungsstand zu werden, der allmählich die anderen Kriterien deutlich überschattet und möglicherweise bald jene überragende Rolle bei der sozialen Statuszuweisung spielen kann, die in den Anfängen dem Eigentum zugekommen ist.

Verteilung der ökonomisch aktiven Bevölkerung auf Berufsgruppen nach der amerikanischen Beschäftigungsstatistik (in %):

	Insgesamt			Frauen		
	1900	1950	1975	1900	1950	1975
Anzahl insg. (in Mio.)	29	59	83,5	5,3	16,5	33
White Collar Workers	17,6	36,6	50,4	17,9	52,6	63,5
— Professional, Techn., Kindred	4,2	8,6	15,3	8,2	12,2	16,1
— Managers, Officials, Proprietors (Nonfarm)	5,8	8,7	10,3	1,4	4,3	4,8
— Clerical, Kindred	3,0	12,2	18,2	4,0	27,4	35,6
— Sales	4,5	7,0	6,6	4,3	8,6	6,9
Manual and Service Workers	44,9	51,6	46,4	63,4	44,0	35,4
Manual Workers	35,9	41,1	32,6	27,8	22,5	13,9
— Craftsmen, Foremen, Kindred	10,6	14,1	12,8	1,4	1,5	1,6
— Operative, Kindred	12,8	20,4	15,1	23,8	20,0	11,4
— Laborers (Nonfarm)	12,5	6,6	4,6	2,6	0,9	1,0
Service Workers	9,0	10,5	13,8	35,9	21,5	21,5
— Private Household	5,4	2,6		28,8	8,9	
— Others	3,6	7,9		6,8	12,6	
Farm Workers	37,5	11,8	3,3	19,0	3,7	1,1
— Farmers, Farm Managers	19,8	7,4		5,9	0,7	
— Farm Laborers, Foremen	17,7	4,4		13,1	2,9	

Berechnet nach den Daten in: Historical Statistics of the United States. Colonial Times to 1957, Washington 1961, S. 74 u. Statistical Abstract of the United States 1976, Washington 1976, S. 359.

Die zunehmende Überlagerung der Kriterien bedeutet nicht, daß die gegenwärtige Gesellschaft der USA keine Klassengesellschaft mehr sei. Sie ist eine modifizierte Klassengesellschaft. Dadurch, daß die direkte Abhängigkeit der unterschiedlichen Dimensionen der Ungleichheit voneinander etwas abgenommen hat und das neue Dominanzkriterium der Bildung zum Markt sich etwas vermittelter verhält als die alten des Eigentums oder des Berufs, wird das Marktprinzip nicht eindeutig abgelöst. Es nimmt lediglich neue Formen an.[79]

Die Ungleichheit der sozialen Lagen und der Lebenschancen von einzelnen und Familien ist insgesamt – und mit dem Vorbehalt zahlreicher Ausnahmen und Nischen – in den USA im Laufe des letzten Jahrhunderts etwas geringer geworden. Die Kriterien ihrer näheren Bestimmung haben sich verändert und vermehrt. Die Kongruenz der Kriterien und Kriteriensysteme hat, alles in allem, wohl ein wenig abgenommen. Ob damit freilich schon ein Prozeß der »Entkristallisierung« umschrieben werden kann, muß in diesem Zusammenhang ebenso ungeklärt bleiben wie die Frage, ob – etwa im Sinne der Statusdiskrepanz-Theorien – dadurch die sozialen Konflikte vergrößert werden können oder gar müssen. Zahlreiche andere Eigenarten der nordamerikanischen Entwicklung sprechen auch dagegen, vor allem die oft bewiesene hohe Integrationsfähigkeit des politischen und gesellschaftlichen Systems trotz bestehenbleibender sozialer Ungleichheit und gravierender Klassenunterschiede.

Anmerkungen

1 A. de *Tocqueville,* De la Démocratie en Amérique, Oeuvres complètes, J.-P. *Mayer* Hg., Bd. I, 2 Halbbde., Paris 1961 (zuerst 1835), bes. Bd. I/1, S. 1–14, 202 f., 241 ff., 257 ff.; Bd. I/2, S. 39 ff., 101 ff. – Eine erste Fassung dieses Beitrages ist in der Sektion »Europäische Sozialgeschichte im Vergleich« auf dem 32. Deutschen Historikertag in Hamburg vom 4. bis 7. 10. 1978 vorgelegt und diskutiert worden. Für kritische Einwände und Anregungen (deren umfassende Berücksichtigung allerdings das Schreiben eines dickeren Buches nötig gemacht hätte) habe ich allen Teilnehmern der damaligen Diskussion zu danken. Mein besonderer Dank gilt Karin Hausen, Irmgard Vogt, Klaus Bade, Eric Hobsbawm, Hartmut Kaelble, Jürgen Kocka, Rainer Lepsius, Klaus Tenfelde, Hans-Ulrich Wehler und Hermann Wellenreuther.

2 »Manchmal kommt mir in den Sinn/Nach Amerika zu segeln,/ Nach dem großen Freiheitsstall,/ Der bewohnt von Gleichheitsflegeln–/Doch es ängstet mich ein Land/Wo die Menschen Tabak käuen,/Wo sie ohne König kegeln,/Wo sie ohne Spucknapf speien.« H. *Heine,* Jetzt Wohin? (1830), zit. nach: Heines Werke, Weimar 1961, Bd. 1, S. 132.

3 *Tocqueville,* Bd. I/1, S. 1 (Vorwort zur ersten Auflage von 1835); noch deutlicher im Vorwort zur 12. Aufl. v. 1848, ebd., S. XLIII f.

4 Vgl. J. *Locke,* Two Treatises of Government (P. Laslett Hg.), Cambridge 1967, Second Treatise § 87, S. 341 f., § 123 f., S. 368 f.; L. *Hartz,* The Liberal Tradition in America, N. Y. 1955, S. 119 ff.;

H.-C. *Schröder,* Das Eigentumsproblem in den Auseinandersetzungen um die Verfassung von Massachusetts, 1775–1787, in: R. *Vierhaus* Hg., Eigentum u. Verfassung, Göttingen 1972, S. 11–67.

5 »Marktprinzip« ist in diesem Zusammenhang bezogen auf die Allokation sozialer Positionen aufgrund der Stellung im Markt bzw. der Wahrnehmung vom Markt gebotener Chancen. Die Marktabhängigkeit sozialer Statuszuweisungen ist nicht gebunden an eine bestimmte Größe des Marktes oder an die volle Entfaltung aller seiner Kennzeichen und Mechanismen. Sie ergibt sich vielmehr aus dem konkreten Verhältnis marktbedingter und nicht marktbedingter Faktoren in bezug auf die Statuszuweisung. So können durchaus die Mechanismen eines noch stark begrenzten, rudimentären und wenig entfalteten Markts, z. B. mangels wirksamer Konkurrenz anderer Faktoren, dennoch einen hohen Stellenwert für die Statusallokation haben.

6 Die lange Zeit einflußreiche Interpretation des mangelnden Klassenbewußtseins als »Klassenlosigkeit« durch Louis Hartz träfe – wenigstens teilweise – nur dann zu, wenn man »Klasse« als sich ihrer selbst als Klasse bewußte Klasse, als »Klasse für sich« im Marxschen Sinne, verstünde. Vgl. *Hartz,* S. 14 ff., 50 ff.

7 Vgl. insb. für die neuere Zeit die Argumentation in: P. *Lösche,* Industriegewerkschaften in organisierten Kapitalismus, Opladen 1974; J. *Kocka,* Angestellte zwischen Faschismus u. Demokratie, Göttingen 1977 u. H. J. *Puhle,* Politische Agrarbewegungen in kapitalistischen Industriegesellschaften, Göttingen 1975.

8 Vgl. die Beiträge von J. *Kocka,* W. *Mager* und S. *Pollard* in diesem Band.

9 Die Zeit der eindeutigen Dominanz klassenmäßiger (d. h. im hier verwendeten Wortsinn: durch den Markt vermittelter) Kriterien sozialer Schichtung scheint in Deutschland am kürzesten gewesen zu sein, da hier aufgrund des frühen Übergangs zum stärker organisierten Kapitalismus (zwischen 1876 und 1918) die Bedeutung der politischen Allokation sozialer Positionen bereits vergleichsweise früh zunahm. Vgl. dazu die Beiträge von J. *Kocka* u. R. *Lepsius* in diesem Band sowie zum Umfeld die Diskussion in: *Puhle,* Agrarbewegungen, S. 11 ff., 28 ff. u. d. Beiträge von J. *Kocka* und H.-U. *Wehler* in: H. A. *Winkler* Hg., Organisierter Kapitalismus. Voraussetzungen und Anfänge, Göttingen 1974, S. 19–35 u. 36–57.

10 Vgl. hierzu vor allem M. *Weber,* Wirtschaft u. Gesellschaft, Tübingen 1956, S. 223–29 u. 678–89. Ferner A. *Giddens,* The Class Structure of the Advanced Societies, N. Y. 1975², S. 23–52, 69–81.

11 Die »reinere«, d. h. der kapitalistischen Wirtschaft gemäße Klassenzuschreibung erfolgt dabei zweifellos nach dem Kriterium des Erwerbs, während das des Besitzes eher in einer Honoratiorengesellschaft mit beschränktem Markt dominiert und immer gleichzeitig auch nicht marktabhängige Elemente mitenthält.

12 *Weber,* 688.

13 Da die amerikanische Einzelforschung in der Regel mit nichtklassengesellschaftlichen Begriffen wie z. B. dem der Schicht oder der

Statusgruppe arbeitet, die teils alternativ zu dem der Klasse, teils zur Kennzeichnung von Untergliederungen verwendet werden, und auch nur selten scharfe begriffliche Trennungen vorgenommen werden, sind in der Folge gelegentlich auch diese Begriffe übernommen worden. Das ändert jedoch nichts an der Absicht klarer definierter Fragen in Richtung auf die Klassengesellschaft, deren Kriterien und mögliche Einschränkungen.

14 Konsum und Besitzakkumulation werden vielfach als Ersatz für berufliche Aufstieg und Mobilität nach oben angesehen, der in der Regel über Prestige vermittelt wird. Hier wirken deutlich auch jene nicht primär ökonomisch motivierten etablierten Muster konventionellen Verhaltens hinein, die nicht klassencharakteristisch sind, und die Max *Weber,* 684, auch für die USA mit dem mißverständlichen Wort »ständisch« bezeichnet hat.

15 Vgl. zusammenfassend S. M. *Lipset,* The First New Nation, N. Y. 1967 (1963[1]), bes. S. 69 ff., 237 ff., 366 ff.

16 Dazu u. a. die Beiträge von L. *Neal* (260–97) u. R. P. *Swierenga* u. H. S. *Stout* (298–333) in: P. *Uselding* Hg., Research in Economic History 1, Greenwich, Conn. 1976 und demnächst die Erlanger Habil.-Schrift von K. J. *Bade,* Transnationale Migration und Arbeitsmarkt in Deutschland 1879–1929, Bd. I: 1879–1914, MS 1979, bes. S. 202 ff.

17 Zum Problem der Frontier vgl. den einflußreichen Essay von F. J. *Turner,* The Significance of the Frontier in American History, zuerst in: Proceedings of the State Historical Society of Wisconsin, Dec. 14, 1893 u. die daran anschließende Diskussion, z. B. auch in der Sammlung v. R. *Billington* Hg., The Frontier Thesis. Valid Interpretation of American History?, N. Y. 1966.

18 Vgl. C. V. *Woodward,* Origins of the New South, 1877–1913, Baton Rouge 1971 (1951[1]), S. 107 ff., 291 ff., 456 ff.; J. *Dollard,* Caste and Class in a Southern Town, New Haven 1937; E. F. *Frazier,* Black Bourgeoisie. The Rise of a New Middle Class in the United States, Glencoe 1957; J. C. *Leggett,* Race, Class and Labor, N. Y. 1968; J. D. R. *Porter,* Black Child, White Child. The Development of Racial Attitudes, Cambridge, Mass. 1971; R. F. *Curtis* u. E. F. *Jackson* Hg., Inequality in American Communities, N. Y. 1977 sowie D. W. *Rossides,* The American Class System, Boston 1976, S. 146–60 u. die Beiträge von G. D. *Berreman,* S. C. *Drake* u. H. R. *Cayton,* E. F. *Frazier* u. L. *Rainwater,* in: J. L. *Roach* u. a. Hg., Social Stratification in the United States, Englewood Cliffs 1969, S. 224–58; H. J. *Gans,* Class Subcultures in American Society, in: C. S. *Heller* Hg., Structured Social Inequality, N. Y. 1969, S. 270–76; M. M. *Tumin* u. A. *Feldman,* The Puerto Rican View of Social Class (123–39); U. *Bronfenbrenner,* Socialization and Social Class through Time and Space (204–26), A. *Kardiner* u. L. *Ovesey,* Pschodynamic Inventory of Negro Personality (356–66), alle in: M. M. *Tumin* Hg., Readings in Social Stratification, Englewood Cliffs 1970.

19 Vgl. dazu für viele G. *Kleining* u. H. *Moore,* Soziale Selbstein-

stufung. Ein Instrument zur Messung sozialer Schichten, in: Kölner Zeitschrift für Soziologie (= KZfS) 20. 1968, S. 502–52, bes. 506.

20 J. *Elliot* Hg., The Debates in the Several State Conventions on the Adoption of the Federal Constitution, 5 Bde., Washington 1854, Bd. 3, S. 140. Daß diese Begriffe dennoch in einem durchaus schon deutlich klassengesellschaftlichen Sinn verwandt wurden, geht aus anderen Wortprägungen der Zeit hervor (Rich, Poor, Middle Sort, Middling, Wealthy, Lower Class, Gentlemen of Property od. Fortune). Vgl. auch *Elliot* Hg., Bd. 2, S. 248; Newport Mercury v. 21. 12. 1767; The Massachusetts Gazette (Springfield) v. 10. 9. 1782. Im Pennsylvania Packet v. 24. 3. 1781 unterscheidet Wilbraham 1. Commercial Projectors, 2. Honest, Sober Men Who Mind their Business, 3. Thieves, Pick-Pockets, Low Cheats and Dirty Sots.

21 Ich stütze mich hier und im folgenden wesentlich auf die Daten in: J. T. *Main,* The Social Structure of Revolutionary America, Princeton 1965, passim; ders., The Antifederalists. Critics of the Constitution 1781–1788, N. Y. 1974 (1961[1]), S. 1–71; S. *Thernstrom,* Poverty and Progress. Social Mobility in a Nineteenth Century City, N. Y. 1969 (1964[1]), S. 34–42; E. *Foner,* Tom Paine and Revolutionary America, London 1976, S. 16–69, 145–82 u. in den Beiträgen von W. A. *Reavis,* R. R. *Menard* u. J. T. *Main,* in: E. *Pessen* Hg., Three Centuries of Social Mobility in America, Lexington, Mass. 1974, S. 3–12, 12–33, 34–55. Die gelegentlich ungenauen Annäherungen der Daten bei Main sind in Einzelheiten bereits korrigiert worden, können aber insgesamt noch nicht ersetzt werden. Vgl. dazu J. T. *Lemon* u. G. B. *Nash,* The Distribution of Wealth in Eighteenth Century America: A Century of Changes in Chester County, Pa., 1693–1802, in: Journal of Social History (=JSH) 2. 1968, S. 1–24; D. W. *Koch,* Income Distribution and Political Structure in Seventeenth Century Salem, Mass., in: Essex Institute Historical Collection 105, Jan. 1969, S. 50–71; P. J. *Greven,* Four Generations: Population, Land and Family in Colonial Andover, Mass., Ithaca 1970; K. A. *Lockridge,* A New England Town. The First Hundred Years: Dedham, Mass. 1636–1736, N. Y. 1970; A. *Kulikoff,* The Progress of Inequality in Revolutionary Boston, in: William and Mary Quarterly 3rd ser. (= WMQ) 28. 1971, S. 375–412; A. C. *Land,* Economic Base and Social Structure. The Northern Chesapeake in the Eighteenth Century (117–33); A. *Henretta,* Economic Development and Social Structure in Colonial Boston (133–49); K. *Lockridge,* Land, Population, and the Evolution of New England Society, 1630–1790 (149–66), alle in: G. B. *Nash* Hg., Class and Society in Early America, Englewood Cliffs 1970, sowie G. B. *Nash,* Urban Wealth and Poverty in Pre-Revolutionary America (9–48); G. B. *Warden,* Inequality and Instability in Eighteenth Century Boston (49–84); D. E. *Ball,* Dynamics of Population and Wealth in Eighteenth Century Chester County, Pa. (85–108), alle in: J. P. *Greene* u. P. *Maier* Hg., Interdisciplinary Studies of the American Revolution, Beverly Hills 1976. Vgl. auch die älteren Darstellungen: C. A. *Beard,* An Economic Interpretation of the Constitution of the United States, N. Y. (1913[1])

267

1969 u. d. daran anschließende Diskussion; P. A. *Bruce,* Economic History of Virginia in the Seventeenth Century, 2 Bde., N. Y. 1896; B. *Bailyn,* The New England Merchants in the Seventeenth Century, N. Y. 1964 (1955[1]); C. *Bridenbaugh,* Cities in the Wilderness, The First Century of Urban Life in America, 1625–1742, N. Y. 1955[2] (1938[1]); ders., Cities in Revolt, Urban Life in America, 1743–1776, N. Y. 1955; ders., Vexed and Troubled Englishmen, 1590–1642, Oxford 1968; ders. u. J. *Bridenbaugh,* Rebels and Gentlemen. Philadelphia in the Age of Franklin, N. Y. 1962 (1942[1]).

22 Vgl. *Main,* Structure, S. 197 ff. sowie C. S. *Grant,* Democracy in the Connecticut Frontier Town of Kent, N. Y. 1961; J. T. *Lemon,* The Best Poor Man's Country, Baltimore 1972, und die Beiträge in: M. G. *Kammen* Hg., Politics and Society in Colonial America, N. Y. 1967. Zu Elementen der Marktorganisation A. C. *Land,* Economic Behavior in a Planting Society. The Eighteenth Century Chesapeake, in: Journal of Southern History 33. 1967, S. 469–85. Zum Kontext auch: J. E. *Crowley,* This Sheba, Self. The Conceptualization of Economic Life in Eighteenth Century America, Baltimore 1974; E. P. *Thompson,* The Moral Economy of the English Crowd in the Eighteenth Century, in: Past and Present 50. 1971, S. 76–136; K. *Polanyi,* The Great Transformation, Boston 1957 (1944[1]).

23 H. *Adams,* History of the United States of America During the First Administration of Thomas Jefferson, I, N. Y. 1889, S. 108.

24 Vgl. *Main,* Structure, S. 8 ff.; *Reavis,* in: *Pessen* Hg., S. 10 f.

25 Zu Familienstruktur und Family Government vgl. *Greven,* Four Generations, S. 72 ff., 125 ff., 222 ff.; *Lockridge,* Town, S. 57 ff, 139 ff., 165 ff.; P. J. *Greven,* Family Structure in Seventeenth Century Andover, Mass., in: WMQ 23. 1966, S. 234–56; J. *Demos,* Families in Colonial Bristol, Rh. I. An Exercise in Historical Demography, in: WMQ 25. 1968, S. 40–59; L. A. *Binell,* From One Generation to Another. Mobility: Seventeenth Century Windsor, Conn., in: WMQ 31. 1974, S. 79–110, T. H. *Breen* u. S. *Foster,* The Puritans' Greatest Achievement: A Study in Social Cohesion in Seventeenth Century Massachusetts, in: Journal of American History (= JAH) 40. 1973, S. 5–22; J. *Demos,* A Little Commonwealth. Family Life in Colonial Plymouth, N. Y. 1969. Zur Methode J. H. *Cassedy,* Demography in Early America. Beginnings of the Statistical Mind, 1600–1800, Cambridge, Mass. 1969. Vgl. ferner K. A. *Lockridge* u. A. *Kreider,* The Evolution of Massachusetts Town Government 1640–1740, in: WMQ 23. 1966, S. 549–74; B. E. *Steiner,* Anglican Officeholding in Pre-Revolutionary Connecticut: The Parameters of New England Community, in: WMQ 31. 1974, S. 369–406; S. C. *Powell,* Puritan Village. The Formation of a New England Town, Middletown, Conn. 1963.

26 In Massachusetts hatten 1773 rund 60 % der Männer das Wahlrecht, aber nur rund 40 % der Arbeiter.

27 Vgl. R. R. *Menard,* From Servant to Freeholder. Status, Mobility and Property Accumulation in Seventeenth Century Maryland, in: WMQ 30. 1973, 37–64; ders., The Social Mobility of Indentured

Servants, in: *Pessen* Hg., S. 12–33; *Main,* Structure, S. 164–66, 181–183, 194. Zur zunehmenden Armut in den Städten vgl. G. B. *Nash,* Poverty and Poor Relief in Pre-Revolutionary Philadelphia, in: WMQ 33. 1976, S. 3–30; *Bridenbaugh,* Cities in Revolt, S. 123–27, 321–24.

28 Vgl. *Foner,* S. 28 ff. u. d. Literaturangaben S. 276–87. Zur Abnahme unfreier Arbeit (in Philadelphia von 21 % 1767 auf 16 % 1775 und 5,5 % 1783) G. B. *Nash,* Slaves and Slaveowners in Colonial Philadelphia, in: WMQ 30. 1973, S. 237, 246 f.

29 *Main,* Structure, S. 7 ff., 44 ff., 68 ff.

30 Vgl. die Einschränkungen bei H. *Wellenreuther,* Urbanization in the Colonial South. A Critique, in: WMQ 31. 1974, S. 653–71.

31 Vgl. *Main,* Structure, S. 164–96, bes. 190 ff.; ders., in: *Pessen* Hg., S. 40 ff.

32 E. *Pessen,* Riches, Class and Power Before the Civil War, Lexington, Mass. 1973; ders., The Egalitarian Myth and the American Social Reality. Wealth, Mobility, and Equality in the ›Era of the Common Man‹, in: American Historical Review (= AHR) 76. 1971, S. 1004–29; ders., The Myth of Antebellum Social Mobility and Equality of Opportunity, in: ders. Hg., S. 110–21.

33 O. *Handlin,* Boston's Immigrants 1790–1880, N. Y. 1959[2] (1941[1]); F. C. *Jaher,* Nineteenth Century Elites in Boston and New York, in: JSH 6. 1972/3, S. 32–77; P. R. *Knights,* The Plain People of Boston 1839–1860, N. Y. 1971; ders., Population Turnover, Persistence and Residential Mobility in Boston 1830–1860, in: S. *Thernstrom* u. R. *Sennett* Hg., Nineteenth Century Cities, New Haven 1969, S. 258–74; D. *Miller,* Jacksonian Aristocracy. Class and Democracy in New York 1850–1860, N. Y. 1967; *Blumin,* Mobility and Change in Ante-Bellum Philadelphia, in: *Thernstrom* u. *Sennett* Hg., S. 165–208.

34 S. *Thernstrom,* Poverty and Progress, N. Y. 1969 (1964[1]); M. *Gitelman,* Workingmen of Waltham. Mobility in American Urban Industrial Development 1850–1890, Baltimore 1974; M. H. *Frisch,* The Community Elite and the Emergence of Urban Politics: Springfield, Mass. 1840–1880, in: *Thernstrom* u. *Sennett* Hg., S. 277–96.

35 H. G. *Gutman,* Work, Culture and Society in Industrializing America, N. Y. 1976, bes. S. 211–59; S. *Blumin,* The Urban Threshold. Growth and Change in a Nineteenth Century American Community, Chicago 1976; C. *Griffen,* Workers, Divided: The Effect of Craft and Ethnic Differences in Poughkeepsie, N. Y. 1850–1880; in: *Thernstrom* u. *Sennett* Hg., S. 49–97. Ferner M. B. *Katz,* Social Structure in Hamilton, Ontario, ebd., S. 209–44; L. E. *Hazelrigg,* Occupational Mobility in Nineteenth Century United States Cities: A Review of Some Evidence, in: Social Forces 53. 1974, S. 21–32; M. *Klein* u. H. A. *Kantor,* Prisoners of Progress. American Industrial Cities 1850–1920, N. Y. 1976.

36 M. *Curti* u. a., The Making of an American Community. A Case Study of Democracy in a Frontier County, Stanford 1959; P. B. *Worthman,* Working Class Mobility in Birmingham, Ala., 1880–1914, in T. K. *Hareven* Hg., Anonymous Americans, Englewood Cliffs 1971,

S. 171–213; A. *Barr,* Occupational and Geographic Mobility in San Antonio, 1780–1900, in: Social Science Quarterly (= SSQ) 51. 1970, S. 396–403; R. *Sennett,* Families Against the City. Middle Class Homes of Industrial Chicago 1872–1890, N. Y. 1970.

37 Vgl. außer den in Anm. 32 bis 36 genannten Titeln noch S. *Thernstrom,* The Other Bostonians, Cambridge, Mass. 1973, S. 1–28 u. 220–61; ders., Working Class Social Mobility in Industrial America, in: M. *Richter* Hg., Essays in Theory and History, Cambridge, Mass. 1970, S. 221–38, jetzt auch dt. in H. *Kaelble* Hg., Geschichte der sozialen Mobilität seit der industriellen Revolution, Königstein 1978, S. 201–219; ders. u. P. R. *Knights,* Men in Motion. Some Data and Speculations About Urban Population Mobility in Nineteenth Century America, Journal of Interdisciplinary History (= JIH) 1. 1970/1, S. 7–35, jetzt auch in *Hareven* Hg., S. 17–47. Zur Arbeiteraristokratie vgl. E. J. *Hobsbawm,* The Labour Aristocracy in Nineteenth Century Britain (1954), in: ders., Labouring Men, London 1964, S. 272–315 u. ders., in diesem Band. Zu »Middletown« und »Yankee City« vgl. R. S. u. H. M. *Lynd,* Middletown, N. Y. 1956 (1929[1]), S. 51, 65 f.; dies., Middletown Transition, N. Y. 1937, S. 67–72, 471; W. L. *Warner* u. J. O. *Low,* The Social System of the Modern Factory, New Haven 1947, S. 181–96.

38 Vgl. *Pessen,* Riches, S. 33 ff., 49 ff., 132 ff., 139–47; 320–35. Eine wichtige, weitgehend noch unerschlossene Quelle bieten die »Social Registers«.

39 Vgl. dazu vor allem die Studien von O. *Handlin,* Immigrants; ders., The Uprooted. The Epic Story of the Great Migrations that Made the American People, N. Y. 1951, S. 7–36, 201–26; ders., The Americans, Boston 1963 u. d. Dokumentation: ders. Hg., Immigration as a Factor in American History, Englewood Cliffs 1962 (1959[1]).

40 Der Anteil der Rückwanderer wird von einigen Autoren für relativ hoch gehalten, ist jedoch schwer zu messen, da in den meisten europäischen Ländern nur allgemeine Reisestatistiken geführt wurden, die die Rückwanderer nicht gesondert ausweisen.

41 Vgl. dazu auch W. *Sombart,* Warum gibt es in den Vereinigten Staaten keinen Sozialismus?, (Tübingen 1906) Darmstadt 1969 und P. *Lösche,* Arbeiterbewegung u. New Deal. Zur Integration der amerikanischen Gewerkschaften in den organisierten Kapitalismus, in: H. A. *Winkler* Hg., Die große Krise in Amerika, Göttingen 1973, S. 81–106; *Kocka,* S. 157–87; *Puhle,* S. 172 ff.

42 Vgl. *Blumin,* Mobility, in: *Thernstrom* u. *Sennett,* Hg. S. 172–85, 190–206.

43 Ebd.; *Thernstrom,* Poverty, S. 104–14.

44 Vgl. *Thernstrom,* Working Class; ders., *Bostonians,* S. 220–61, bes. 241 ff.; ders., Poverty, S. 192–224; *Griffen,* S. 54, 76 ff.; ders., Occupational Mobility in Nineteenth Century America. Problems and Possibilities, in: JSH 5. 1971/2, S. 310–30; *Blumin,* Mobility, S. 172–185, 190–206; H. *Kaelble,* Historische Mobilitätsforschung, Darmstadt 1978, S. 17, 19, 113. Zur Religion vgl. im Sinne der hier nicht bestätig-

ten Max Weberschen Kapitalismus-These G. *Lenski,* The Religious Factor. A Sociological Study of Religion's Impact on Politics, Economics and Family Life, Garden City, 1963, S. 82–133.

45 *Puhle,* S. 248.

46 Zu den Mechanismen der Ideologie einer von »gleichen« Family-Farmern getragenen »Agrarian Democracy« vgl. ausführlicher ebd., S. 113–26, zur sektoralen Wirtschaftsentwicklung 129–32, 256–59. S. auch B. F. *Hoselitz,* Interaction Between Industrial and Pre-Industrial Stratification Systems, in: C. S. *Heller* Hg., Structured Social Inequality, N. Y. 1969, S. 421–27.

47 E. *Chinoy,* Automobile Workers and the American Dream, Garden City 1955, S. 124; *Thernstrom,* Poverty, S. 220–24.

48 Vgl. dazu P. M. *Blau* u. O. D. *Duncan,* The American Occupational Structure, N. Y. 1967, S. 295 ff., 410 ff.; dies., Some Preliminary Findings on Social Stratification in the United States, Acta Sociologica 9. 1965, S. 4–24, auch in: *Heller* Hg., S. 340–52.

48a *Kocka,* S. 159–73; C. W. *Mills,* White Collar, N. Y 1966 (1951[1]), S. 63 ff., 161 ff., 189 ff.

49 Vgl. u. a. S. *Lieberson,* Ethnic Patterns in American Cities, Glencoe 1963, S. 66–72, 163, 206–18; L. *Reissmann,* Inequality in American Society, Glenview, Ill. 1973, S. 68 ff.; L. *Duberman,* Social Inequality, Philadelphia 1976; O. *Feinstein,* Ethnic Groups in the City, Lexington, Mass. 1971; H. S. *Nelli,* The Italians in Chicago 1890–1930, N. Y. 1972. Ferner die ältere Studie von W. L. *Warner* u. L. *Srole,* The Social Systems of American Ethnic Groups, New Haven 1945, bes. S. 71.

50 S. *Lubell,* The Future of American Politics, Garden City 1956 (1951[1]), bes. S. 29 ff., 61 ff., 86 ff. Zum Umfeld vgl. auch die Arbeiten von E. D. *Baltzell,* Philadelphia Gentlemen, Glencoe 1958; ders., An American Business Aristocracy, Glencoe 1962; ders., The Protestant Establishment, N. Y. 1966.

51 Über Newburyport die fünf »Yankee City«-Studien: W. L. *Warner* u. P. S. *Lunt,* The Social Life of a Modern Community, 1941; dies., The Status System of a Modern Community, 1942; *Warner* u. L. *Srole,* The Social Systems of American Ethnic Groups, 1945; *Warner* u. J. O. *Low,* The Social System of the Modern Factory, 1947; *Warner,* The Living and the Dead, 1959 (alle New Haven); über Boston *Thernstrom,* Bostonians; über Muncie, Ind. *Lynd,* Middletown u. dies., Middletown in Transition; Über Indianapolis N. *Rogoff,* Recent Trends in Occupational Mobility, Glencoe 1953; über Norristown S. *Goldstein,* Patterns of Mobility. The Norristown Study, Philadelphia 1958 u. ders. Hg., The Norristown Study. An Experiment in Interdisciplinary Research, Philadelphia 1961; über Oakland S. M. *Lipset* u. R. *Bendix,* Social Mobility in Industrial Society, Berkeley 1967 (1959[1]), S. 147–99; über Atlanta R. J. *Hopkins,* Occupational and Geographic Mobility in Atlanta 1870–1876, in: Journal of Southern

History, 34. 1968, S. 200–13; über Omaha H. *Chudacoff,* Mobile Americans. Residential and Social Mobility in Omaha 1880–1920, N. Y. 1972; über San José P. E. *Davidson* u. H. D. *Anderson,* Occupational Mobility in an American Community, Stanford 1937.

52 P. M. *Blau* u. O. D. *Duncan,* The American Occupational Structure, N. Y. 1967; *Lips*et u. *Bendix;* N. *Smelser* u. S. M. *Lipset* Hg., Social Structure and Mobility in Economic Development, Chicago 1966; O. D. *Duncan,* The Trend of Occupational Mobility in the United States, in: American Sociological Review (= ASR) 30. 1965, S. 491–98; A. J. *Jaffe* u. R. O. *Carleton,* Occupational Mobility in the United States 1930–1960, N. Y. 1954; G. L. *Palmer,* Labor Mobility in Six Cities, N. Y. 1954; A. *Davis,* B. B. u. M. R. *Gardner,* Deep South, Chicago 1941 u. d. Pionierstudie von R. *Heberle,* Über die Mobilität der Bevölkerung in den Vereinigten Staaten, Jena 1929. Vgl. auch S. M. *Miller,* Comparative Social Mobility, in: Current Sociology 9. 1960, S. 1–89, bes. 78 ff.

53 Zur Business-Elite vor allem F. W. *Taussig* u. C. S. *Joslyn,* American Business Leaders. A Study in Social Origins and Social Stratification. N. Y. 1932/1971; W. L. *Warner* u. J. C. *Abegglen,* Occupational Mobility in American Business and Industry 1928–1952, Minneapolis 1955; dies., Big Business Leaders in America, N. Y. 1955; R. *Bendix* u. F. W. *Howton,* Social Mobility and the American Business Elite, in: *Lipset* u. *Bendix,* S. 114–43; M. *Newcomer,* The Big Business Executive. The Factors That Made Him 1900–1950, N. Y. 1955; F. W. *Gregory* u. I. D. *Neu,* The American Industrial Elite in the 1870's, in: W. *Miller* Hg., Men in Business, N. Y. 1962 (1952¹), S. 193–204; W. *Miller,* The Business Elite in Business Bureaucracies, ebd., S. 286 ff.; ders., The Recruitment of the American Business Elite, in: Quarterly Journal of Economics 44. 1950, S. 242–53; C. W. *Mills,* The American Business Elite. A Collective Portrait, in: Journal of Economic History (= JEH), Suppl. 5. 1945, S. 20–44. Außerdem M. *Newcomer,* A Century of Higher Education for American Women, N. Y. 1959; R. *Bendix,* Higher Civil Service in American Society, Boulder 1949; S. *Adams,* Regional Differences in Vertical Mobility in a High Status Occupation, in: ASR 15. 1950, S. 228–35; ders., Origins of American Occupational Elites 1900–1955, in: American Journal of Sociology (= AJS) 62. 1956/7, S. 360–68; The Nine Hundred. Fortune 46, Nov. 1952, S. 132–35, 232, 234–36; V. *Perlo,* The Empire of High Finance, N. Y. 1957; A. A. *Berle,* Power without Property, N. Y. 1959; C. W. *Mills,* The Power Elite, Fair Lawn 1959; F. *Hunter,* Top Leadership, USA, Chapel Hill 1959; F. *Lundberg,* America's Sixty Families, N. Y. 1960; M. K. *Jennings,* Community Influentials. The Elites of Atlanta, Glencoe 1964; R. *Presthus,* Men at the Top. A Study in Community Power, London 1964; H. P. *Miller,* Rich Man, Poor Man, N. Y. 1971 (1964¹); T. *Veblen,* Absentee Ownership and Business Enterprise in Recent Times, N. Y. 1968; W. T. K. *Nugent,* Money and American Society 1865–1880, N. Y. 1968; N. L. *Crockett* Hg., The Power Elite in America,

Lexington, Mass. 1970; W. E. *Moore,* The Professions. Roles and Rules, N. Y. 1970; R. *Gillam* Hg., Power in Postwar America, Boston 1971; K. *Prewitt* u. A. *Stone,* The Ruling Elites, N. Y. 1973; L. *Soltow,* Men and Wealth in the United States, 1850–1870, New Haven 1975.

54 Vor allem K. *Davis* u. W. E. *Moore,* Some Principles of Stratification, in: ASR 10. 1945, S. 242–49; ders. Hg., Readings on Social Stratification, Englewood Cliffs 1970; T. *Parsons* Hg., American Sociology, N. Y. 1968; G. *Lenski,* Macht und Privileg, Frankfurt 1973 sowie die Bände von *Smelser* u. *Lipset, Lipset* u. *Bendix* u.: R. *Bendix* u. S. M. *Lipset* Hg., Class, Status and Power, N. Y. 1966². Ferner M. R. *Lepsius,* Ungleichheit zwischen Menschen und soziale Schichtung, in: KZfS Sonderheft 5. 1961, S. 54–64; S. *Blumin,* The Historical Study of Vertical Mobility, in: Historical Methods Newsletter 1. 1968, S. 1–10; S. *Thernstrom,* Notes on the Historical Study of Social Mobility, in: D. K. *Rowney* u. J. Q. *Graham* Hg., Quantitative History, Homewood 1969, S. 99–108; M. B. *Katz,* Occupational Classification in History, in: JIH 3. 1972, S. 63–88 sowie P. A. *Sorokin,* Social and Cultural Mobility, N. Y. 1959 (1927¹); W. L. *Warner* u. a., Social Class in America, Chicago 1969; P. K. *Hatt,* Occupation and Social Stratification, in: AJS 5. 1950, S. 533–47; J. O. *Hertzler,* Some Tendencies Toward a Closed Class System in the United States, in: Social Forces 30. 1952, S. 313–23; B. *Barber,* Social Stratification, N. Y. 1957; M. M. *Tumin* u. A. S. *Freeman,* Theory and Measurement of Occupational Mobility, in: ASR 22. 1957, S. 281–88; R. W. *Mack* u. a., Social Mobility. Thirty Years of Research and Theory, Syracuse 1957; K. B. *Mayer,* Class and Society, N.Y. 1958; ders., Gibt es in Amerika noch soziale Klassen?, in: Schweizerische Zeitschrift für Volkswirtschaft u. Statistik 99. 1963, S. 158–71; T. E. *Lasswell,* Class and Stratum, Boston 1965; J. A. *Jackson* Hg., Social Stratification, Cambridge 1968; D. V. *Glass* u. R. *König* Hg., Soziale Schichtung u. soziale Mobilität, in: KZfS Sonderheft 5. 1968; J. L. *Roach* u. a. Hg., Social Stratification in the United States, Englewood Cliffs 1969; E. O. *Lammann* Hg., Social Stratification. Research and Theory for the 1970's, Indianapolis 1970; S. N. *Eisenstadt,* Social Differentiation and Stratification, Glenview 1971; O. D. *Duncan* u. a., Socioeconomic Background and Achievement, N. Y. 1972; W. R. *Runciman,* Explaining Social Stratification, in: Festschrift (= Fs.) P. Nettl, London 1972, S. 167–80; A. *Campbell* u. P. E. *Converse* Hg., The Human Meaning of Social Change, N. Y. 1972; L. A. *Coser* Hg., The Idea of Social Structure, Fs. R. K. Merton, N. Y. 1975; H. *Hörning,* Soziale Ungleichheit, Neuwied 1976; ders., Gesellschaftliche Entwicklung, München 1976; H. *Kaelble,* Soziale Mobilität in Deutschland, 1900–1960, in: ders. u. a., Probleme der Modernisierung in Deutschland, Opladen 1978, S. 235–327.

55 Vgl. die in Anm. 51 genannten Studien von Warner u. a. und die Zusammenfassung: W. L. *Warner,* American Life. Dream and Reality, Chicago 1953, S. 58; R. *Centers,* The Psychology of Social Classes, N. Y. 1961; die NORC-Studie ist zit. nach D. W. *Rossides,* The Ame-

rican Class System. Zur Methode vgl. auch R. F. *Hamilton*, Class and Politics in the United States, N. Y. 1972, S. 100–102.

56 A. *Davis*, B. B. u. M. R. *Gardner*, Deep South, Chicago 1941, S. 65. Vgl. dazu auch T. E. *Lasswell*, Variable Meanings of Social Class, in: *Tumin* Hg., Readings, S. 258–67.

57 G. *Kolko*, Wealth and Power in America, N. Y. 1970 (1962[1]), S. 74, 83, 101, 111, 123–33; ders., Main Currents in Modern American History, N. Y. 1976, S. 157 ff.; *Rossides*, S. 77 ff.; B. *Gross* u. S. *Moses*, Measuring the Real Work Force: 25 Million Unemployed, in: Social Policy, Sept.–Oct. 1972, S. 5–10; C. H. *Anderson*, The Political Economy of Social Class, Englewood Cliffs 1974, S. 108 ff., 148 ff., 190 ff.

58 *Anderson*, S. 76 ff., 142 ff., 167 ff.

59 Vgl. dazu die Argumentation von G. *Kolko*, Wealth, S. 11 ff., bes. 24–29, 46 ff., 55 ff., 70 ff., 111 ff. gegenüber S. *Kuznets*, Shares of Upper Income Groups in Income and Savings, NBER, N. Y. 1953, S. 40 ff., 54, 635, 637 sowie L. *Soltow*, Men; S. *Lebergott*, The American Economy. Income, Wealth and Want, Princeton 1976; G. *Williamson*, American Prices and Urban Inequality Since 1820, in: JEH 36. 1976, S. 303–33; P. H. *Lindert* u. J. G. *Williamson*, Three Centuries of American Inequality, in: P. *Uselding* Hg., Research in Economic History 1, Greenwich, Conn. 1976, S. 69–123.

60 Die berühmt gewordene North-Hatt Berufsprestige-Skala hat z. B. 90 Positionen. Vgl. L. *Reissman*, Class in American Society, London 1960, S. 153–55. Zur Methode der Messung des Socioeconomic Status (SES) vgl. vor allem U.S. Bureau of the Census, US Census of Population 1960. Subject Report. Socioeconomic Status. Final Report PC (2)–5c, Washington 1967, S. IX–XIX; J. A. *Kahl* u. J. A. *Davis*, A Comparison of Indexes of Socioeconomic Status, in: ASR 20. 1955, S. 317–25 sowie *Rossides*, S. 61 ff; P. M. *Blau* u. O. D. *Duncan*, Some Preliminary Findings of Social Stratification in the United States, in: Acta Sociologica 9. 1965, S. 4–24, auch in: B. C. *Rosen* u. a. Hg., Achievement in American Society, Cambridge, Mass. 1969, S. 497–517, u. in: *Heller* Hg., S. 348–52; J. A. *Kahl*, The American Class Structure, N. Y. 1967, S. 27 ff., 66 ff.; V. *Packard*, The Status Seekers, N. Y. 1959; F. M. *Andrews* u. S. B. *Whitney*, Social Indicators of Well Being. Americans' Perceptions of Life Quality, N. Y. 1976 u. d. Beiträge in: *Roach* u. a. Hg., S. 74 ff. u. in: *Tumin* Hg., S. 59 ff., 93 ff., 227 ff. Zur Methodologie vor allem die Diskussion bei K. *Davis* u. W. E. *Moore*, Tumin, S. M. *Lipset* u. H. L. *Zetterberg*, ebd., S. 367–454, auch in: *Bendix* u. *Lipset* Hg., Class, S. 47–63, 561–73.

61 Vgl. dazu die Daten und Quellenverweise in der Tabelle im Anhang.

62 Historical Statistics of the United States. Colonial Times to 1957, Washington 1961, S. 90–96; *Kuznets; Kolko*, Wealth, S. 72 ff., bes. 77, 92 f.; ders., Currents, S. 169–73; C. D. *Long*, Wages and Earnings in the United States, 1860–1890, N. Y. 1960, S. 80, 109; P. H. *Douglas*, Real Wages in the United States 1890–1926, N. Y. 1930, Kap. 6 und 13; A. *Rees*, Real Wages in Manufacturing 1890–1914,

274

N. Y. 1961; Recents Social Trends in the United States. Report of the President's Commission on Social Trends, N. Y. 1934, S. 816–23. Zum Farmsektor vgl. C. P. *Loomis* u. J. A. *Beegle*, A Strategy for Rural Change, N. Y. 1975, S. 189–203; *Puhle*, S. 194 ff., 260 f. Zur Umverteilung: US Bureau of the Census, Current Population Reports, Series P-60, no. 97, Washington 1972, table 22; C. *Jencks* u. a., Inequality. A Reasessment of the Effect of Family and Schooling in America, N. Y. 1972.

63 Vgl. *Kolko*, Wealth, S. 30–45; *Rossides*, S. 126 f.

64 Vgl. dazu H. *Kaelble*, Sozialer Aufstieg in USA u. Deutschland 1900–1960, in: Sozialgeschichte Heute, Fs. Hans Rosenberg, Göttingen 1974, S. 525–42, jetzt auch in: ders. Hg., Geschichte, S. 109–25; ders., Mobilitätsforschung, S. 22 ff. Ähnlich bereits *Lipset* u. *Bendix*, Mobility, S. 11 ff. Demgegenüber R. *Dahrendorf*, Die angewandte Aufklärung, Frankfurt 1968 (München 1963¹), S. 61 ff. mit der These einer höheren Aufstiegsmobilität in den USA.

65 Vor allem E. F. *Jackson* u. H. J. *Crockett*, Occupational Mobility in the United States. A Point Estimate and Trend Comparison, in: ASR 29. 1964, S. 5–15, auch in: *Roach* u. a. Hg., S. 509–22 u. *Blau* u. *Duncan*, Structure, S. 81 ff.; dies., Findings.

66 Vgl. *Kaelble*, Aufstieg, S. 527 f.; S. *Thernstrom*, Class and Mobility in a Nineteenth Century City, in: *Bendix* u. *Lipset* Hg., Class, S. 613; ders., Poverty, S. 222–24.

67 *Kaelble*, Aufstieg, S. 537 f.; *Thernstrom*, Bostonians, S. 256–61. Die vergleichenden Kohortenanalysen von Blau und Duncan haben außerdem ergeben, daß die Aufstiegschancen der Einwohner größerer Städte größer waren als die der Einwohner kleinerer Städte, und die der letzteren größer als die der Landbewohner. Migranten aus Städten in Städte hatten größere Chancen als Nicht-Migranten, mit der Ausnahme der ganz großen Städte, wo die, die in großer Zahl bereits länger am Ort befindlich waren, die Aufstiegskanäle blockierten. Daneben scheinen auch die Familiengröße und die Stellung in der Geschwisterreihe eine Rolle zu spielen.

68 Vgl. *Blau* u. *Duncan*, Findings; dies., Structure, S. 208–42; G. F. *Edwards*, The Negro American-Community and Class Realities. The Ordeal of Change, in: *Heller* Hg., S. 387–96; O. D. *Duncan*, Patterns of Occupational Mobility Among Negro Men, in: Demography 5. 1968, S. 11–22.

69 Vgl. M. *Newcomer*, Century, S. 46 u. die Daten in *Duberman*, S. 284–94.

69a Vgl. dazu: D. *Bell*, The Coming of Post-Industrial Society, N. Y. 1973, (dt. Frankfurt 1975), S. 165 ff., 408 ff.; D. *Rüschemeyer*, Lawyers and Their Society, Cambridge, Mass. 1973; M. *Trow*, The Democratization of Higher Education in America, in: European Journal of Sociology 3. 1962, S. 231–62; *Kocka*, S. 174 ff.

70 W. A. u. M. W. *Westley*, The Emerging Worker. Equality and Conflict in the Mass Consumption Society, Montreal 1971, S. 39. Vgl. insgesamt außer den Studien von *Blau* u. *Duncan* u. *Kaelble* noch

N. *Rogoff-Ramsøy,* Local Social Structure and Educational Selection, in: B. C. *Rosen* u. a. Hg., Achievement in American Society, Cambridge, Mass. 1969, S. 283–94; *Jencks* u. a.; R. *Boudon,* Education, Opportunity and Social Inequality, N. Y. 1973; D. M. *Levine* u. M. J. *Bane* Hg., The »Inequality« Controversy. Schooling and Distributive Justice, N. Y. 1975.

71 Vgl. den Überblick von P. *Lundgreen,* Alphabetisierung u. Schulbildung im internationalen Industrialisierungsprozeß, in: Sozialwissenschaftliche Informationen 3/1. 1974, S. 17–21; ders., Bildung u. Wirtschaftswachstum im Industrialiserungsprozeß des 19. Jahrhunderts, Berlin 1973; E. F. *Denison,* The Sources of Economic Growth in the United States and the Alternatives Before Us, N. Y. 1962; T. W. *Schultz,* Education and Economic Growth, in: N. B. *Henry* Hg., Social Forces Influencing American Education, Chicago 1961, S. 46–88.

72 Siehe Anm. 53.

73 Vgl. vor allem *Warner* u. *Abegglen,* S. 37 ff., 97 ff., 115 u. d. Tabellen S. 253–304; dies., Executive Careers Today: Who Gets To the Top?, in: Management Review 45. 1956, S. 83–94, auch in: *Rosen* u. a. Hg., S. 564–78, bes. 566–73.

74 Es ist übrigens nachgewiesen worden, daß diese Schichten sich am häufigsten und am ausdauerndsten dem Fernsehprogramm aussetzen. Vgl. H. M. *Hodges,* Social Stratification, Cambridge, Mass. 1964, S. 161. Zur Entwicklung der Arbeiterschaft vgl. S. *Thernstrom,* Working Class Social Mobility; *Hamilton,* S. 309–35; F. C. *Mann* u. L. R. *Hoffman,* Automation and the Worker, N. Y. 1960; S. A. *Levitan* Hg., Blue Collar Workers, N. Y. 1971; I. *Howse* Hg., The World of the Blue Collar Workers, N. Y. 1972; S. *Arnowitz,* False Promises. The Shaping of American Working Class Consciousness, N. Y. 1973.

75 Nach anderen Kriterien beträgt die Zahl der »Rural Poor« über 10 Mio. USDA, Handbook of Agricultural Charts, Washington 1969, S. 57; C. L. *Schultze,* Fiscal Strategy of the 1967 Budget, in: M. E. *Gettleman* u. D. *Mermelstein* Hg., The Failure of American Liberalism. After the Great Society, N. Y. 1970 (1967[1]), S. 68–84, bes. 80–83; People Left Behind. Report by the President's National Advisory Commission on Rural Poverty, Washington 1967; *Puhle,* S. 182–209; R. H. *Bremner,* From the Depths. The Discovery of Poverty in the United States, N. Y. 1967 (1956[1]); H. P. *Miller,* Rich Man, Poor Man, N. Y. 1971.

76 Vgl. die Angaben in: B. J. *Wattenberg,* The Real America, Garden City 1974, S. 352.

77 Vgl. W. *Carlton* (pseud.), One Way Out, Boston 1911, u. d. Diskussion bei *Kocka,* S. 159–62.

78 Vgl. dazu K. *Borchardt,* Der »Property-Rights-Ansatz« in der Wirtschaftsgeschichte – Zeichen für eine systematische Neuorientierung des Faches?, in: J. *Kocka* Hg., Theorien in der Praxis des Historikers, in: Geschichte u. Gesellschaft, Sonderheft 3. Göttingen 1977, S. 140–56.

79 Dazu und über die enorme fragmentierende, soziale Beziehungen aufspaltende Wirkung dieser Vorgänge vgl. T. H. *Marshall,* Changes in

Social Stratification in the Twentieth Century, in: ders., Class, Citizenship and Social Development, N. Y. 1965 (1963[1]), S. 135–57, bes. 152 ff. Ähnlich auch T. *Geiger,* Klassengesellschaft im Schmelztiegel, Köln 1949, S. 176 ff. u. D. *Riesman,* Die einsame Masse, Hamburg 1958 (engl 1950[1]) gegenüber C. W. *Mills,* Power Elite.

Die Autoren

Heinz-Gerhard Haupt: Jg. 1943. Studium der Geschichte, Politikwissenschaft und Romanistik. Prof. für Neuere Französische Sozialgeschichte, Universität Bremen. Veröffentlichungen zur französischen Wirtschafts- und Sozialgeschichte, u. a.: Nationalismus u. Demokratie im Frankreich der Restauration, 1974; mit G. Ziebura, Hg., Wirtschaft u. Gesellschaft in Frankreich seit 1789, 1974; Hg., »Bourgeois und Volk zugleich«? Zur Geschichte des Kleinbürgertums im 19. und 20. Jahrhundert, 1978; mit K. Hausen, Die Pariser Kommune, 1979; arbeitet zur Zeit an einem Vergleich der sozialökonomischen und politischen Entwicklung des Kleinhandels in Frankreich und Deutschland vor 1933.

Eric J. Hobsbawm: Jg. 1917. Studium der Geschichte in Cambridge. O. Prof. für Sozial- und Wirtschaftsgeschichte, Birkbeck College der Universität London. Veröffentlichungen zur allgemeinen Geschichte und Sozialgeschichte bes. des 19. Jahrhunderts, u. a. Primitive Rebels, 1959; Labouring Men, 1964; Bandits, 1969; Industry and Empire, 1969; mit G. Rudé, Captain Swing, 1969; Revolutionaries, 1973; The Age of Revolution 1789–1848, 1962; The Age of Capital 1848–1875, 1975; arbeitet zur Zeit am dritten Band dieser Geschichte des 19. Jahrhunderts (1875–1914).

Volker Hunecke: Jg. 1940. Studium der Geschichte und Altphilologie; Prof. für Neuere Geschichte, Technische Universität Berlin. Veröffentlichungen zur spätmittelalterlichen und neuzeitlichen Geistes- und Sozialgeschichte, u. a.: Arbeiterschaft u. Industrielle Revolution in Mailand, 1859–1892, 1978; arbeitet zur Zeit über die frühneuzeitliche Agrargeschichte Italiens.

Jürgen Kocka: Jg. 1941. Studium der Geschichte und Politischen Wissenschaft. O. Prof. für Allg. Geschichte unter bes. Berück. der Sozialgeschichte, Universität Bielefeld. Veröffentlichungen u. a.: Unternehmensverwaltung u. Angestelltenschaft am Beispiel Siemens 1847–1914. Zum Verhältnis von Kapitalismus und Bürokratie in der deutschen Industrialisierung, 1969; Klassengesellschaft im Krieg. Deutsche Sozialgeschichte 1914–1918, 1978²; (mit G. A. Ritter) Deutsche Sozialgeschichte. Dokumente II: 1870–1914, 1974; (mit G. Hohorst u. G. A. Ritter) Sozialgeschichtliches Arbeitsbuch, 1870–1914, 1975; Unternehmer in der deutschen Industrialisierung, 1975; Angestellte zwischen Faschismus u. Demokratie. Zur politischen Sozialgeschichte der Angestellten: USA 1890–1940 im internationalen Vergleich, 1977; Sozialgeschichte, 1977; Aufsätze zur deutschen und zur amerikanischen Sozial- und Wirtschaftsgeschichte des 19. und 20. Jahrhunderts sowie zu theoretischen Fragen; Mithg. der »Kritischen Studien zur Geschichtswissenschaft«, 40 Bde, 1972 ff. und von »Geschichte u. Gesellschaft. Zeitschrift für Historische Sozialwissenschaft«, 1975 ff.; arbeitet zur Zeit an einer Geschichte der deutschen Arbeiterschaft bis ca. 1870.

M. Rainer Lepsius: Jg. 1928. Studium der Volkswirtschaft, Wirtschaftsgeschichte und Soziologie. O. Prof. für Soziologie, Universität Mannheim. Veröffentlichungen zur Industriesoziologie, politische Soziologie, zur Wissenschaftsgeschichte und Theorie der Soziologie.

Wolfgang Mager: Jg. 1932. Studium der Geschichte, Romanistik und Politikwissenschaft. O. Prof. für Allg. Geschichte unter bes. Berück. der Frühen Neuzeit, Universität Bielefeld. Veröffentlichungen u. a.: Benedetto Croces literarisches u. politisches Interesse an der Geschichte, 1965; Zur Entstehung des modernen Staatsbegriffs, 1968; Frankreich vom Ancien Régime zur Moderne. Grundzüge der Wirtschafts-, Gesellschafts- u. politischen Institutionengeschichte. 1630–1830, 1980; arbeitet zur Zeit an Untersuchungen zur Politik der französischen Parlamente im 18. Jahrhundert, zur Französischen Revolution sowie zur westfälischen Wirtschafts- und Sozialgeschichte.

Sidney Pollard: Jg. 1925. Studium der Wirtschaftstheorie und Wirtschaftsgeschichte. O. Prof. für Wirtschaftsgeschichte, Universität Sheffield. Veröffentlichungen zur englischen und europäischen Wirtschafts- und Sozialgeschichte, u. a.: A History of Labour in Sheffield, 1850–1939, 1959; The Development of the British Economy 1914–1967, 1969; The Idea of Progress, 1968; The Genesis of Modern Management, 1965; The Gold Standard and Employment Policies Between the Wars, 1970; European Economic Integration, 1815–1970, 1974; arbeitet zur Zeit an: Capital Formation in Britain, 1750–1850, und an einer vergleichenden Studie des Industrialisierungsprozesses in Europa.

Hans-Jürgen Puhle: Jg. 1940. Studium der Geschichte, Politikwissenschaft, Soziologie und Philosophie. Prof. für Allg. Geschichte unter bes. Berück. der Iberischen und Lateinamerikanischen Geschichte, Universität Bielefeld. Veröffentlichungen u. a.: Agrarische Interessenpolitik u. preußischer Konservativismus im wilhelminischen Reich 1893–1914, 1975[2]; Von der Agrarkrise zum Präfaschismus, 1972; Politische Agrarbewegungen in kapitalistischen Industriegesellschaften, 1975; Politik in Uruguay, 1968; Tradition und Reformpolitik in Bolivien, 1970; Hg., Perspectivas del Progreso, 1969; Lateinamerika, 1977. Mithg. der »Historischen Perspektiven«, 14 Bde, 1975/79, und von »Geschichte u. Gesellschaft. Zeitschrift für Historische Sozialwissenschaft«, 1975 ff.; arbeitet zur Zeit an einer Geschichte des politischen Konservativismus in Deutschland; über Wirtschaftsentwicklung u. politischen Regionalismus in Spanien; Bourgeoisie u. soziale Schichtung in Lateinamerika.

Hans-Ulrich Wehler: Jg. 1931. Studium der Geschichte, Soziologie und Amerikanistik. O. Prof. für Allg. Geschichte des 19. u. 20. Jahrhunderts, Universität Bielefeld. Veröffentlichungen u. a.: Bismarck u. der Imperialismus, 1976[4]; Der Aufstieg des amerikanischen Imperialismus, 1865–1900, 1974; Sozialdemokratie u. Nationalstaat, 1840–1914, 1971[2]; Krisenherde des Kaiserreichs, 1871–1918, 1979[2]; Das Deutsche Kaiserreich, 1871–1918, 1977[3]; Geschichte als Historische Sozialwissenschaft, 1977[2]; Modernisierungstheorie u. Geschichte, 1975; Hg. u. a. der »Historischen Reihe« der »Neuen Wissenschaftlichen Bibliothek«, 38 Bde, 1966/79; Deutsche Historiker, 5 Bde, 1971/72; Mithg. der »Kritischen Studien zur Geschichtswissenschaft«, 40 Bde, 1972/79, und von »Geschichte u. Gesellschaft. Zeitschrift für Historische Sozialwissenschaft«, 1975 ff.; arbeitet zur Zeit an einem »Grundriß der deutschen Gesellschaftsgeschichte« seit dem 18. Jahrhundert.

**Hans-Ulrich Wehler · Bibliographie zur
modernen deutschen Sozialgeschichte (18.–20. Jahrhundert)**

1976. XII, 269 Seiten, Kunststoff (Arbeitsbücher zur modernen Geschichte 1 · UTB / Uni-Taschenbücher 62)

Hans-Ulrich Wehler · Das deutsche Kaiserreich 1871–1918

Deutsche Geschichte, Band 9. 3., durchgesehene und bibliographisch
ergänzte Auflage 1977. 279 Seiten, kartoniert (Kleine Vandenhoeck-
Reihe 1380)

Hans-Ulrich Wehler · Krisenherde des Kaiserreichs 1871–1918

Studien zur deutschen Sozial- und Verfassungsgeschichte. 2., überarbeitete und erweiterte Auflage 1979. 559 Seiten, kartoniert

Jürgen Kocka · Klassengesellschaft im Krieg

Deutsche Sozialgeschichte 1914–1918. 2., durchges. und erweiterte Auflage 1978. X, 239 Seiten, kartoniert (Kritische Studien zur Geschichtswissenschaft 8)

**Jürgen Kocka
Angestellte zwischen Faschismus und Demokratie**

Zur politischen Sozialgeschichte der Angestellten: USA 1890–1940 im
internationalen Vergleich. 1977. 556 Seiten, kartoniert (Kritische Studien zur Geschichtswissenschaft 25)

Jürgen Kocka · Sozialgeschichte

Begriff – Entwicklung – Probleme. 1977. 173 Seiten, kartoniert (Kleine
Vandenhoeck-Reihe 1434)

**Volker Hunecke · Arbeiterschaft
und industrielle Revolution in Mailand 1859–1892**

Zur Entstehungsgeschichte der italienischen Industrie und Arbeiterbewegung. 1978. 330 Seiten, kartoniert (Kritische Studien zur Geschichtswissenschaft 29)

**Hans-Jürgen Puhle · Politische Agrarbewegungen
in kapitalistischen Industriegesellschaften**

Deutschland, USA und Frankreich im 20. Jahrhundert. 1976. 496 Seiten, kartoniert (Kritische Studien zur Geschichtswissenschaft 16)

Vandenhoeck & Ruprecht   in Göttingen
und Zürich

Sozialgeschichte Heute

Festschrift für Hans Rosenberg zum 70. Geburtstag. 33 Beiträge, herausgegeben von **Hans-Ulrich Wehler**. 1974. 669 Seiten, kartoniert (Kritische Studien zur Geschichtswissenschaft 11)

Hans Rosenberg · Machteliten und Wirtschaftskonjunkturen

Sozial- und wirtschaftshistorische Studien zur neueren deutschen Geschichte. 1978. 343 Seiten, kartoniert (Kritische Studien zur Geschichtswissenschaft 31)

Emil Lederer · Kapitalismus, Klassenstruktur und Probleme der Demokratie in Deutschland 1910–1940

Ausgewählte Aufsätze. Mit einem Beitrag von Hans Speier. Herausgegeben von **Jürgen Kocka**. 1979. Etwa 340 Seiten, kartoniert (Kritische Studien zur Geschichtswissenschaft 39)

Heinrich August Winkler · Liberalismus und Antiliberalismus

Studien zur politischen Sozialgeschichte des 19. und 20. Jahrhunderts. 1979. Etwa 360 Seiten, kartoniert (Kritische Studien zur Geschichtswissenschaft 38)

Heinrich August Winkler · Revolution, Staat, Faschismus

Zur Revision des Historischen Materialismus. 1978. 159 Seiten, kartoniert (Kleine Vandenhoeck-Reihe 1440)

Dirk Blasius · Bürgerliche Gesellschaft und Kriminalität

Zur Sozialgeschichte Preußens im Vormärz. 1976. 203 Seiten, kartoniert (Kritische Studien zur Geschichtswissenschaft 22)

Reinhard Rürup · Emanzipation und Antisemitismus

Studien zur ‚Judenfrage' der bürgerlichen Gesellschaft. 1975. 208 Seiten, kartoniert (Kritische Studien zur Geschichtswissenschaft 15)

Historische Sozialwissenschaft

Beiträge zur Einführung in die Forschungspraxis. Mit Beiträgen von Karin Hausen, Arthur E. Imhof, Wolf Lepenies und Peter Lundgreen. Herausgegeben von **Reinhard Rürup**. 1977. 161 Seiten, kartoniert (Kleine Vandenhoeck-Reihe 1431)

Vandenhoeck & Ruprecht   in Göttingen und Zürich